Clemens Reichhold
Wirtschaftsfreiheit als Schicksal

Clemens Reichhold

Wirtschaftsfreiheit als Schicksal

Das politische Denken Friedrich August von Hayeks
als de-politisierte Ideologie

DE GRUYTER
OLDENBOURG

ISBN 978-3-11-068252-6
e-ISBN (PDF) 978-3-11-057136-3
ISSN (EPUB) 978-3-11-056870-7

Library of Congress Cataloging-in-Publication Data
A CIP catalog record for this book has been applied for at the Library of Congress.

Bibliografische Information der Deutschen Nationalbibliothek
Die Deutsche Nationalbibliothek verzeichnet diese Publikation in der Deutschen
Nationalbibliografie; detaillierte bibliografische Daten sind im Internet über
http://dnb.dnb.de abrufbar.

Dieser Band ist text- und seitenidentisch mit der 2018 erschienenen
gebundenen Ausgabe.
Einbandabbildung: Gemälde von Antonio Zanchi, zwischen 1660-1665;
Foto: Mauritshuis, The Hague; Wikimedia Commons
Satz: fidus Publikations-Service GmbH, Nördlingen
Druck und Bindung: CPI books GmbH, Leck
♾ Gedruckt auf säurefreiem Papier

Printed in Germany
www.degruyter.com

Danksagung

Eine Doktorarbeit ist wie alle längeren Texte niemals das heroische Werk einer einzelnen Person. Ohne Vertrauen, Anregung und Kritik vieler Anderer ist so eine Arbeit ebenso wenig zu bewältigen wie ohne die finanzielle Unterstützung für eine ökonomisch kaum zu rechtfertigende Zeit. Auch wenn es mir wahrscheinlich nicht gelingen wird all jene sichtbar werden zu lassen, die das Zustandekommen dieser Arbeit ermöglicht haben, möchte ich mich an dieser Stelle für die vielfältige Unterstützung bedanken.

In erster Linie möchte ich Prof. Dr. Olaf Asbach für seine ausdauernde Betreuung danken, die mir stets ein ermutigendes Maß an Freiraum gewährt hat. Aus der von ihm initiierten gemeinsamen Arbeit an den Texten Burkes ist mir vieles über die Verwandtschaft von Hayeks Denken zum dem Burkes deutlich geworden. Ebenso möchte ich Prof. Dr. Iwan-Michelangelo D'Aprile danken, der meine Arbeit am Walther-Rathenau-Kolleg in Potsdam betreut und unterstützt hat. Zurückdenkend an die Ursprünge meines Interesses für Hayeks Denken gebührt zudem Prof. Dr. Gerhard Stapelfeldt mein Dank.

Zudem bin ich den TeilnehmerInnen verschiedener Kolloquien und Gesprächskreise zu Dank verpflichtet, in denen die Diskussion eine besondere Dynamik entfaltet hat, die immer auch das Ergebnis einer besonderen Kultur der Kollegialität gewesen ist. Das gilt für die von Prof. Dr. Olaf Asbach geleiteten Kolloquien genauso wie für die Treffen im Rathenau-Kolleg und die selbstorganisierten Treffen des Pferdestall-Salons. Besondere Erwähnung verdient an dieser Stelle die Unterstützung durch das Professorium des Rathenau-Kollegs, durch dessen Leiter Prof. Dr. Julius H. Schoeps, sowie durch Dr. Elke-Vera Kotowski.

Für die Förderung in Form eines Promotionsstipendiums, das mir finanziell den Rücken freigehalten und meine Teilnahme am Walther-Rathenau-Kolleg ermöglicht hat, möchte ich mich bei der Friedrich-Naumann-Stiftung bedanken. Für die Überbrückung der restlichen Zeit stehe ich in der Schuld meiner Familie, die bis zuletzt mit großer Geduld den manchmal schneckengleichen Fortgang meiner Arbeit verfolgt hat. Meinem Vater Florens Reichhold möchte ich bei dieser Gelegenheit auch für seine unersetzliche Hilfe beim Korrekturlesen des Manuskripts danken.

Zuletzt sei ohne wertende Reihenfolge all jenen gedankt, die außerhalb von mehr oder weniger offiziellen Gesprächskreisen Teile meiner Arbeit gelesen und kommentiert haben. Hierzu zählen meine BürogenossInnen Carolin Wiedemann und Helge Schwiertz, aber auch Matthias Spekker, Anna-Sophie Schönfelder, Isabell Trommer, Anna Köster-Eiserfunke und Thomas Böwing. Meiner Freundin Ronja Wagner, die ebenso in diesen Kreis von Menschen gehört und das zweifelhafte Glück hatte mich während der Arbeit kennenzulernen, sei hiermit versichert, dass ich jetzt Schluss mache mit Hayek. Für ihre emotionale Unterstützung auch in mühsamen Phasen kann ich ihr nicht genug danken.

https://doi.org/10.1515/9783110571363-202

Alles ist gut, sagt ihr wie immer,
und dass es so notwendig sei,
denn um das Weltall ständ' es schlimmer,
wär' Lissabon nicht wüstengleich.

Aus Voltaires ‚Das Erdbeben von Lissabon' in einer Übersetzung von Peter Thiessen

Inhaltsverzeichnis

1 Die ideologische Dimension im Denken Hayeks: Forschungsdesiderat und Fragestellung

Wer sich mit dem Denken des Ökonomen, Sozialtheoretikers und öffentlichen Intellektuellen Friedrich August von Hayek (1899–1992) auseinandersetzt, sieht sich bald mit zwei Beobachtungen konfrontiert. Während diese Beobachtungen für sich genommen in der mit Hayeks Denken befassten Forschung durchaus Anerkennung finden, ergibt sich aus ihrer Verbindung ein bislang kaum wahrgenommenes politiktheoretisches Problem.

Die erste Beobachtung bezieht sich auf das Verhältnis seines Denkens zu verschiedenen tiefgreifenden Umstrukturierungen von Politik, Wirtschaft, Gesellschaft und Kultur im 20. Jahrhundert, deren Zeuge und Kommentator er während seines langen Lebens wurde.[1]

So ist Hayeks Denken besonders durch eine Auseinandersetzung mit der Krise und Zerstörung der bürgerlich-kapitalistischen Gesellschaft seit den 1930er Jahren geprägt. Die Weltwirtschaftskrise von 1929 markierte dabei nicht nur den Höhepunkt einer sich krisenhaft entwickelnden kapitalistischen Ökonomie, sondern auch den Ausgangspunkt verschiedener Projekte ihrer politischen und sozialen Neueinbettung, die dem Staat eine aktivere, wenn nicht gar bestimmende Rolle gegenüber der Ökonomie zuerkannten. Diese Zeit erlebte Hayek als historisch präzendenzlose Marginalisierung einer wirtschaftsliberalen Tradition, zu deren zentralen Theoretikern und öffentlich wirksamen Verfechtern er kurz zuvor avanciert war. Gegenüber verschiedenen Formen sozialistischen Denkens, die durch die Russische Revolution von 1917 Verbreitung gefunden hatten, ebenso wie gegenüber einem seit dem Ersten Weltkrieg sich radikalisierenden national-konservativen Denken, das nicht zuletzt in Hayeks Geburtsland Österreich in den Faschismus führte, aber auch gegenüber einem moderaten sozialdemokratischen und keynesianischen Denken, das seit der Weltwirtschaftskrise an Einfluss gewann, befand sich Hayek mit vielen anderen Wirt-

---

[1] Eine empfehlenswerte Biographie, die einen weiten ideen- und sozialgeschichtlichen Kontext aufspannt, hat Hans Jörg Hennecke (2000) vorgelegt, aus der mittlerweile auch eine übersichtliche Einführung hervorgegangen ist (ders. 2014). Aus einer Perspektive, die auf Hayeks Beitrag zur historischen Durchsetzung neoliberaler Gesellschaftsordnungen fokussiert und ihn in dieser Hinsicht mit Karl Popper vergleicht, hat Jürgen Nordmann (2005) eine Biographie veröffentlicht. Mit Schwerpunkt auf Hayeks wirtschaftstheoretischer Entwicklung liegt zudem eine Intellektuellenbiographie seines späteren Herausgebers Bruce Caldwell (2003) vor. Weitere, wenn auch methodisch weniger stringente und eher apologetische biographische Arbeiten haben daneben auch John Rayboulds (1998) und Alan Ebenstein (2001) vorgelegt. In letzter Zeit sind darüber hinaus von Robert Leeson mehrere Sammelbände einer „Collaborative Biography" herausgegen worden (2012–2015), deren editorischen Mängeln einige aufschlussreiche Studien zur intellektuellen Entwicklung Hayeks gegenüberstehen. Umfangreiche Auskunft über sein Leben hat Hayek selbst in einem Oral-History-Projekt gegeben, dessen Transskript unter https://archive.org/details/nobelprizewinnin00haye einsehbar ist.

https://doi.org/10.1515/9783110571363-001

schaftsliberalen in einer Außenseiterposition. Aus dieser Perspektive erschienen für Hayek alle ideologischen Gegner gleichermaßen als Ausdruck einer sich schon länger ankündigenden Dominanz des Totalitarismus.

Des Weiteren gibt es neben Hayek nur wenige Intellektuelle, die ähnlichen Einfluss auf die Durchsetzung jener gesellschaftlich umfassenden globalen Transformationen genommen haben, die seit den 1970er Jahren nicht nur zum Wiederaufleben, sondern auch zur hegemonialen Dominanz eines wirtschaftsliberalen Kapitalismus führte, dessen Ende zwei Generationen zuvor besiegelt schien. Wegen seines engen Verhältnisses zu dieser Transformation, für die sich der Begriff des ‚Neoliberalismus'[2] durchgesetzt hat, wird Hayeks Denken zu Recht als neoliberales Denken bezeichnet.[3] Ein Umriss von Hayeks Bedeutung für den Aufstieg des Neoliberalismus lässt sich dabei schon anhand weniger Stationen zeichnen. Zu diesen zählt die eher selten beachtete Rolle, die er zwischen 1930 und 1940 als Geburtshelfer jenes frühen neoliberalen Denkens spielte, dessen Begriffe, Argumente und Theorien 30 Jahre später die neoliberale Transformation begleiteten. Ebenso zählt zu Hayeks Einfluss sein Mitwirken an der Etablierung der ‚Mont Pèlerin Society' (im Folgenden MPS), die seit ihrer Gründung im Jahr 1947 als weltweit agierendes Netzwerk die Verbreitung neoliberalen Denkens unterstützte. Damit deutet sich auch der Beitrag an, den Hayek seit Mitte des 20. Jahrhunderts zur Herausbildung einer neoliberalen politischen Rechten mit Galionsfiguren wie Augusto Pinochet, Margaret Thatcher, Ronald Reagan, Václav Klaus oder Franz Josef Strauß geleistet hat – ein Beitrag, der bis ins 21. Jahrhundert zu Angela Merkel reicht.[4] In Hinblick auf Hayeks Einfluss auf die Durchsetzung des

---

2 Durch eine vor allem polemische Verwendung in zahlreichen Deutungskämpfen ist der Begriff des Neoliberalismus mittlerweile fast konturlos geworden und dient heute meist zur Abgrenzung gegenüber einer als einseitig wirtschaftsliberal kritisierten Gesellschaftsordnung und ihren Begründungen (vgl. Boas / Gans-Morse 2009). Die Einführung des Begriffs, die meist dem Ordoliberalen Alexander Rüstow zugeschrieben wird, reicht bis in die 1930er Jahre zurück (vgl. Wegmann 2002, 101 ff.). Wie im zweiten Kapitel gezeigt wird, ist diese Einführung untrennbar mit einer Neupositionierung von wirtschaftsliberalen Intellektuellen verbunden, die angesichts einer historischen Marginalisierung nach einer neuen politischen und sozialen Einbettung des Wirtschaftsliberalismus suchten.

3 Als Selbstbezeichnung hat Hayek den Begriff „neoliberal" und entsprechende Ableitungen stets gemieden. Die Gründe, die ihn stattdessen veranlassten, sich mit einer älteren Tradition des Liberalismus zu identifizieren, liegen, wie im Folgenden weiter ausgeführt wird, in der ideologisch komplexen Struktur seines Denkens. Einen ersten Hinweis darauf, welche Rolle neben dem Liberalismus auch der Konservatismus in dieser Struktur spielt, liefert seine Ablehnung der Begriffe „libertär" bzw. „libertarian". Diese Begriffe trügen „zu sehr den Stempel des erfundenen Wortes und des Ersatzes" (Hayek 1991a, 493). Stattdessen ging es Hayek um die Bewahrung einer Tradition des Wirtschaftsliberalismus, deren Ursprung für ihn bis in die Antike zurückreicht (vgl. hierzu Kap. 6.4)

4 Zur Formationsphase neoliberalen Denkens in den 1930er Jahren vgl. u. a. Milène Wegmann 2002, 101 ff. Zu Hayeks Rolle als Vermittler zwischen unterschiedlichen neoliberalen Denktraditionen vgl. Ben Jackson 2010, 132 ff. und Hans Jörg Hennecke 2000, 125 ff. Die Entstehung und Wirkung der von Hayek mit gegründeten Mont Pèlerin Society haben neben Max R. Hartwell (1995) auch Bernhard Walpen (2004) und zuletzt Philip Plickert (2008) untersucht. Hayeks Einfluss auf die neoliberale Rechte

Neoliberalismus ist deshalb Edmund Feser zuzustimmen, der im 2006 erschienenen ‚Cambridge Companion to Hayek' feststellt, selbiger sei „the most consequential thinker of the mainstream political right in the twentieth century" (Feser 2006, 1).

Vor dem Hintergrund dieser Verwicklung von Hayeks Denken in die Geschichte von Niedergang und Wiederaufstieg des Wirtschaftsliberalismus im 20. Jahrhundert erstaunt eine zweite Beobachtung, die sich auf die Vielseitigkeit und Komplexität der Fragen und Themen bezieht, denen sich Hayek im Laufe seines Lebens widmete; erstaunlich vor allem deshalb, weil sich der gemeinsame Nenner dieses Denkens nicht einfach als „Ökonomismus", „Marktfundamentalismus", „Individualismus" oder „Staatsfeindschaft" beschreiben lässt, mit dem wirtschaftsliberales bzw. neoliberales Denken meist assoziiert werden.

Eine erste Skizze[5], die diese Komplexität zunächst ohne werkgeschichtliche Entwicklungslinien und systematische Schwerpunkte ausbreitet, könnte etwa so aussehen: Als *Staatstheoretiker* war er ein vielgelesener Kritiker eines planwirtschaftlich gedeuteten Totalitarismus, der für Hayek die Zerstörung der bürgerlich-kapitalistischen Gesellschaft verantwortete, und plädierte zu seiner Abwehr für eine strikte Beschränkung staatlicher Aufgaben, unter denen die Gewährleistung einer deregulierten Marktwirtschaft die wichtigste bildet (vgl. Pies 2003). Um diese Beschränkung durchzusetzen, argumentierte er für eine Herrschaft des Rechts, die neben der Planwirtschaft auch jede andere Form interventionistischer Wirtschaftspolitik und egalitärer Gesellschaftspolitik unterbinden sollte (vgl. Petersen 2014). Als *Rechtstheoretiker* stand Hayek dabei sowohl in der Tradition liberaler Rechtstaatlichkeit und der Verteidigung individueller Freiheit, insbesondere in ökonomischen Fragen, als auch in der konservativen Tradition des Common Law und eines dem demokratischen Willen enthobenen, evolutionär gewachsenen Rechts (vgl. Gray 1995, 69). Als *Demokratietheoretiker* trat er entsprechend als Kritiker der Volkssouveränität auf und begegnete ihr mit Vorschlägen zur parlamentarischen Gewaltenteilung, der Einschränkung von Partizipation und der Herrschaft etablierter Meinungen (vgl. Zamorano-Gonzales 2014). Als Ökonom war Hayek einer der wichtigsten Vertreter der Österreichischen Schule der Nationalökonomie, deren Perspektive er um die Idee einer fundamentalen

---

des 20. Jahrhunderts lässt sich unter anderem am Thatcherismus ablesen, wobei Hayek insbesondere auf die Gründung des wirtschaftspolitisch einflussreichen Institute of Economic Affairs (IEA) hinwirkte (vgl. hierzu Cockett 1995, 129ff; Walpen 2004, 124 ff.). Eine ausführliche Geschichte der Rezeption von Hayeks Ideen in Deutschland bis 1990 hat Iris Karabelas (2010) vorgelegt. Als Resonanz seiner Ideen ist auch Merkels Erklärung aufzufassen, Hayek habe „die geistigen Grundlagen der freiheitlichen Gesellschaft im Kampf gegen staatlichen Interventionismus und Diktatur herausgearbeitet" (Merkel 2005).

5 Diese Skizze nimmt bereits einige Ergebnisse der Arbeit vorweg. Gleichzeitig bietet sie einen ersten Blick auf den mittlerweile unübersichtlichen Stand der Forschung zu unterschiedlichen Aspekten von Hayeks Denken, der weiter unten in Bezug auf die spezifische ideologietheoretische Perspektive dieser Arbeit genauer dargestellt wird.

Unübersichtlichkeit von Wirtschaftsprozessen und der evolutionären Entwicklung von Wirtschaftsordnungen erweiterte (vgl. Caldwell 2004, 205 ff.). Aus dieser Perspektive entwarf Hayek mit der „Katallaxie" eine Form der Marktordnung, deren Effizienz auf der Verwertung individuellen ökonomischen Wissens ebenso beruht wie auf dem über Generationen gespeicherten Wissen einer gewachsenen institutionellen Struktur. In seiner *Gesellschaftstheorie* knüpfte Hayek an die Idee selbstregulativer ökonomischer Prozesse aus der schottischen Aufklärung an, die er mit gegenaufklärerischen Ideen einer nicht-teleologischen sozialen Evolution zum Konzept „spontaner Ordnung" ausbaute (vgl. Petsoulas 2001). Als *Erkenntnis-* und *Wissenschaftstheoretiker* kritisierte Hayek daran anknüpfend den Erkenntnisoptimismus der Wirtschafts- und Sozialwissenschaften und vertrat eine Methodologie, die an den unbewussten Bedingungen individueller Handlungen ansetzte (vgl. Bouillon 1991). Als *Historiker*, genauer als Ideenhistoriker – ein Feld, auf dem sein Denken bislang kaum rezipiert wurde – arbeitete er zudem als Genealoge des für ihn die Geschichte dominierenden Konflikts zwischen kollektivistischem Rationalismus bzw. „Szientismus" und individualistischem Anti-Rationalismus.

Aus dieser Skizze wird nicht nur deutlich, warum Hayek bis heute in den unterschiedlichsten akademischen Disziplinen rezipiert wird – es ergibt sich auch das Bild eines Denkens, das sich einer einfachen ideologischen Verortung entzieht. Denn zum einen schält sich aus der Beschreibung von Hayeks wissenschaftlichen Themengebieten ein Plädoyer heraus für eine individuelle Form von Freiheit, verstanden als „Unabhängigkeit von der Willkür anderer" (Hayek 1991a, 15), die für ihn Unabhängigkeit vor allem von den Eingriffen des Staates in eine Sphäre marktwirtschaftlich-kapitalistischer Grundrechte bedeutet. Ein solches Plädoyer lässt sich als Markt- oder Wirtschaftsliberalismus charakterisieren. Zum anderen aber findet sich bei Hayek ein konservatives Credo, das auf einer „anti-rationalistische[n] Einsicht in das historische Geschehen" beruht, nach der „Institutionen und Moral, Sprache und Recht sich durch einen Prozeß kumulativen Wachstums entwickeln" (ebd., 70). Aus dieser konservativen Haltung speist sich bei Hayek eine Kritik an einer politischen Vernunft, die durch die Behauptung von Wissen nicht nur über die Prozesse wirtschaftlichen Handelns, sondern über soziale Prozesse im Allgemeinen deren kollektive Umgestaltung anstrebt.

Die geschilderten zwei Beobachtungen, die den Zeitkern und die ideologisch komplexe Anlage von Hayeks Denken betreffen, sind in der Hayek-Forschung immer wieder thematisiert worden. Der Frage ihres Zusammenhangs, so wird im Folgenden gezeigt, ist bislang jedoch nur unzureichend nachgegangen worden.

Einer der ersten, der mit Erstaunen auf die ideologische Ambiguität, ja Widersprüchlichkeit in Hayeks Denken hinwies, war der politische Philosoph John Gray, der in seiner mittlerweile klassischen Studie ‚Freiheit im Denken Hayeks' diesen zunächst als Erneuerer eines philosophischen Liberalismus präsentierte (vgl. Gray 1995). Seine Rekonstruktion von Hayeks Denken aus so unterschiedlichen Traditionen wie dem liberalen Denken John Lockes, Adam Smiths und Immanuel Kants ebenso wie dem konservativen Denken Edmund Burkes, Michael Polanyis und Michael Oakeshotts verdeutlicht jedoch eine besondere Spannung in Hayeks Denken. Erst spät im Verlauf des Textes brachte Gray dann den Verdacht zum Ausdruck, dass sich einige von Hayeks Ideen nur schwer miteinander in Einklang bringen ließen: „Könnte es nicht sein, dass die Theorie der spontanen sozialen Ordnung im Wettstreit mit der Verpflichtung zur individuellen Freiheit liegt?" (ebd., 118). In diesen und ähnlichen Widersprüchen sehen viele AutorInnen[6] vor allem ein Problem logischer Kohärenz. Paradigmatisch dafür steht die Frage, die Peter McNamara einem neueren Sammelband voranstellt, der Hayeks Theorie der spontanen Ordnung gewidmet ist: „Does the idea of spontaneous order point in the direction of liberalism? Or does it point, contrary to Hayek's own suggestions, in the direction of conservatism?" (McNamara 2007, 1). Von dieser Frage ausgehend ist die Rezeption zu höchst unterschiedlichen, mitunter äußerst selektiven und jeweils für die Traditionen des (Wirtschafts-) Liberalismus bzw. Konservatismus vereinnahmenden Deutungen von Hayeks politischem Denken gelangt.[7] Für die hartnäckige Persistenz dieser divergierenden Deutungen, deren Grundlage die Suche nach systematischer Folgerichtigkeit in Hayeks politischem Denken bildet, scheint der Begriff eines spezifischen „Hayek-Problems" nicht unangemessen.[8]

Auch in Arbeiten, die Hayeks Denken stärker ideengeschichtlich kontextualisieren, spielt dessen ideologische Ambiguität eine wichtige Rolle. So hat etwa die amerikanische Politologin Judith Shklar unter dem Titel ‚After Utopia. The decline of political faith' Hayeks Denken im Kontext eines von ihr diagnostizierten Verlusts von Fortschrittsoptimismus im politischen Denken nach der Epoche der Aufklärung analysiert. Den Höhepunkt dieser Entwicklung sieht sie dabei in einer Gruppe konservativer Liberaler der Nachkriegszeit, darunter auch Hayek, die durch eine tiefe Skepsis gegenüber der Vernunft und den Gestaltungsmöglichkeiten der Demokratie für einen tiefen Fatalismus Stellung bezögen: „conservative liberalism offers the

---

6 Im Anschluss an Arbeiten der feministischen politischen Theorie steht im Folgenden das Binnen-I an der Stelle des generischen Maskulinums, insofern mit letzterem die Pluralität und Gleichrangigkeit geschlechtlicher Identitäten verborgen wird. Die Eigenlogik und Historizität politischen Denkens soll dadurch nicht beseitigt werden: das gilt insbesondere für Hayeks Denken, das hier in aller Regel nicht in geschlechtergerechter Sprache wiedergegeben wird, weil ihm die Emanzipation von Frauen wie Emanzipation im Allgemeinen, sobald sie über eine formale Gleichheit vor dem Gesetz hinausgeht, negiert wird (vgl. hierzu Kap. 3.3).
7 Bezeichnend für diese zweigleisige Rezeptionsgeschichte ist die aus ihrer jeweiligen ideologisch konservativen bzw. wirtschaftsliberalen Positionierung grundsätzlich sympathisierende, aber aus unterschiedlichen Gründen auch kritisch gegenüber Hayek eingestellte Rezeption bei Oakeshott (1962, 21 ff.) und James Buchanan (1977, 25 ff.).
8 Ein ähnliches Problem konservativer und liberaler Auslegungen charakterisiert die Rezeptionsgeschichte Edmund Burkes (vgl. Winch 1985), der in dieser Arbeit als wichtigstes ideengeschichtliches Vorbild Hayeks gewürdigt wird (vgl. Kap. 6.5).

opportunity to despair in a secular and social fashion" (Shklar 1957, 235).[9] Auch wenn Shklar anhand einer relativ schmalen Quellenauswahl über Hayeks Denken urteilt, bleibt ihre Abgrenzung Hayeks gegenüber den klassischen Liberalen der schottischen Aufklärung treffsicher.[10] Denn im Gegensatz zu Smiths Vertrauen in die Selbstgestaltungskräfte der Gesellschaft, verstanden als eine Bewegung, die auf vernünftiger Einsicht und politischer Einrichtung gründe, kennzeichne Hayeks Neoliberalismus „a rejection of purposeful social thought and action" (ebd., 238).[11] Dieses Urteil hat zuletzt Christina Petsoulas in ihrer vergleichenden Studie ‚Hayek's Liberalism and its Origins. His idea of spontaneous order and the Scottish Enlightenment' bekräftigt (Petsoulas 2001). Ein wichtiger Unterschied zwischen Hayeks und Smiths Denken liegt aus ihrer Sicht in der Verbindung von Hayeks Theorie spontaner Ordnung, die zunächst Smiths Idee dezentraler Koordination individueller Pläne zu wiederholen scheine, mit einer Theorie unbewusster kultureller Evolution, die Smith völlig fremd sei (ebd., 147).[12] Die Konsequenzen dieser evolutionären Logik im Denken Hayeks sieht sie ähnlich wie Shklar in einer Verabschiedung politischer Vernunft: „It is far from clear, how it is possible not only to improve but also deliberately to alter rules whose function we do not fully comprehend" (ebd., 5). Wie zuletzt auch Olaf Asbach gezeigt hat, verbanden Smith und andere klassische Liberale mit der Zurückdrängung des merkantilistischen Staates die Hoffnung auf Produktivität und Frieden des

---

9 Shklars Darstellung der Mitglieder dieser Gruppe ist ebenso kenntnisreich wie die Analyse der von ihnen geteilten Vorstellungen: „Who are the conservative liberals? First of all, there are the groups organized about the annual publication, *Ordo*, and in the Mont Pèlerin Society. The late Walter Eucken and Professors Roepke, Ruestow, Hayek and Betrand de Jouvenel are among their most distinguished members" (Shklar 1957, 235 f.). Des Weiteren zählt sie zu diesem Kreis Ludwig Mises, Michael Polanyi und den Übersetzer Euckens, John Jewkes (ebd.).

10 So gibt es immer wieder Versuche Smiths Theorie der unsichtbaren Hand als Vorbild für Hayeks Denken und seine Theorie der spontanen Ordnung heranzuziehen. Die Feststellung von Gemeinsamkeiten beruht in diesen Fällen, wie zuletzt bei Craig Smith, allerdings auf einer unhistorisch vergleichenden Perspektive, deren Ziel darin besteht ein möglichst allgemeines Erklärungsmodell des Sozialen zu entwickeln: „a composite model (...) to the explanation of science, morality, law and government and the market" (C. Smith 2006, 1). Demgegenüber muss jedoch betont werden, dass Hayeks Gesellschaftstheorie, die eine Anpassung an unbewusste Entwicklungen gesellschaftlicher Verhältnisse fordert, deren Dynamik auf einer fundamentalen Ungleichheit beruhten, quer liegt zu Smiths Theorie der unsichtbaren Hand, die auf einen revolutionären Bruch mit den auf Ungleichheit beruhenden gesellschaftlichen Verhältnissen des Merkantilismus zielte (vgl. Smith 1999, 347 ff.).

11 Inwiefern dieser säkulare soziale Fatalismus Hayeks weniger als Verlustgeschichte denn als Teil einer Ideologie gelesen werden kann, in der bestimmte liberale Kernanliegen durch Einbettung in eine de-politisierte Gesellschaftskonzeption wirkungsvoll gegen politische Gestaltungsansprüche abgeschirmt werden, wird im Folgenden systematisch dargelegt.

12 „The arguments concerning the spontaneous co-ordination of individual plans, and those relating to the evolutionary process by which the mechanism of such co-ordination is brought about, are two main components of Hayek's theory of spontaneous order. Together, they constitute what he describes as the 'twin ideas of evolution and spontaneous order'" (Petsoulas 2001, 4).

bürgerlichen Kapitalismus, dem „doux commerce" – eine Hoffnung, die auf einer aufgeklärten, utopisch gewendeten Vernunft gründete:

> Sie [die klassischen Liberalen, C. R.] bieten ein *rationales*, auf wenigen Prinzipien beruhendes, in sich konsistentes und vor allem auch normativ attraktives Erklärungsmodell für das Funktionieren moderner, durch Tauschprozesse freier und gleicher Produzenten und Anbieter auf Märkten strukturierter Gesellschaften (Asbach 2014, 22, Hervorhebung C. R.).

Hayeks Kritik an der Anmaßung von Vernunft im Allgemeinen und der Anmaßung politischer Vernunft in Besonderem, die sich gegen die Demokratie als ihrem prozessualen Ausdruck richtet, steht dieser Position diametral entgegen.

Das Erstaunen über die ideologische Komplexität von Hayeks Denken, so lässt sich insbesondere in Hinblick auf historisch vergleichende Studien feststellen, die seinen Abstand zum klassischen Liberalismus ausmessen, hat sich mittlerweile zu einer unbequemen Gewissheit gewandelt (vgl. u. a. Freeden 2006, 298 ff.). Was aber ist durch eine entsprechende Charakterisierung von Hayeks Denken als Bindestrich-Ideologie, d. h. als „konservativer Liberalismus" (Shklar 1957), „liberaler Evolutionismus" (Vanberg 1981) oder „Rechts-Libertarianismus" (Niesen 2009) gewonnen? Welchen historischen Entwicklungen, abgesehen von einer konservativen Weiterentwicklung des klassischen Liberalismus, verleiht eine solche Bezeichnung Ausdruck und worauf zielt sie?

An die eingangs geschilderten Beobachtungen anknüpfend, lässt sich die festgestellte Vielschichtigkeit in Hayeks Denken in ein Verhältnis zur historischen Marginalisierung des Wirtschaftsliberalismus spätestens seit den 1930er Jahren, aber auch zu Hayeks erheblichem Einfluss auf die Durchsetzung einer wirtschaftsliberalen Neuordnung in den 1970er Jahren setzen. Die Frage nach der Verbindung dieser Beobachtungen: der heterogenen inneren Logik, ihren historischen Triebkräften und der gesellschaftlichen Wirksamkeit von Hayeks Denken, stellt dabei in der Hayek-Forschung immer noch ein Desiderat dar. Im Folgenden soll es um die Ausleuchtung dieser Forschungslücke und die Präzisierung der Fragestellung gehen.

Dazu wird zunächst plausibel gemacht, inwiefern sich das in seiner Vielschichtigkeit einem Weltbild gleichkommende Denken Hayeks als Ideologie auffassen lässt, worunter hier in Anschluss an Stuart Hall eine auf hegemoniale Wirksamkeit ausgerichtete theoretische Konstellation verstanden wird. Auch innerhalb der Ideologietheorie zu Hayeks Denken betritt die vorliegende Arbeit mit dieser Perspektive Neuland. Eine solche Perspektive, so wird daran anschließend gezeigt, kann sich sowohl auf Hayeks Selbstverständnis als gesellschaftlich wirksamer Sozialtheoretiker stützen als auch auf die von ihm selbst formulierte Theorie ideologischer Einflussnahme.

In Anlehnung an den postmarxistischen Ideologiebegriff Stuart Halls, dessen Studien zur Durchsetzung des Neoliberalismus durch den englischen Thatcherismus Grundlagenwerke in der Erforschung neoliberaler Ideologie darstellen (vgl. Hall 1983; 1984; 1989; 2014a; 2014b), wird im Folgenden mit dem Begriff der Ideologie eine

„wahre", d. h. besonders zustimmungsfähige Konzeption bezeichnet.[13] Eine solche Perspektive ergänzt die klassische Auffassung von Ideologie als notwendig falschem Bewusstsein, die nach den materiellen Voraussetzungen dieses Bewusstseins fragt, um die Frage danach wie Ideologie gesellschaftlich wirksam wird. Die Zustimmung zu einer auf diese Art verstandenen Ideologie, so eine der Pointen von Hall, könne auch durch die Verbindung von zunächst inkohärent erscheinenden theoretischen Elementen erreicht werden (vgl. Hall 1989, 175 f.). Als fruchtbar erweist sich dieser Ideologiebegriff, weil sich mit ihm die unterschiedlichen Konzepte Hayeks, die sich mal dem Wirtschaftsliberalismus, mal dem Konservatismus zurechnen lassen, als theoretische Konstellation analysieren lassen, deren gesellschaftliche Wirkmächtigkeit sich auf einen spezifischen historischen Horizont bezieht. Über die textimmanente Analyse hinaus richtet diese Arbeit im zweiten Kapitel das Augenmerk deshalb auf den historischen Entstehungskontext von Hayeks politischem Denken, aus dem sich die spezifischen hegemonialen Herausforderungen seines Denkens rekonstruieren lassen. Während Hall mit seinem Ideologiebegriff auch den Erfolg des Thatcherismus bei unterschiedlichen Gruppen der englischen Gesellschaft analysierte, ist das Anliegen dieser Arbeit ein bescheideneres. Denn um eine spezifische Wirkungsgeschichte soll es hier nicht gehen. Ausgehend von der bereits skizzierten, in der Hayek-Forschung nicht kontroversen Feststellung von Hayeks ideologischem Einfluss geht es vielmehr darum, die innere Logik dieser Ideologie in Hinblick auf ihre hegemoniale Zielrichtung zu dechiffrieren.[14]

Da der Ideologiebegriff in der Erforschung von Hayeks Denken immer noch eine untergeordnete Rolle spielt, gilt es zunächst die Kontur dieses Begriffs am Forschungsstand dieser spezifischen Perspektive weiter zu schärfen.

Zu erläutern ist zunächst das Verhältnis des hier verwendeten Ideologiebegriffs zu dem sich real vollziehenden Prozess kapitalistischer Entwicklung. Zuletzt hat in Bezug auf diese Frage Matthias Spekker überzeugend dargelegt, inwiefern sich in Hayeks Konzept der spontanen Ordnung die Affirmation jenes naturwüchsigen kapitalistischen Prozesses der Verwertung des Werts erkennen lässt, den Marx als

---

13 In diesem Sinne sei die wichtigste Frage, so Hall, „die man an eine (...) Ideologie stellen muss, der es – wie unerwartet auch immer – gelungen ist, bedeutende Teile der Massen einzubinden und sie für politische Aktionen zu mobilisieren, (...) nicht, was *falsch* an ihr ist, sondern was *wahr* an ihr ist. Mit »wahr« meine ich nicht allgemein gültig wie ein Gesetz des Universalismus, sondern »einleuchtend«, was (...) der Ideologie gewöhnlich durchaus genügt" (Hall 1989, 189).

14 In Hinblick auf diesen Bezug zwischen Hayeks Denken und den großen Konjunkturverläufen des Wirtschaftsliberalismus ist es wichtig zu betonen, dass unter einer solchen Perspektive Hayeks Denken bzw. das Denken einer Gruppe von neoliberalen Intellektuellen nicht als alleinige Ursache für historisch sehr unterschiedlich verlaufende neoliberale Transformationsprozesse angesehen wird. Eine solche ideologistische, ja verschwörungstheoretische Perspektive verkennt die Rolle, die neben Ideen auch politische Kräfteverhältnisse, institutionelle Regime und nicht zuletzt auch die Entwicklung des Kapitalismus selbst in den Prozessen der Durchsetzung neoliberaler Gesellschaftsordnungen gespielt haben.

„automatisches Subjekt" analysiert hat (Spekker 2016, 292). Gerade in Hinblick auf die ideologische Komplexität von Hayeks Denken, das als „Legitimationsideologie" allerdings nicht, wie Spekker meint, „billig zu haben" ist (ebd.), sondern ein umfassendes Bild sozialer und politischer Ordnung zeichnet, stellt sich in dieser Arbeit die Frage nach den eigentümlichen Herrschaftslogiken, die die kapitalistische Form anonymer Herrschaft umfassen, ergänzen und stabilisieren.[15]

Zu den wenigen AutorInnen, die Hayeks Denken aus einer ideologietheoretischen Perspektive analysieren und dabei nicht allein auf dessen ökonomische Vorstellungen abheben, zählt Michael Freeden, der 1996 seine Studie zu Hayek mit den Worten einleitet: „The main justification for including Hayek in a study of modern ideologies is the increasing influence his writings have wielded in recent years" (Freeden 2006, 298). In seiner Studie fokussiert Freeden vor allem Hayeks Beitrag zur ideologischen Weiterentwicklung des Liberalismus: „The concepts of rationality and progress, so central to the liberal tradition, were extended by Hayek (...) to provide a battleground over the meaning of liberalism itself" (ebd., 299). Dieser Fokus auf inner-liberale Auseinandersetzungen, der in gewisser Hinsicht an Shklars Arbeit zum post-aufklärerischen Denken anschließt, spielt in der vorliegenden Arbeit nur insofern eine Rolle, als er das Verständnis für Hayeks Denken durch Kontrastierung mit anderen liberalen Positionen schärft. Demgegenüber wird im folgenden zweiten Kapitel stärker auf Hayeks Positionierung gegenüber einem allgemeineren historischen Trend zur Politisierung von Wirtschaft und Gesellschaft abgehoben, eine Politisierung, die Hayek für den Aufstieg des Totalitarismus verantwortlich macht und die den historischen Ansatzpunkt seines Denkens markiert. Diesen Ansatzpunkt verpasst auch Angelo Maiolino, der zuletzt eine größere Analyse über ‚Politische Kultur in Zeiten des Neoliberalismus' vorgelegt hat und sich dabei explizit in einer ideologietheoretischen Tradition verortet (vgl. Maiolino 2014, 133 ff.). Einen „neoliberalen Paradigmenwechsel" stellt Maiolino nämlich erst für das Ende der 1960er Jahre, d. h. seit der Krise des Keynesianismus, fest (ebd., 209 ff.). Dass sich das Denken Hayeks und anderer neoliberaler Intellektueller bereits eine Generation vorher entwickelt und deshalb auch durch andere Herausforderungen, d. h. zunächst durch eine Krise des Liberalismus, gekennzeichnet ist, entgeht Maoilino.

Ansätze zu einer ideologietheoretischen Rekonstruktion von Hayeks Denken, auf die im Folgenden Bezug genommen wird, finden sich zudem bei Hansgeorg Conert, der unter anderem darauf hinweist, dass unter Hayeks methodischem Blickwinkel soziale Macht und Herrschaft aus dem Blick geraten (vgl. Conert 2002, 285).

---

[15] Einen Eindruck von diesen Herrschaftslogiken vermittelt insbesondere die Theorie der spontanen Ordnung, die als traditionalistische Ordnung nicht nur eine Umgestaltung der Ökonomie, sondern auch andere Projekte gesellschaftlicher Emanzipation ausschließt, die auf der Möglichkeit einer Politisierung von Wirtschaft und Gesellschaft fußen.

Bisher liegt zur ideologischen Dimension von Hayeks Denken allerdings keine Monographie vor, und nur vereinzelt finden sich hierzu kleinere Beiträge.[16]

Mit dem Fokus auf die ideologische Verbindung, die bei Hayek konservative und wirtschaftsliberale Elemente in Hinblick auf eine umfassende hegemoniale Neuordnung der Gesellschaft eingehen, unterscheidet sich die vorliegende Arbeit von Ansätzen, die diese Neuordnung auf eine bestimmte Strategie der Intellektuellen-Organisation reduzieren (vgl. Walpen 2004, Nicoll 2012). Ausgehend von Gramscis Begriff von Hegemonie, in dem der Einfluss auf das Bewusstsein der Massen eine zentrale Rolle spielt (vgl. Becker et al. 2013, 110 ff.), beziehen sich diese Ansätze auf Überlegungen, die Hayek zur strategischen Bedeutung von Ideen und der Rolle von Intellektuellen anstellte (vgl. Hayek 1960). In dieser Hinsicht erklärt etwa Walpen: „Die wichtigste Figur für die MPS ist Friedrich August von Hayek. Mit ihm habe ich mich sehr intensiv beschäftigt, weil er der einflussreichste Intellektuelle des Neoliberalismus war, der eine implizite hegemoniale Orientierung und Strategie hatte" (Walpen 2004, 32). Eine solche Strategie erkennt Walpen in der Organisationsform der MPS als einem Netzwerk von Intellektuellen und Lobby-Organisationen, das auf die Formulierung und Transmission neoliberaler Ideen gerichtet sei (vgl. Walpen 2004, 92). Mit dieser These kann sich Walpen insbesondere auf Überlegungen Hayeks aus den 1930er und 40er Jahren stützen, in denen Hayek davon ausgeht, dass allgemeine und abstrakte Ideen, sogenannte „idees mères", besonderen Einfluss auf gesellschaftlichen Wandel hätten (vgl. Hayek 1960, 379). Hayeks Feststellung, dass die Wirkung solcher Ideen, die erst durch Vermittlung intellektueller Funktionsträger in die Gesellschaft einsickerten, mit einer Verzögerung von zwei bis drei Generationen eintrete, wurde als hellsichtige Vorwegnahme der politischen Durchsetzung des Neoliberalismus Ende der 1970er Jahre gewertet.[17]

Obwohl die Analyse von Hayeks Beitrag zur Organisationsgeschichte des Neoliberalismus ein unverzichtbares Puzzleteil einer Wirkungsgeschichte neoliberaler Hegemonie darstellt, blendet dieser Ansatz den *Inhalt* der Ideen, denen Hayek zur Durchsetzung verhelfen wollte, weitestgehend aus. Das Ergebnis ist die Reduzierung von Hayeks komplexer ideologischer Position auf „Ökonomismus", „Marktfundamentalismus" und „Individualismus", die, wie bereits gezeigt, lediglich die wirtschaftsliberalen Aspekte seines Denkens abbilden.

---

16 Hinzuweisen wäre hier etwa noch auf Jan Rehmann, der in seiner ‚Einführung in die Ideologietheorie' mit einer „symptomalen Analyse" versucht, in Hayeks Denken Widersprüche neoliberaler Ideologie aufzudecken (vgl. Rehmann 2008, 169–189).

17 Hayeks Analyse der gesellschaftlichen Wirkung von Ideen liegt eine Unterscheidung zweier Kategorien von Intellektuellen zu Grunde: den sogenannten „original thinkers", die zuständig seien für weitreichende intellektuelle Innovationen, und den „second hand dealers of ideas", die diese Innovationen in ihre professionelle Arbeit integrierten (vgl. Hayek 1960, 371). An dieser Unterscheidung deuten sich bereits die konservativ-elitären Züge an, die neben seiner Theorie des Wettbewerbs (vgl. Kap. 4.5) auch seine Theorie demokratischer Repräsentation (vgl. Kap. 5.4.1) prägen.

Eine an Hall orientierte ideologietheoretische Analyse von Hayeks Denken kann sich, wie bereits angedeutet, zunächst auf Hayeks Selbstverständnis als interessierter und gesellschaftlich wirksamer Sozialtheoretiker stützen. In seiner 1933 gehaltenen Antrittsvorlesung ‚The Trend of Economic Thinking' an der London School of Economics, die seinen Übergang vom Fachökonom zum interdisziplinär arbeitenden Sozialtheoretiker und gleichzeitig den Ausgangspunkt seiner ideologischen Wende markiert (vgl. Kap. 2), verleiht Hayek diesem Selbstverständnis erstmals Ausdruck. Grundlage dieses Selbstverständnisses ist seine Annahme, dass ein Interesse an gesellschaftlichem Einfluss der Wesenszug jeder Form von Ökonomie und als solche Ausdruck eines parteilich-engagierten Verhältnisses zu den untersuchten Gegenständen sei:

> It is probably true that economic analysis has never been the product of detached intellectual curiosity about the why of social phenomena, but of an intense urge to reconstruct a world which gives rise to profound dissatisfaction. This (...) is true of the phylogenesis of economics as of the ontogenesis of probably every economist (Hayek 1991b, 19).

Hayeks Antrittsvorlesung bietet deshalb wie nahezu alle seine nachfolgenden sozialtheoretischen Texte eine konsequente Positionierung, mit der er sich von wirtschafts- und gesellschaftspolitischen „Planern" jeglicher politischer Lager distanziert und für eine Rückbesinnung auf bestimmte wirtschaftsliberale Ideen plädiert. Diese Ideen – wie Smiths Idee der unsichtbaren Hand – bedürften allerdings einer Ergänzung und Neuformulierung, um in der Gegenwart wirksam zu werden (vgl. ebd., 26 f.).

Auch Hayeks Bild von der Geschichtswissenschaft, das er zwanzig Jahre später in der Einleitung für einen Sammelband mit dem Titel ‚Capitalism and the Historians' entwarf, spiegelt sein Selbstverständnis als engagierter Theoretiker (vgl. ebd., 56 ff.). In dem Bewusstsein, der herrschenden Lehrmeinung ein neues Bild von einer für die Arbeiterklasse ausgesprochen positiv verlaufenen Frühphase des englischen Kapitalismus zu präsentieren, stellt Hayek seine Form der Geschichtsschreibung als „interpretation in the light of definite values" dar (ebd., 202). Während jede Epoche zu eigenen Interpretationen der Geschichte gelange, sei es notwendig, diese Interpretationen auch bewusst auf das untersuchte Material zu übertragen. Aus dieser Rolle des Historikers leitet Hayek seine Wirksamkeit ab: „In the indirect and circuitous process, by which political ideas reach the general public the historian holds a key position" (ebd., 204). Entscheidend für den Einfluss auf seine Gegenwart hält Hayek dabei wie bei seiner Antrittsvorlesung eine Neu-Konzeption des Wirtschaftsliberalismus. Im Anschluss an die Historiker der englischen Whigs gelte es, den Kapitalismus und die ihn tragenden wirtschaftsliberalen Ideen als unbewusst gewachsene Strukturen zu begreifen (ebd., 207 f.).

Dieses Selbstverständnis als gesellschaftlich wirksamer Intellektueller prägt Hayeks gesamtes politisches Werk. Angefangen mit seiner Londoner Antrittsvorlesung und den folgenden Beiträgen zur Kritik an der Planwirtschaft (Hayek 1952, 156 ff.), danach mit seiner ersten antitotalitären Broschüre ‚Freedom and the Economic System' (Hayek 2012), sodann mit der Formulierung seiner individualistisch-antirationalen Sozialtheorie und deren ideengeschichtlicher Rekonstruktion in ‚Miss-brauch und Verfall der Vernunft' (Hayek 1979), dann seinem antitotalitären Bestseller ‚Der Weg zur Knechtschaft' (Hayek 2004) sowie seiner ersten Darstellung einer neuen Gesellschaftsordnung in ‚Die Verfassung der Freiheit' (Hayek 1991a), deren Ergän-zung in Aufsätzen der Sammelbände ‚Individualismus und wirtschaftliche Ordnung' (Hayek 1952), ‚Freiburger Studien' (Hayek 1969) und ‚Die Anmaßung von Wissen' (Hayek 1996) und schließlich deren umfassender Neudarstellung in den drei Bänden von ‚Recht, Gesetzgebung und Freiheit' (Hayek 1986; 1981a; 1981b) lässt sich Hayeks Positionierung für einen wirtschaftlich verstandenen Liberalismus nachvollziehen, dessen Durchsetzung und Stabilität auf einer Neukonzeption des Sozialen beruht.

Als erster Hinweis auf die im nächsten Kapitel genauer nachgezeichneten Hinter-gründe dieser Neukonzeption seit den frühen 1930er Jahren genügt an dieser Stelle, dass Hayeks Selbstverständnis als gesellschaftlich wirksamer Sozialtheoretiker auf einer Theorie der Geschichte ruht, die einen historischen Verfall des Liberalismus konstatiert. Dessen Tiefpunkt beschreibt Hayek in einem Lexikonbeitrag folgender-maßen:

> Obwohl einige ältere europäische Staatsmänner und andere Führungspersönlichkeiten nach dem Ersten Weltkrieg sich in praktischen Angelegenheiten immer noch von grundsätzlich libe-ralen Ansichten leiten ließen und auch zunächst versucht wurde, die politischen und wirtschaft-lichen Institutionen der Vorkriegszeit wiederherzustellen, brachten verschiedene Umstände es mit sich, daß der Einfluss des Liberalismus bis zum Zweiten Weltkrieg ständig abnahm (Hayek 1996, 227).

Hayeks Analyse dieses Verfalls geht dabei entsprechend seines konservativen Credos vom Umschlag einer ehemals unbewussten Entwicklung von Geist, Moral und Gesell-schaft in die Herrschaft eines Rationalismus aus, der sich politisch in der vollständi-gen Unterwerfung der Gesellschaft unter den totalitären Planstaat vollende. Hayeks Positionierung gegenüber diesem rationalistisch gedeuteten Totalitarismus bedient sich dabei aus dem ideologischen Arsenal von Gegenaufklärung und konservativer Revolutionskritik: aus Edmund Burkes Kritik der Französischen Revolution, aus Friedrich Carl von Savignys Kritik der französischen Rechtswissenschaften und aus der anti-sozialistischen Wendung dieser Kritik bei dem Begründer der Österreichi-schen Schule der Nationalökonomie, Carl Menger. „Aus diesen Traditionen", so der Gesellschaftstheoretiker Gerhard Stapelfeldt, „ergibt sich (…) warum der neoliberalen Theorie Hayeks die ökonomische Theorie weitgehend zu fehlen scheint, warum diese Theorie allererst als Theorie der Geschichte, des Rechts und des Staates auftritt" (vgl. Stapelfeldt 2009, 123).[18] Dieser sozialtheoretischen Neuorientierung, die, wie noch

---

18 Bezüglich dieser strategischen Zielrichtung lässt sich Hayeks Denken deshalb auch als „reaktio-näres" Denken beschreiben (vgl. Robin 2011).

zu zeigen sein wird, die Ökonomie aus Hayeks Denken nicht gänzlich verschwinden lässt, sondern durch eine Theorie des Wissens ergänzt und transformiert, wird in den Kapiteln drei bis sechs anhand zentraler Ideologeme genauer nachgegangen.

Hayeks explizit formuliertes Interesse an gesellschaftlicher Wirksamkeit spielt in der Rezeption seines Werks auch dort eine wichtige Rolle, wo diesem Interesse nicht im Rahmen einer ideologietheoretischen Perspektive nachgegangen wird.[19] So betont Roland Kley, der neben Gray eine der bislang umfangreichsten Analysen von Hayeks politischem Denken vorgelegt hat, dessen ideologisch kontroversen Charakter, der in der Rezeption zu entsprechenden Reaktionen geführt habe (vgl. Kley 1994, 17). Gamble spricht gar von zwei intellektuellen Persönlichkeiten, dem Wissenschaftler und dem Ideologen Hayek, deren Vereinigung je nach politischer Konjunktur mal von Nachteil, mal von Vorteil für die Auseinandersetzung mit – und die Verbreitung von – seinen Ideen gewesen sei (vgl. Gamble 1996, 1 ff.):[20]

> From a position of great isolation and apparent irrelevance in the 1940s, he found himself thirty years later the acknowledged leader of the new political orthodoxy, the intellectual guide of prime ministers and presidents, the icon of a rapidly growing worldwide political movement,

---

19 Für einen Überblick über die Rezeptionsgeschichte Hayeks in Deutschland und in ausgewählten internationalen Debatten vgl. vor allem Iris Karabelas (2010). In Bezug auf den hier verfolgten Ansatz einer ideologietheoretischen Rekonstruktion von Hayeks Denken ist insbesondere in Hinblick auf die theoretische Komplexität seines Denkens die Rezeption im englischsprachigen Raum von besonderer Bedeutung. Die Klassiker dieses Genres bilden die Arbeiten Norman P. Barrys (1979) und John Grays (1995), die ebenso wie Chandran Kukathas (1989) Hayeks Denken vor allem in der Tradition des Liberalismus verorten. Dem gegenüber stehen einige Arbeiten, die das Gesamtwerk Hayeks stärker dem Konservatismus zuordnen (Gissurarson 1987). Seit den 1990er Jahren erschienen zudem auch im deutschsprachigen Raum einige umfassende Würdigungen von Hayeks politischem Denken. Aus einer verfassungsökonomischen Perspektive, die dem Ansatz des Ordoliberalismus verpflichtet ist, liegt eine Untersuchung vor, die Ingo Pies (2003) Hayeks „konstitutionellem Liberalismus" gewidmet hat. Aus einer noch stärker rechtstheoretischen Perspektive hat zudem Jens Petersen (2014) eine umfassende Arbeit vorgelegt. Ebenso wie die ersten auf eine erschöpfende Deutung angelegten deutschsprachigen Analysen, die von Reinhard Zintl (1983) und Christoph Zeitler (1995) stammen, betonen diese Arbeiten in verschiedenen Schattierungen besonders das wirtschaftsliberale bzw. individualistische Element in Hayeks politischem Denken. Die Verbindung dieser Aspekte mit den im folgenden Kapitel noch genauer untersuchten traditionalistischen Elementen seiner Gesellschaftskonzeption bleibt dabei weitestgehend unbeachtet. Daneben ist mittlerweile eine Großzahl von Studien erschienen, die sich aus einer bestimmten Fachperspektive Hayeks Denken widmen. Auf diese Studien wird genauer in den jeweilig thematisch spezifischen Kapiteln dieser Arbeit eingegangen. Eine aktuelle Bibliographie internationaler Sekundärliteratur, die sich mit Hayek nicht nur aus politiktheoretischer Perspektive befasst, findet sich unter https://www.wikiberal.org/wiki/Friedrich_August_von_Hayek_ (Litt%C3%A9rature_secondaire_en_anglais).
20 Gamble erklärt zwar, wie wichtig es sei, die ideologischen Anliegen Hayeks von seinen sozialtheoretischen Einsichten zu trennen, unterstreicht dann jedoch die starke gegenseitige Abhängigkeit: Hayeks Theorie der Funktionsweise moderner Gesellschaft sei durch seine Bemühungen um eine Kritik am Sozialismus entstanden (vgl. Gamble 1996, 24).

and the recipient of numerous honours, including the Nobel Price for Economics and the Companion of Honour (ebd., 10).

Ein weiterer Wandel in der Auseinandersetzung mit dem ideologisch profilierten Denken Hayeks, die auch die Gegenwart prägt, entstand dabei in Reaktion auf die Durchsetzung des Neoliberalismus seit den 1970er Jahren. In Bezug auf diese Transformation, die Milton Friedman in Abgrenzung zu jeder sozialistischen Alternative noch vereinheitlichend als „neoliberale Konterrevolution" bezeichnete, ist insbesondere aus hegemonietheoretischer Perspektive auf ein Ensemble ganz unterschiedlicher Transformationen bzw. „hegemonialer Konstellationen" verwiesen worden (Plehwe et al. 2006, 2ff; Robison 2006). Unter dieser Perspektive, die die Besonderheiten und Interdependenzen von je unterschiedlichen politischen Systemen und ihren spezifischen sozialen Kräfte- und Diskursverhältnissen betont, um konkrete Strategien neoliberaler Hegemonie nachzuvollziehen, wird meist von einer Pluralität unterschiedlicher „Neoliberalismen" gesprochen.[21] Es ist deshalb keine Überraschung, wenn HegemonietheoretikerInnen wie Richard Robison auch von einer Pluralität neoliberaler Ideologien ausgehen. Während eine seit den 1990er Jahren popularisierte Kritik des Neoliberalismus vor allem dessen desintegrative Wirkungen: seine naive Staatsfeindschaft, einen übersteigerten Individualismus und Marktökonomismus betonte (vgl. Bourdieu 1998; 2001), erkennen Robison und andere TheoretikerInnen ein zentrales Anliegen neoliberaler Ideologien in der Suche nach einer

---

21 Gegen ein vereinheitlichendes und dadurch simplifizierendes Verständnis neoliberaler Ideologie wehrt sich unter anderem Serge Audier: „Ce pluriel [des néo-libéralismes] n'a rien réthorique: il est à prendre sérieux et à saisir sous plusieurs angles pour éviter les vues simplistes qui ont jusqu'ici prédominé quant a la l'essence supposée du néo-liberalisme" (Audier 2012, 56). Diese Einschätzung teilt auch Ralf Ptak: „Insgesamt stellt der Neoliberalismus (…) eine durchaus heterogene internationale Richtung der Wirtschafts- und Gesellschaftstheorie dar, deren verbindendes Ziel, eine zeitgemäße Legitimation für eine marktwirtschaftlich dominierte Gesellschaft zu entwerfen und durchzusetzen, unter verschiedenen politischen und ökonomischen Bedingungen verfolgt wurde und wird" (Ptak 2004, 15). Eine erste Darstellung der je unterschiedlichen Entstehungskontexte des Neoliberalismus findet sich bereits 1961 bei Nawroth, dessen Studie über ‚Die Sozial- und Wirtschaftsphilosophie des Neoliberalismus' zwar auf den deutschen Kontext beschränkt bleibt, die Pluralität unterschiedlicher Ansätze aber schon zu diesem Zeitpunkt eindrucksvoll vergegenwärtigt (Nawroth 1961, 5 f.). Der von Nawroth nahegelegte national-komparative Ansatz bestimmt auch die heutige Ideengeschichtsschreibung des Neoliberalismus (vgl. vor allem Mirowski/ Plehwe 2009 und Plickert 2008).
Die Begriffs- und Theoriegeschichte des Neoliberalismus kann insgesamt als junges Forschungsfeld bezeichnet werden. Noch vor zehn Jahren konnte dabei Bernhard Walpen, profunder Kenner der neoliberalen Ideologie- und Organisationsgeschichte, erklären: „Neben »Globalisierung« hat der Begriff »Neoliberalismus« Hochkonjunktur. Erstaunlich ist jedoch, wie wenig seine Geschichte – sowohl von seinen Anhängern als auch seinen Gegnern – erforscht wurde und wird" (Walpen 2000, 1066). Diese Einschätzung hat sich vor allem mit Blick auf die Studien von Wegmann (2002), Turner (2008a), Plickert (2008), Mirowski / Plehwe (2009) und Audier (2012) mittlerweile überholt.

wirksamen Einbettung, der „ideal shell" dieser neoliberalen Kernanliegen:[22] „Neoliberalism was to be more than just a reincarnation of laissez faire sentiment or the simple idea of an inherent efficiency of markets" (Robison 2006, 4).[23] Dass Hayeks Denken, das aus der Erfahrung einer Krise des Wirtschaftsliberalismus den Impuls zu einer Neukonzeption gewinnt, dieser hegemonialen Perspektive verpflichtet ist, wird im Folgenden genauer zu zeigen sein.

Seit Mitte der 1990er Jahre formierte sich eine Reihe von Bewegungen, Organisationen und Diskursen, die sich kritisch gegenüber neoliberalen Ideologien wie der Hayeks positionierten (vgl. Brand 2005).[24] Solche ablehnenden oder zumindest ambivalenten Positionen zeigten sich zuletzt auch in Reaktion auf die seit 2007 um sich greifende Finanz-, Schulden- und Wirtschaftskrise, die sich mittlerweile zur „Vielfachkrise"[25] entwickelt hat. Vor diesem Hintergrund erscheint die ideologische Parteilichkeit Hayeks aufs Neue von – mittlerweile zumeist kritischem – Interesse. Wie auf kaum eine andere Autorin oder einen anderen Autor wird auf Hayek zurückgegriffen, wenn es um die Frage geht, welcher Logik die in den 1970er Jahren popularisierten und häufig alternativlos erscheinenden neoliberalen Politikansätze folgen, die nicht nur in der Krise selbst, sondern auch in den Ansätzen ihrer Lösung zu Tage treten (vgl. zuletzt Streeck 2012, S. 157 ff.). Da der Hintergrund dieser Arbeiten häufig ein sehr konkret-praktischer ist, verwundert nicht, dass sich diese Analysen meist auf einzelne Aspekte seines Denkens beschränken, während dessen ideologisch komplexe Anlage in den Hintergrund rückt.

Wenn im Folgenden Hayeks politisches Denken untersucht wird, dann ist auch diese Untersuchung kein „product of detached intellectual curiosity" (s. o.), sondern Ausdruck von Krisenerfahrungen im neoliberalen Spätkapitalismus. Die ideologi-

---

22 Für einige neoliberale DenkerInnen trifft die Kritik an einem individualistischen und ökonomistischen Reduktionismus durchaus zu: hierbei wäre unter anderem auf Ludwig Mises und eine seine wichtigsten SchülerInnen, Ayn Rand, zu verweisen.

23 Eine zentrale Frage bezüglich der Neueinbettung wirtschaftsliberaler Ideen in neoliberaler Ideologie ist die Frage nach dem Umgang mit der sozialen Massendemokratie. Für Robison ergibt sich diese Frage aus der Beobachtung, dass im Gegensatz zu der durch den Eigentumszensus beschränkten Demokratie des 19. Jahrhunderts die moderne Massendemokratie und die sich aus ihr ergebenden Forderungen nach sozialer Teilhabe eine große Gefahr für deregulierte Märkte darstellten (vgl. Robison 2006, XII). Im fünften Kapitel wird daher genauer auf Hayeks demokratietheoretisches Denken eingegangen.

24 Zu nennen wären hier unter anderem die zapatistischen Aufstände in Mexiko seit 1994, die für die Problematisierung neoliberaler Transformationsprojekte eine wichtige Rolle gespielt haben, ebenso wie verschiedene globalisierungskritische Proteste.

25 Der Begriff der „Vielfachkrise" kennzeichnet eine Pluralität verschränkter Krisenfelder. Dadurch wird eine Krisendynamik beschreibbar, die sich nicht nur auf das Feld der (Finanz-)Ökonomie bezieht, sondern mit Krisen des Sozialen, der Ökologie und der Demokratie interagiert, die ebenso Ausdruck der spezifischen Vergesellschaftungsform des neoliberalen Kapitalismus sind (vgl. Demirović et al. 2011).

sche Dimension, die dabei in den Blick genommen wird, um nicht nur die historische Durchsetzung des Neoliberalismus, sondern auch „das befremdliche Überleben des Neoliberalismus" (Crouch 2011), den „Resilient liberalism" (Schmidt / Thatcher 2013) in der gegenwärtigen Krise verständlicher zu machen, bezieht die theoretische Komplexität seines Denkens explizit in die Analyse mit ein.[26] Statt wie etwa Gamble von einer Trennbarkeit von „Wissenschaft" und „Ideologie" auszugehen (vgl. Gamble 1996, 21 ff.), wird gezeigt, dass erst Hayeks theoretische Arbeiten auf so unterschiedlichen Fachgebieten wie dem Recht, der Ökonomie, der Demokratie oder der Geschichte die Konstruktion einer wirksamen Ideologie ermöglichten.

Im zweiten Kapitel wird dazu zunächst die Genese von Hayeks ideologischem Denken zurückverfolgt und in den Kontext einer hegemonialen Ausrichtung des sich formierenden frühen Neoliberalismus gestellt. Die anschließende Untersuchung zentraler Ideologeme in den Kapiteln drei bis sechs folgt dabei keiner Chronologie der Entwicklung von Hayeks Denken. Grundlage dieser Darstellung ist vielmehr die im zweiten Kapitel begründete Annahme, dass der ideologietheoretisch wichtigste Entwicklungsschritt Hayeks eine Wende darstellt, durch die sein ökonomisches Forschungsprogramm, das er bis in die 1930er/1940er Jahre verfolgte, durch ein komplexes sozialtheoretisches Denken ersetzt wird. Das verbindende Element dieses Komplexes bildet die schon erwähnte Idee spontaner Ordnung, um deren Ausformulierung Hayek bis zu seinem Lebensende gerungen hat. Ideologietheoretisch, so die zentrale analytische These dieser Arbeit, läuft die Logik spontaner Ordnung auf eine Logik der De-Politisierung von Wirtschaft und Gesellschaft hinaus.

Dieser de-politisierten Ideologie wird im dritten Kapitel zunächst anhand von Hayeks Begriff des Rechts als Synthese liberaler Rechtsstaatlichkeit und einer konservativ-traditionalistischen Konzeption des Common Law nachgegangen. Insbesondere für Hayeks Ideal liberaler Ordnung, die für ihn der Ausdruck eines ordnungspolitisch aktiven Staates ist, der die Passivität des Laissez-Faire überwindet, spielt das Recht eine tragende Rolle. Das Recht, das in Hayeks Konzeption die Geltung marktwirtschaftlicher Grundrechte mit der Autorität traditioneller Regeln eines „gewachsenen Rechts" verbindet, kennzeichnet dabei vor allem eine normative Unverfügbarkeit, die sich einerseits gegen jeden Anspruch auf soziale Gerechtigkeit, andererseits aber entgegen Hayeks eigenen Intentionen auch gegen eine Aufladung mit liberalen Prinzipien richtet.

---

26 Crouch rekurriert zur Erklärung dieses Überlebens vor allen Dingen auf den Einfluss von Großunternehmen, die einen Prozess der Ent-Demokratisierung begleiten, den Crouch im Begriff der ‚Postdemokratie' auf eine griffige Formel gebracht hat. Der Verdacht einer solchen Form der Elitenherrschaft wird in der vorliegenden Arbeit nicht weiter verfolgt. Stattdessen wird davon ausgegangen, dass der Neoliberalismus ideologische Attraktivität auch für große Bevölkerungsteile zu generieren in der Lage ist, die auf demokratischem Weg Einfluss auf die Durchsetzung neoliberaler Ordnung nehmen.

Erst mit dem Gelten dieser spezifischen Form des Rechts und anderer de-politisierter Institutionen, so wird im vierten Kapitel deutlich, entsteht nach Hayek eine spontane ökonomische Ordnung. Für diese Ordnung, die seinem Begriff von Ökonomie als einem Prozess entspricht, der sich jeder kognitiven Verfügbarkeit entzieht, verwendet Hayek den Begriff der ‚Katallaxie‘. Die Relevanz dieser marktwirtschaftlich-deregulierten Ordnung für Hayeks Gesamtkonzeption liberaler Ordnung muss an dieser Stelle nicht weiter begründet werden: privatwirtschaftliche Produktion und marktwirtschaftlicher Tausch bilden für Hayek die wichtigste Sphäre gesellschaftlicher Interaktion und persönlicher Selbstverwirklichung. Die ideologische Relevanz von Hayeks Konzept der Katallaxie, so wird aus der Analyse deutlich, bezieht sich vor allem auf ihre kognitive Unverfügbarkeit bzw. Komplexität, die jeden sozial- oder wirtschaftspolitischen Eingriff als eine „Anmaßung von Wissen" unmöglich erscheinen lässt.[27]

Im fünften Kapitel wird Hayeks Begriff der Demokratie bzw. „Demarchie" als Herrschaft unbewusster gesellschaftlicher Konventionen analysiert. Auf der Ebene politischer Subjektivität ist diese Form der Herrschaft mit einem Plädoyer für Disziplin verbunden. Auf der Ebene der Verfassung nimmt Hayek eine Ent-Demokratisierung in Kauf, die aus einer weitgehenden Entkopplung der Legislativkammer vom Einfluss der Wahlbevölkerung resultiert. Die Möglichkeiten, die Hayek in der vollständigen Suspendierung demokratischer Teilhabe in Fällen von interventionistischen „Störungen" in die Katallaxie sieht, verweisen zudem auf jene Option zur Durchsetzung marktwirtschaftlicher Ordnung, die in seinem politischen Denken für jene Fälle reserviert bleibt, in denen sich durch Ideologie nicht mehr genug Zustimmungsfähigkeit sichern lässt: die Option der Diktatur.

Im sechsten Kapitel wird zuletzt die ideologische Dimension von Hayeks Begriff der Geschichte analysiert. Ausgehend von seinen Überlegungen zur Methodologie der Nationalökonomie und der Sozialwissenschaften im Allgemeinen wird dabei deutlich, dass Hayeks Auffassung von Geschichte durch eine besondere Form von Enthistorisierung geprägt ist. Dem methodologischen Individualismus Mengers folgend betrachtet Hayek den Menschen als homo oeconomicus, ergänzt diese überhistorisch-anthropologische Perspektive jedoch um die Idee einer spontanen Entwicklung der Gesellschaft, die den Menschen zum Objekt einer unbewussten Entwicklung der Geschichte macht. Die in dieser Degradierung des Menschen zum Objekt der Geschichte angelegte Form der De-Politisierung kommt auch in Hayeks manichäischer Rekonstruktion der gesamten politischen Ideengeschichte als Konfrontation zweier Weltsichten zum Ausdruck, über die hinaus für ihn kein Denken möglich ist.

---

27 Die methodische Fruchtbarkeit einer ideologietheoretischen Perspektive lässt sich beispielhaft an dem unverborgen positiven Bezug Hayeks auf ökonomische und soziale Ungleichheit begründen. Ideologisch zustimmungsfähig, so wird vor allem im dritten Kapitel deutlich, wird diese Konzeption erst als radikal de-politisierte Ordnung bzw. „Marktschicksal" (Rehmann 2008, 182 ff.).

Insbesondere durch sein geschichtliches Denken, so wird dabei deutlich, unterscheidet sich Hayek von den klassischen Liberalen und ihrer Konzeption eines „utopischen Kapitalismus" (vgl. Rosanvallon 1999). Denn im Gegensatz zu deren Ausrichtung auf einen revolutionären Bruch mit den Herrschaftsverhältnissen der merkantilistisch-ständischen Vergangenheit ist Hayeks Denken auf den Anschluss an eine wirtschaftsliberale Tradition gerichtet. Mit seiner Absage an jede Form der Politisierung, die auf eine Um- bzw. Neugestaltung gesellschaftlicher Verhältnisse zielt, richtet sich Hayek somit gegen die reformistischen und radikalen Erben des klassischen Liberalismus und – unintendiert – gegen diese Tradition selbst.

2 Zur historischen Genese von Hayeks ideologischer Wende

Einleitend wurde dargelegt, inwiefern sich aus ideologietheoretischer Perspektive die Frage nach dem Zusammenhang von Hayeks thematisch wie ideologisch komplexem Denken und der Geschichte der gesellschaftlichen Marginalisierung und späteren Durchsetzung des Wirtschaftsliberalismus im 20. Jahrhundert stellt. Aus diesem Erkenntnisinteresse wird Hayeks Denken weniger als eine Form politischer Philosophie aufgefasst, die ein logisch möglichst kohärentes Gedankengebäude zu erbauen sucht, das für alle Zeit Gültigkeit beansprucht, denn als Ausdruck historisch situierter Auseinandersetzungen um Hegemonie. Ohne Zweifel: auch Hayek befindet sich in einem imaginären Gespräch mit den Klassikern der politischen Ideengeschichte von Platon bis zu M. Polanyi, um lang debattierte Fragen nach dem, was etwa Recht, Freiheit oder Erkenntnis seien. Dieses Gespräch erhält deshalb auch in dieser Arbeit Aufmerksamkeit.[1] Schon die Auswahl der von ihm gestellten Fragen verweist jedoch auf den Zeitkern seines Denkens. Ein ideologietheoretischer Zugriff auf Hayeks Denken, der diesen Zeitkern in den Blick nimmt, unterscheidet sich gleichzeitig von den Ansätzen der sogenannten ‚Cambridge School of Historiography‘, die wesentlich durch die Arbeiten von Quentin Skinner und John G. A. Pocock geprägt sind und politisches Denken aus dem Wechselspiel eines historisch situierten konventionellen Kommunikationszusammenhangs und den intentionalen Sprechakten einzelner Autoren rekonstruieren (vgl. Mulsow / Mahler 2010). Dem unmittelbaren historischen Kontext politischen Denkens wird aus dieser Perspektive hohe Relevanz zugesprochen: Hayeks Umdeutung eines Ende der 1930er Jahre dominierenden wirtschaftspolitischen Planungsbegriffs in die Planung einer liberalen Rechtsordnung bzw. eines „liberal plan" (vgl. Hayek 2012, 9) verdeutlicht die Fruchtbarkeit einer solchen Perspektive, die in dieser Arbeit immer wieder zur Geltung kommt (vgl. Kap. 3.1 – 3.2).

Ein Nachteil der Cambridge School besteht jedoch in der Reduktion der historischen Kontexte politischen Denkens auf sprachliche Kontexte (Asbach 2002, 655 ff.).[2]

---

1 Als Beispiel für die Fruchtbarkeit einer Perspektive, die das philosophische Gespräch zwischen Hayek und verschiedenen Klassikern der Ideengeschichte rekonstruiert, sei auf Kley (1994) und Gray (1995) verwiesen. Auf die Grenzen einer solchen Perspektive, die die ideologische Komplexität in Hayeks Denken meist als logische Inkohärenz begreift, wurde einleitend bereits hingewiesen.
2 Einen methodisch blinden Fleck der Cambridge School, den die vorliegende Arbeit in Bezug auf das politische Denken Hayeks zu vermeiden sucht, hebt Asbach besonders hervor: „Um den spezifischen Gehalt und die Bedeutung, das Besondere und das Neue politischer Ideen und Theorien und ihre Verwendung in diskursiven Zusammenhängen zu erfassen, ist (…) das Begreifen des historischen und gesellschaftlichen Zusammenhangs, innerhalb dessen sie entwickelt wurden [, unverzichtbar]" (Asbach 2002, 658). Erst eine Theorie, die das Wechselspiel zwischen Texten und gesellschaftlichen Zusammenhängen aufklärt, ermögliche, so Asbach, eine Antwort auf die Frage, warum Texte überhaupt entstehen (ebd., 660). Gerade mit Blick auf die Frage, warum in der Zeit um 1930 neoliberales Denken

https://doi.org/10.1515/9783110571363-002

Demgegenüber lohnt sich in Anschluss an die Hegemonietheorie Gramscis bzw. Halls der Blick über die Ebene von sprachlichen Kontexten hinaus auf Strukturveränderungen der politischen Ökonomie und der gesellschaftlichen Kräfteverhältnisse, die unter dem Einfluss der Weltwirtschaftskrise 1929/30 eine besondere Dynamik entfalteten. Für Hayek als profiliertem Vertreter eines wirtschaftsliberalen Hegemonieprojektes stellte diese krisenhafte Dynamik – die Durchsetzung des Staatsinterventionismus – große Herausforderungen dar. Erst vor diesem Hintergrund, so die methodisch leitende Annahme dieser Arbeit, lässt sich die Konstellation verstehen, in der sich bei Hayek seit den 1930er Jahren wirtschaftsliberale Elemente mit einer umfassenden Neukonzeption des Sozialen zu einer de-politisierten Ideologie verbanden. Es wird im Folgenden daher zunächst darum gehen, der Genese dieser ideologischen Konstellation in Hayeks Denken biographisch auf die Spur zu kommen, um diese Spur anschließend in einem größeren Kontext hegemonialer Herausforderungen des frühen neoliberalen Denkens zu deuten.

Mit diesem Fokus auf die historische Genese von Hayeks Denken verlässt die vorliegende Arbeit eine populäre Lesart neoliberalen Denkens, die dieses als rein ökonomisch begründeten Marktfundamentalismus deutet. Denn in einer solchen Lesart verliert der Neoliberalismusbegriff seine historische Schärfe und wird zu einem „grab bag for ideas based on the fundamentalist notion that markets are self-correcting, allocate resources and serve the public interest well" (Stiglitz 2008). Heraus kommt ein Begriff, der die Konturen des klassischen englischen Wirtschaftsliberalismus des 18. Jahrhunderts, der Laissez-Faire Schule des 19. Jahrhunderts und der verschiedensten Spielarten des Neoliberalismus und Libertarianismus des 20. Jahrhunderts verschwimmen lässt (vgl. Amable 2011, 3 f.). Die Gleichsetzung von Neoliberalismus und Marktfundamentalismus lässt sich dabei in den meisten Fällen einer in den 1990er Jahren popularisierten Kritik an der Einseitigkeit neoliberaler Politikansätze und ihrer zu Grunde liegenden ökonomistischen Rationalität zuordnen. Indem diese Kritik – nicht zu Unrecht – auf die gesellschaftlich desintegrierende Wirkung von Privatisierungs- und Deregulierungsprogrammen als wirtschaftspolitischem Allheilmittel fokussiert, wird meist auch neoliberalen DenkerInnen ein ökonomischer Reduktionismus unterstellt, der den sozialen und politischen Aspekten menschlichen Lebens zu wenig Aufmerksamkeit schenke (vgl. u. a. Bourdieu 1998, 2001, Leghissa 2014).[3] Dass ein solcher Begriff des Neoliberalismus allerdings nicht nur eine historische

---

wie das Hayeks auf eine Erneuerung des klassischen Liberalismus zielte, scheint eine Perspektive, die über die Ebene von Texten hinausblickt, fruchtbar.

3 Nach Bourdieu geht es dem Neoliberalismus darum, „im Namen einer ebenso verengten wie unbeirrbaren, nämlich der individualistischen Auffassung von Rationalität, alle ökonomischen und sozialen Bedingungen auszuklammern, die nicht nur das menschliche Zweckdenken bestimmen (insbesondere die berechnende Haltung den Wirtschaftsdingen gegenüber, die Grundlage der neoliberalen Weltsicht ist), sondern auch seine Ausübung, oder genauer, die Produktion ihrer inneren und äußeren Voraussetzungen" (Bourdieu 2001, 109).

Schwäche aufweist, sondern damit auch ein hegemoniales Interesse Hayeks und im frühen neoliberalen Denken im Allgemeinen verfehlt, wird im Folgenden gezeigt.

Zugegeben: aus einer biographischen Perspektive liegt die These einer ideologisch komplexen Konstellation von wirtschafts- und sozialtheoretischen Elementen in Hayeks Denken zunächst eher fern.[4] Das gilt insbesondere für einen Blick, der sich auf die frühe akademische Karriere Hayeks konzentriert. Denn abgesehen von seiner ersten, rechtswissenschaftlichen Promotion im Jahr 1921 befasste sich Hayek in seiner akademischen Karriere zunächst mit rein nationalökonomischen Themen. Von seiner zweiten, 1923 abgeschlossenen wirtschaftswissenschaftlichen Promotion ausgehend über seine anschließende Arbeit beim Österreichischen Institut für Konjunkturforschung, der Publikation seiner Habilitationsschrift zu Fragen von ‚Geldtheorie und Konjunkturtheorie' (Hayek 1929a), einer ersten universitären Anstellung als Privatdozent für politische Ökonomie in Wien und seinem ersten Lehrstuhl für ‚Economic Science and Statistic' an der London School of Economics (LSE) zog sich diese Phase bis Anfang der 1930er Jahre hin. Der Blick auf einen Höhepunkt seiner Karriere, als Hayek 1974 den von der Schwedischen Reichsbank gestifteten Nobelpreis für Ökonomie erhielt, scheint dieser hervorragenden Bedeutung seines ökonomischen Denkens das offizielle Siegel zu verleihen.[5]

Obwohl es also zunächst naheliegend erscheint Hayeks Denken aus der Logik seiner ökonomischen Vorstellungen zu rekonstruieren, vollzieht die vorliegende Arbeit einen Perspektivwechsel und lenkt die Aufmerksamkeit auf eine thematische Neuausrichtung von Hayeks Denken in den 1930er Jahren. Wichtige Voraussetzung dieser Neuausrichtung ist dabei das breite sozialtheoretische Themenspektrum, mit dem sich Hayek nicht nur in seinem Studium, sondern vor allem im außeruniversitären Intellektuellenmilieu im Wien der 1920er Jahre beschäftigte.[6] Hierbei ist vor allem der ‚Geistkreis' zu nennen, ein von Hayek bereits 1921 mitgegründeter Intellektuellenzirkel, zu dem neben Ökonomen wie Fritz Machlup oder Otto Morgenstern auch

---

[4] Vgl. zur Biographie Hayeks bis in die 1930er Jahre insbesondere Hennecke 2000, Kap. I-VI.

[5] Sieht man sich die offizielle Begründung für die Verleihung des Nobelpreises genauer an, den Hayek ironischerweise zusammen mit einem seiner intellektuellen Gegner, dem Entwicklungsökonomen Gunnar Myrdal erhielt, wird bereits deutlich, dass die Ökonomie in Hayeks Denken im Kontext einer größeren Sozialtheorie steht. Geehrt wurden beide nicht nur „für ihre bahnbrechenden Arbeiten auf dem Gebiet der Geld- und Konjunkturtheorie", sondern auch für „ihre tiefgründigen Analysen der wechselseitigen Abhängigkeit von wirtschaftlichen, sozialen und institutionellen Verhältnissen" (Hennecke 2000, 310).

[6] Vgl. zu den Voraussetzungen des interdisziplinär orientierten Intellektuellenmilieus um 1920er vor allem Nordmann 2005, 4 ff. „Die wie Pilze aus dem Boden schießenden intellektuellen Zirkel ersetzten zum Teil die wissenschaftlichen Foren, die die Universitäten der Doppelmonarchie geboten hatten. Brotlose Akademiker und Großforscher, die den Status von Privatgelehrten und Publizisten annahmen, führten nunmehr die Diskurse über erkenntnistheoretische, ökonomische, soziale und politische Fragen in offenen Zirkeln weiter, die nur noch lose mit (...) dem offiziellen Wissenschaftsbetrieb verbunden waren" (Nordmann 2005, 88 f.).

der Soziologe Alfred Schütz, der Politiktheoretiker Eric Voegelin und der Philosoph Felix Kaufmann gehörten (vgl. Hennecke 2000, 53 ff.). Die in diesem Kreis geführten Debatten waren entsprechend breit angelegt und reichten von der Kunstgeschichte über Pädagogik bis zur Erkenntnistheorie. Ähnliche thematische Offenheit bot auch das von Mises geleitete ‚Privatseminar', an dem Hayek seit 1924 teilnahm (ebd., 70 ff.).

Bemerkenswert ist, dass Hayeks frühe Publikationen diese außerakademischen Einflüsse kaum widerspiegeln. Erst in den 1930er Jahren, dem Beginn jener Lebensphase, die Hayek bis 1950 in London verbrachte, tauchen diese sozialtheoretischen Themen – in Verbindung mit einer klaren Positionierung gegenüber aktuellen politischen Prozessen – in seinen Veröffentlichungen auf. Lässt sich Hayeks veröffentlichtes Denken deshalb zuvor noch der nationalökonomischen Fachwissenschaft zurechnen, übernimmt seit dieser Zeit zunehmend die Frage nach der Durchsetzbarkeit und Stabilisierung, d. h. die Frage nach den politischen, sozialen und kulturellen Voraussetzungen marktwirtschaftlicher Ordnung eine Schlüsselrolle. Als Beispiel für diese Neuausrichtung wurde einleitend bereits auf Hayeks Londoner Antrittsvorlesung verwiesen, in der Hayek den Bedeutungsverlust einer interventionskritischen Wirtschaftswissenschaft in Zusammenhang brachte mit der Popularisierung eines fortschrittsoptimistischen Gesellschafts- und Geschichtsbildes (vgl. Hayek 1991b). Die Nationalökonomie wurde in Hayeks Denken fortan zu einem kaum noch eigenständig profilierten Themengebiet unter vielen anderen.[7] In der mit Hayeks politischem Denken befassten Sekundärliteratur hat diese Neuausrichtung, die Hennecke als Wandlung Hayeks zum liberalen Sozialphilosophen begriffen (Hennecke 2000, 119 ff.) und Caldwell als methodologische Wende analysiert (vgl. Caldwell 2003, 205), immer wieder für Irritation gesorgt.[8] Um genauer zu verstehen, inwiefern sich Hayeks sozialtheoretische Neuausrichtung als ideologische Wende verstehen lässt, die sich unter besonderen hegemonialen Herausforderungen vollzog, lohnt ein genauerer Blick auf Hayeks Londoner Zeit.

Seit seiner Ankunft in London 1931 gelang es Hayek zunächst seinen Ruf als einer der wichtigsten Ökonomen seiner Generation auch über deutsche Sprachgrenzen hinaus zu festigen. Seit Beginn dieses Jahrzehnts galt Hayek als herausragender Nachfolger der von Menger gegründeten und von Eugen von Böhm Bawerk, Friedrich von Wieser und Ludwig Mises weitergeführten Österreichischen Schule

---

[7] Bevor Hayek in den 1970er Jahren mit ‚Entnationalisierung des Geldes' (Hayek 2011) einen neuen Schritt innerhalb seines ökonomischen Werkes machte, beendet er mit ‚The pure theory of capital' (Hayek 1950) im Jahr 1941 seine bisherigen ökonomischen Studien.

[8] Mit dieser Irritation verbunden ist die Frage nach unterschiedlichen Werkphasen Hayeks. Eine Übersicht darüber, wie diese Frage bisher diskutiert wurde, liefert die Rezeptionsstudie von Karabelas (vgl. dies. 2010, 30 f.). Übereinstimmend mit einem Großteil der Sekundärliteratur wird in dieser Arbeit von einer Zweiteilung von Hayeks Werk ausgegangen. Im Gegensatz zu textimmanenten Begründungen dieser Zweiteilung wird im Folgenden auf außertextliche Faktoren rekurriert, die eine ideologische Wende seines Denkens in den 1930er Jahren einleiteten.

der Nationalökonomie, deren heterodoxe Grundhaltung heute allerdings eher ein Schattendasein fristet (vgl. Caldwell 2003, 17 ff.). Ähnlich wie seine wirtschaftswissenschaftlichen Vorbilder, vor allem aber angeregt durch Mises' Kritik der „Gemeinwirtschaft" (Mises 1922), die sich gegen jede Form wirtschafts- und sozialpolitischen Interventionismus richtete, war Hayek seit Anfang der 1920er Jahre Verfechter eines radikalen Wirtschaftsliberalismus. Hayeks publizistische Interventionen zu Gunsten einer wirtschaftspolitischen Enthaltsamkeit Österreichs auch während der Weltwirtschaftskrise (vgl. Hayek 1929b) waren ihm dabei nicht von Nachteil, sondern förderten zunächst sogar sein internationales Ansehen, auch unter englischen Wirtschaftswissenschaftlern (vgl. Hennecke 2000, 93). Als erster nicht-englischer Inhaber eines Lehrstuhls an der London School of Economics, der zügigen Publikation einer dort mit großem Interesse verfolgten Vortragsreihe unter dem Titel ‚Prices and Production' (Hayek 1931) und einer Übersetzung seiner Habilitationsschrift (Hayek 1933) schien zunächst deshalb alles für eine Fortsetzung seiner fachökonomischen Studien zu sprechen.

Doch so schnell Hayeks Erfolg als Fachökonom eingesetzt hatte, so schnell begann dieser vor dem Hintergrund einer zunehmenden Marginalisierung des Wirtschaftsliberalismus wieder zu verblassen. Auslöser waren die auch in England gravierenden Folgen der Weltwirtschaftskrise und die darauf folgende „keynesianische Revolution" (vgl. Burgin 2012, 1 ff.). Dieser sich von Cambridge rasch ausbreitende politikökonomische Paradigmenwechsel beruhte auf Keynes' Kritik der neoklassischen Gleichgewichtstheorie, der auch Hayek zu diesem Zeitpunkt noch anhing. "Keynes argued, that, in reality, an economic equilibrium between production and consumption did not exist, and that unemployment represented more than a temporary dislocation until production and consumption could find a new balance" (Turner 2008a, 51). Nur durch Eingriffe des Staates, die auf eine Stärkung der Nachfrageseite der Ökonomie zielen, lassen sich dabei nach Keynes Rezessionen und inflationäre Aufschwünge beseitigen. Gesellschaftliche Relevanz erlangte dieser Ansatz vor allem deshalb, weil er die Forderungen der Arbeiterbewegung und sozialdemokratischer Parteien nach sozialer Gerechtigkeit und Teilhabe auf eine wirtschaftswissenschaftliche Grundlage stellte.[9]

Hayek, der von Lionel Robbins, einem Schüler Edwin Cannans[10], auch deshalb nach London geholt worden war, um die von Cannan begründete wirtschaftsliberale

---

9 Für die Dynamik dieser Umwälzung, die sich auf vielen gesellschaftlichen Feldern vollzog, spricht nicht zuletzt, dass Hayek eine Kritik von Keynes' Hauptwerk ‚Allgemeine Theorie der Beschäftigung, des Zinses und des Geldes' (Keynes 1952) im Jahr 1936 verpasste und auf eine längere Rezension verzichtete. Zu den Details dieser ausgebliebenen Debatte vgl. Hennecke 2000, 105 ff. Die einzige, wenn auch kurze publizistische Auseinandersetzung, die Hayek und Keynes miteinander führten, befasste sich mit Keynes' 1931 veröffentlichtem Werk ‚Vom Gelde'.

10 Als Inhaber des ersten Lehrstuhls für Politische Ökonomie begründete Edwin Cannan ab 1907 eine wirtschaftsliberale Tradition an der LSE.

Fraktion innerhalb einer ansonsten sozialreformistisch geprägten LSE zu stärken, gelang es angesichts dieser Umwälzungen kaum noch, relevante publizistische Kontrapunkte zu setzen. Vielmehr wurde Hayek Zeuge, wie der Siegeszug der neuen politischen Ökonomie auch den Staat erfasste. Der Triumph des sozialreformistischen Keynesianismus wird dabei nicht zuletzt an Keynes' Mitarbeit in staatlichen Kommissionen zum Umgang mit der ökonomischen Krise unter der Regierung Ramsey MacDonalds sichtbar, der wie die GründerInnen der LSE fabianistische Prinzipien vertrat (vgl. Hennecke 2000, 98 ff.).

Zusammenfassend lässt sich festhalten, dass vor dem Hintergrund eines gesellschaftlich zunehmend hegemonialen Staatsinterventionismus, der die Frage nach der Gestaltung von Wirtschaft und Gesellschaft politisierte, für Hayek und andere Wirtschaftsliberale bereits kurz nach einer rasanten akademischen Karriere der Abstieg in die Bedeutungslosigkeit folgte:

> Although the rapid ascent of Hayek and Robbins signified that the foundations of market advocacy were beginning to shift, their equally abrupt decline suggested that market advocates would need to reconstruct their message if they hoped to sustain public support for their ideas (Burgin 2012, 17).

Biographisch ergibt sich damit eine Spur, die darauf hindeutet, wie eng Hayeks sozialtheoretische Neuausrichtung verknüpft ist mit einer besonderen Erfahrung der Marginalisierung und besonderen Herausforderungen für bisherige wirtschaftsliberale Projekte. Wie auch Burgin in seiner Rekonstruktion des gesellschaftlichen Abstiegs der Laissez-Faire-Tradition hervorhebt, stellt Hayeks sozialtheoretische Neuausrichtung nicht bloß eine innertheoretische bzw. methodische Wende dar, sondern muss als ideologische Wende in Zusammenhang gebracht werden mit Strukturveränderungen der politischen Ökonomie und der in ihnen wirkenden gesellschaftlichen Kräfteverhältnisse.

In Kontrast zum Klischee einer historischen Kontinuität marktradikalen Optimismus bekräftigt ein ideologietheoretischer Begriff von Hayeks Denken als „Neo-Liberalismus" die Annahme einer krisengetriebenen intellektuellen Reformbewegung, die nach neuen Formen der Durchsetzung und gesellschaftlichen Integration marktwirtschaftlicher Ökonomie fragt. Um die These einer solchen Wende in Hayeks Denken zu plausibilisieren, werden im Folgenden jene Herausforderungen genauer beleuchtet, deren Bedeutung bislang lediglich für Hayeks intellektuelle Biographie skizziert wurden, die aber gleichzeitig die Geburtsstunde neoliberalen Denkens im Allgemeinen markieren.

Mit dem postmarxistischen Theoretiker Gramsci und dessen Nachfolger Hall lassen sich diese Herausforderungen als *hegemoniale* Herausforderungen begreifen: als Veränderungen im Gefüge politischer Herrschaft und Führung (vgl. Gramsci 1991 ff. im Folgenden zit. als GH; Hall 2014c). Ohne an dieser Stelle allzu tief in Gramscis Theorie von Hegemonie einzusteigen, lässt sich festhalten, dass sich Hegemonie bei Gramsci auf eine Formation von gesellschaftlichen Kräfteverhältnissen bezieht, die im Gegensatz zum orthodoxen Marxismus nicht nur in der Sphäre der Ökonomie, sondern ebenfalls im Staat und der Zivilgesellschaft zum Ausdruck kommt (vgl. Gramsci GH 1556 ff.).[11] Der Modus, in dem Hegemonie ausgeübt wird, ist dabei ein doppelseitiger, der sich einerseits auf offenen Zwang und Gewalt, also beispielsweise auf die Machtressourcen von Staatsapparaten bezieht, aber ebenso auf materiellem und ideellem Konsens, für den die Organisation einer praxisleitenden „Weltauffassung" bzw. Ideologie eine wichtige Rolle spielt (GH 1375 ff.). Die Genese neoliberalen Denkens wie das Hayeks lässt sich aus dieser Perspektive nicht nur als Reaktion auf Verschiebungen im hegemonialen Kräfteverhältnis deuten, sondern auch als ideologischer Teil eines neuen neoliberalen Hegemonieprojektes.

Da es bislang keine mir bekannten Arbeiten gibt, die sich ausführlich mit der Frage nach der Genese des frühen neoliberalen Denkens unter einem hegemonietheoretischen Gesichtspunkt auseinandergesetzt haben, wird diese Genese hier aus Ansätzen rekonstruiert, die auf verschiedene Krisenmomente des bisherigen Wirtschaftsliberalismus verweisen. Insbesondere im Zuge der Durchsetzung des Staatsinterventionismus, der durch eine Politisierung der ökonomischen und sozialen Frage begleitet wird, ergeben sich seit Ende des 19. Jahrhunderts und verstärkt durch die Weltwirtschaftskrise Ende der 1920er Jahre für den Wirtschaftsliberalismus neue Herausforderungen. Niederschlag finden diese Herausforderungen in verschiedenen Gründungsdokumenten des sich formierenden frühen Neoliberalismus, der sich kritisch gegenüber dem bisherigen Laissez-Faire-Liberalismus positionierte. Im Anschluss an diese allgemeinen Betrachtungen zur Entstehung des Neoliberalismus wird der Blick am Ende dieses Kapitels noch einmal auf Hayeks Denken zurückgelenkt.

Hegemoniegeschichtlich lässt sich Hayeks ideologische Wende, ja die Entstehung neoliberalen Denkens insgesamt, als (Gegen-)Reaktion auf eine bereits Ende des 19. Jahrhunderts einsetzende Krise des Wirtschaftsliberalismus deuten, die mit der Weltwirtschaftskrise von 1929–1930 ihren Höhepunkt erreichte (vgl. Burgin 2012, 12 ff.).[12] Eine besondere Rolle für diese Krise, so folgt aus dem dieser Arbeit zu Grunde

---

11 Durch seine Theorie der Hegemonie suchte Gramsci nach einer Erklärung dafür, warum sich der italienische Staatsinterventionismus und später auch der Faschismus gegenüber syndikalistisch-sozialistischen Alternativen Anfang der 1920er Jahre durchsetzen konnten. Während Gramsci also aus einer kapitalismuskritischen Perspektive die Durchsetzung des Staatsinterventionismus analysierte, ging es den frühen Neoliberalen aus einer gegensätzlichen Perspektive um eine ganz ähnliche Analyse.

12 Von der hier dargelegten ideologischen Wende Hayeks geht auch Hennecke in seiner intellektuellen Biographie Hayeks aus: „Die ökonomischen Anschauungen, die sich nun trotz seiner [Hayeks, C. R.] Gegenwehr zu dominieren beginnen, erscheinen ihm mehr und mehr als ein Ausdruck einer bestimmten methodologischen und ideologischen Weltanschauung, die auch in vielen anderen Gebieten des Denkens wirkt." (Hennecke 2000, 120).

liegenden ideologietheoretischen Ansatz, spielen dabei Verschiebungen hegemonialer Kräfteverhältnisse, die mit Strukturveränderungen des Kapitalismus und seiner Regulationsformen einhergehen.

Gamble, der eine der bislang einflussreichsten Analysen von Hayeks politischem Denken vorgelegt hat, präzisiert diesen Zusammenhang; die Geburtswehen eines neuen Liberalismus sieht er mit dem vorgängigen Aufstieg politischer Alternativen verbunden:

> Old liberal parties tended to be marginalized in a double sense. They were often slow to adjust to the requirements of the new mass politics, and they obstinately clung to their beliefs in the simple verities of free trade, balanced budgets, and *laissez-faire*. They were challenged by New Liberals, who developed liberal arguments to justify limited measures of intervention and redistribution, and by the collectivist wing of the socialist movement, which, in the new circumstances of an extended franchise, increasingly favoured using the agency of the state to achieve socialist goals (Gamble 1996, 6).

Neben den von Gamble hervorgehobenen radikal-sozialistischen und sozialreformistischen Projekten wäre zudem auf nationalkonservativ-protektionistische Hegemonieprojekte hinzuweisen, die ebenfalls zur Marginalisierung des Wirtschaftsliberalismus beitrugen. Eine wichtige Grundlage dieser neuen Projekte, die Gamble mit Blick auf parteipolitische Alternativen entwickelt, bildete die erstarkende Arbeiterbewegung, die mit unterschiedlichen Strategien auf eine Transformation der bürgerlich-liberalen Gesellschaft drängte.

Ralf Ptak, der sich intensiv mit der Entstehung und Entwicklung des Neoliberalismus in Deutschland beschäftigt hat, setzt den von Gamble skizzierten Aufstieg politischer Alternativen in ein Verhältnis mit einer durch die Verallgemeinerung des Wahlrechts gestärkten parlamentarischen Demokratie. Diese habe den Wirtschaftsliberalismus strukturell unter Druck gesetzt, weil damit zuvor exkludierte Interessengruppen, die auf wirtschafts- und gesellschaftspolitische Reformen drängten, politisch handlungsfähig geworden seien:

> Diese Veränderungen, bestehend aus dem allgemeinen Trend zur Korrektur unerwünschter Marktergebnisse und der prinzipiellen politischen Option, über den Parlamentarismus Einfluss auf die Ökonomie zu nehmen, bestimmten nachhaltig die wirtschaftswissenschaftlichen und -politischen Debatten der 1920er Jahre (Ptak 2008, 17).

Bernhard Walpen, der die Entstehung neoliberalen Denkens ebenfalls mit einer Krise des Liberalismus in Zusammenhang bringt, betont neben dem Niedergang liberaler Parteien und Bewegungen auch den Zerfall eines bisher gültigen liberalen „Weltbildes" (Walpen 2004, 45). Verantwortlich für diesen Zerfall seien verschiedene „welterschütternde" Ereignisse wie das der russischen Oktoberrevolution, die zum Vorbild sozialistischer Aufstände von Spanien über Argentinien bis nach China wurde. Auch der Erste Weltkrieg, die Art seiner staatlich gelenkten totalen Kriegsführung und die ihm folgenden humanitären Verwerfungen, die zu vielfachen Forderungen nach staatlich-kollektiven Lösungen führten, hätten die liberale Leitvorstellung eines wirtschafts- und gesellschaftspolitisch zurückhaltenden Staates in Bedrängnis gebracht (vgl. ebd., 47 ff.). Nordmann, der die intellektuellen Biographien Hayeks und Poppers vergleicht, verweist im Zusammenhang von Krieg und Sozialreformismus auch auf das „Rote Wien", Geburtsstadt dieser zwei Protagonisten neoliberalen Denkens. Hier entstand in der Nachkriegszeit unter sozialdemokratischen Regierungen ein ganzes Laboratorium für Reformen auf Gebieten der Bildungs-, Gesundheits- und Sozialpolitik, das zum gemeinsamen kritischen Bezugspunkt wurde (vgl. Nordmann 2005, 64 ff.; Hayek 1992, 19 ff.; Popper 1979, 44).

In der Wirtschaftsgeschichte hat es sich eingebürgert, die von Walpen und Nordmann bezeichneten Ereignisse einer größeren staatsinterventionistischen Trendwende zuzurechnen, die in vielen Staaten bereits um die Jahrhundertwende einsetzte: „In the late nineteenth century the United States, for example, entered a period of ideological change toward more active government, a period called the Progressive Era" (White 2012, 18).[13] Ausgangspunkte dieser Veränderungen sind für den Wirtschaftshistoriker Lawrence H. White nicht nur einzelne Ereignisse, sondern verschiedene Krisentendenzen eines globalisierten und industriell beschleunigten kapitalistischen Systems. Den Höhepunkt dieser Krisengeschichte, so ließe sich ergänzen, bildete die Weltwirtschaftskrise von 1929/30, die als bis dahin schwerste Krise des liberalen Kapitalismus gilt.

Die Frühphase von Hayeks Denken fällt so zusammen mit einer Krise des Wirtschaftsliberalismus, der sich seit Ende des 19. Jahrhunderts einer Reihe neuer Herausforderungen gegenübersah. Ein wichtiges Kennzeichen dieser Herausforderungen stellt eine Politisierung von Wirtschaft und Gesellschaft dar. Im Kontext von immer neuen ökonomischen und sozialen Krisen und des Aufstiegs radikaler und reformistischer Alternativen, die Kritik an der bisherigen regulatorischen Zurückhaltung des Wirtschaftsliberalismus übten, wurden die Ordnung von Wirtschaft und Gesellschaf auf fundamentale Weise zu allgemein umstrittenen Themen und Feldern politischer Gestaltung.

Mit Thomas Meyer, der ‚Die Transformationen des Politischen' im 20. Jahrhundert untersucht hat und darauf hingewiesen hat, welche Rolle strukturelle Elemente für das Zutagetreten des Politischen spielen, sind an dieser Politisierung vor allem eine erweiterte politische Teilhabe und neue (Selbst-)Gestaltungsfähigkeiten der poli-

---

13 Auch in den Wirtschaftswissenschaften, jenem Fach, in dem Hayek zu Beginn seiner Karriere noch ausschließlich tätig war, schlug sich diese Trendwende nieder. Ihren internationalen Durchbruch, mit dem Hayek während seiner Arbeit in London direkt konfrontiert war und der im Folgenden noch einmal aufgegriffen wird, kündigte ihr Namensgeber, John Maynard Keynes, 1924 in einem Vortrag mit dem Titel ‚The End of Laissez-Faire' an: „We do not even dance to another tune, but change is in the air" (Keynes 1927, 5).

tischen Gemeinschaft hervorzuheben (Meyer 1994, 7).[14] Im Denken Hayeks, so wird sich zeigen, erscheint diese Politisierung als etwas grundlegend Negatives, dem er insbesondere durch seine Theorie der spontanen Ordnung das Modell einer radikal de-politisierten Wirtschafts- und Gesellschaftsordnung gegenüberstellt.

Im Kontext der skizzierten Krise des Wirtschaftsliberalismus formierte sich jedoch nicht nur Hayeks Denken neu, sondern das politische Denken eines ganzen Netzwerkes von Intellektuellen, die begannen einen erstmals Mitte der 1920er Jahre auftauchenden Begriff des ‚Neoliberalismus' als positive Selbstbeschreibung zu verwenden (vgl. Renner 2000, 36 ff.; Wegmann 2004, 101 ff.). Der gemeinsame Nenner dieses frühen Neoliberalismus lässt sich – wie im Folgenden deutlich wird – als Suche nach neuen Formen der Durchsetzbarkeit marktwirtschaftlich-kapitalistischer Ordnung beschreiben. Auf eine solche hegemoniale Ausrichtung des frühen Neoliberalismus verweist auch Ptak, der betont, welche Rolle die gesellschaftliche und politische Einbettung marktwirtschaftlichen Wettbewerbs im frühen neoliberalen Denken spielt, das sich damit als Programm zur umfassenden Neuordnung des Sozialen verstehen lässt, das über die Forderung nach Wirtschaftsliberalismus und Minimalstaat hinausweist:

> Seine [die neoliberale, C. R.] Kritik hebt in erster Linie auf die unzureichende institutionelle Umrahmung und Sicherung des marktwirtschaftlichen Prozesses ab, die erst durch die Krisen des späten 19. und 20. Jahrhunderts sichtbar wurden. Die langfristige Durchsetzung und dauerhafte Stabilisierung der Marktgesellschaft ist deshalb das Kernanliegen des Neoliberalismus (Ptak 2008, 16).

Bevor die Ausrichtung auf die Frage gesellschaftlicher Hegemonie an einer Schlüsselschrift Hayeks aus den 1930er Jahren nachgewiesen wird, sollen zunächst drei Beispiele die Fruchtbarkeit dieser Perspektive in Bezug auf die Formierung neoliberalen Denkens im Allgemeinen untermauern.

Ein erstes Beispiel hierzu liefert die Formationsphase des deutschen Neoliberalismus, der später nach seinem zentralen Publikationsorgan ‚Ordo – Jahrbuch für die Ordnung von Wirtschaft und Gesellschaft' als ‚Ordoliberalismus' bezeichnet wurde (vgl. Ptak 2004, 23 ff.). Der mittelalterlich-lateinische Begriff ‚Ordo', der eine wohleingerichtete kosmische Ordnung benennt (vgl. Eucken 1990, 372) und viele Ähnlichkeiten mit Hayeks Konzept des ‚Kosmos' als spontaner Gesamtordnung der Gesellschaft

---

14 Meyer greift in seiner Bestimmung des Politischen unter anderem auf Hannah Arendt zurück, löst sich dabei jedoch von ihrer Trennung zwischen den zum Leben notwendigen Angelegenheiten als unpolitischer Sphäre und einer kommunikativen Öffentlichkeit als Sphäre des Politischen (vgl. Arendt 2005). Meyer entwickelt demgegenüber eine Theorie des Politischen, die auf ein wechselseitiges Bedingungsverhältnis von Leben und Politik abhebt: „Es [das Politische, C. R.] ist von direkter Bedeutung für den Lebensentwurf eines jeden, weil es zum Selbstverständnis eines sinnvollen und würdigen Lebens gehört. In ihm verbinden sich Lebenssinn und Lebenssicherung auf zwanglose Weise" (Meyer 1994, 33).

aufweist (vgl. Hayek 1986, 57 ff.), steht dabei paradigmatisch für den sozialtheoretisch umfassenden Ansatz des Ordoliberalismus. Zu den Grundeigenschaften der wohleingerichteten Ordnung zählt dabei für die Ordoliberalen um Walter Eucken, Franz Böhm, Alexander Rüstow und Wilhelm Röpke ein funktionierender marktwirtschaftlicher Wettbewerbsmechanismus, der erst durch den Abbau wirtschaftspolitischer Interventionen und einer strikten Monopolgesetzgebung funktionsfähig sei (vgl. Kolev 2011, 127 ff.). Die Durchsetzung dieses Wettbewerbsmechanismus beruht auf einer Ordnungspolitik, die auf die Einrichtung einer vom Einfluss der pluralistischen Demokratie und der „Massen" unabhängigen Wirtschaftsverfassung zielt (vgl. Ptak 2004, 38 ff.).[15] Um den wettbewerblichen Charakter einer solchen Wirtschaftsverfassung auch gegen organisierte Interessengruppen innerhalb und außerhalb der institutionalisierten Demokratie zu erhalten, beziehen sich die Ordoliberalen insbesondere während der Krisenzeiten Anfang der 1930er Jahre positiv auf einen „starken Staat" (vgl. Eucken 1932) und nehmen damit eine ganz ähnlich positive Haltung gegenüber dem politischen Autoritarismus ein wie Hayek (vgl. Kap. 5.1). Insbesondere in den Schriften Röpkes und Rüstows wird diese Form von Ordnungspolitik ergänzt durch eine als „Vitalpolitik" bezeichnete Form der Sozialpolitik (vgl. Maiolino 2014, 262 ff.). Maiolino fasst diese Politik als Versuch auf die Proletarisierungspotentiale der kapitalistischen Moderne nicht durch die Sicherung von gesellschaftlicher Teilhabe, sondern durch eine identitäre Integration in soziale Kollektive und eine Aktivierung zur verstärkten marktwirtschaftlichen Initiative zu begegnen.[16] Unter Hinweis auf die aktive Rolle des Staates in einer im ordoliberalen Sinn wohleingerichteten Ordnung distanzieren sich die deutschen Neoliberalen von den desintegrativen Wirkungen des Laissez-Faire (vgl. Tullney /Wolf 2001, 130). Erkennbar wird damit ein ordoliberales Hegemonieprojekt, das sich als kritisch gegenüber bisherigen Formen des Wirtschaftsliberalismus positioniert, in dem sich jedoch selbst radikal-wirtschaftsliberale Elemente finden, die nun jedoch durch konstitutionelle, autoritär-etatstische und gesellschaftspolitische Elemente ergänzt werden.

Ein zweites Beispiel für das hegemoniale Interesse des frühen Neoliberalismus liefert das in der Schrift ‚The Good Society' (dt. ‚Die Gesellschaft freier Menschen') dargelegte politische Programm des US-amerikanischen Soziologen und Publizisten

---

15 Im ersten Band der für den Ordoliberalismus programmatischen Schriftenreihe ‚Ordnung der Wirtschaft' betont in diesem Sinne Böhm die konstitutionelle Dimension dieser Strategie: „Von größter Wichtigkeit [ist], daß die Ordnung der Wirtschaft als das erkannt wird, was sie ist, nämlich als eine politische Verfassung des nationalen Wirtschaftslebens von öffentlich-rechtlichem Charakter" (Böhm 1937, 53).

16 „In seinem Aufsatz »Vitalpolitik gegen Vermassung« plädiert Rüstow dafür, dass der Mensch nicht nur auf seine Arbeitstätigkeit, die er als Investition für sein Leben verstehen soll, reduziert werden dürfe, sondern dass gerade die materielle und moralische Hygiene, das Bewusstsein des Eigentums, das Gefühl einer sozialen Eingebundenheit usw. berücksichtigt werden müssten, die genauso wichtige Elemente seines Selbstbewusstseins darstellen wie Lohn und Arbeitszeit" (Maoilino 2014, 263).

Walter Lippmann. Das 1937 erschienene Werk traf einen Nerv der bis dahin getrennt arbeitenden wirtschaftsliberalen DenkerInnen.[17] Inspiriert unter anderem durch Mises' und Hayeks Kritik an der sozialistischen Wirtschaftsordnung übte Lippmann Kritik am planwirtschaftlichen „Kollektivismus" von Faschismus, Kommunismus und staatsinterventionistischen Regierungen. Gleichzeitig stelle jedoch der „laissez-faire Individualismus des 19. Jahrhunderts" keine relevante Alternative mehr dar (Lippmann 1945, 39). Während die Laissez-Faire-Theoretiker für Lippmann in dem Irrtum befangen seien, dass es Bereiche der Gesellschaft geben solle, die grundsätzlich von der Gesetzgebung ausgespart bleiben müssten, sei es notwendig die Gesellschaft aktiv an die arbeitsteilig-kapitalistische Produktionsweise anzupassen (vgl. ebd., 249 ff.). Für den Kurswechsel des Wirtschaftsliberalismus in Richtung einer aktiveren Rolle des Staates typisch, wenn auch nicht in ihrer speziellen Formulierung, sind dabei unter anderem Lippmanns Vorschläge zu eugenischen und erzieherischen Maßnahmen für jene Teile der Bevölkerung, die aus körperlichen oder sozialen Gründen aus dem Wettbewerb herausfallen (vgl. ebd., 282 f.). Ein möglichst ungehemmter Wettbewerb bildet für Lippmann wie die anderen Neoliberalen eine unantastbare Größe. Ähnlich wie bei den Ordoliberalen hängt auch für ihn die Hegemoniefähigkeit des Neoliberalismus an einer gesellschaftspolitischen Ergänzung des Wettbewerbs.

Die Relevanz von Lippmanns Werk für die Formierung des frühen Neoliberalismus zeigt sich daran, dass schon ein Jahr nach dem Erscheinen des Buches im Jahr 1938 mit dem ‚Colloque Walter Lippmann' eine internationale Konferenz zu seinem Denken organisiert wurde. Auf dieser Konferenz wurde nicht nur der Begriff des ‚néolibéralisme' von einer Gruppe von Intellektuellen diskutiert und schließlich verabschiedet, unter denen neben den deutschen Ordoliberalen Rüstow und Röpke, den Franzosen Raymond Aron, Louis Baudin, Jacques Rueff und Louis Rougier und den US-Amerikanern M. Polanyi und Lippmann auch die Österreicher Mises und Hayek waren sondern auch die Gründung eines Instituts zum Austausch und zur Verbreitung von zentralen Ideen verabredet (vgl. Denord 2007, 122 ff.).[18]

Ein drittes Beispiel für das Ringen des frühen Neoliberalismus um neue Formen wirtschaftsliberaler Hegemonie schließt sich an dieses Vorhaben eines institutionalisierten Austausches an und betrifft die von Hayek mitverantwortete Gründung der MPS im Jahr 1947, der bis heute größten, wenn auch nur losen Vereinigung neolibe-

---

17 Die Wirkung des Buches bezeugt das enthusiastische Vorwort der deutschen Ausgabe von 1945, das von dem Ordoliberalen Wilhelm Röpke stammt. „Es rief eine gewaltige durch Übersetzungen verstärkte Wirkung jenseits und diesseits des Ozeans hervor und gab der Diskussion über die Möglichkeiten und Formen des «Neoliberalismus» die mannigfaltigsten und fruchtbarsten Anregungen" (Lippmann 1945, 28).

18 Die Sitzungsprotokolle des Treffens sind erschienen als: Colloque Walter Lippmann (1939): Compte rendu des séances du Colloque Walter Lippmann, 26.-30. Aout 1938, Paris. Zu den diskutierten Inhalten des Treffens, das zur Integration des frühen neoliberalen Denkstils Wichtiges beigetragen hat, vgl. Wegmann 2002, 135ff und Foucault 2004, 188 ff.

raler Intellektueller.[19] In seinem Eröffnungsvortrag skizzierte Hayek unter dem Titel
‚«Freie Wirtschaft» und Wettbewerbsordnung' das zukünftige Programm dieser Vereinigung:

> Es ist (...) nicht ganz unzutreffend, wenn man sagt, daß die Auslegung der Grundprinzipien des
> Liberalismus als das Fehlen jeglicher staatlichen Tätigkeit, anstatt als einer Politik, die bewußt
> den Wettbewerb, den Markt und die Preise als sein ordnendes Prinzip anerkennt und die das
> gesetzliche Rahmenwerk, das vom Staat erzwungen wird, dazu benützt, den Wettbewerb so
> wirksam und wohltätig zu machen – und ihn dort und nur dort zu ergänzen wo er nicht anwend-
> bar ist – daß diese Auslegung vielleicht (...) Schuld ist am Verfall des Wettbewerbs (Hayek 1952,
> 145).

Es gelte, so Hayek in Bezug auf dieses Programm zur Stabilisierung des Wettbewerbs,
stärker an die öffentliche Moral und das Bewusstsein für die Notwendigkeit für Reformen anzuschließen und dieses im Sinne eines Wirtschaftsliberalismus zu nutzen,
der dabei dem Staat eine aktive Rolle zubilligt (vgl. ebd., 144). Das ‚Statement of
Aims', eine von allen TeilnehmerInnen der Tagung getragene Erklärung, die als eine
Art Gründungsmanifest des Neoliberalismus gilt, spiegelt eine besondere Sorge um
die gesellschaftlichen Voraussetzungen marktwirtschaftlichen Wettbewerbs. Neben
der Bedeutung von Privateigentum und individueller Freiheit wird deshalb in dem
Dokument eine stärkere Auseinandersetzung mit der Geschichte des Liberalismus,
die „redefinition of the functions of the state" und „re-establishing the rule of law"
hervorgehoben (vgl. MPS 1947).

In der Formierungsphase neoliberalen Denkens im Allgemeinen zeigt sich
somit eine Neuausrichtung auf die Gewinnung von Hegemonie, die auf eine staats-,
rechts- und gesellschaftspolitische Umrahmung marktwirtschaftlichen Wettbewerbs
abstellt. Diese Neuausrichtung lässt sich, wie nun im Folgenden genauer dargestellt
wird, auch bei Hayek feststellen.

Ein für Hayeks ideologische Wende bezeichnendes Dokument stellt seine einleitend bereits kurz erwähnte, 1933 in London gehaltene Antrittsvorlesung unter dem
Titel ‚The Trend of Economic Thinking' dar. In Hinblick auf ihre Bedeutung spricht
Hans Jörg Hennecke zu Recht von einem „Klappentext" für Hayeks folgende intellektuelle Arbeiten (Hennecke 2000, 99). Zu präzisieren wäre diese Einschätzung allein
dahingehend, dass dieser Text ein ideologisches Programm absteckt. Denn inhaltlich
befasst sich die Vorlesung weniger mit fachökonomischen Fragen als mit der Analyse

---

19 Die Bedeutung dieser Organisation und seinen Beitrag zu ihrer Entstehung schätzt Hayek selbst
folgendermaßen ein: „The founding and the first conference of the Mont Pèlerin Society, which I feel
entitled to say, was my own idea, although I received a great deal of support in its organization espe-
cially by Röpke as well as from Mises, constituted the rebirth of a liberal movement in Europe" (Hayek
1983, 192).

einer zunehmend marktskeptischen Öffentlichkeit einerseits und der Bedingungen einer daran orientierten korrigierenden Einflussnahme andererseits.

Für Hayek ist in dieser Vorlesung das öffentliche Bewusstsein gekennzeichnet durch ein Drängen auf wissenschaftlich geleitete Handlungsanweisungen zur politisch-kollektiven Bewältigung sozialer und ökonomischer Probleme (vgl. Hayek 1991a, 16 f.).[20] Die Gründe für diese Konstitution der Öffentlichkeit sieht er im Gegensatz zu vielen materialistischen Analysen seiner Zeit weniger in gesellschaftlichen Strukturveränderungen als in der Wirksamkeit von Ideen, die die Möglichkeit solcher Handlungsanweisungen gegen jede Eigengesetzlichkeit der Ökonomie suggerierten:[21] „So that the fact is, not that the teaching of the economist has no influence at all, on the contrary, it may be very powerful. But it takes a long time to make its influence felt" (ebd., 17).[22]

Die Auswirkungen ökonomischer Lehren, die das öffentliche Bewusstsein seiner Zeit auf höchst problematische Art beeinflussten, sieht Hayek in einem Verlust von Achtung gegenüber den Selbstordnungskräften der Gesellschaft in einem sehr allgemeinen Sinne. Indem versucht werde menschliches Leid mit Hilfe von politischen Intervention zu lindern, sei ein fragiler gesellschaftlicher Koordinationsmechanismus zerstört worden, der nicht das Ergebnis menschlicher Planung sei, sondern Resultat spontaner Entwicklung: „Even now, when we begin to understand their working [gemeint ist die Logik dieser Entwicklung, C. R.], we discover again and again that necessary functions are discharged by spontaneous institutions" (ebd., 21). Was sich deshalb für Hayek als Herausforderung präsentiert, ist die Rückgewinnung von Achtung gegenüber diesen „spontaneous institutions" der Gesellschaft, die selbst gegenüber ihren scheinbaren Defekten gelte:

> The coordination of individual efforts in society is not the product of deliberate planning but has been brought about, and in many cases could only have been brought about, by means which nobody wanted or understood, and which in isolation might be regarded as some of the most objectionable features of the system (ebd., 26).

---

20 „The great historical changes which I am discussing seems to be of a subtle kind. It consists neither of a change in the underlying ethical valuations nor of a refutation of the validity of certain analytical propositions, but rather in a change of view regarding the relevance of that knowledge for practical problems" (Hayek 1991a, 17).

21 Im vierten Kapitel wird gezeigt, dass Hayeks Argument an dieser Stelle nicht in einem Verweis auf bestimmte makroökonomische Gesetzmäßigkeiten im herkömmlichen Sinne liegt. Vielmehr verweist Hayek auf die Bedeutung einer nicht genau definierbaren spontanen Gesetzmäßigkeit.

22 Verantwortlich für diesen Wandel, der die größte Bedrohung eines seit dem 19. Jahrhundert erfolgreichen Wirtschaftsliberalismus darstelle, macht Hayek die Ideen der interventionistisch geprägten Deutschen Historischen Schule der Nationalökonomie. Hayeks Hegemonietheorie, die er einige Jahre später in ‚Der Sozialismus und die Intellektuellen' (Hayek 1969) ausführte, schließt direkt an die Idee von der Wirksamkeit längerfristiger ideologischer Strategien auf das Alltagsbewusstsein an.

Was ‚The Trend of Economic Thinking' in Bezug auf Hayeks politisches Werk im Keim vorwegnimmt, ist eine sozialtheoretische Ausweitung seines Denkens. Die Idee einer möglichst deregulierten Marktwirtschaft, der Hayek seit Anfang der 1920er Jahre anhing, erweitert er dabei durch das Konzept einer sich selbst konstituierenden, regulierenden und korrigierenden allgemeinen Gesellschaftsordnung, die unter dem Begriff der „spontanen Ordnung" oder „kulturellen Evolution" in fast allen seinen politischen Schriften präsent ist (vgl. Hayek 1969, 32 ff.; 1986, 23 ff.; 1991a, 30 ff.) und sich unter der Vorstellung einer schicksalhaften Eigendynamik der politischen Verfügbarkeit entzieht. Während in der mit Hayeks politischem Denken befassten Sekundärliteratur die systematische Bedeutung seiner Sozialtheorie fast durchgängig betont wird (vgl. Hunt/ McNamara 2007; Zeitler 1995), bleibt der ideologische Gehalt dieser Idee: ihre Historizität und Bezogenheit auf hegemoniale Konflikte, häufig unterbeleuchtet.

Mit der Ideologietheoretikerin Turner lässt sich dieser Gehalt zunächst als konzeptionelle Weiterentwicklung eines wirtschaftsliberalen Repertoires verstehen. In ihren Schriften untersucht sie das Entstehen und die Morphologie neoliberaler Ideologien verschiedener nationaler Traditionen (vgl. Turner 2008a, 2 ff.). Turner geht dabei von einer dynamischen Entwicklungsfähigkeit von Ideologien aus, die auf das Aufkommen politischer Alternativen reagieren: „The internal structure of an ideology should not be perceived as a static construction" (ebd., 9). In Anschluss an Turner lässt sich argumentieren, dass vor dem Hintergrund einer verstärkten Kritik an der Marktwirtschaft im anbrechenden Zeitalter des Staatsinterventionismus und der wirtschaftsliberalen Weigerung, die Marktwirtschaft als programmatisches Kernanliegen aufzugeben, Politik, Gesellschaft und Kultur als den Markt umfassende Sphären zu einem neuen Feld neoliberalen Wissens und zum Objekt der neoliberalen Reformagenda werden. Das Bild, das sich mit Turner für dieses Verhältnis bemühen lässt, ist das schon erwähnte Bild eines ideologischen Kerns, der das Zentrum einer größeren konzeptionellen Konstellation bildet (vgl. ebd., 11 ff.). Das Profil dieser ideologischen Konstellation lässt sich indes noch weiter schärfen.

Denn Hayeks Hinwendung zur Sozialtheorie, genauer seine Hinwendung zur Theorie spontaner Ordnung, bedeutete gleichzeitig eine Neuausrichtung zu sozialkonservativen Positionen. In dieser Hinsicht ist Feser zuzustimmen, der im Konzept spontaner Ordnung auf eine Logik graduellen Wachstums bestehender Ordnungen hinweist: „Law and morality, in his conception, form an organic and evolving structure rather than an artificial closed system created by fiat— a *spontaneous order*" (Feser 2003, 23). Daraus ergebe sich bei Hayek eine Präferenz für Traditionen, die auf eine intellektuelle Verwandtschaft mit dem Begründer des modernen englischen Konservatismus, Burke, hinweise.[23] Diesem Urteil Fesers ist besonders deshalb zuzustim-

---

23 „Technological advance, market innovation, and the like were things of which he was a great defender, but those are not the things at issue here. Where *fundamental moral institutions* are concerned,

men, weil sowohl Burkes als auch Hayeks Denken nach seiner ideologischen Wende durch eine Verknüpfung sowohl wirtschaftsliberaler wie auch sozialkonservativer Elemente geprägt ist (vgl. Kap. 6.5). Die Konturen einer solchen wirtschaftsliberal-konservativen Konstellation hat paradigmatisch vor allem Hall in seiner Analyse des um Hegemonie ringenden Thatcherismus in den 1970er und 80er Jahren freigelegt.[24] Prägend für seine Analyse des Thatcherismus, die Hall erstmals in einem Band der New Left Review von 1978 mit dem Titel ‚Policing the crisis' vorgelegt hat und in weiteren Arbeiten vertiefte, ist seine Annahme, dass „das eigentlich Neue am Thatcherismus (…) vor allem die Art und Weise [war], wie er die neuen Lehren des freien Marktes mit einigen traditionellen Schwerpunkten des organischen Toryismus *verband*" (Hall 1989, 178f, Hervorh. im Original). In Anschluss an Gramsci geht Hall davon aus, dass gesellschaftliche Herrschaft bzw. Hegemonie nicht allein in der Sphäre der Ökonomie hergestellt werde, sondern auch der Staat in einem umfassenden Sinne mobilisiert werden müsse. Zu diesem umfassenden bzw. „integralen Staat" zählen für Gramsci neben den staatlichen Apparaten im engeren Sinne wie Regierung, Justiz oder Polizei auch die „Zivilgesellschaft", d. h. Einrichtungen und Akteure aus den Bereichen von Erziehung, Bildung oder den Medien (vgl. Votsos 2001). Vor allem auf diesem letzteren Feld, auf dem weniger eine Logik staatlichen Zwangs entscheide als eine ideologische Führung des Alltagsverstandes, sei es nach Hall dem Thatcherismus gelungen einen neuen Konsens herzustellen: „Das Ziel bestand darin, das gesellschaftliche Leben insgesamt neu zu ordnen durch eine Rückkehr zu den »alten Werten« – den Philosophien von Tradition, Englischtum, Respektabilität, Patriarchalismus, Familie und Nation" (Hall 1989, 178). Zur Durchsetzung ihrer wirtschaftsliberalen Reformprogramme gegenüber einer Linken, die bestimmte klassenbezogene Emanzipationsansprüche an die bestehende Ordnung stellte, war die Regierung Thatchers nach Hall stark von einem neuen konservativen Konsens abhängig, den er vor allem in Hinblick auf eine verstärkte Anrufung der Nation als „autoritären Populismus" apostrophierte (vgl. Kannankulam 2008, 228).

Ebenso wie bei Turner lässt sich auch an Halls Analyse des Thatcherismus erkennen, dass neoliberales Ringen um Dominanz ganz unterschiedliche gesellschaftliche Felder betrifft. Über Turner hinaus lässt sich mit Hall zudem auf die Durchsetzungsfä-

---

Hayek was very much in line with the Burkean conservative tradition, a tradition wary of tampering with those institutions [including the specific moral institutions underlying the free market order (…)]" (Feser 2003, 19).

24 Obwohl es eine Reihe von Bezugnahmen Thatchers auf Hayek und seine Ideen gibt, zu deren markantesten jene Anekdote über eine Regierungssitzung der Tories zählt, in der Thatcher Hayeks ‚Die Verfassung der Freiheit' auf einen Tisch schlug, um mit dem Ausruf „This is what we believe!" deutlich zu machen, dass es von einem radikal-marktwirtschaftlichen Kurs kein Abweichen gebe, ist der direkte Einfluss von Hayeks politischem Denken auf Thatcher und ihre Regierung eher gering einzustufen (vgl. Kap. 4.3). Nichtsdestoweniger lassen sich in Halls Analyse des Thatcherismus grundlegende Parallelen zu Hayeks politischem Denken feststellen.

higkeit einer ideologischen Konstellation verweisen, in der sich ein wirtschaftsliberales Programm mit einer organisch-konservativen Gesellschaftskonzeption verbindet.

Hayeks intellektuelle Neuausrichtung in den 1930er Jahren ist in diesem Sinne mehr als die Erarbeitung neuer Wissensgebiete, die mit einer wirtschaftsliberalen Kernkonzeption in eine neue Verbindung gesetzt werden. Vielmehr lässt sich in der Logik spontaner Ordnung, deren Bedeutung für seine Konzeption des Rechts, der Ökonomie, der Demokratie und der Geschichte im Folgenden genauer nachgewiesen wird, eine konservative Gesellschaftskonzeption erkennen. Leitmotiv dieser Gesellschaftskonzeption, so wird dabei nun genauer gezeigt, ist ihre Unverfügbarkeit für politische Gestaltung.

3 De-Politisierung des Rechts

Die Überlegungen, die Hayek seit Anfang der 1930er Jahre darüber anstellte, wie sich im Zeitalter des Staatsinterventionismus noch ein möglichst deregulierter marktwirtschaftlicher Kapitalismus durchsetzen lässt, richten sich auch auf dessen rechtliche Voraussetzungen. Tatsächlich bildet das Recht dabei nicht eine unter vielen anderen Voraussetzungen, sondern die wahrscheinlich wichtigste. Die herausgehobene Stellung des Rechts äußert sich zum einen darin, dass das Recht für Hayek institutionellen Schutz vor der Bedrohung individueller, insbesondere ökonomischer Freiheit durch Planwirtschaft und Totalitarismus darstellt. Gegenüber diesen Phänomenen, die die politik-ökonomischen Diskussionen jener Zeit und bis zur endgültigen Transformation der Sowjetunion Ende der 1980er Jahre besonders erhitzten, präsentiert Hayek mit der Idee des Rechtsstaates eine Alternative. Indem dieser Rechtsstaat von Hayek zudem als ordnende Instanz gegenüber einem bloß passiven Staat des Laissez-faire-Kapitalismus positioniert wird, schlägt Hayek eine ideologische Brücke zu all jenen, die angesichts der Weltwirtschaftskrise und ihrer Folgen nach einer stärkeren Rolle des Staates riefen.

Das Besondere von Hayeks Konzeption des Rechtsstaates, der sowohl Schutz als auch ordnende Aktivität des Staates verspricht, liegt dabei, so wird im Folgenden gezeigt, in einer spezifisch de-politisierten Konzeption des Rechts. In seinem Beitrag über ‚Hayek the philosopher of law' hat vor nicht allzu langer Zeit auch Aeon Scoble – wenn auch auf der Grundlage einer schmalen Quellenauswahl – diese Bedeutung des Rechts als Grenze des politischen Willens unterstrichen (vgl. Skoble 2006). Aufgeladen mit einer anti-totalitären Rhetorik ist Hayeks Denken durchzogen von der Kritik an einer Form des Rechts, das Ausdruck eines unbeschränkten Willens sei und von Hayek als ein „Recht der Gesetzgebung" bezeichnet wird (vgl. Hayek 1986, 169 ff.). Dieses Recht der Gesetzgebung basiert für ihn somit auf der Annahme von Souveränität, in modernen Staaten mit der Annahme von Volkssouveränität, die sich als höchste Macht über der Gesellschaft und ihrer Zwecke wähne (vgl. Hayek 1981b, 177 ff.). In dieser Rolle jedoch, die für Hayek mit unrealistischen Annahmen über die Erkennbarkeit und Regierungsfähigkeit einer fundamental komplexen Gesellschaft verbunden ist, verwandele sich Volkssouveränität in totalitäre Herrschaft, um die Illusion von Regierungsfähigkeit aufrecht zu erhalten (ebd.). Das von Hayek kritisierte Recht der Gesetzgebung ist somit gekennzeichnet durch Eingriffe der Regierung in die privaten, vor allem ökonomischen Verhältnisse der Bürger, die Annahme von politischer Souveränität und tendenziell totalitäre Herrschaftsmethoden.

Anstelle des Rechts der Gesetzgebung bildet bei Hayek die Herrschaft eines „Rechts der Freiheit" (Hayek 1986, 133 ff.) als Herrschaft eines abstrakten und allgemeinen Rechts, das auch die Gesetzgebung bindet, eine wichtige Bedingung für die Trennung von Staat und Gesellschaft und jene Form individueller negativer Freiheit, durch deren Gewährleistung für ihn spontane Ordnungen überhaupt entstehen.

https://doi.org/10.1515/9783110571363-003

Eine solche Rechtsauffassung stellt Hayek auf den ersten Blick in die Tradition des Liberalismus, wie er etwa von John Locke (vgl. Locke 1974), später unter anderem auch von dem Neoliberalen James Buchanan entwickelt wurde (vgl. Buchanan 2005). Erst bei einem zweiten Blick wird deutlich, dass das Recht, das Hayek seiner Gesellschaftskonzeption unterlegt, nicht Ausdruck eines bestimmten, ethisch geleiteten Willens ist, wie er etwa Lockes Idee des Naturrechts oder Buchanans Idee eines Rechts entspricht, das auf der Grundlage eines hypothetischen Gesellschaftsvertrages entsteht. Insofern geht auch die ansonsten treffsichere Analyse des Rechtstheoretikers Raymond Plants fehl, der in der Bindung des Staates an ethische Ideale eine Gemeinsamkeit zwischen Hayek und John Rawls sieht (Plant 2016, 75). Anstelle solcher rationaler Konzeptionen bildet bei Hayek, wie im Folgenden noch genauer dargestellt wird, die Idee von traditionellen und habitualisierten Verhaltensweisen die Grundlage des Rechts (vgl. Hayek 1986, 127 ff.). Die Spannungen, die sich zwischen einer solchen traditionalistischen Rechtsauffassung und Hayeks Beharren auf universell gültigen marktwirtschaftlichen Freiheitsrechten unvermeidlichen auftun, werden im folgenden Kapitel 3.1 anhand einer zentralen Schrift aus der Zeit seiner ideologischen Wende skizziert. Daran anschließend wird das Programm von Hayeks Rechtsdenken entwickelt, dessen Einheit hier als De-Politisierung gedeutet wird.

3.1 Hayeks Rechtstheorie im Kontext seiner ideologischen Wende

Wie schon seiner Antrittsvorlesung wird auch einer kleinen Broschüre aus dem Jahr 1939 mit dem Titel ‚Freedom and the Economic System'[1] der „Status einer Schlüsselpublikation" zugesprochen, „wenn man nach einem Zugang zum Verständnis des Gesamtwerkes sucht" (Pies 2003, 2).[2] Einen Schlüssel zum Verständnis von Hayeks Werk erkennt Ingo Pies in dieser Broschüre vor allem deshalb, weil sich in ihr die Umrisse eines werkprägenden „konstitutionellem Liberalismus" abzeichneten. In Bezug auf die Bedeutung des Rechts in Hayeks politischem Denken durchaus zutreffend, verfehlt diese Deutung doch die spezifisch konservativen Elemente in Hayeks politischem Denken, die sich in seinem Vertrauen auf die Selbstordnungskräfte der Gesellschaft bereits angedeutet haben und auch seine Rechts- und Verfassungstheorie beeinflussen (vgl. Kap. 3.5).[3]

---

1 Auf Deutsch liegt mit ‚Freiheit und Wirtschaftssystem' bisher nur die Übersetzung einer kürzeren Version von 1938 vor (vgl. Hayek 2003, 153 ff.).
2 Ingo Pies, der Autor dieser Einschätzung, dessen Perspektive stark durch den Ordoliberalismus geprägt ist (vgl. Pies 2001), gehört zu den profiliertesten Interpreten Hayeks im deutschsprachigen Raum.
3 Zu diesen konservativen Elementen zählt Hayeks positiver Bezug auf den Wert traditioneller Regeln und gewachsener Ordnungen, der sich in Bezug auf die seinen Rechtsbegriff als Favorisierung einer spontanen Ordnung des Rechts als „Common Law" äußert. Eine solche Konzeption des Common Law

Diese Selbstordnungskräfte sieht Hayek in ‚Freedom and the Economic System' durch einen planwirtschaftlich gedeuteten Totalitarismus gefährdet, der eine vollständig bewusste Kontrolle über das Leben anstrebe: „to make the fate of the individual less dependent on impersonal and perhaps accidental forces and more subject to conscious human control" (Hayek 2012, 2 f.).[4] Gegenüber der totalitären Idee von Planung führt Hayek einen liberalen Begriff der Planung ins Feld, der auf der Konstruktion eines stabilen Rechtsrahmens beruhe: „we can 'plan' a system of general rules, equally applicable to all people and intended be permanent (...), which provides an institutional framework within which the decisions as to what to do and how to earn a living are left to individuals" (ebd., 9 f.). Den Unterschied eines liberalen Plans zu totalitären Formen der Planung sieht Hayek dabei in einer „distinction between the construction of a rational system of law, under the rule of which people are free to follow their preferences, and a system of specific orders and prohibitions" (ebd., 9).[5] In Anlehnung an die liberale Tradition des Rechtsstaates bzw. der „rule of law" und parallel zu der ordoliberalen Idee der Wirtschaftsverfassung fordert Hayek hier eine aktive Rolle des Staates zur Durchsetzung einer Rechtsordnung, die durch die Gewährleistung formeller Gleichheit das wichtigste Unterscheidungsmerkmal liberaler Gesellschaften gegenüber den willkürlichen Maßnahmen des Totalitarismus darstelle (vgl. hierzu auch Kap. 3.2).[6]

Die für Hayek seit seiner ideologischen Wende prägende Grundstruktur seines politischen Denkens besteht somit in einer von jeglicher „conscious human control" unabhängigen Gesellschaftsordnung, die bei genauerer Betrachtung vor allem auf einer Rechtsordnung beruht, die individuelle Entscheidungsfreiheit nicht nur kons-

steht quer zu der von Pies behaupteten demokratischen Qualität von Hayeks Wirtschafts- und Gesellschaftstheorie (vgl. Pies 2003, 1). Die Demokratie, vor allem gefasst als moderne Volkssouveränität, gilt Hayek als Bedrohung traditioneller Regelsystem (vgl. Kap. 5).

4 Wie schon in seiner Antrittsvorlesung führt Hayek diese Entwicklung auf die Wirksamkeit von Ideen zurück. Hatte er in der Londoner Vorlesung noch den Einfluss einer einzelnen ökonomischen Denktradition verantwortlich für die staatsinterventionistische Wende seiner Zeit gemacht, führt er sie Ende der 1930er Jahre auf einen wissenschaftlich-technischen Denkstil zurück, der das gesamte soziale und politische Denken seit Mitte des 19. Jahrhunderts durchziehe und zur Dominanz eines problematischen Begriffs gesellschaftlicher Planung geführt habe (vgl. Hayek 2012, 14). „The planning (...) of our time (...) involves the idea that some body of people, in the last instance some individual mind, decides for the people what they have to do at each moment" (ebd., 9).

5 Der Begriff eines liberalen Plans findet sich auch bei Hayeks Londoner Mentor Lionel Robins, der in seinem 1937 veröffentlichten Essay ‚Economical Planning and International Order' auf die Bedeutung eines liberalen Plans zu sprechen kommt: „Given a suitable framework of law and order, spontaneous arrangements between private citizens will condice to the public good" (Robbins 1937, 5).

6 Die Radikalität, mit der Hayek diese Rechtsordnung der politisch-demokratischen Verfügbarkeit entzieht, markiert dabei ein Novum innerhalb der liberalen Tradition.

tituiert, sondern auch gegenüber korrigierenden Interventionen abschirmt.[7] Auf die Ambivalenz, die in Hayeks Rückgriff auf ein solches Recht zum Ausdruck komme, hat Turner hingewiesen: „Neo-Liberals such as F. A. Hayek recognise, that they must, somewhat paradoxically, emphatically engage into politics to free society from politics" (Turner 2008b, 47).[8]

Das theoretische Paradox zwischen gesellschaftlicher Selbstordnung und der Konstitutionalisierung ihrer rechtlich-institutionellen Voraussetzungen ist in der Sekundärliteratur unter anderem von John Gray thematisiert worden, der von einem „Spannungsverhältnis" zwischen einem konservativ-traditionalistischen und einem liberal- rationalen Modell spricht (Gray 1995, 69). Während dieser Zweispalt in der Sekundärliteratur bislang zu unterschiedlichen Deutungen geführt hat, durch die Einnahme von philosophisch-systematischen Perspektiven wie der Grays m. E. aber nicht aufgelöst werden kann, plädiert die vorliegende Arbeit für eine ideologietheoretische Perspektive. Eine solche Perspektive fokussiert auf die hegemoniale Rolle politischen Denkens, das seine Kohärenz in Hinblick auf hegemoniale Herausforderungen wie die im zweiten Kapitel skizzierte Politisierung von Wirtschaft und Gesellschaft gewinnt.

Im Zentrum dieser hegemonialen Ausrichtung steht bei Hayek eine de-politisierte Rechtsordnung, die im Folgenden weiter konkretisiert wird. Dazu wird im Kapitel 3.2 zunächst das Kernelement dieser Rechtsordnung, Hayeks Konzept der Wettbewerbsordnung, rekonstruiert, das sich ideologietheoretisch als Umlenkung politischer Reformansprüche von der Sphäre des Marktes auf seine rechtliche Umrahmung verstehen lässt. Während sich die Wettbewerbsordnung in diesem Sinn als Entproblematisierung der Ergebnisse einer deregulierten Marktsphäre verstehen lässt, wird im anschließenden Kapitel 3.3 herausgearbeitet, inwiefern Hayeks Weiterentwicklung dieses Konzeptes zum Konzept formaler Rechtsstaatlichkeit eine Entproblematisierung sozialer Macht und Ungleichheit im Allgemeinen darstellt. Inwiefern der in

---

7 Die herausragende Bedeutung der (de-politisierten) Rechtsordnung für Hayeks politisches Denken lässt sich nicht zuletzt auch an den schon durch die Titel seiner beiden Hauptwerke, ‚Die Verfassung der Freiheit' und ‚Recht, Gesetzgebung und Freiheit' angezeigten Themen nachvollziehen. Den „Hauptzweck" des ersten sieht Hayek in der Aufgabe „die immer noch ausstehende Verflechtung der Philosophie, Jurisprudenz und Wirtschaftstheorie einer freiheitlichen Ordnung" herauszuarbeiten (Hayek 1991a, 6). Als „Hauptthema" des zweiten bezeichnet Hayek entsprechend ein Zusammenspiel von Wirtschafts- und Rechtswissenschaften, die ein Verständnis für die spontanen Selbstordnungskräfte der Gesellschaft entwickelt hätten: erst in ihrem Zusammenwirken entstehe die Form der von Hayek intendierten Gesellschaftsordnung. „Eines der Hauptthemen dieses Buches wird sein, daß die Regeln des gerechten Verhaltens, die der Jurist untersucht, einer Art von Ordnung dienen, von deren Charakter der Jurist im allgemeinen keine Kenntnis besitzt; und daß diese Ordnung hauptsächlich von Nationalökonomen untersucht wird, die ihrerseits in gleicher Weise keine Kenntnis vom Charakter der Verhaltensregeln besitzt, auf denen die Ordnung beruht, die er studiert" (Hayek 1986, 17).
8 Das Politische in Hayeks Gesellschaftstheorie charakterisiert Turner dabei zutreffend als Suprematie einer bestimmten Rechtsordnung (vgl. Turner 2008b, 47).

diesem Konzept formaler Rechtsstaatlichkeit zur Grunde gelegte Begriff von Freiheit, der auf eine normative Fundierung verzichtet, insbesondere aus naturrechtlicher Perspektive kritisiert wurde, wird in Kapitel 3.4 gezeigt. Aus dieser Perspektive deutet sich bereits die Herauslösung des von Hayek konzipierten Rechts aus der Verfügbarkeit demokratischer Selbstregierung an, die im Kapitel 3.5 untersucht wird. Hier wird Hayeks Konzept des gewachsenen Rechts der Freiheit analysiert, das auf vorrationalen etablierten Gewohnheiten beruht und bei dessen Fortentwicklung der Judikative eine große Bedeutung zukommt. Die Ergebnisse dieser unterschiedlichen Dimensionen von Hayeks Rechtsdenken werden in letzten Kapitel 3.6 zusammengeführt.

3.2 Die Wettbewerbsordnung als ordnungspolitische Abgrenzung zum Laissez-Faire

Die früheste Entwicklungsstufe von Hayeks Rechtstheorie, die gleichzeitig ein durchgängiges Motiv seines seit den 1930er Jahren ideologisch ausgerichteten Denkens darstellt, bildet die Idee einer rechtlich verfassten Wettbewerbsordnung.[9]

Den ersten Schritt zur Ausarbeitung dieses Konzeptes stellt Hayeks Intervention in die Debatte um die sozialistische Wirtschaftsrechnung dar, in der es um die praktische Durchführbarkeit einer zentralen Wirtschaftslenkung ging. Angestoßen hatte diese Debatte Mises Anfang der 1920er Jahre mit dem Argument, dass eine zentral geplante Wirtschaft ohne Wettbewerbspreise keine Grundlage besäße, um eine rationale Abwägung zwischen wirtschaftlichen Kosten und Nutzen zu treffen: „Alles tappt hier im Dunkeln. Sozialismus ist Aufhebung der Rationalität der Wirtschaft" (Mises 1920, 104; 1922). Denn in Ermangelung von Wettbewerbspreisen, so Mises, müsse der planwirtschaftlich organisierte Staat willkürlich den Wert von Waren festlegen, was aufgrund des zentralisierten Charakters dieser Bewertungen zu erheblichen Verlusten an ökonomischer Effizienz führe.

An diese Kritik schließt Hayek in einem Beitrag zu dem Sammelband ‚Collectivist Economic Planning' an und befasst sich eingehender mit den institutionellen Voraussetzungen der von Mises als Grundlage rationaler ökonomischer Entscheidungen geforderten Wettbewerbspreise: „Die Frage, welches das geeignetste Rahmenwerk ist, um das reibungsloseste und erfolgreichste Funktionieren des Wettbewerbs zu sichern (…) ist, wie zugegeben werden muß, von den Nationalökonomen arg vernachlässigt worden" (Hayek 1952, 175). Diese Kritik richtet Hayek auch gegen die wirtschaftspolitische Naivität des Laissez-Faire (vgl. ebd.). Diesem gegenüber betont Hayek, dass sich ein funktionsfähiger Wettbewerb, in dem sich Preise durch Interaktion von Angebot

---

9 Die Stabilität dieses Motivs in der Entwicklung von Hayeks politischem Denken lässt sich dabei mit Turner als Hinweis auf ein ideologisches Kernkonzept verstehen, das mit verschiedenen anderen und teilweise auswechselbaren Konzepten verknüpft wird (vgl. Kap. 2).

und Nachfrage einzelner, in Konkurrenz zueinander stehender Wirtschaftseinheiten bildeten, nur durch Einrichtung eines stabilen rechtlichen Rahmenwerks zu gewährleisten sei, das wirtschaftliche Entscheidungsfreiheit garantiere. Die Grundelemente dieses Rahmenwerkes bilden bei Hayek klassisch liberale Wirtschaftsfreiheiten wie freie Berufswahl, freier Konsum und die Sicherheit von Privateigentum (ebd., 192).[10]

Zu Recht hat Foucault angemerkt, dass das Konzept des Wettbewerbs eine Weiterentwicklung des klassisch liberalen Prinzip des Tauschs darstellt, eine Neuerung, die das Marktgeschehen grundsätzlich weniger harmonisch, d. h. nicht mehr durch den friedlichen Tausch von Äquivalenten bestimmt sieht, als vielmehr durch eine Dynamik von Ungleichheit (vgl. Foucault 2004, 170 f.).[11] Auch nach Hayek, das wird im Kapitel 4.3 dargelegt, entfaltet der Wettbewerb eine Dynamik, die zu Ungleichheit und Instabilität und zu einem steigenden Interesse an staatlichen Reformen führt. Als eine solche „Reform", die allerdings eher rhetorischer Natur ist, weil sie die Dynamik der Ungleichheit kapitalistischer Prozesse nicht nur nicht antastet, sondern institutionell festschreibt, lässt sich auch Hayeks Konzept der Wettbewerbsordnung begreifen. In Anschluss an Angelo Maiolinos Arbeiten zu ideologischen Elementen des Neoliberalismus lässt sich Hayeks Konzept der Wettbewerbsordnung dabei als eine Umlenkung von Reforminteressen auf jene Sphären verstehen, die wie Hayeks Konzept der Wettbewerbsordnung den Markt umgeben. Den Neoliberalen gehe es in diesem Sinne um „Interventionen, die nicht *in* den Markt eingreifen, sondern sich vielmehr *um* den Markt *herum* positionieren" (Maiolino 2014, 298).

Dass Hayeks Vorschlag zur rechtlichen Neuordnung des Wettbewerbs die marktwirtschaftliche Ungleichheitsdynamik kaum tangiert und eher auf eine Strategie verweist, diese Dynamik rechtlich abzusichern, wird deutlich in seinem oben schon erwähnten Vortrag ‚Freie Wirtschaft und Wettbewerbsordnung' anlässlich der Gründung der Mont Pèlerin Society 1947. Wie schon in seiner Schrift zur Kritik der Planwirtschaft betont Hayek darin eine aktive Rolle des Staates bei der Garantie einer Wettbewerbsordnung, die erst eine freie Wirtschaft ermögliche. Eine solche freie Wirtschaft, die Effizienz durch individuelle Anpassungsleistungen an von staatlichen Eingriffen befreite Preise generiere, setze bestimmte rechtliche Prinzipien voraus. Zu diesen zähle die Verhinderung von Gewalt und Betrug, die Sicherung von Privateigentum und Vertragsfreiheit ebenso wie ein restriktives Gewerkschaftsrecht und die Festlegung eines Gesellschafts- und Körperschaftsrechts (vgl. Hayek 1981a, 148 ff.).

---

10 Die Effizienz eines solchen langfristigen Rahmenwerkes, so führt Hayek weiter aus, bestehe darin „daß [es] Antrieb für die Privatinitiative bietet, um die durch jede Veränderung notwendige Anpassung hervorzubringen" (Hayek 1952, 176). Gegenüber der Flexibilität dieser Privatinitiative seien staatliche Interventionen grundsätzlich im Nachteil. Erst stabile marktliberale Freiheitsrechte und die Zurückhaltung des Staates gegenüber Interventionen produzieren nach Hayek jenen anonymen Zwang eines verallgemeinerten Wettbewerbs, der zu individuellen Anpassungsleistungen nötigt.
11 Zur Foucaults Ansatz der Neoliberalismuskritik und ihrer Genese im Kontext einer umfassenden Krise der Linken Ende der 1970er Jahre, vgl. Reichhold 2018.

Damit beschränken sich an dieser Stelle wie auch in folgenden Arbeiten Hayeks die Prinzipien der Wettbewerbsordnung weitestgehend auf jene marktwirtschaftlichen Kernrechte, deren Bedeutung er bereits in den 1930er Jahren betonte.[12]

Es sind diese Kernrechte, die für Hayek nicht nur nationale Wettbewerbsordnungen, sondern auch seine Konzeption einer transnationalen Wettbewerbsordnung kennzeichnen, die er erstmals 1939 in der Schrift ‚Die wirtschaftlichen Voraussetzungen föderativer Zusammenschlüsse' entwickelte (Hayek 1952, 324 ff.). Als Vorwegnahme späterer transnationaler wirtschaftsliberaler Integrationsformen und Abkommen wie etwa der EU entwickelt Hayek darin die Idee einer rechtlichen Ordnung, die oberhalb der Nationalstaaten vor allem darauf ausgerichtet ist, Eingriffe in transnationale wirtschaftliche Handlungszusammenhänge auszuschließen. Der in dieser Hinsicht de-nationalisierte Charakter der von Hayek angestrebten transnationalen Wettbewerbsordnung wird eingehender im Kapitel 4.4 untersucht. An dieser Stelle ist zunächst hervorzuheben, dass Hayek die Notwendigkeit einer solchen rechtlich fundierten Wettbewerbsordnung als Garant einer „freien Wirtschaft" auch auf transnationaler Ebene voraussetzt. Die Erkenntnis dieser Notwendigkeit trennt nach Hayek einen neuen Wirtschaftsliberalismus vom Laissez-Faire-Liberalismus des 19. Jahrhunderts:

> In einer Diskussion des internationalen Liberalismus wurde kürzlich mit Recht behauptet, daß es einer der Hauptmängel des Liberalismus des 19. Jahrhunderts war, daß seine Vertreter nicht genügend erfaßten, daß die Erreichung der erkannten Harmonie der Interessen zwischen den Bewohnern der verschiedenen Staaten nur innerhalb des Rahmens der internationalen Sicherheit notwendig ist (Hayek 1952, 341).

Die von Hayek gegenüber dem Laissez-Faire-Liberalismus hervorgehobene Bedeutung der rechtlichen Konstitution einer nationalen wie transnationalen Wettbewerbsordnung verweist insgesamt weniger auf ein besonderes Problembewusstsein gegenüber den ungleichen Voraussetzungen und Ergebnissen marktwirtschaftlichen Wettbewerbs als auf eine Präferenz für „Ordnungspolitik". Dieser aus dem Ordoliberalismus hervorgegangene Begriff beschreibt eine wirtschaftsliberale „Rahmenpolitik", die auf korrigierende Eingriffe in das Wirtschaftsgeschehen, d. h. „Prozesspolitik", verzichtet (vgl. Eucken 1999). Während die Ordoliberalen unter einer solchen Rahmenpolitik neben den von Hayek dargelegten marktwirtschaftlichen Grundrechten auch ein wettbewerbspolitisches Programm zur Reduzierung ökonomischer Macht verstehen und sich deshalb für eine Monopolgesetzgebung einsetzten, spielt dieser Aspekt für

---

12 Im Zentrum dieser Freiheitsrechte steht eine Trias, die in der Sekundärliteratur häufig David Hume zugeschrieben wird und als eine Art marktwirtschaftliches Grundrecht gelesen werden kann: Das Recht auf Privateigentum, das Recht auf Vertragsfreiheit und das Recht auf Schadensersatz (vgl. Hayek 1991a, 169 ff., 296ff; Windisch 1980, 324).

Hayek keine Rolle (vgl. Kolev 2011, 51 ff.). Aus dieser Haltung heraus wird der ansonsten von Hayek sehr geschätzte Ordoliberalismus selbst zum Gegenstand der Kritik:

> Daß das, was moralisch falsch ist, nicht das Monopol, sondern nur die Verhinderung von Wettbewerb ist (...), sollten sich besonders jene >Neoliberalen< vor Augen halten, die glauben, sie müßten ihre Unparteilichkeit dadurch beweisen, daß sie gegen alle Unternehmensmonopole genauso wettern wie gegen alle Gewerkschaftsmonopole, wobei sie vergessen, daß Unternehmensmonopole häufig das Resultat besserer Leistung sind, während alle Gewerkschaftsmonopole auf der zwangsweisen Unterdrückung des Wettbewerbs beruhen (Hayek 1981b, 117 f.). [13]

Gemeinsam ist dem Bezug Hayeks und der Ordoliberalen auf die Bedeutung einer Wettbewerbsordnung allerdings ein positiver Bezug auf eine von pluralistischen, d. h. vor allem gewerkschaftlichen Interessen und Parteipolitik befreite und dadurch de-politisierte staatliche Instanz, die die Durchsetzung der Wettbewerbsordnung gewährleistet. Einer genaueren Analyse dieser gegenüber gesellschaftlicher Partizipation abgedichteten, ent-demokratisierten Staatskonzeption ist das fünfte Kapitel gewidmet.

Inwiefern Hayeks Konzeptualisierung des Rechts der Wettbewerbsordnung nicht nur die Ergebnisse der Marktwirtschaft entproblematisiert, sondern als allgemeine Rechtsstaatlichkeit auch gesellschaftliche Macht und Ungleichheit im Allgemeinen, wird im Folgenden dargestellt.

3.3 Entproblematisierung des Elends: Freiheit unter formaler Rechtsstaatlichkeit

Mit seiner Kritik des Totalitarismus, der als Chiffre für so unterschiedliche Regime wie den Nationalsozialismus, Faschismus, Sowjetkommunismus und den Wohlfahrtsstaat dient, erweitert Hayek seine Kritik der Planwirtschaft, die das Gegenbild zu seiner Idee der Wettbewerbsordnung darstellt. Im Kontext seiner Kritik des Totalitarismus erfährt die Idee der Wettbewerbsordnung eine Erweiterung, die sich nun auf eine rechtsstaatliche Verfasstheit der Gesellschaft als Ganzer bezieht. Während der Totalitarismus bei Hayek als Willkür-Herrschaft erscheint, die Wirtschaft und Gesellschaft einem Plan vom guten Leben unterwirft, herrscht in seiner Lesart des Liberalismus das Recht in einer abstrakten und formalen Form und stellt keinerlei ethischen Ansprüche an die Individuen.

---

13 Eine Kritik an Hayeks Argumentation gegenüber den Gewerkschaften haben unter anderem Marco Tullney und Dorothee Wolf vorgelegt. Dabei betonen die beiden nicht nur die Notwendigkeit eines Ausgleichs unternehmerischer Macht, sondern auch die gesellschaftliche Funktionalität einer Verhinderung von Lohndumping, das für sie wirkliche Innovationen aufschiebt (vgl. Tullney und Wolf 2001, 136 f.).

In der formalistischen Art, so wird im Folgenden gezeigt, in der Hayek die liberale Tradition des Rechtsstaats interpretiert, wird eine Neutralisierung des Rechts erkennbar, die Inhalt und Ergebnisse einer solchen Rechtsordnung, d. h. vor allem Macht und Ungleichheit entproblematisiert und dadurch entpolitisiert. Die Bedeutung dieser Art formaler Rechtsstaatlichkeit für die Gesamtkonzeption seines politischen Denkens kann dabei kaum hoch genug angesetzt werden, bildet der Rechtsstaat nach Hayek doch die „Verkörperung der Freiheit" (Hayek 2004, 74).[14] Inwiefern es für diese Konzeption einer „Freiheit unter dem Recht" kein Problem darstellt, „daß wir frei sein können und zugleich elend" (ebd., 24); bildet das ideologietheoretische Interesse dieses Kapitels.

In ‚Freedom and the Economic System', jener Schrift; mit der Hayeks Totalitarismuskritik anhebt, dienen partielle staatliche Eingriffe als Folie, von der abgrenzend er erstmals ein langfristig stabiles und ausnahmslos verallgemeinertes Rahmenwerk zum definierenden Charakteristikum liberaler Gesellschaften bestimmt. Das Recht einer liberalen Gesellschaft müsse, so Hayek, als „framework of general and permanent rules" ausgestaltet werden (Hayek 2012, 10). „General" bzw. allgemein gültig seien solche Regeln in dem Sinne, dass sie auf jede Person gleichermaßen anwendbar seien (ebd.). Diese Formbestimmung des Rechtsstaates führt Hayek in vielen folgenden Schriften weiter aus. Dazu zählt etwa in der ‚Verfassung der Freiheit' sein Plädoyer für eine Formulierung des Rechts in strikt allgemeinen Begriffen, das seiner ausnahmslosen Anwendbarkeit dienen soll:

> Gesetz könnte in seiner Idealform als ein Befehl „ein-für-alle-Mal" bezeichnet werden, der an unbekannte Personen gerichtet ist und von allen besonderen Umständen von Ort und Zeit absieht und sich nur auf solche Bedingungen bezieht, die überall und jederzeit auftreten können (Hayek 1991a, 181).

Des Weiteren sollen nach Hayek die in allgemeinen Begriffen abgefassten Gesetze, von einigen Ausnahmen wie der Steuergesetzgebung abgesehen, als Verbote formuliert werden. Als Verbote legten rechtsstaatliche geformte Gesetze nach Hayek kein bestimmtes Verhalten fest, sondern schlössen lediglich bestimmte sozial unverträgliche Zwangshandlungen aus, sodass alle anderen Handlungsweisen weiterhin offen stünden (vgl. ebd., 26). Auf diesen Zwangsbegriff, der durch seinen Fokus auf individuelle Handlungen den Zwang gesellschaftlicher Verhältnisse ausblendet, wird weiter unten eingegangen. Ziel von Hayeks Bestimmungen der Rechtsstaatlichkeit ist

---

14 Für Jeremy Shearmur spiegelt sich diese Bedeutung in drei Funktionen: Erstens erlaube das Konzept des Rechtsstaates Hayek eine Antwort auf die Frage, was die Agenda eines in Hayeks Sinne liberalen Staates sei, insofern er nicht wie der Laissez-Faire-Liberalismus zu völliger Inaktivität verdammt sei, zweitens gebe ein solches Konzept die Anleitung zur Verhinderung gesellschaftlicher Planung und sei drittens zugeschnitten auf sein Konzept von Freiheit, wie Hayek es in der ‚Der Verfassung der Freiheit' entwickele (Shearmur 2007, 161).

für ihn die Gewährleistung einer Privatsphäre: „die Ungerechtigkeit, die verhindert werden soll, besteht darin, daß jemand in die geschützte Sphäre eines Mitmenschen einbricht, eine Sphäre, die durch Gerechtigkeitsregeln festgestellt wird" (Hayek 1969, 114). Erst durch Abgrenzung einer solchen Sphäre durch das Verbot ihrer Verletzung entstehe nach Hayek individuelle Freiheit, die jedem ermögliche in Frieden sein Wissen zur Verfolgung individueller Zwecke zu nutzen.

> Die Einsicht, daß »gute Zäune gute Nachbarn machen«, d.h. daß die Menschen ihr eigenes Wissen in der Verfolgung ihrer eigenen Zwecke nur dann nützen können, ohne miteinander in Konflikt zu geraten, wenn zwischen ihren jeweiligen Bereichen freien Handelns klare Grenzen gezogen werden können, ist die Grundlage, auf der sich jede Zivilisation entwickelt hat (Hayek 1986, 148). [15]

Im Hintergrund dieser Privatsphäre stehen hierbei die von Hayek als Kern der Wettbewerbsordnung definierten marktwirtschaftlichen Grundrechte – obwohl sich, wie im Folgenden noch deutlicher werden wird, Hayeks Konzept der Rechtsstaatlichkeit systematisch betrachtet gegen eine solche inhaltliche Konkretisierung sperrt. So verzichtet Hayek bewusst darauf, einen durch das Recht geschützten Bereich der Privatsphäre im Sinne von Naturrechten, eines bill of rights oder bestimmter „property rights" näher zu definieren.[16] Grundlage dieses Verzichts ist einerseits Hayeks Auffassung, dass die zuvor genannten Prinzipien der Rechtstaatlichkeit schon ausreichenden Schutz individueller Freiheiten gewährleisteten, andererseits aber auch seine im Kapitel 3.5 dargelegte Überzeugung, dass sich auch diese Schutzrechte der spontanen gesellschaftlichen Entwicklung anzupassen hätten und deshalb nicht als konkreter Katalog festgelegt werden könnten (vgl. Hayek 1991a, 280 f.).[17]

---

15 „Wie die Wirtschaftsfreiheit wären auch alle anderen Freiheiten garantiert, wenn die Handlungen des Individuums nicht durch einzelne Verbote (oder durch die Notwendigkeit, eine Erlaubnis einzuholen), sondern nur durch allgemeine, für alle gleich anwendbare Regeln beschränkt werden könnten" (Hayek 2002, 105).

16 Den einzigen Versuch Hayek in der Tradition des Naturrechts zu deuten, hat Erik Angner (2007) unternommen. Angner verwendet dabei ein breites Konzept von Naturrecht „characterized by its commitment to the superiority of natural over artificial order" (Angner 2007, 8). Mit dieser Definition wird Anger dem Ansatz von Hayek zwar durchaus gerecht, gleichzeitig aber verwischt er die Unterschiede zu Ansätzen, in denen das Naturrecht nicht nur formal, sondern auch inhaltlich, d.h. anthropologisch oder theologisch begründet wird.

17 Bedeutsam und von wenigen Interpreten gewürdigt ist in Bezug auf den Schutz der Privatsphäre bei Hayek seine Kritik an klassischen Eigentumsrechten: „Dieser Ausdruck [‚property'] vermittelt (...) einen viel zu engen und materiellen Eindruck von der geschützten Sphäre, die nicht nur materielle Güter umfaßt, sondern auch verschiedene Ansprüche und gewisse *Erwartungen*" (Hayek 1969, 115, eigene Hervorhebung). Damit verzichtet Hayek auf die Konkretisierung einer Theorie individueller Rechte, entwirft aber an ihrer Stelle eine Art Recht auf eintreffende Erwartungen. Dieses „Recht" auf Privatsphäre, das offen lässt, welche spezifischen Äußerungs-, Aneignungs- oder Organisationsformen des Individuums geschützt und damit erwartbar bleiben sollen, zielt auf die Stabilität eines be-

Allen bislang dargelegten Formbestimmungen des Rechtsstaats räumt Hayek den Status von „meta-gesetzlichen Prinzipien" ein, die einen kritischen Maßstab bilden, an dem sich jedes positive, neu verabschiedete Gesetz messen lassen müsse. Die Forderung nach ihrer Durchsetzung geht also einher mit der Forderung nach einem „government under the law" (Hayek 1969, 110). Der meta-gesetzliche Charakter, von dem Hayek hier spricht, beruht dabei weniger auf vernünftiger Einsicht als auf einer von ihm hervorgehobenen spontanen Entwicklungslogik des Rechts, die sich, wie in Kapitel 3.5 gezeigt wird, einer Politisierung durch die Voraussetzung etablierter kollektiver Traditionen genauso entzieht wie durch eine partikularistische Rechtsentwicklung durch die Judikative.

Dass die von Hayek zur Grundlage der Rechtsstaatlichkeit erhobenen Formbestimmungen wie die Allgemeinheit der Gesetze, ihre Handlungsbezogenheit, ihr Verbotscharakter und die Abgrenzung einer Sphäre des Privaten durch ihren formalen Charakter nicht nur unproblematische Wirkungen entfalten, sondern soziale Macht und Ungleichheit ermöglichen und gegen politische Korrekturen abschirmen, wird im Folgenden genauer dargestellt.[18]

Zunächst ist jedoch auf die ideologische Relevanz und den formalistischen Charakter von Hayeks Konzept der Rechtsstaatlichkeit einzugehen. Denn wie kein zweites Konzept bildet Rechtsstaatlichkeit für Hayek das zentrale Kriterium, nach dem sich Liberalismus und Totalitarismus unterscheiden:

> In keinem Punkte unterscheiden sich die Verhältnisse in einem freien Lande von denen in einem willkürlich regierten deutlicher, als darin, daß man sich in dem ersteren an jene Grundsätze hält, die wir unter dem Begriff des Rechtsstaates zusammenfassen. Wenn man von allen technischen Einzelheiten absieht, so bedeutet dies, daß die Regierung in allen ihren Handlungen an Normen gebunden ist, die im voraus festgelegt und bekannt gemacht sind (ebd., 66).

Mit seiner Kritik an der Zerstörung des Rechtsstaats durch den Totalitarismus zielt Hayek auf den ersten Blick in eine liberal-pluralistische Richtung, die in der Politikwissenschaft mit den Namen Ernst Fraenkel und Franz Neumann verbunden ist. Diese Autoren beziehen sich in ihrer Kritik des Totalitarismus allerdings auf den Nationalsozialismus als historisch-spezifischer Herrschaftsform. Für Fraenkel und Neumann kennzeichnet den Nationalsozialismus der Übergang von einem „Normenstaat" zu einem dezisionistischen „Maßnahmenstaat" (vgl. Fraenkel 2012; Neumann 2004). Auf diesen Maßnahmenstaat, der willkürlich gegen bestimmte Einzelpersonen

---

stimmten rechtlichen Status quo. Damit fügt es sich logisch in das für Hayek zentrale Konzept einer bloß formalen Freiheit unter dem Gesetz, indem es die interpersonale Gleichbehandlung durch Gesetze um eine intertemporale Dimension erweitert (vgl. Hayek 1991a, 270).

18 Ideengeschichtlich schließt Hayek damit an Rechtsstaats-Diskurse des frühen 19. Jahrhunderts an, in denen Rechtsstaatlichkeit noch ohne menschenrechtliche, demokratische oder sozialstaatliche Qualifikation vor allem zur Begrenzung despotischer Macht und der Kritik ständischer Privilegien bestimmt wurde (Loos/ Schreiber 2004, 287 ff.).

und Gruppen vorgeht, zielt auch Hayeks Kritik am Verlust von Rechtsstaatlichkeit. Im Unterschied zu Neumann, der im Rechtsstaat immer auch eine bestimmte normative Konzeption verwirklicht sieht, die sich unter anderem auf eine fundamentale Gleichheit der Individuen beziehe (vgl. Neumann 1967, 26 f.), stellt der Rechtsstaat bei Hayek allerdings ein bloßes „Mittel" zur Verwirklichung verschiedener und zuvor unbekannter Zwecke dar, das sich für ihn gerade dadurch auszeichnet, dass es die Gesellschaft *keiner* normativen Konzeption unterwerfe.[19]

Die treffendste Bezeichnung, die Hayek in ‚Der Weg zur Knechtschaft' für seine Konzeption von Rechtsstaatlichkeit einführt, ist somit der schon gefallene Begriff *formaler* Rechtsstaatlichkeit (Hayek 2004, 68). Die Funktion formaler Rechtsstaatlichkeit charakterisiert Hayek dabei auch als das „Aufstellen von Wegweisern", während es beim *materialen* Rechtsstaat um „Anordnungen" gehe, „daß wir diesen oder jenen Weg nehmen müssen" (ebd.).[20] Bezeichnend ist dieses Bild für Hayeks Rechtsstaatskonzept vor allem deshalb, weil das Aufstellen von Wegweisern gegenüber Weganweisungen als ethisch neutral erscheint: Verantwortung für die Orientierung an diesen Wegweisern übernehmen in diesem Bild die Individuen. Mit gleicher ethisch neutraler Konnotation charakterisiert Hayek den Rechtsstaat als Sammlung von „Spielregeln", innerhalb derer den Menschen die Verantwortung für ihre Entscheidungen überlassen bleibe (ebd.). Diesen Aspekt hebt auch Kley hervor, der in seiner moralphilosophischen Rekonstruktion von Hayeks politischem Denken dieses als „Instrumentalismus" bezeichnet (vgl. Kley 1994). Die Bedeutung von Regeln, so Kley, gehe bei Hayek über die Sicherung einer Sphäre des Privaten hinaus und richte sich auf die Favorisierung von Regelbefolgung als solcher (vgl. ebd., 78 f.). Zuspitzen lässt sich diese Analyse mit Hayek selbst: „Man kann sogar sagen, daß für einen echten Rechtstaat die Existenz einer Norm, die immer ohne Anschauung der Person angewandt wird, wichtiger ist als die Art dieser Norm selbst" (Hayek 2006, 74).[21]

---

19 Neben einem „Mittel" spricht Hayek von der Rechtsordnung auch als einem „Produktionsmittel" oder „Werkzeug", das nur in der Verwendung durch die Individuen seine spezifische Funktionalität und Nützlichkeit entfalte (vgl. Hayek 2004, 67).

20 Zu einem späteren Zeitpunkt weicht Hayek von dieser Begrifflichkeit indes wieder ab: eine wichtige Rolle spielt dabei die Idee, dass der Begriff des materialen Rechtsstaates die Unveränderbarkeit rechtlicher Prinzipien besser transportiere (vgl. Hayek 1991a, 187).

21 Hayeks ethische Neutralisierung liberaler Rechtsstaatlichkeit hat insbesondere bei liberalen Naturrechtlern für Irritation gesorgt. Denn ein Effekt seiner Konzeption formaler Rechtsstaatlichkeit ist unter anderem die inhaltliche Entleerung seines Freiheitsbegriffes (vgl. Exkurs Kap. 3.4.). Verkannt wurde von naturrechtlicher Seite allerdings die besondere ideologische Funktion dieses Konzeptes: indem Hayek die Forderung nach der Allgemeinheit des Rechts gleichsetzt mit der Forderung nach ethisch-politischer Neutralität, gelingt ihm die ethische Immunisierung der von ihm vorausgesetzten Wettbewerbsordnung. Die implizite Voraussetzung der Idee ethischer Neutralität des ökonomischen Wettbewerbs ist seine Annahme, dass sich ökonomische Prozesse generell der kognitiven Verfügbarkeit entziehen. Die ideologische Funktion einer Wettbewerbsordnung, die diesen Voraussetzungen

Im Anschluss an die Rekonstruktion von Hayeks Konzept formaler Rechtsstaatlichkeit und vor dem Hintergrund der bereits angedeuteten Dynamik des Wettbewerbs als Dynamik von Ungleichheit lässt sich die ideologische Funktion von Hayeks Rechtsstaatskonzept mit Anatole France als Entproblematisierung von ungleichen Lebensverhältnissen verstehen. Diese Ungleichheit entwickelt sich nach France „unter der majestätischen Gleichheit des Gesetzes, die Reichen wie Armen verbietet unter Brücken zu schlafen, auf den Straßen zu betteln und Brot zu stehlen" (France 1925, 116).

Die Gleichheit des Gesetzes ist dabei nicht ideologisch im Sinne einer bloß scheinhaften Gleichheit: marktwirtschaftliche Grundrechte wie auch alle anderen Gesetze gelten in Hayeks politischem Denken ausnahmslos und stellen damit einen wichtigen Schutz für Einzelpersonen und Gruppen dar, Opfer diskriminierender Politik zu werden, selbst wenn sie inhaltlich nicht näher bestimmt werden. Das ideologische Moment dieser Konzeption liegt vielmehr in der Entproblematisierung jener Formen von Ungleichheit, die sich unter den Bedingungen formaler Gleichheit durch ungleich verteilte Ressourcen, Fähigkeiten und soziale Positionen einstellt. An dem von Hayek hergestellten Zusammenhang zwischen Rechtsstaatlichkeit und individueller Freiheit lässt sich diese Entproblematisierung genauer darlegen.

Hayeks umfassendste Auseinandersetzung mit dem Freiheitsbegriff findet sich ebenfalls in der bereits erwähnten ‚Verfassung der Freiheit', jener 1960 publizierten ersten Hauptschrift, in der er Freiheit als negatives Konzept individueller Handlungsfreiheit, d. h. als Abwesenheit von willkürlichem Zwang entwickelt.[22] Mit dem Begriff der negativen Freiheit schließt Hayek an eine lang anhaltende rechts- und politiktheoretische Debatte zwischen VerfechterInnen einer Form negativer *Freiheit von* verschiedenen Arten von Zwängen und VerfechterInnen einer Form positiver *Freiheit zu oder auf* bestimmte Ressourcen oder Teilhabeformen.[23] Der Logik seiner

–––––––––

gerecht wird und sich deshalb auch der politischen Verantwortung entzieht, wird im folgenden dritten Kapitel erläutert.

22 Einer vollständigen Abschaffung des Zwangs steht Hayek skeptisch gegenüber. Unter der Prämisse, dass Menschen in ihren Interaktionen nicht konsequent auf Zwang verzichten, ist für ihn eine Einhegung von Zwang durch die Androhung und letztlich auch die Durchführung von Zwang durch ein staatliches Gewaltmonopol unverzichtbar (vgl. Hayek 1991a, 89). „Da Zwang nur ausgeübt werden kann, wenn der Zwingende die wesentlichen Bedingungen für das Handeln des anderen Menschen in seiner Gewalt hat, kann er verhindert werden, indem Einzelnen die Sicherung eines privaten Bereichs ermöglicht wird, in dem er gegen solche Eingriffe geschützt ist. Die Sicherheit, daß bestimmte Umstände seiner Umgebung nicht von jemand anderem willkürlich geändert werden können, kann ihm nur von einer Behörde gegeben werden, die die nötige Macht hat" (ebd., 168). Wie schon in Bezug auf sein Konzept der Wettbewerbsordnung bemerkt wurde, sieht Hayek Wirtschaft und Gesellschaft als grundsätzlich konflikthafte Sphären an, die der staatlichen Macht zur Durchsetzung ihrer rechtlichen Verfassung bedürfen.

23 Zur ideengeschichtlich folgenreichen Unterscheidung von positiver und negativer Freiheit vgl. einführend Meyer / Vorholt (2007).

negativen Perspektive gemäß begreift Hayek Freiheit nicht als Anrecht auf einen ethisch bestimmten Zustand, d. h. etwa politische und soziale Teilhabe, sondern als Bedingungen, unter denen „ein Mensch nicht dem willkürlichen Zwang durch den Willen eines anderen oder anderer unterworfen ist" (Hayek 1991a, 14).[24] Das Recht hat deshalb nach Hayek die Aufgabe, bestimmte Zwangs-*Handlungen*, nicht jedoch den Zwang sozialer Zustände zu unterbinden.[25] Der Eingriff in solche Zustände stellt für Hayek vielmehr selbst eine Form des Zwangs dar:

> Unter ‚Zwang' wollen wir eine solche Veränderung der Umgebung oder der Umstände eines Menschen durch jemand anderen verstehen, daß dieser, um größere Übel zu vermeiden, nicht nach seinem eigenen zusammenhängenden Plan, sondern im Dienste der Zwecke des anderen handeln muß (Hayek 1991a, 27).

Mit Philipp Batthyány, der die bisher umfangreichste Arbeit über den Zwangsbegriff Hayeks vorgelegt hat, lassen sich in dieser Bestimmung zwei Argumente für die Freiheit unterscheiden (vgl. Batthyány 2007, 67 ff.).[26] Das erste, systematisch besonders relevante Argument betrifft den individuellen Nutzen der ungehinderten Anwendung und Entwicklung persönlichen Wissens, während das zweite sich gegen die instrumentelle Dienstbarmachung einer Person richte. Beide Argumente lassen sich im folgenden Zitat aus der ‚Verfassung der Freiheit' unterscheiden: „Zwang ist gerade deshalb ein Übel, weil er (...) ein Individuum als denkendes und wertendes Wesen ausschaltet und es zum Werkzeug zur Erreichung der Zwecke eines anderen macht"

---

24 Auf die Abgrenzung dieser Freiheit von positiver politischer Freiheit, d. h. der Teilhabe an demokratischer Selbstbestimmung, wird genauer in Kapitel 5.3 eingegangen.

25 Bei Hayek – wie etwa auch bei Kant – beschränkt sich das Recht, das die individuelle Freiheit aller Gesellschaftsmitglieder gewährleisten soll, auf die Regulierung einer bestimmten *Form* des Verhaltens. Gegenstand des Rechts sind somit ausschließlich Handlungen, während von konkreten Folgen, die aus diesen für einzelne Menschen entstehen, abgesehen wird. In dieser „deontologischen" Ausrichtung spiegelt sich Hayeks Überzeugung, dass Freiheit nur als Unabhängigkeit von bestimmten Handlungen, nicht aber als Unabhängigkeit von bestimmten gesellschaftlichen oder materiellen Umständen definiert werden könne (vgl. Hayek 1969, 114). Erst der Verzicht auf die Bewertung konkreter, d. h. örtlich und zeitlich situierter Umstände garantiert für ihn eine scheinbar unparteiliche und neutrale Fassung des Rechts. Dabei geht jedoch Hayeks Gebot der Neutralität weiter als das Kants, denn im Gegensatz zu Kant geht Hayek nicht davon aus, dass es so etwas wie eine ethisch verbindliche inhaltliche Bestimmung des Rechts überhaupt geben kann.

26 Batthyánys analytisch komplexe Rekonstruktion des Hayekschen Zwangsbegriffes scheint allerdings eine definitorische Geschlossenheit auf Kosten der Sensibilität für die ideologisch heterogene Konstellation von Hayeks politischem Denken zu erkaufen. Batthyánys Einschätzung, dass sich „im Begriff des Zwangs (...) die gesamte Sozialphilosophie Hayeks [abbildet]" (Batthyány 2007, 1), unterschätzt Hayeks Verknüpfung des Zwangsverbots mit dem Prinzip der Herrschaft des Rechts. Denn erst die Herrschaft des Rechts – gegenüber einer durch konkrete politische Ziele gekennzeichneten Gesetzgebung – vermittelt Hayeks liberale Intentionen mit seiner Theorie spontaner Ordnung und kann daher viel eher den Anspruch auf systematische Zentralität geltend machen.

(Hayek 1991a, 28). Darüber hinaus verdient noch ein drittes von Batthyány identifiziertes Argument Aufmerksamkeit, das sich auf den Nutzen individueller Freiheit für den nach Hayek ungeplanten ökonomischen und sozialen Fortschritt der Zivilisation bezieht (vgl. Batthyány 2007, 71 ff.). „Zwang ist böse, weil er verhindert, daß ein Mensch seine geistigen Fähigkeiten voll nützt, und damit auch, daß er den besten seinen Fähigkeiten entsprechenden Teil für die Gemeinschaft leistet" (Hayek 1991a, 162).

Wie im Folgenden noch deutlicher wird, verweist dieses letzte Argument nicht nur auf einen positiven Effekt individueller Freiheit für die Gesellschaft, sondern markiert gleichzeitig eine Grenze. Denn die spontane und ungeplante soziale Dynamik, auf der für Hayek zivilisatorischer Fortschritt beruht, bleibt für das Individuum letztlich unantastbar. „Wenn es sozialen Fortschritt geben soll", so Hayek, bedeute dies, dass „der soziale Prozeß, in dem sich der Verstand entwickelt, nicht von diesem Verstand beherrscht werden kann" (ebd., 48). Individuelle Freiheit ist in dieser Hinsicht immer Freiheit zur Anpassung an die Dynamik sozialer Prozesse – zielt sie hingegen auf deren Veränderung, wird nach Hayek aus ihr Zwang.[27]

Um die These der Entproblematisierung gesellschaftlicher Macht und Ungleichheit konkreter zu fassen ist es nun sinnvoll, genaueres Augenmerk auf die gesellschaftlichen Beziehungen zu richten, die nach Hayek Zwang produzieren. Dabei wird erkennbar, dass Hayek im Gegensatz zum Zwangspotential des Staates das Ausmaß von Zwang in anderen sozialen Beziehungen für relativ gering hält.

Für vollständig irrelevant in Hinblick auf Zwang hält Hayek persönliche Beziehungen, d. h. familiäre, freundschaftliche und intime Beziehungen, die er von diesen sozialen Beziehungen noch einmal abgrenzt.

> Jeder Versuch diese engen Verbindungen zu regeln, würde offensichtlich so weitreichende Beschränkungen der Freiheit der Wahl und des Verhaltens bedeuten, daß er noch schlimmeren Zwang darstellen würde: Wenn die Menschen frei sein sollen, ihren persönlichen Umgang und ihre Freunde selbst zu wählen, so kann der Zwang, der sich aus diesen freiwilligen Beziehungen ergibt, nicht Gegenstand staatlicher Eingriffe sein. (Hayek 1991a, 167).[28]

In Bezug auf Hayeks Voraussetzung einer solchen Sphäre des Persönlichen bzw. Privaten, in der Handlungen auf scheinbarer Freiwilligkeit beruhten, lässt sich zunächst aus feministischer Perspektive auf eine Form der De-Politisierung hinweisen (vgl.

---

27 Auf Hayeks epistemologische Einwände gegenüber Eingriffen in eine Gesellschaft, die sich als Ganzes der kognitiven und politischen Verfügbarkeit entzieht, wird in Kapitel 4.2 genauer eingegangen. Hayeks Plädoyer für eine strikt neutrale Form der Rechtsstaatlichkeit ist in dieser Hinsicht mehr Ergebnis einer tiefen Skepsis gegenüber der Gestaltung gesellschaftlicher Verfasstheit als Ausdruck einer ethischen Reflexion.

28 Darüber hinaus handele es sich bei den Schädigungen in diesen Beziehungen um Akte eines in seiner Intensität „geringeren" Zwanges, weil es sich um freiwillige Bindungen handele. Für eine ausführlichere Diskussion vgl. Zeitler 110 f.

Lettow 2005). Aus einer solchen Perspektive lässt sich die Abgrenzung zwischen Öffentlichem und Privatem selbst als politischer Akt begreifen, der die Sphäre des Privaten und damit auch die darin wirksame soziale Macht und Ungleichheit de-politisiert.[29] Dass Hayeks Zwangsbegriff in Bezug auf Hierarchien und Macht in der Sphäre des „Privaten" taub ist, folgt dabei einer grundsätzlicheren Logik seines Konzeptes individueller Freiheit, die ihre Grenze in der spontanen Dynamik gesellschaftlicher Ordnung findet.

Aus dieser Logik heraus erklärt Hayek die in der „privaten" Hierarchie von Geschlechtern wirksamen kulturell-symbolischen Formen von Macht auch für generell unbedenklich. Auf die Beschränkung, die ein solcher moralischer Zwang für individuelle Freiheit und Subjektivität bedeutet, hat zu einem frühen Zeitpunkt John Stuart Mill unter Verweis auf den Einfluss der Mehrheitsmeinung (vgl. Mill 2011) und später etwa Judith Butler unter Verweis auf diskursiv wirkmächtige Geschlechterstereotype hingewiesen (vgl. Butler 2003). An Mills Kritik des moralischen Zwangs kritisiert Hayek, dass der Begriff des Zwangs an dieser Stelle unangebracht sei, weil es sich um eine sehr milde Form der Einschränkung handele, die zudem eine produktive Rolle bei der Verringerung von Ungewissheit spiele (vgl. Hayek 1991a, 176):

> Im großen und ganzen stellen die Konventionen und Normen des gesellschaftlichen Verkehrs und des persönlichen Verhaltens keine ernstliche Beeinträchtigung der persönlichen Freiheit dar, sondern sichern ein gewisses Mindestmaß an Gleichheit des Verhaltens, das die persönlichen Bemühungen sicherlich eher unterstützt als behindert (ebd., 177).

Der gleichen Logik folgend hält Hayek auch andere Phänomene sozialer Macht für weitestgehend unbedenklich, ja mehr noch: man könne in Machteffekten auch schlicht das Vermögen erkennen, individuelle Pläne erfolgversprechend umzusetzen (vgl. ebd., 162 ff.). In dieser Hinsicht lässt sich Hayeks Machtbegriff mit Gerhard Göhler als handlungsermöglichende „power to" im Gegensatz zu einer handlungslimitierenden „power over" charakterisieren (Göhler 2011, 229 f.). Diese neutrale bis positive Sicht Hayeks auf Phänomene sozialer Macht bezieht sich ebenfalls auf ökonomische Formen, die er in Gestalt von Beschäftigungs- oder Gütermonopolen bis auf wenige Ausnahmen nicht als Ausübung von Zwang ansieht (Hayek 1991, 165 f.). Als Grund für diese Einschätzung nennt Hayek die Abwesenheit absichtsvoller Schädigung: solange kein schädigender Wille in Geschäfts- und Tauschbeziehungen vorliege und die Ergebnisse ökonomischer Beziehungen als Teil eines ungeplanten Prozesses aufträten, müsse man auch die schlechten Ergebnisse ökonomischer Transaktionen als „Naturkatastrophe" auffassen (ebd., 166). Auf Hayeks positive Bezugnahme auf die

---

29 Diese De-Politisierung des Privaten betrifft auch Formen sozialer Macht, die nicht durch vergeschlechtlichte Hierarchien, sondern etwa durch Rassismus oder Klassismus entstehen.

Monopolisierung politischer Macht durch „liberale Diktaturen" wird zudem in Kapitel 5.2.2 genauer eingegangen.

Besondere Bedeutung hat für Hayek gegenüber den beschriebenen Formen sozialer Macht und Ungleichheit das Zwangspotential des Staates. Von staatlichen Behörden und Vertretern gehe, solange diese ihre Macht nicht im Rahmen rechtsstaatlicher Regeln ausübten, die größte Bedrohung individueller Freiheit aus. Der Grund dafür liege in den staatlichen Möglichkeiten soziale Interaktion in einer Weise zu beeinflussen, die die Pläne der beteiligten Individuen unterbrechen: „daß, je mehr der Staat »plant«, das Planen für den einzelnen um so schwieriger wird" (Hayek 2004, 69). Genau genommen ist deshalb in Hinsicht auf den Staat nicht dessen schiere Präsenz oder Macht für Hayek problematisch, sondern der Einsatz von Zwang zur Erreichung konkreter, nach Gruppen oder gar Personen diskriminierender Ziele, die für die Betroffen nicht voraussehbar sind (vgl. ebd.). Wie auch in anderen sozialen Sphären bildet das Element der Stabilität und Berechenbarkeit gesellschaftlicher Ordnung aus Hayeks Sicht eine wichtige Voraussetzung für den Erhalt individueller Freiheit – die Unantastbarkeit dieser Ordnung und ihrer Entwicklungsdynamik bildet jedoch gleichzeitig deren Grenze.

Als Zwischenfazit ergibt sich damit, dass Zwang für Hayek in sozialen Beziehungen so lange nicht vorliegt, wie Schädigungen durch Macht und Ungleichheit im Rahmen ungeplanter sozialer Prozesse auftreten. Diese Entproblematisierung resultiert aus seinem Konzept von individueller Freiheit, das auf die Verhinderung intentionaler Akte des Zwangs abstellt. Indem dieser Zwangsbegriff darüber hinaus staatliche Eingriffe in ungeplante soziale Prozesse besonders ächtet, trägt er zur Dynamik und Verschärfung dieser Prozesse aktiv bei. Dieser letzte Punkt lässt sich verdeutlichen an Hayeks Kritik des Wohlfahrtsstaates bzw. seiner Kritik sozialer Gerechtigkeit, die mit seinem Konzept formeller rechtsstaatlicher Gleichheit kollidieren.

Dass eine rechtsstaatliche Rahmenordnung nicht für alle Menschen gleichermaßen nützlich ist, weil die Unvorhersehbarkeit ihrer Ergebnisse für einige mehr als andere eine Gefahr darstellt und zur ungleichen Verteilung von Ressourcen führt, ist Hayek durchaus bereit zuzugeben. So finden sich in seinem Werk eine Reihe von Verweisen auf die Notwendigkeit wohlfahrtsstaatlicher Institutionen, um existentielle Risiken des Einzelnen aufzufangen (vgl. Hayek 2004, 107 ff.). Hayeks Forderung nach ausnahmsloser rechtlicher Gleichheit folgend, dürfen diese Institutionen allerdings keinen ausgleichenden bzw. emanzipatorischen Charakter annehmen, d. h. substantiell in die Ergebnisse der spontanen Selbstordnungskräfte der Gesellschaft eingreifen.[30] Die Forderung nach einem durch Steuergelder finanzierten Existenzminimum

---

[30] Konstitutiv für diese Einschränkung ist in ‚Der Weg zur Knechtschaft' Hayeks Unterscheidung zwischen Garantien sozialer Sicherheit neben der und gegen die Marktwirtschaft. „Diese beiden Art von Sicherheit sind: erstens Sicherung gegen schwere körperliche Entbehrungen, die Gewißheit eines bestimmten Existenzminimums für alle, und zweitens die Sicherheit eines bestimmten Lebensstan-

oder Grundeinkommen liegt deshalb durchaus im Rahmen von Hayeks Begriff der Rechtsstaatlichkeit – allerdings nur, solange es ausnahmslos allen Bürgern zu Gute kommt und dadurch nicht in die Hierarchie gesellschaftlicher Positionen eingreift: „Gerechtigkeit erfordert, daß jene Bedingungen im Leben der Menschen, die von der Regierung bestimmt werden, für alle gleich sind. Aber Gleichheit dieser Bedingungen muß zu Ungleichheit der Ergebnisse führen" (ebd., 121). Unter Bezugnahme auf dieses Prinzip spricht sich Hayek unter anderem gegen progressive Steuern aus – nicht jedoch gegen Steuern, die für alle Mitglieder der Gesellschaft gleich hoch sind (vgl. Hayek 1991a, 387 ff.). Hayeks berühmte Angriffe auf das Konzept der sozialen Gerechtigkeit, die für ihn eine logische Unmöglichkeit darstellt, weil sich Gerechtigkeit immer nur auf individuelle Handlungen, nicht auf die Verteilung bestimmter Lebenschancen beziehe, basiert zu einem erheblichen Teil auf dem Prinzip rechtsstaatlicher Gleichbehandlung: „Das große Problem besteht darin, ob diese neue Forderung nach [sozialer, C. R.] Gleichheit nicht mit der Gleichheit der Verhaltensregeln in Konflikt gerät, die die Regierung in einer freien Gesellschaft durchsetzen muss" (Hayek 1981a, 116).

Individuelle Freiheit in Hayeks Sinne besteht, wie gesehen, in formaler Gleichheit vor dem Gesetz. Alle anderen Formen ethischer Aufladung der Herrschaft des Gesetzes stellen für ihn dagegen eine Form des Zwangs dar, der aus Hayeks Sicht dazu neigt in die spontanen Prozesse gesellschaftlicher Entwicklung einzugreifen. Die ideologische Funktion dieser rechtsstaatlichen Form der Herrschaft des Gesetzes besteht also offensichtlich darin soziale Macht und Ungleichheit als Voraussetzung und Ergebnisse dieser Prozesse zu entproblematisieren.

Hayeks Verzicht auf einen ethischen Kern des Rechts steht dabei in enger Verbindung mit einer tiefen Skepsis gegenüber den Möglichkeiten der Erkennbarkeit und Gestaltbarkeit gesellschaftlicher Ordnung generell:

> Gerade der Umstand, daß wir die konkrete Wirkung dieser [rechtsstaatlichen, C. R.] Normen nicht kennen, daß wir nicht wissen, welche Einzelzwecken oder welchen einzelnen Menschen sie dienen werden, (...) ist das wichtigste Kennzeichen jener Normen, die wir als formale Rechtsnormen bezeichnen (Hayek 2004, 68).

Wie in Kapitel 3.5 gezeigt wird, korrespondiert Hayeks rein formale Bestimmung des Rechtsstaates mit einer Deutung des Rechts selbst als einer spontanen Ordnung, die ihrerseits Momente einer De-Politisierung erkennbar werden lässt.

Mit seinem Verzicht auf einen ethischen Kern seiner Rechtsstaatskonzeption hat sich Hayek allerdings der Kritik vieler liberaler Kommentatoren ausgesetzt. Bevor auf

---

dards, d. h. der wirtschaftlichen Stellung, deren sich eine Person oder eine Gruppe im Verhältnis zu anderen erfreut, oder, wie wir es kurz ausdrücken können: einerseits die Sicherheit eines Mindesteinkommens und andererseits die Sicherheit eines besonderen Einkommens , auf das jemand Anspruch zu haben glaubt" (Hayek 2004, 108).

die Weiterentwicklung von Hayeks Rechtsstaatskonzeption zum gewachsenen „Recht der Freiheit" als einer spontanen Rechtsordnung eingegangen wird, soll zunächst in einem Exkurs diese Kritik von liberaler Seite aus dargestellt werden.

3.4 Exkurs: Kritik aus naturrechtlicher Perspektive

Als einflussreicher Vertreter naturrechtlich-liberaler bzw. -libertärer[31] Kritik an Hayeks Konzept von Freiheit und ihrer Gewährleistung durch formale rechtsstaatliche Prinzipien kann Ronald Hamowy gelten.[32] Bedenken an Hayeks Freiheitskonzeption meldete Hamowy, damals Student Hayeks in Chicago, vor allem an der inhaltlichen Unbestimmtheit und Beliebigkeit der allgemein anzuwendenden Verbote an, die für Hayek das Hauptinstrument der Verhinderung von Zwang darstellen (Hamowy 1961, insbes. ebd., 50). Als einflussreich kann Hamowys Kritik schon deshalb gelten, weil sie eine der wenigen darstellt, auf die Hayek eine Replik verfasst hat.[33] In seiner Antwort setzte sich Hayek allerdings vor allem mit dem *Ausmaß* notwendigen Zwanges, nicht jedoch mit dem von Hamowy kritisierten *Maßstab* von Zwang auseinander.[34] Konsequenterweise veröffentlichte Hamowy daraufhin eine ergänzte Version seiner Kritik, in der er unverblümt auf die weiter bestehenden „muddles" hinwies, die Hayeks Versuch produziere, individuelle Freiheit – ohne Rückgriff auf substantiell bestimmte

---

31 Mit dem Begriff des Libertarismus wird im Folgenden eine Position bezeichnet, die sich im angloamerikanischen Raum in den 1960er Jahren ähnlich wie der Neoliberalismus von sozialdemokratischen Formen des Liberalismus bzw. „liberalism" abgrenzte, dabei aber weniger konservative Züge als der in den 1930er entstandene Neoliberalismus trägt. Wie bereits angemerkt stand Hayek dem Begriff des Libertarismus eher skeptisch gegenüber (vgl. Hayek 1991a, 493).

32 Zu diesen Kritikern zählen unter anderem John Watkins (1961), Lionel Robbins (1961) und später auch Murray Rothbard (1998), der sich auf Hamowys Kritik bezieht (ebd., 219 ff.) genauso wie Schmidtchen (2004, 128).

33 Hayeks Antwort erschien bereits in der auf die Kritik folgenden Ausgabe der New Individualist Review. In einem Brief an den Senior Tutor des Balliol College, Oxford, schrieb Hayek zwei Jahre später rückblickend: „His [Hamowys, C. R.] critique of my book >The Constitution of Liberty< is so far the only one I felt I had to reply to" (zitiert nach Batthyány 2007, 146). Dieter Schmidtchen vertritt die These, dass es Hamowys Kritik gewesen sei, die Hayek zu einer Überarbeitung seiner Freiheitskonzeption in ‚Recht, Gesetzgebung und Freiheit' geführt habe (Schmidtchen 2004, 128). Zuzustimmen ist ihm insofern, als Hayek in diesem Werk von einer rechtsunabhängigen Definition von Freiheit absieht.

34 Zu dem gleich Urteil kommt auch Batthyány: „In seiner Entgegnung greift Hayek die Überlegungen Hamowys zwar auf, statt sie aber aufzuklären, bringt Hayek neue Aspekte in die Diskussion seines Zwangsbegriffs ein, mit denen er Hamowys Kritik eher noch bestätigt als entkräftet" (Batthyány 2007, 11).

Rechte – allein durch eine konsequente Herrschaft eines formal bestimmten Rechts gewährleisten zu wollen (Hamowy 1978, insbes. ebd, 287 ff.).[35]

Einen ersten Ansatzpunkt seiner Kritik findet Hamowy in Hayeks Grundsatz der allgemeinen Anwendung von Rechten, der sich in der Verpflichtung auf allgemeine Begriffe manifestiere. Diese Verpflichtung sei nach Hamowy insofern kein gehaltvoller Schutz individueller Freiheit, weil es möglich sei auch in allgemeinen Ausdrücken Bezug zu nehmen auf konkrete Personen oder Lebensumstände: „one need only to create a one-member-class" (ebd., 292, ähnlich die Kritik Kleys 1994, 77). Gleichzeitig sei es nach Hamowy mitunter durchaus geboten auf bestimmte Personengruppen Bezug zu nehmen, um Gewalt zu verhindern. Hamowy zählt darunter das Verbot von Vergewaltigung, das im Hayekschen Sinne als Diskriminierung von Männern erscheinen könne (vgl. Hamowy 1978, 292).[36] Das Prinzip der strikten Allgemeingültigkeit durch semantisch-allgemein formulierte Gesetze erscheint ihm damit nicht nur schwer zu verwirklichen, sondern mitunter als hinderlich zur Verteidigung individueller Freiheit.

Besonders schwer wiegt für Hamowy angesichts dieses fragwürdigen Versuchs zur Verhinderung von Zwang das schon erwähnte Fehlen einer substantiellen Theorie individueller Rechte. Diese Leerstelle erlaube es unter Anwendung des Grundsatzes allgemeiner Gleichbehandlung auch repressive Maßnahmen durchzusetzen: „Censorship and the prohibition of political and religious dissent and of „immoral conduct" are all consistent with the equal application of the law" (vgl. Hamowy 1978, 293). In der Verteidigung seiner Rechtskonzeption scheint Hayek eine derartige Kritik sogar einzuräumen: „it [the rule of law] leaves open possibilities of enforcement of highly oppressive rules on some dissenting groups" (Hayek 1967, 350). Einen alternativen Ansatz, der dieses Defizit ausgleicht, bietet Hayek hingegen nicht an.

---

35 „It would be (...) consistent, within a free society governed by the Rule of Law, to interfere with many of our most basic freedoms" (Hamowy 1961, 50, Anm **).

36 Was Hamowy dabei nicht erwähnt, seine Kritik aber noch unterstreicht, ist, dass Hayek nahezu identische Überlegungen anstellt, aber keine bzw. systematisch fragwürdige Konsequenzen aus ihnen ableitet. So stellt er etwa in Bezug auf die Frage nach der (Un-)Möglichkeit semantischer Allgemeinheit von Gesetzen fest: „Es muß zugegeben werden, daß trotz vielen geistvollen Versuchen, das Problem zu lösen, kein völlig befriedigendes Kriterium gefunden worden ist, das uns immer sagen würde, welche Klassifikation mit der Gleichheit vor dem Gesetz vereinbar ist" (Hayek 1991a, 272). Das Gleiche gilt für die Frage nach der Notwendigkeit allgemeiner Anwendung von Gesetzen: „Die Erfordernis, daß die Regeln echter Gesetze allgemein sein müssen, bedeutet nicht, daß nicht manchmal bestimmte Gesetze auf verschiedene Menschenklassen nicht anwendbar sind, weil sie sich auf Eigenschaften beziehen, die nur gewisse Menschen haben" (ebd., 186). Um diese Probleme zu lösen, schlägt Hayek vor, dass sowohl die Mehrheit der Betroffenen wie der Nichtbetroffenen von solchen Diskriminierungen diesen Gesetzen zustimmen müssten (vgl. ebd.). Wie eine solche Abstimmung praktisch durchgeführt werden kann und wie sie sich mit Hayeks grundsätzlicher Skepsis gegenüber demokratischen Institutionen vereinbaren lässt, bleibt hierbei völlig offen.

Bezeichnend für die Anfälligkeit der Hayekschen Freiheitkonzeption für Kritik aus naturrechtlich-liberaler Perspektive, so legt Hamowy offen, ist darüber hinaus die Einschränkung von Zwang auf solche Situationen, in denen er unvorhersehbar sei. Dabei bezieht sich Hamowy auf folgende Unterscheidung Hayeks: „Wer im voraus weiß, daß er gezwungen werden wird, wenn er sich in eine bestimmte Situation begibt, es aber vermeiden kann, sich in diese Situation zu begeben, der braucht nie gezwungen zu werden" (Hayek 1991a, 172). Hamowys Einwand besteht aus der Ableitung einer absurden Konsequenz: "Thus, if I know in advance that I will be attacked by a gang if I were to enter a certain neighborhood and if I can avoid that neighborhood, then I need never be coerced by the gang (Hamowy 1978, 290).

In den Grenzen eines strikten Formalismus, so lässt sich mit Hamowy noch einmal unterstreichen, ist Hayeks Rechtskonzeption offenbar durch eine weitgehende inhaltliche Beliebigkeit gekennzeichnet. Die von Hamowy geübte Kritik an der sich aus liberaler Perspektive ergebenden Verengung von Hayeks formaler Rechtsstaatskonzeption hat in der Sekundärliteratur, zumal der philosophischen, zu Versuchen geführt Hayeks Rechtstheorie gemäß substantieller und unveräußerlicher Rechte zu modifizieren.[37] Im Folgenden soll demgegenüber gezeigt werden, dass Hayeks Rechtstheorie auf einer Theorie spontaner sozialer Ordnungsprozesse aufbaut, die das Recht selbst betrifft und in seinem Spätwerk immer deutlicher hervortritt.

3.5 Ent-Demokratisierung durch das „gewachsene" Recht der Freiheit

Die ethische Leerstelle in Hayeks Theorie formaler Rechtsstaatlichkeit und die daraus folgenden Probleme für einen substantiellen Schutz individueller Freiheit wurden in der zuvor dargestellten Kritik aus naturrechtlicher Perspektive besonders greifbar. Aus einer systematischen Perspektive hat auch Dieter Schmidtchen auf dieses Problem hingewiesen. Das Recht, so Schmidtchen, bilde bei Hayek das Prinzip, nachdem Freiheit bestimmt wird. Daraus ergibt sich für Schmidtchen allerdings die Frage, nach welchem Maßstab das Recht selbst gebildet wird, wenn, um Zirkelschlüsse zu vermeiden, die Freiheit nicht als Prinzip des Rechts vorausgesetzt werden soll (vgl. Schmidtchen 1987, 126 f.).

Antwort auf die „quälende Frage" (Hayek 1981a, 53) nach der Gerechtigkeit des Rechts jenseits einer formalen Bestimmung gab Hayek nach einigen Aufsätzen, die er

---

37 Vgl. hierzu etwa die Arbeiten von Zeitler (1995, 238 ff.), von Bouillon (1991) und zuletzt Batthyány (2007). Zeitler beurteilt die Möglichkeiten einer solchen Modifikation zuletzt allerdings skeptisch: „Unter Heranziehung des Begriffs der Privatsphäre wird versucht die libertären Einwände gegen den Formalismus der Rule of Law zu entkräften, wobei Schwierigkeiten in der praktischen Handhabung verbleiben" (Zeitler 1995, 17).

seit seiner Rückkehr nach Freiburg zu dem Thema verfasste (vgl. Hayek 1969), erst mit der als Fortsetzung der ‚Verfassung der Freiheit' konzipierten Trilogie ‚Recht, Gesetzgebung und Freiheit' (vgl. Hayek 1986, 133 ff.).

Die darin entwickelte Konzeption eines evolutionär gewachsenen „Recht[s] der Freiheit" bzw. „Nomos", das Hayek in der gewohnheitsrechtlichen Tradition des Common Law verortet, scheint dabei vordergründig eine Abkehr von seinem Konzept formaler Rechtsstaatlichkeit zu sein. Der hohe Stellenwert von etablierten Gewohnheiten im Recht der Freiheit und die Betonung einer evolutionären bzw. spontanen Rechtsentwicklung, die diese Konzeption dem Konservatismus annähert, wird in der Sekundärliteratur häufig als Gegensatz zum statuarischen Charakter von Hayeks Rechtsstaatsdenken angesehen (vgl. Shearmur 1996, 87 ff.).[38] Demgegenüber wird im Folgenden gezeigt, dass Hayek mit dem gewachsenen Recht keinen neuen Pfad einschlägt, sondern eine ergänzende Erklärung der Herkunft und Dynamik des Rechts liefert, die bis dahin noch im Dunkeln lag.[39] Die evolutionäre Dynamik des Rechts der Freiheit, so wird dabei deutlich, stellt insbesondere der modernen Idee demokratischer Selbstregierung die Autorität von etablierten sozialen Konventionen gegenüber, deren Auslegung und Entwicklung bei Hayek in der Hand einer kleinen Elite von Richtern liegt. In dieser Perspektive wird verstehbar, worauf Hayek seinen Verweis auf den meta-gesetzlichen Charakter des Rechts gründet: indem Hayek die Wettbewerbsordnung und formale Rechtsstaatlichkeit als gewachsenes Recht identifiziert, werden diese als bewährte Tradition geadelt und bleiben als solche der demokratischen Verfügbarkeit enthoben.

Der Übergang von Hayeks Theorie formaler Rechtsstaatlichkeit zum gewachsen Recht der Freiheit deutet sich erstmals in seinem Konzept des Verfassungsrechts an, das er in der ‚Verfassung der Freiheit' in Rückgriff auf den US-amerikanischen Konstitutionalismus entwickelt (vgl. Hayek 1991a, 221 ff.). Die Bedeutung revolutionär-demokratischer Legitimation, die sich in dem Anspruch ausdrückt den Willen von „we the people" zu repräsentieren, weicht dabei einer Betonung etablierter Gewohnheiten und Traditionen, die für Hayek eine Beschränkung dieses Willens darstellen.

---

38 Besonders deutlich wird dieser statuarische Charakter in ‚Der Weg in die Knechtschaft'. Hier betont Hayek: „Kein vernünftiger Mensch kann sich ein Wirtschaftssystem vorstellen, in dem der Staat ganz untätig ist. Ein reibungslos arbeitendes Konkurrenzsystem braucht so gut wie jedes andere einen klug durchdachten und seinen Erfordernissen fortlaufend angepaßten rechtlichen Rahmen" (Hayek 2000, 37).

39 Von einer solchen Kontinuität von Hayeks Rechtstheorie gehen in der Sekundärliteratur auch Norman P. Barry (1979) und Zeitler (1995) aus. So entdeckt Barry „no significant differences" in der mehrstufig entwickelten Rechtstheorie Hayeks (Barry 1979, 82 f.). Zwischen den beiden Hauptwerken Hayeks, der ‚Verfassung der Freiheit' und ‚Recht, Gesetzgebung und Freiheit' kann auch Zeitler keinen Bruch erkennen. Resümierend spricht er von einer späten „Vervollständigung" (vgl. Zeitler 1995, 268 ff.).

Vor allem aus der anti-absolutistischen Tradition der Whigs, so Hayek, übernahmen die Siedler die Idee einer notwendigen Beschränkung legislativer Macht wie der des englischen Parlamentes durch „höhere Prinzipien" (vgl. ebd., 222). Solche Beschränkungen fanden sie verwirklicht in der Autorität einer neuen Art von Verfassung. „Sie betrachteten es als eine grundlegende Doktrin, daß für jede freie Regierung eine „feste Verfassung" wesentlich ist und daß eine Verfassung Machtbeschränkung der Regierung bedeutet" (ebd., 223). Nach Hayek strebten die Siedler nicht nur danach, die Quellen der Gesetze festzulegen, sondern auch deren Inhalt zu beschränken. Unter diesen Beschränkungen hebt er zwei Prinzipien besonders hervor: zum einen die Verankerung einer föderalen Gewaltenteilung in der Bundesverfassung von 1787 und zum anderen die in der Bill of Rights festgeschriebenen und im neunten Zusatzartikel erweiterten Grundrechte. Eine wichtige Neuerung sei die Fixierung all dieser Bestimmungen auf Papier, „klar und erzwingbar", durch die Überprüfung von Verfassungsgerichten (ebd.).

Hayeks Rekonstruktion des amerikanischen Konstitutionalismus als Beschränkung der Gewalt der Bundesregierung gegenüber Einzelstaaten und Individuen stellt eine sehr einseitig liberale Deutung dar, in der republikanisch-revolutionäre Elemente, auf die unter anderem Arendt hingewiesen hat, verschwinden (vgl. Arendt 1974). Darüber hinaus aber kann sie als weitestgehend unstrittig gelten. Aufmerksamkeit verdienen nun jene traditionalistischen Argumente, mit denen Hayek die Unantastbarkeit liberaler Verfassungsprinzipien begründet.

Die Textualität der Verfassung stellt für Hayek nämlich noch nicht den wirksamsten Schutz vor staatlicher Willkür dar, denn die Wirksamkeit von Worten sei gegenüber sich ändernden Auslegungen letztlich begrenzt. Eine noch weiter gehende Beschränkung der Legislative durch „höhere Prinzipien" habe bis zur Mitte des 19. Jahrhunderts in den USA deshalb in der Anerkennung einer spezifischen Lesart der Verfassung bestanden, die dem historischen „Geist" der Verfassung Rechnung getragen hätte (vgl. Hayek 1991a, 240). In der Autorität dieses Geistes, der sich nicht vollständig explizieren lasse, werden die Grundzüge einer von Hayek favorisierten Herrschaft eines unbewusst gewachsenen Rechts erkennbar. In dieser Lesart impliziert die von den amerikanischen Siedlern ins Werk gesetzte Herrschaft des Verfassungsrechts nach Hayek die Erkenntnis,

> daß die Kräfte der überlegenen Vernunft begrenzt sind und daß es vorzuziehen ist, sich auf bewährte Grundsätze zu verlassen als Probleme ad hoc zu lösen; sie schließt ferner in sich, daß die Regeln mit den ausdrücklich formulierten Regeln des Verfassungsrechts nicht enden (ebd., 228).

Schon unter Verweis auf den Geist der Verfassung hatte Hayek angedeutet, welch wichtige Rolle traditionelle, nicht vollständig ausbuchstabierte Regeln zur Herstellung gesellschaftlicher Ordnung spielen: ihre Überlegenheit spiegelt sich nach Hayek in ihrer langjährigen „Bewährung". Die föderal-individualistischen Elemente im amerikanischen Verfassungsrecht fußen daher für Hayek auf einer gewohnheitsmäßigen Ordnung. Für das Verfassungsrecht gilt somit, was Hayek für gesellschaftliche Institutionen im Allgemeinen feststellt:

> Viele der Institutionen der Gesellschaft, die unerlässliche Voraussetzungen für eine gedeihliche Verfolgung unserer bewußten Zwecke sind, sind tatsächlich das Ergebnis von Gewohnheiten, Sitten oder Handlungsweisen, die weder erfunden wurden noch im Hinblick auf derlei Ziele praktiziert werden (ebd., 13).

Die ent-demokratisierende Funktion dieser gewohnheitsrechtlichen Konzeption, die dem allgemeinen demokratischen Willen die Autorität unbewusster Verhaltensweisen gegenüberstellt, wird im Folgenden genauer an Hayeks Ausführungen in ‚Recht, Gesetzgebung und Freiheit' untersucht. Darin konkretisiert er diese Konzeption unter Rückgriff auf seine Idee einer allgemeinen kulturellen Evolution und die Tradition des Common Law.

Bereits im Titel seines Spätwerks führt Hayek eine zentrale Unterscheidung ein: während unter ‚Recht' die Autorität etablierter Gewohnheiten zu verstehen sei, handele es sich bei Akten der Gesetzgebung um intentionale Handlungsweisen zur Durchsetzung bestimmter ethischer Zwecke.

Grundlage dieser Unterscheidung ist sein Verweis darauf, dass Recht älter sei als Gesetzgebung: „Recht (law) im Sinne von Verhaltensregeln, deren Befolgung erzwungen wird, ist zweifellos so alt wie die Gesellschaft; nur die Befolgung gemeinsamer Regeln macht die friedliche Existenz von Individuen in der Gesellschaft möglich" (Hayek 1986, 105). In diesem ursprünglichen Stadium stelle Recht nichts weiter dar als ein System habituell verankerter Verhaltensregeln, die unartikuliert und „unabhängig vom menschlichen Willen" Gesellschaften strukturierten (ebd., 106). Mit Habermas lässt sich dieser Zustand als vorsprachliche Integration durch eine „Lebenswelt" beschreiben, in der weder dem Zweifel an- noch der Begründungen von Normen Bedeutung zukommt. Normativität und Faktizität von Verhaltensregeln können in diesem Stadium deshalb noch nicht voneinander getrennt werden (vgl. Habermas 1998, 34).[40] Was als „angemessenes" Verhalten in diesem Stadium menschlicher Zivilisation gelte, bedarf deshalb für Hayek keiner bewussten Regelung, sondern werde durch mimetisches Verhalten erlernt (vgl. Hayek 1986, 110) und durch den Erfolg in der Auseinandersetzung mit der Natur und anderen Gruppen evolutionär fortgebildet (vgl. ebd., 115).

Den vorrationalen Ursprung des Rechts grenzt Hayek von späteren zivilisatorischen Entwicklungsstufen ab, in denen der Mensch dazu übergegangen sei Verhaltensweisen sprachlich zu artikulieren und zu kodifizieren. Nötig geworden sei diese

---

40 In diesem Sinne erscheint es nur folgerichtig, wenn Hayek rechtsförmige Verhaltensformen auch in Tiergesellschaften erkennt (Hayek 1986, 107 ff.).

Entwicklung zur bewussten Regelung menschlichen Verhaltens, weil einerseits die menschliche Intuition nicht immer in der Lage gewesen sei angemessene Verhaltensweisen korrekt zu bestimmen (vgl. ebd., 112), und weil andererseits Konflikte um richtige Verhaltensweisen entstünden (vgl. ebd., 111), die mit steigender Komplexität der Gesellschaft weiter zunähmen (vgl. ebd., 66). Anstelle jedoch diese Komplexität moderner Gesellschaft als Ausgangspunkt für die Notwendigkeit einer durch Freiheit und Gleichheit strukturierten öffentlichen Auseinandersetzung über gesellschaftlich angemessene Verhaltensweisen zu nehmen, setzt Hayek auf eine Autorisierung vorrationaler, habituell verankerter Verhaltensweisen, die sich aus seiner Rekonstruktion des Ursprungs des Rechts ergeben.

Hayeks Präferenz für eine ursprüngliche Form des Rechts drückt sich in seiner Bevorzugung einer bestimmten Form seiner Artikulation aus. Während es in Rechtsfragen einerseits möglich sei „Neues zu schaffen", plädiert Hayek dafür „Bestehendes zu entdecken" (ebd., 112). Im ersten Fall gehe es um eine bewusste Neubestimmung richtigen Verhaltens, während im zweiten versucht werde, das richtige Recht in gewohnten Verhaltensweisen aufzufinden (vgl. ebd., 118). Hayeks Präferenz richtet sich dabei auf die zweite Option, die er auch als „gewachsenes Recht" bezeichnet (vgl. ebd., 123).

In der Begründung seiner Präferenz für das gewachsene Recht stellt Hayek auf einen evolutionären Vorteil ab, der sich auf eine Gruppe als Ganzes bezieht.[41] „Die Gruppe mag sich nur deshalb erhalten haben, weil ihre Mitglieder Handlungsweisen entwickelt und weitergegeben haben, die diese Gruppe als Ganzes effektiver machten als andere" (Hayek 1986, 115). Damit greift Hayek auf eine bereits in der ‚Verfassung der Freiheit' angelegte Theorie kultureller Evolution zurück, in deren Fokus die Dynamik von Mutation, Selektion und Transmission erfolgreicher Verhaltensweisen steht (Hayek 1991a, 30 ff.). Den Wert „erprobter", d. h. über Generationen durch Handlungserfolge stabilisierter Verhaltensweisen hebt er dabei besonders hervor. Über die in dieser Hinsicht evolutionär erfolgreichen Regeln schreibt Hayek: „Die meisten dieser Regeln sind niemals bewußt erfunden worden, sondern durch einen allmählichen Prozess der praktischen Erprobung entstanden, in dem die Erfahrung aufeinander folgender Generationen sie zu dem gemacht haben, was sie sind" (vgl. ebd., 189). Die schriftliche Kodifizierung und Durchsetzung bereits erprobter Verhaltensweisen sichert in diesem Sinne einen evolutionären Vorsprung einer Gruppe zur Beherrschung der Natur und anderer Gruppen, obwohl sich dieser Vorteil einer rationalen Erkenntnis versperrt. Für den weiteren Gang der hier anschließenden Rekonstruktion ist dabei von Bedeutung, dass sich mit dem Hinweis auf einen vorrationalen evolutionären Vorteil gesellschaftliche Verhältnisse rechtfertigen lassen, ohne dabei

---

41 Wie sich schon in Hayeks Favorisierung traditioneller Verhaltensweisen als Grundlage des Verfassungsrechts andeutete, zeichnen sich in diesem Verweis auf einen kollektiven evolutionären Vorteil, dem sich das Individuum unterzuordnen habe, konservative ideologische Elemente ab.

auf bewusste Zustimmung jener zurückzugreifen, die diesen Verhältnissen unterworfen werden.

Das wichtigste Verfahren zur Artikulation des evolutionär vorteilhaften gewachsenen Rechts, d. h. zur Prüfung der Rechtmäßigkeit von Verhaltensweisen stellt bei Hayek ein intellektuelles Verfahren unter dem Begriff der „immanenten Kritik" dar. Grundlage der Beurteilung der Rechtmäßigkeit ist in diesem Verfahren die Verallgemeinerungsfähigkeit von Verhaltensregeln in einer gegebenen gesellschaftlichen Gesamtordnung: „Die Gerechtigkeit einer einzelnen Verhaltensregel kann nicht beurteilt werden, es sei denn innerhalb eines ganzen Systems solcher Regeln" (Hayek 1969, 115). Hier lässt sich mit Jeremy Shearmur ein Vergleich mit Poppers wissenschaftstheoretischer Position des Falsifikationismus anstellen, die sich nicht als konstruktives Verfahren zur Bestätigung von Hypothesen darstellt, sondern auf eine negative Prüfung zielt (vgl. Shearmur 2007, 163). Wichtig ist hierbei allerdings zu betonen, dass bei Hayek immer nur neue Verhaltensregeln falsifiziert werden können, während die Autorität der Regeln der bestehenden gesellschaftlichen Ordnung grundsätzlich unhinterfragt bleiben. Denn die Gesellschaft besteht für Hayek zu einem Großteil aus unbewussten Verhaltensregeln, die „für diesen Zweck [der Prüfung der Gerechtigkeit von Verhaltensregeln, C. R.] als unproblematisch angesehen werden müssen" (ebd.). Die Beurteilung von Verhaltensregeln vollzieht sich deshalb als Test ihrer Verallgemeinerungsfähigkeit im Gesamtbestand nicht nur bereits kodifizierter, sondern im Bestand der bisher sozial wirksamen Regeln.[42] Den Versuch, dem gegenüber Systeme von Verhaltensregeln nach ethischen Prinzipien bewusst gestalten zu wollen, kritisiert Hayek als „Konstruktivismus", d. h. als Überschätzung der menschlichen Fähigkeiten zur bewussten Gestaltung gesellschaftlicher Verhältnisse (Hayek 1981a, 34 ff.).[43]

Das von Hayek entwickelte Verfahren der immanenten Kritik, aber auch seine Kritik am Konstruktivismus erweist sich damit als unvereinbar mit der Tradition des Kontraktualismus, d. h. die unter anderem auf Thomas Hobbes, Locke und Jean-Jacques Rousseau zurückgehende und bis Rawls oder Buchananan reichende Idee, dass nur solche rechtlichen Verhältnisse Legitimität beanspruchen können, die potentiell auf dem freien Willen jedes Bürgers gründen. Aus dieser Perspektive hatte unter anderem Locke traditionelle Formen der Herrschaftslegitimation kritisiert, die sich

---

42 Es ist interessant, dass Hayek die traditionalistische Tendenz seiner Argumentation selbst wahrnimmt, wenn er einräumt: „Es mag auf den ersten Blick verwirrend erscheinen, daß etwas, das das Produkt der Überlieferung ist, zugleich Gegenstand wie Maßstab der Kritik sein können soll" (Hayek 1981a, 43).

43 Bei genauerer Betrachtung fällt unter Hayeks Kritik am Konstruktivismus allerdings auch der Versuch, Elemente formaler Rechtsstaatlichkeit wie den Schutz von Privateigentum oder eine strikt verbotsförmige Formulierung des Rechts durchzusetzen. Nimmt man Hayeks Methodologie der immanenten Kritik ernst, wären solche Prinzipien nur durch ihre Ableitbarkeit aus einer bereits bestehenden gesellschaftlichen Ordnung zu legitimieren.

auf die Autorität einer Dynastie bezieht, die in den Anfängen der Menschheitsge-schichte wurzele. Statt einer solch obskuren Genealogie gelte es die Legitimation von Herrschaft in einem der Vernunft zugänglichen Naturrecht zu suchen (vgl. Locke 1974, 3 f.).[44]

Wie andere spontane Ordnungen erscheint auch das Recht bei Hayek nicht als Produkt einer bewussten kollektiven Entscheidung, sondern als Ausdruck eines unbewussten evolutionären Entwicklungsprozesses. Als zweifache Auslese: von evo-lutionär überlegenen Handlungsgewohnheiten einerseits und einem daran anzupas-senden Recht andererseits, beinhaltet die Logik dieses Entwicklungsprozesses den Ausschluss einer willentlich-normativen Gestaltung des Rechts. Die Bestimmung von Institutionen und Verfahren, in denen dieser Entwicklungsprozess nur noch rechtlich positiviert wird, führt so zu einer umfassenden Ent-Demokratisierung, die im fünften Kapitel noch genauer analysiert wird.

Die immanente Kritik als intellektuelle Methode zur Rekonstruktion des gewach-senen Rechts ist Teil eines größeren institutionellen Reformkonzeptes, das Hayek aus der Tradition des Common Law entwickelt. Seine bereits in der ‚Verfassung' begonne-nen Auseinandersetzungen mit dem Common Law sind dabei insgesamt fragmenta-risch geblieben (vgl. Hayek 1969 49; 1986, 119 ff.; 1991a, 68, 195 ff.).[45] Das gilt insbe-sondere für seinen Umgang mit der komplexen und oft widersprüchlichen Geschichte dieser Rechtstradition, die bis zu der Gründung der königlichen Gerichtshöfe im England des 12. Jahrhundert zurückreicht.

Die konzeptionelle Attraktivität des Common Law besteht dabei für Hayek in der Autorität von etablierten Gewohnheiten und Präzedenzfällen, denen in dieser Tradition größerer Einfluss zukommt als der Gesetzgebung. Der Abwertung intenti-onal gesetzten Rechts entspricht in politischen Systemen mit Common-Law die Auf-wertung der Gerichtshöfe, die bei der Artikulierung des Rechts eine wichtige Rolle spielen (Hayek 1986, 133 ff.).[46] In den Diskursen, die sich in England zu Beginn des

---

44 Der Bruch mit dieser Tradition setzt sich fort als Bruch mit der durch Rousseau begründeten und von Habermas und Maus weiter entwickelten Idee der Volkssouveränität, die eine ständige Revisi-on gesellschaftlicher Grundkonventionen durch den allgemeinen Willen des Souveräns vorsieht und ebenso wie der Kontraktualismus heutige Ideen der Demokratie stark geprägt hat.

45 Vergegenwärtigt man sich die herausragende systematische Rolle des Common Law als Instituti-on, in der Hayek der rechtlichen Grundstruktur der Gesellschaft einen konkreten Ausdruck zu verlei-hen sucht, wiegt die fragmentarische Behandlung in Hayeks Werk besonders schwer. „Die Aufgabe der Common Law Regeln", so unterstreicht Zeitler die Rolle des Common Law, „besteht darin, das Funktionieren der gesamten (spontanen) Sozialordnung zu ermöglichen." (Zeitler 1995, 275).

46 Es wurde bereits erwähnt, dass der fragmentarische Charakter von Hayeks Auseinandersetzungen mit dem Common Law zu einer mangelnden Differenzierung von historischen Entwicklungsstufen geführt hat. So macht etwa Hasnas darauf aufmerksam, dass die Bedeutung des Richters im Common Law sich erst zu einem späteren Zeitpunkt herausbildete – die wichtigste Innovation der Common Law-Gerichtshöfe sei neben einem formalisierten Klageverfahren die Einführung einer Jury gewesen (Hasnas 2005, 91 f.).

17. Jahrhunderts gegen den absolutistischen Herrschaftsanspruch der Stuarts richteten, stütze sich die parlamentarische Opposition deshalb bewusst auf das Common Law (vgl. Riklin 1999, 27).[47] Andersherum richteten die Verfechter des Absolutismus wie etwa Hobbes ihre argumentativen Anstrengungen explizit gegen die Beschneidung der Souveränität durch das Common Law.[48] Die Autorität, die Gewohnheiten im Common Law zukommt, wird in Hayeks Bestimmungen der Aufgaben des Richters deutlich:

> Es ist die Aufgabe des Richters zu sagen, was ihre [gemeint sind die Parteien eines Rechtsstreits, C. R.] Erwartungen hätte leiten sollen, nicht weil ihnen irgend jemand vorher gesagt hätte, daß dies die Regel sei, sondern weil es ein eingebürgerter Brauch war, den sie hätten kennen sollen (Hayek 1986, 122).

Da es sich bei Entscheidungen über gewohnheitsmäßige Erwartungen mitunter um Streitfälle über deren Anwendung auf neuartige Situationen handele, müsse der Richter gegebenenfalls auch „Lücken" im überlieferten Horizont von Verhaltensregeln füllen (ebd., 160). Der Common-Law-Richter habe sich dabei strikt an den Gesamtkorpus der unartikulierten Regeln zu halten und müsse versuchen, „durch einen Prozeß der (...) »immanenten Kritik« das Ganze konsistenter zu machen" (ebd., 161). In diesem Sinn, so Hayek, sei der Common-Law-Richter ein „Entdecker" und nicht Erfinder des Rechts (ebd., 122). Trotz dieser Orientierung an der bereits bestehenden Gesellschaftsordnung insistiert Hayek darauf, dass das Common Law nicht mit völliger Statik der Gesellschaft gleichzusetzen sei. Denn obwohl tiefgreifende Veränderung durch den rückwärtsgewandten Blick des Common-Law-Richters nicht zu erwarten seien, bildeten sich veränderte gesellschaftliche Gewohnheiten und kumulierte Entscheidungen von Richtern auch in einer Veränderung der Rechtslage ab. Nur in seltenen Fällen bräuchte es so überhaupt korrigierender Eingriffe durch den Gesetzgeber (Hayek 1986, 123 ff.).[49]

---

47 Die aus liberaler Perspektive positiven Effekte auf die Machtverhältnisse im politischen System hebt auch Hamowy hervor: „The law, as originally understood, stood above and seperate of the will of the civil magistrate and bound both ruler and ruled (Hamowy 2003, 243).

48 So in seiner Schrift ‚Dialog zwischen einem Philosophen und einem Juristen über das englische Recht' (Hobbes 1992).

49 Die Notwendigkeit solcher Eingriffe entstehe einerseits dadurch, dass „die Entwicklung des Fall-Rechts (...) in gewisser Weise eine Art Einbahnstraße [ist]" (Hayek 1986, 124) und insofern mitunter Korrekturen bedürfe. Andererseits gibt Hayek zu bedenken, „daß der Prozess der richterlichen Fortbildung des Rechts notwendig graduell ist (...) [und] sich als zu langsam erweisen kann" (ebd.). Auch in dieser Hinsicht seien mitunter Korrekturen nötig, um sich an neue Situationen anzupassen. Wie in Kapitel 5 noch ausführlicher dargelegt wird, ist die von Hayek anvisierte korrigierende Gesetzgebung nur im Rahmen bereits etablierter Gerechtigkeitsvorstellungen – als Demarchie – möglich. Die Autorität der bereits etablierten Gewohnheiten, die schon das Versagen des Richterrechts provozierten, bildet die Grundlage auch der legislativen Entscheidungen zu seiner Korrektur.

Relevant für die Deutung von Hayeks Konzept des gewachsenen Rechts als Ent-Demokratisierung ist die Frage nach der gesellschaftlichen und politischen Position jener, die mit der Artikulation des gewachsenen Rechts beschäftigt sind. Denn auch die Artikulation des gewachsenen Rechts ist mit einer Deutung des Gesamtzwecks gesellschaftlicher Ordnung verbunden und insofern nicht frei von Vorurteilen. In dieser Hinsicht ist Hasnas Verweis auf die soziale Stellung der Common-Law-Richter wichtig, weil er zu bedenken gibt, dass „a body of rule made by the wealthy, politically powerful, white males that make up the judiciary will tend to reflect the normative values of the wealthy, politically powerful, white males" (ebd., 104). Nimmt man zudem die Lage des historischen Common Law als unübersichtliche Zahl nicht nur von Präzedenzfällen, sondern auch von zahlreichen unterschiedlichen Arenen juristischer Entscheidungen ernst, liegt der Schluss nahe, dass sich im Laufe der Zeit unter den Juristen ein kollektives Bewusstsein über besonders wegweisende Fälle herausbildet, das immer auch Ausdruck einer partikularen sozialen Klasse ist (vgl. Willms 1992, 8). Hayeks Anliegen, durch die starke Rolle von Common-Law-Richtern das Recht der Willkür der Gesetzgebung zu entziehen, geht so mit einem Defizit an Kontrollmöglichkeiten der Rechtsentwicklung einher, die das Interesse einer größeren Öffentlichkeit repräsentieren.[50]

3.6 Zwischenfazit

Während aus systematischer Perspektive häufig auf tiefe Differenzen zwischen liberalen und konservativen Elementen in Hayeks Rechtsdenken verwiesen worden ist (vgl. Gray 1995, 69), wurde im vorliegenden Kapitel auf ein produktives ideologisches Spannungsverhältnis verwiesen, das sich als mehrdimensionale Logik der De-Politisierung begreifen lässt.

Zum einen betrifft diese De-Politisierung die ungleichen Ausgangspositionen und Ergebnisse in der von Hayek anvisierten wirtschaftsliberalen Gesellschaft, zu deren wichtigsten Strukturmerkmalen eine rechtlich verfasste Wettbewerbsordnung zählt. Eine solche Wettbewerbsordnung, so wurde im Kapitel 3.2 gezeigt, suggeriert auf rhetorischer Ebene eine Abgrenzung gegenüber dem Laissez-Faire-Kapitalismus und ent-problematisiert dadurch die Ungleichheit von ökonomischen Startbedingungen und Ergebnissen eines deregulierten kapitalistischen Prozesses. Dieser Ent-Problematisierung von Ungleichheit durch eine den ökonomischen Prinzipien des Laissez-faire weitestgehend äquivalenten Wettbewerbsordnung entspricht, so wurde

---

50 In Bezug auf die Kontrollmöglichkeiten jener Kammer, die in Hayeks Verfassungsmodell mit der Legislative betraut ist, wird diese Frage erneut auftauchen, denn auch hier zeigt sich die Tendenz Hayeks die Entscheidung über die Rechtssetzung der demokratischen Kontrolle zu entziehen (vgl. Kap. 5.4.1).

im anschließenden Kapitel 3.3 gezeigt, eine Ent-Problematisierung sozialer Macht und Ungleichheit im Allgemeinen durch Hayeks Konzept formaler Rechtsgleichheit.

Dass bei Hayeks Konzeption der Wettbewerbsordnung als auch bei seiner Bestimmung der Rechtsstaatlichkeit die Betonung auf einer allgemein-verbindlichen und stabilen Ordnung als Voraussetzung individuellen, vor allem wirtschaftlichen Handelns liegt und somit eher eine konservative Betonung des Bestehenden darstellt, wurde zunächst kursorisch im Kapitel 3.4 dargestellt. Aus naturrechtlich-liberaler Perspektive wurde dabei genauer auf Hayeks formalistische Konzeption von Rechtsstaatlichkeit eingegangen. Die dieser Konzeption zu Grunde liegende Freiheit unter dem Recht stellte sich dabei als normativ weitgehend substanzlos heraus.

Zum anderen betrifft die analysierte De-Politisierung die Verfügung über die rechtliche Struktur. Während bis zur ‚Verfassung der Freiheit' mit der Wettbewerbsordnung und dem Ideal formaler Rechtsstaatlichkeit noch gewissermaßen die „Innenperspektive" des Rechts, d. h. das Handeln der Individuen unter den Bedingungen des Rechts, im Vordergrund stand, vervollständigt die Schrift ‚Recht, Gesetzgebung und Freiheit' das Bild um eine Außenperspektive, d. h. um eine Sicht auf die (spontane) Entwicklung des Rechts selbst. Hayeks Konzept des gewachsenen Rechts der Freiheit, so wurde im Kapitel 3.5 zuletzt deutlich, ersetzt bis zu einem gewissen Grad die bewusste kollektive Auseinandersetzung und Entscheidung über die Rechtsordnung. Einer bestimmten Lesart des des englischen Common Law folgend, wird die Weiterentwicklung des gewachsenen Rechts durch die Autorität vorgängiger Entscheidungen und habitualisierter Verhaltensnormen bestimmt. Institutionell spiegelt sich diese Form der De-Politisierung in der Bedeutung der Judikative, deren exklusiver Einfluss auf die rechtlichen Grundlagen des Gemeinwesens auch als Ent-Demokratisierung gelesen werden kann. Parallelen zu dieser Ent-Demokratisierung finden sich auch in Hayeks negativem Begriff individueller Freiheit, der zuvörderst auf den Schutz vor Eingriffen in die unbewusste Dynamik gesellschaftlicher Verhältnisse abstellt und von Hayek von politischer Freiheit getrennt wird (vgl. Kap. 5.3).

Sowohl in der von Hayek zur Artikulierung des gewachsenen Rechts entworfenen Methode der immanenten Kritik, die auf die Vereinbarkeit einer Verhaltensregel mit einem Gesamtzusammenhang etablierter sozialer Konventionen zielt, als auch in seiner konservativen Lesart des Common Law, das sich auf die Autorität von etablierten Verhaltensregeln bezieht, spiegelt sich Hayeks Annahme einer evolutionär überlegenen unbewussten Entwicklung des Rechts gegenüber seiner bewussten kollektiven Gestaltung. Die inhaltliche Kontingenz dieser spontanen Entwicklungslogik findet ihr Pendant in der von Hayek geforderten ethischen Neutralität formaler Rechtsstaatlichkeit. Mit Hamowy und anderen liberalen Kommentatoren konnte gezeigt werden, welche Probleme eine weitgehende normative Substanzlosigkeit dieser Konzeptionen kennzeichnet. Abgesehen von den in der Wettbewerbsordnung zum Ausdruck kommenden marktwirtschaftlichen Freiheitsrechten finden sich in Hayeks Rechtsdenken offensichtlich kaum greifbare Maßstäbe zur Kritik gesellschaftlicher Verhältnisse.Das Fehlen eines solchen Maßstabes aber erscheint ideologisch durchaus konsequent

vor dem Hintergrund der von Hayek angenommenen Produktivität spontaner gesellschaftlicher Ordnung, selbst wenn diese durch Macht und Ungleichheit gekennzeichnet ist.

Inwiefern sich diese schicksalshafte Unverfügbarkeit gesellschaftlicher Verhältnisse auf erkenntniskritischen Argumenten gründet, die sich von einer kognitiven
Unverfügbarkeit der Ökonomie ableiten, wird nun im folgenden Kapitel dargestellt.

4 De-Politisierung der Ökonomie

Hayeks Beschäftigung mit der Frage, wie unter den Bedingungen eines gesellschaftlich erfolgreichen Staatsinterventionismus noch ein möglichst deregulierter Marktmechanismus zu verwirklichen sei, führte ihn, das wurde im zweiten Kapitel deutlich, zum Konzept einer spontanen Gesellschaftsordnung, in der sich wirtschaftsliberale mit konservativen Elementen zu einer de-politisierten Gesamtordnung verbinden. Im dritten Kapitel wurde dargelegt, inwiefern dieses Konzept insbesondere auf die Einrichtung eines rechtlichen Rahmens zielt, der diese Gesellschaftsordnung vor ethischen Ansprüchen, die über marktwirtschaftliche Freiheiten hinausgehen, ebenso abschirmt wie vor dem Zugriff eines unbegrenzten demokratischen Willens. Die von Hayek angestrebte Rückgewinnung spontaner Ordnungskräfte der Gesellschaft hängt darüber hinaus, das wird im Folgenden deutlich, von einer neuen Art der Betrachtung und Einrichtung der Ökonomie ab, die sich insbesondere einer „Anmaßung von Wissen"[1] in Bezug auf Struktur, Dynamik und Ergebnisse marktwirtschaftlicher Ökonomie zu enthalten habe.

Damit richtet sich die folgende Analyse auf ein Moment, das Hayeks Ruf als eines der originellsten Ökonomen des 20. Jahrhunderts begründet. Gemeint ist der spezifisch wissenstheoretische bzw. -skeptische Zugang Hayeks zur Ökonomie, den Gamble zu Recht als „his most distinctive contribution (...) to economics" bezeichnet (Gamble 2006, 111). Dieser systematisch wie ideologisch bedeutsame Beitrag Hayeks beruht auf der ökonomischen Ausdeutung seiner allgemeinen Theorie spontaner Ordnung als Koordinations- und Entwicklungsform menschlichen Wissens. Zu den Grundmerkmalen dieser Ordnung gehört nach Hayek, dass ihre Durchsetzung in modernen Gesellschaften gegenüber politischen Projekten zur Korrektur oder Umgestaltung gesellschaftlicher Ordnungen nach wohlfahrtsstaatlichen, keynesianischen oder sozialistischen Zielen bescheidene kognitive Ansprüche stelle.[2] Neben dem Wissen der einzelnen Individuen beruhe eine solche Ordnung lediglich auf bereits bestehenden unbewussten Wissensbeständen.

---

1 Dieser Topos seines ökonomischen Denkens bildet auch den Titel von Hayeks 1974 gehaltener Nobelpreisrede (vgl. Hayek 1996, 3 ff.). Insbesondere in seinen Arbeiten über ‚The Trend of Economic Thinking' (Hayek 1991b, 17 ff.), in seinen Auseinandersetzungen mit den Möglichkeiten sozialistischer Wirtschaftsrechnung (vgl. Hayek 1952, 156 ff., 192 ff. und 233 ff.), aber auch in seiner Kritik an neoklassischen Gleichgewichtsmodellen (ebd., 49 ff., 103 ff.) entwickelte Hayek die Grundlagen dieses wissenstheoretischen Forschungsprogramms, das er in zahlreichen Arbeiten weiter ausführte.
2 Die ideologische Bedeutung von Hayeks Theorie des Wissens wurde zuvor bereits an seiner Konzeption des gewachsenen Rechts dargestellt, das gegenüber den Ansprüchen des Konstruktivismus, das Recht einem kollektiven Willen zu unterwerfen, lediglich auf der Kodifizierung von bereits etablierten Verhaltensweisen beruhe (vgl. Kap. 3.5) und wird auch in den folgenden Kapiteln weiter thematisiert.

https://doi.org/10.1515/9783110571363-004

Mit dem vorliegenden Kapitel wird nicht der Anspruch erhoben Hayeks ökonomisches Denken in Gänze darzustellen.[3] Was dagegen geleistet wird, ist eine Auseinandersetzung mit zentralen Aspekten seines ökonomischen Denkens, die im Kontext seiner ideologischen Wende Gestalt annehmen (Kap. 4.1). Im Vordergrund der in den Kapiteln 4.2 bis 4.5 durchgeführten Analyse steht wie zuvor die Frage nach den Formen, in denen die theoretische – vor allem die wissenstheoretische – Neueinbettung seiner wirtschaftsliberalen Position auf die Durchsetzung und Stabilisierung einer Marktgesellschaft zielt.

Seit dieser Neueinbettung, soviel sei an dieser Stelle vorweggenommen, ist Hayeks ökonomisches Denken bestimmt durch eine Perspektive, unter der er die von ihm favorisierte Wettbewerbsordnung als „Katallaxie" erscheint. Mit diesem Begriff grenzt sich Hayek ab von Aristoteles „Oikonomia", der Hauswirtschaft, die er als Grundmodell aller übersichtlichen, intellektuell verfügbaren und somit zentral planbaren Wirtschaftsordnung betrachtet, deren Durchführbarkeit jedoch auf Kleingruppen beschränkt sei (vgl. Hayek 1969, 224 ff.).[4] Dagegen bezeichnet die Katallaxie bei Hayek eine Wirtschaftsordnung, die sowohl in Bezug auf die Prozesse, die sich innerhalb einer bestimmten marktwirtschaftlichen Rahmenordnung entwickeln, als auch hinsichtlich der spontanen Genese dieses Rahmens selbst, durch die Logik unübersichtlicher, intellektuell unverfügbarer Phänomene gekennzeichnet ist. In komplexen modernen Gesellschaften von nationaler wie transnationaler Größe sei keine andere Wirtschaftsordnung vorstellbar.

---

3 Es braucht an dieser Stelle kaum erwähnt werden, dass die Sekundärliteratur zu Hayek ökonomischem Denken Dimensionen angenommen hat, die nicht mehr überschaubar sind. Die wichtigste Studie zur Entwicklung von Hayeks ökonomischem Denken bildet noch immer die Arbeit Bruce Caldwells (2003). Dass es sich dabei um eine Form der Intellektuellenbiographie handelt, die sich vor allem mit der innertheoretischen Entwicklung von Hayeks ökonomischen Werk in Beziehung zur Österreichischen Schule auseinandersetzt und politischen Einflüssen auf sein Werk wenig Beachtung schenkt, hat zu Recht Philip Mirowski angemerkt (vgl. ders. 2007). Einen in diesem Sinne umfassenderen Interpretationsansatz verfolgt ein von Jack Birner et al. herausgegebener Sammelband, der ‚F. A. Hayek as Political Economist' gewidmet ist (dies. 2002). Eine knappe, aber gerade in Bezug auf Hayeks Deutung der Weltwirtschaftskrise verdienstvolle Einführung in Hayeks ökonomisches Denken hat zuletzt Hansjörg Klausinger vorgelegt (vgl. Klausinger 2013). Umfassende systematische Auseinandersetzungen haben zu einem frühen Zeitpunkt Gerald O'Driscoll (1977) und später Gerald Steele (1993) vorgelegt. In Hinblick auf den hier besonders hervorgehobenen erkenntnistheoretischen Zugang Hayeks zur Ökonomie ist auf die Arbeiten von Gamble (2006) und Kley (1994, 49 ff.) zu verweisen.

4 In den ‚Grundsätzen einer liberalen Gesellschaftsordnung' erläutert Hayek seine begriffliche Wahl: „Beide Ausdrücke, Katallaxie bzw. Katallaktik, stammen von dem altgriechischen Verb *katallattein* ab, das sehr bezeichnend nicht nur „tauschen" und „handeln", sondern auch „in die Gemeinschaft aufnehmen" und „vom Feind zum Freund machen" bedeutet (Hayek 1969, 112). In dieser Bestimmung spiegelt sich die herausragende Bedeutung, die Hayek marktwirtschaftlichen im Vergleich zu allen anderen sozialen Beziehungsmodi beimisst.

Nur angedeutet sei hier darüber hinaus, inwiefern sich in diesem Konzept der Katallaxie eine ideologisch relevante De-Politisierung der Ökonomie äußert. Grundlage dieser De-Politisierung, so wird im Folgenden argumentiert, ist Hayeks Annahme, dass die Struktur der Katallaxie lediglich durch allgemeine Züge bestimmt werden kann. So wie sich das Recht bei Hayek durch seinen formal-evolutionären Charakter einem normativen Zugriff entzieht, so entzieht sich die Katallaxie jedem deskriptiven und prognostischen Zugriff, der über die Bestimmung abstrakter Eigenschaften des Preismechanismus und Wettbewerbs hinausgehen (vgl. Kley 1994, 59 ff.). Hayeks Kritik an planenden Eingriffen in die Katallaxie richtet sich damit auf die Möglichkeit ökonomische Mechanismen in modernen arbeitsteiligen Gesellschaften überhaupt adäquat erkennen und auf dieser Grundlage politisch-administrativ gestalten zu können.

Im folgenden Kapitel 4.1, das den historischen Einsatzpunkt dieser de-politisierenden Ausrichtung in seinem ökonomischen Denken genauer zu bestimmen sucht, wird diese Unfähigkeit zur wirtschaftspolitischen Gestaltung zunächst an Hayeks Kritik des neoklassischen Gleichgewichtsbegriffs verdeutlicht.

4.1 Hayeks ökonomisches Denken im Kontext seiner ideologischen Wende

Die gängigen Darstellungen der Entwicklung von Hayeks ökonomischem Denken gehen meist von einer ersten Arbeitsphase aus, die sich bis Anfang der 1930er Jahre als Normalwissenschaft im Zeichen der Österreichischen Schule der Nationalökonomie beschreiben lasse (vgl. Mirowski 2007, 358 ff.). Die daran anschließende und seit Terence Hutchison und Caldwell als „u-turn" bzw. „transformation" innerhalb des österreichischen Paradigmas wahrgenommene Beschäftigung Hayeks mit den epistemologischen Grundlagen der Ökonomie bildet meist eine davon getrennte zweite Phase (vgl. Hutchison 1981, 214 ff.; Caldwell 1988).[5] Grundsätzlich gilt hinsichtlich dieser Periodisierungen, dass sie die Entwicklung von Hayeks ökonomischem Wissen vor allem als innertheoretische auffassen. Die Frage nach der ideologischen Dimension der Weiterentwicklung seines Denkens, die sich als Reaktion auf außertheoretische hegemoniale Herausforderungen des Wirtschaftsliberalismus in den 1930er Jahren verstehen lässt, wird dabei ausgeblendet (vgl. hierzu Kap. 2).

Erste Hinweise auf das ideologische Programm, mit dem Hayek auf diese Herausforderungen reagiert, liefert der 1936 veröffentlichte Text ,Wirtschaftstheorie und

---

5 Einige Autoren verweisen darüber hinaus noch auf eine dritte, evolutionär-kybernetische Phase (vgl. Mirowski 2007, 365 ff.). Im Folgenden wird deutlich, dass sich Phase zwei und drei inhaltlich eng aufeinander beziehen und ihre Trennung deshalb kaum Erkenntnisgewinn verspricht.

Wissen', der gemeinhin als Zäsur seiner ökonomischen Forschungen gilt.[6] Um die Relevanz dieses Textes für Hayeks systematische wie ideologische Weiterentwicklung abschätzen zu können, ist zunächst kurz auf sein vorausgehendes Forschungsprogramm einzugehen.

Schon während seiner Studienzeit in Wien und Zürich zwischen 1918 und 1921 sowie im Zuge seiner 1923 fertiggestellten nationalökonomischen Promotion befasste sich Hayek mit einem weiten Feld ökonomischer Themen. Vor allem durch Friedrich von Wieser wurde er in dieser formativen Phase in die Grundlagen der Österreichischen Schule der Nationalökonomie eingeführt (vgl. Caldwell 2006, 20 ff.).[7] Seit ihrer Gründung durch Menger prägte diese Schule die Annahme von Subjektivität nicht nur in ihrer Werttheorie, sondern auch in der Ansicht, dass der gesamte Wirtschaftsprozess maßgeblich durch die Entscheidung von Konsumenten beeinflusst sei.[8] Damit unterscheidet sich die Österreichische Schule sowohl von der klassischen Nationalökonomie Smiths als auch von ihrer kritischen Fortsetzung durch den Marxismus, die von der Annahme eines objektiven Wertes – in Form abstrakter Arbeit – geprägt sind.

> The main distinguishing features of the Austrian school, present in the writings of Carl Menger, Eugen Böhm-Bawerk, and Friedrich Wieser, were its emphasis on subjectivism (in particular, the subjectivist origin of value, later on to be extended to the subjectivist nature of knowledge, information, and expectations), the steering function of markets and prices (guided by consumer sovereignty), and a theory of capital and interest based on the time structure of production (Klausinger 2006, 619 f.).

---

[6] Die Bedeutung dieser Schrift aus den 30er Jahren für seine intellektuelle Entwicklung betont Hayek unter anderem in einem Mitte der 1960er Jahre gehaltenen Vortrag, der sich mit verschiedenen ‚Arten des Rationalismus' befasst. Darin charakterisiert Hayek die Schrift als eine Erklärung „weshalb ich – früher war ich ein sehr reiner und enger ökonomischer Theoretiker – von der analytischen Wirtschaftstheorie in alle Arten von Fragen geführt wurde, die üblicherweise als philosophische angesehen werden. Wenn ich zurückblicke, scheint es, daß alles mit vor beinahe dreißig Jahren mit einem Essay über „Economics and Knowledge" begonnen hat" (Hayek 1969, 85 ff.). Dass es sich bei dieser philosophischen Neuausrichtung gleichzeitig um eine ideologische Neuausrichtung handelt, wurde bereits in Kap. 2 deutlich.

[7] Zur Beziehung von Hayek und Wieser, dem Hayek 1927 einen dankbaren Nachruf widmete, vgl. Caldwell 2003, 141 ff. Eine kompakte Darstellung der methodologischen und theoretischen Prämissen der Österreichischen Schule und ihrer Einflüsse auf Hayek liefert Caldwell (2006). Caldwell führt dabei zu Recht an, dass neben der Österreichischen Schule auch andere Theoretiker – wie etwa der Kieler Ökonom Adolf Löwe und der Schwede Kurt Wicksell – Einfluss auf die Entwicklung von Hayeks ökonomischem Denken hatten.

[8] Die Perspektive der „Österreicher", die vor allem gegenüber der Deutschen Historischen Schule an universellen Erklärungen festhielt, spiegelt sich auch in Hayeks Promotion, in der er den durch Nachfrage bestimmten Nutzen von Gütern auf die erzeugenden Produktionsmittel „zuzurechnen" suchte. Einige Ergebnisse dieser Arbeit, die dem „Zurechnungsproblem" gewidmet war, publizierte Hayek 1926 in dem Aufsatz ‚Einige Bemerkungen zum Zurechnungsproblem'. Die Bedeutung dieser Arbeit schätzte Hayek retrospektiv allerdings nicht besonders hoch ein (vgl. Caldwell 2003, 142).

Zu den wiederkehrenden Topoi in den Fragen, mit denen Hayek sich bis zu seiner wirtschaftswissenschaftlichen Promotion befasste, zählen neben methodologischen Fragen auch Fragen der institutionellen Ausgestaltung ökonomischer Systeme. Dabei entwickelte sich Hayek seit den frühen 1920er Jahren von einem Anhänger staats-interventionistisch-sozialliberaler Ansätze in der Tradition des vielseitigen Sozial-theoretikers und Planers Walther Rathenau und des Austromarxisten Karl Renner zu einem Verfechter wirtschaftsliberaler Arrangements, wie sie in dieser Zeit vor allem von Mises vertreten wurden.[9]

Die enge Verbindung von Hayeks Interessen an methodologischen wie institutio-nellen Fragen zeigt die Kritik, die er Mitte der 1920er Jahre auf einer USA-Reise an dort dominierenden empirischen Ansätzen der Konjunkturforschung übte.[10] Zum einen war er der Überzeugung, „daß man durch sie bestenfalls eine Verifikation vorgefaß-ter Theorien, niemals aber eine neue Einsicht in die Ursachen und Notwendigkeiten der Konjunkturschwankungen (...) gewinnt" (Hayek 1976, 1). Zum anderen betrach-tete er (geld-)politische Empfehlungen kritisch, die durch Auswertung der statistisch gewonnenen Daten auf allgemeine Preisstabilität abzielten.[11] „Already in the 1920s", so hält daher Mirowski fest, „Hayek was pursuing a research program which bore at its major implication the essential inability of governments to successfully plan and control economies" (Mirowski 2007, 359). Mit der wissenstheoretischen Neuausrich-tung seines ökonomischen Denkens, so wird im Folgenden deutlich, lässt sich dieses Urteil Mirowskis noch einmal radikalisieren.

Der Zusammenhang von Konjunktur- und Geldtheorie beschäftigte Hayek auch nach seiner Rückkehr aus den Vereinigten Staaten, nicht zuletzt dank der fortgesetz-ten Zusammenarbeit mit Mises, der diese Themen maßgeblich vorantrieb.[12] Obwohl

---

9 Den Einfluss von Mises' 1922 veröffentlichtem Werk ‚Die Gemeinwirtschaft. Untersuchungen über den Sozialismus' auf seine politökonomische Neupositionierung schätzt Hayek retrospektiv als be-sonders hoch ein (vgl. Hayek 1992, 133). Aus dem gleichen Jahr stammt eine der ersten Publikationen Hayeks, eine Rezension von Siegfried Strakoschs ‚Der Selbstmord eines Volkes', indem Hayeks libera-le Position mehr als deutlich wird (vgl. Hennecke 2000, 62 f.). Darin kommentiert Hayek: „Strakosch führt uns an dem traurigen Beispiel unseres Heimatlandes (...) vor Augen, wie eine von wirtschafts-fremden Gedankengängen geleitete Wirtschaftspolitik es hier zu Stande gebracht hat Wirtschaft im ei-gentlichen Sinne des Wortes unmöglich zu machen." Schuld an der Misere sei ein „Staat, der sich zu-viel zutraut und zumutet und darum die Mittel, die er für seine Zwecke in Anspruch nimmt, schlechter ausnützt, als sie im freien Getriebe der Wirtschaft gewirkt hätten" (Hayek 1922, 802 ff.).
10 Aushängeschild dieser Ansätze war der von Wesley C. Mitchell vertretene „Institutionalismus".
11 Grundlage dieser zweiten Ebene der Kritik bildete Hayeks Skepsis an einer Preisdynamik, die sich über alle industriellen Sektoren hinweg gleich verhalte. Ausdruck findet diese Skepsis in zwei Auf-sätzen, die er zwischen 1924 und 1925 veröffentlichte: ‚Das Stabilisierungsproblem in Goldwährungs-ländern' und ‚Die Währungspolitik der Vereinigten Staaten seit der Überwindung der Krise von 1920'.
12 Dass Hayek sein methodologisches Interesse nicht aus den Augen verlor, zeigt unter anderem seine Teilnahme an Mises' „Privatseminar". In dem von Mises geleiteten alle zwei Wochen stattfin-denden Treffen Wiener Intellektueller wurden nicht zuletzt auf Grund der unterschiedlichen Arbeits-

Hayek sich zunehmend kritisch gegenüber dem statischen und mechanistischen Charakter ihrer Analysekategorien äußerte, tragen diese geld- und konjunkturtheoretischen Arbeiten noch immer den Stempel der neoklassischen Gleichgewichtstheorie. Deren zentrale Annahme: eine Angleichung von Angebot und Nachfrage, die mit einer Maximierung produktiver Kapazitäten einhergeht, sah Hayek durch die Wirkung von Geld, Kapital und fehleranfälligen Erwartungen der Wirtschaftsteilnehmer zwar als durchaus störungsanfällig an, dennoch hielt er an der Idee einer makroökonomisch darstellbaren Tendenz zum Gleichgewicht weiterhin fest.[13]

Im Kontext der Weltwirtschaftskrise von 1929/30 fand die Gleichgewichtstheorie zunehmend auch in planwirtschaftlichen und partiell-staatsinterventionistischen, später auch keynesianischen Modellen Anwendung. Im Gegensatz zu der krisenpolitisch aktiven Rolle des Staates, die aus diesen Ansätzen abgeleitet wurde, sah Hayek die Wirtschaftskrise als Ausdruck von Fehlleitungen produktiver Kapazitäten durch solche staatliche Eingriffe im Allgemeinen und einer Fehlleitung der Geldmenge im Besonderen.[14]

Seine wirtschaftspolitischen Einschätzungen richtete Hayek dabei zunehmend an ein größeres Publikum.[15] Während der vertieften Krise, in der sich Österreich ab 1931

---

gebiete der TeilnehmerInnen allgemeine Methoden der Sozialwissenschaften besonders häufig diskutiert (vgl. Hayek 1992, 155). Mit Mises' Hilfe entstand 1926 zudem das Österreichische Institut für Konjunkturforschung, das von seiner Gründung bis 1931 von Hayek geleitet wurde und noch immer existiert. Diese Stelle eröffnete Hayek nicht nur die Möglichkeit seine Kenntnisse der empirischen Konjunkturforschung zu erweitern, sondern auch die Chance seine eigenen Forschungen voranzutreiben.

13 Hayeks ambivalente Haltung gegenüber der Gleichgewichtstheorie lässt sich mit Claudia Loy als Kritik an einem *stationären* Modell des Gleichgewichts verstehen, „das an den Voraussetzungen einer unendlichen Reproduktion identischer Gütermengen orientiert ist" (Loy 1988, 87). Dies sei für Hayek „völlig unzureichend als Grundlage kapital- oder konjunkturtheoretischer Analysen, bei denen es um Probleme geht, die daraus resultieren, daß auf der Grundlage eines alten Güterbestandes Aktivitäten zur Produktion anderer, neuer Güter koordiniert werden müssen" (ebd.). An die Stelle des neoklassischen Standardmodells rückte Hayek in dieser Zeit ein *dynamisches* Modell zeitlich limitierter „intertemporaler" Gleichgewichte, die unter anderem durch die limitierten Möglichkeiten menschlicher Planungsfähigkeit begrenzt werden (vgl. Hayek 1928b).

14 Hayeks allgemeine Kritik an der Rolle des Staates richtete sich vor allem auf eine Steuer- und Lohnpolitik, die bestimmte Sozialstandards durchzusetzen suche und dabei zu einer öffentlichen wie privaten „Kapitalaufzehrung" führe (vgl. Hayek 1932). Seine Kritik an der Geldmengenpolitik der amerikanischen Zentralbank während der Krise steht interessanterweise der Analyse des neoliberalen Begründers des Monetarismus, Milton Friedman, diametral gegenüber. Anders als Friedman, der von einer großen Kontraktion der Geldmenge ausging, der durch die Fed nicht durch eine entsprechend starke Geldexpansion begegnet wurde, plädierte Hayek für geldpolitische Zurückhaltung, weil er davon ausging, dass es während dem Wirtschaftsaufschwung der 1920er Jahre zu einer versteckten Geldschöpfung durch die Wirtschaft gekommen sei.

15 Ausdruck seiner Wendung an ein größeres Publikum sind auch einige unveröffentlichte Leserbriefe und Zeitungsartikel, die nicht nur ökonomische Themen behandeln, sondern auch Fragen der politischen Verfassung. Ablesbar wird an diesen Arbeiten nicht nur eine zunehmende Politisierung

befand, setzte sich Hayek so – etwa zusammen mit anderen Austroliberalen – publizistisch für ein konsequent wirtschaftsliberales Vorgehen ein und plädierte unter anderem für eine restriktive Geld- und Kreditpolitik, haushaltspolitische Austerität und handelspolitische Liberalisierungen (vgl. Klausinger 2005, 29 ff.). In dieser Zielrichtung ist auch Hayeks Habilitationsvortrag ‚Gibt es einen Widersinn des Sparens?‘ (Hayek 1929b) zu sehen, in dem sich Hayek mit Krisentheorien auseinandersetzte, die in der Tradition der Unterkonsumptionstheorien John A. Hobsons staatliche Maßnahmen gegen hohe private Sparquoten vorschlugen (vgl. Caldwell 2003, 171 ff.). Staatliche Lösungen für konjunkturelle Schwankungen lehnte Hayek grundsätzlich ab.[16]

Mit seiner krisenpolitisch passiven Haltung schien Hayek wie aus der Zeit gefallen: insbesondere vor dem Hintergrund der heraufziehenden keynesianischen Revolution, nach deren Modellen erst kontinuierliche staatliche Interventionen in die Wirtschaft für ein stetiges Wachstum sorgen, manövrierte sich Hayek ins Abseits der öffentlichen wie akademischen Debatte (vgl. Kap. 2).[17] Vor dem Hintergrund dieser Marginalisierung gewinnt die Neuausrichtung von Hayeks ökonomischem Denken Mitte der 1930er Jahre an Kontur. Dass diese Neuausrichtung eine epistemologische Komponente besitzt, ist so als Angriff auf die schon erwähnte keynesianische Revolution, ebenso wie auf weitergehende planwirtschaftliche Ideen zu erklären, die auf der Prämisse einer Erkennbarkeit makroökonomischer Prozesse beruht.

Recht einhellig gilt in Sekundärliteratur der von Hayek 1936 veröffentlichte Aufsatz ‚Wirtschaftstheorie und Wissen‘ als Wendemarke seines ökonomischen Denkens. Anlass dieser Publikation ist eine Auseinandersetzung, die Hayek mit Öko-

---

Hayeks im Sinne einer größeren Sensibilität für zeitgeschichtliche Umstände, sondern auch seine Sympathie für den „Autoritären Liberalismus" (Heller). In Kapitel 5 wird gezeigt, inwiefern es sich dabei um eine Form der Ent-Politisierung handelt, die auf die Substanz demokratischer Institutionen zielt.

16 Auch in Bezug auf die englische Situation nahm Hayek diese Haltung ein. In dem ersten von ihm veröffentlichten Leserbrief in der Times, den auch seine Londoner Kollegen Robbins, Plant und Gregory unterzeichneten, plädierte Hayek auf der Grundlage einer Theorie des Kapital- statt Nachfragerückgangs gegen öffentliche Ausgabenprogramme (vgl. Hennecke 2000, 110).

17 Die Marginalisierung auf fachlicher Ebene wurde verstärkt durch einen allgemeinen Niedergang der Österreichischen Schule, deren Protagonisten mehrheitlich ausgewandert waren und durch Prozesse der Anpassung an neue wissenschaftliche Kontexte mit zunehmend uneinheitlicher Stimme sprachen (vgl. Klausinger 2006). Auch in Bezug auf die wirtschaftspolitische Ausrichtung der LSE sollten sich die Hoffnungen, die Robbins mit der Berufung Hayeks verband, nicht erfüllen. Obwohl Hayek in der Lage gewesen sei zusammen mit Robbins und Plant einige liberale Akzente zu setzen, dominierten dort, so Hennecke, weiterhin der Fabianismus von Sidney und Beatrice Webb sowie William Beveridge zusammen mit den noch weiter gehenden sozialistischen Forderungen Harold Laskis (vgl. Hennecke 2000, 100). Zu den internen Konflikten, die sich aus dieser Konstellation ergaben, zählte unter anderem die Diskussion, die Hayek, Robbins und Beveridge 1934 um die Aufnahme des wegen „staatsfeindlicher Tendenzen" geschlossenen Frankfurter Instituts für Sozialforschung führten. Sie endete damit, dass sich die Fraktion um Hayek durchsetzte und die Frankfurter ihre Suche nach einem Exil fortsetzen mussten (vgl. ebd.).

nomen wie Oscar Lange, H. D. Dickinson und Fred Taylor über die Möglichkeit einer direkten Überführung der Marktwirtschaft in eine Planwirtschaft durch Übertragung von Marktpreisen in eine sozialistische Gesamtrechnung führte (vgl. Gamble 1996, 63 ff.). Diesem sogenannten „Marktsozialismus" als durchmathematisiertes und staatlich organisiertes System von Angebot und Nachfrage begegnet Hayek in ‚Wirtschaftstheorie und Wissen' mit einer Fundamentalkritik des von Lange und seinen Mitstreitern zu Grunde gelegten makroökonomischen Gleichgewichtbegriffes (vgl. Mirowski 2007, 357). Ansatzpunkt von Hayeks Kritik ist dabei die Annahme aggregierter Daten, aus denen sich ein solches Gleichgewicht zusammensetzt. Anhand dieser Daten lässt sich den Marktsozialisten zu Folge ein wirtschaftliches Gleichgewicht bzw. Optimum berechnen, das zum Ziel planwirtschaftlicher Organisation gemacht werden könne.[18]

Während Hayek nicht daran zweifelt, dass es eine gesamtgesellschaftliche Tendenz zum Gleichgewicht gebe, könne diese Tendenz nicht aus objektiven Daten erklärt werden (vgl. Hayek 1952, 72). Vielmehr würde eine solche Erklärung aus dem Problem des Gleichgewichts ein rein mathematisches Problem machen, das voraussetze, dass „alle Handlungen aller Mitglieder der Gesellschaft innerhalb einer Periode die Durchführung ihrer individuellen Pläne darstellen, für die sich jedes am Beginn der Periode entschieden hat" (ebd., 54). Eine solche Erklärung impliziere, dass es in der zu Grunde gelegten Periode wirtschaftlicher Aktivität zu keinerlei Störungen individueller Pläne komme.[19] Die störungsfreie und gleichsam „logische" Durchführbarkeit vieler unterschiedlicher Pläne, deren Grundlage keine aggregierten objektiven, sondern subjektiv wahrgenommene Daten bildeten, sei jedoch höchst erklärungsbedürftig.[20] Über diese Skepsis an der Erklärungsleistung makroökonomischer Gleichgewichtsanalysen gelangt Hayek zu einer Neuformulierung des Problems gesamtwirtschaftlicher Gleichgewichte als „Problem der Wissensteilung" (ebd., 70 f.):

> Wie kommt es, daß die ineinandergreifenden Handlungen einer Anzahl von Personen, deren jede nur ein kleines Stück von Wissen besitzt, einen Zustand herbeiführen, in dem die Preise den Kosten entsprechen usw. und der durch bewußte Lenkung nur von jemand herbeigeführt werden könnte, der das Wissen all jener Individuen zusammen besäße? (ebd., 71)

Am Ende des hauptsächlich der Kritik gewidmeten Aufsatzes stellt Hayek fest, dass eine Kombination des gesellschaftlich verstreuten Wissens nur ausgehend von den „spontanen Handlungen der Individuen" unter der Wirkung bestimmter institutio-

---

18 Diese Daten umfassen jede ökonomisch relevante Information: Herstellungsverfahren, Produktqualitäten, Bedürfnisse, Umweltbedingungen etc.

19 Dabei unterscheidet Hayek zwei Störungsmuster: eine Unverträglichkeit der Pläne untereinander und Störungen individueller Pläne durch abweichende Tatsachen (Hayek 1952, 58).

20 Hintergründig richtete sich Hayek damit gegen eine Grundprämisse der seinerzeit aktuellen Theorien sozialistischer Wirtschaftsrechnung und der von Keynes popularisierten Makroökonomie.

neller Bedingungen erklärt werden könne (vgl. ebd., 75). Selbst in Abwesenheit eines bewussten Planes würden solche spontanen Handlungen zu einer Verteilung von Mitteln führen: „als ob sie einem einheitlichen Plan gemäß gemacht worden wäre" (ebd.).

Die Pointe von ‚Wirtschaftstheorie und Wissen' ist somit eine zweifache. Zum einen beruht nach Hayek das neoklassische Gleichgewichtskonzept, das in jener Zeit die Phantasien einer umfassenden wissenschaftlichen und politischen Kontrolle ökonomischer Prozesse beflügelte, auf der für ihn unrealistischen Annahme allgemein verfügbarer ökonomischer Daten. Zum anderen skizziert Hayek eine Alternativlösung für das von ihm aufgeworfene Koordinationsproblem des Wissens und was dabei aufscheint, ist die Idee einer spontanen Ordnung der Ökonomie, die Hayek zu einem späteren Zeitpunkt als Katallaxie bezeichnet.[21]

In Hinblick auf die ideologische Dimension dieses Konzeptes ist von Bedeutung, dass mit der Gleichgewichtstendenz der Katallaxie keine makroökonomischen Annahmen wie beispielsweise über Konjunkturverläufe oder darauf basierende Einkommens- oder Arbeitsplatzentwicklungen gemacht werden. „Hayek was careful never to claim that the market ensured efficiency in some optimum sense. It followed from his theory of knowledge that what that optimum might be could not be known" (Gamble 1996, 69). Damit entzieht sich die Katallaxie – ähnlich wie bereits die von Hayek favorisierte formale und spontan gewachsene Rechtsordnung – der Möglichkeit sie an bestimmten Maßstäben zu kritisieren. Claudia Loy, die mit ihrer Dissertation ‚Marktsystem und Gleichgewichtstendenz' die bisher eingehendste Untersuchung von Hayeks Gleichgewichtsbegriff vorgelegt hat, unterstreicht diese Konsequenz eines mangelnden Gehalts von Hayeks Gleichgewichtsbegriff auch hinsichtlich einer möglichen Unterschreitung des Gleichgewichts: „Hayek äußert sich nicht explizit zu der Frage, welches Ausmaß an Enttäuschungen welcher Erwartungen über welchen Zeitraum noch mit seinen Vorstellungen eines approximativen Gleichgewichts der Wirtschaft vereinbar ist" (Loy 1988, 90). Auch Konjunkturschwankungen und Krisen erscheinen unter dieser Perspektive als natürlicher Bestandteil des wirtschaftlichen Prozesses – jeder Versuch diesen wirtschaftspolitisch zu gestalten erscheint dagegen als kognitiv anmaßend.

Was sich an dieser Stelle als kognitive und politische Unverfügbarkeit der Katallaxie nur andeuten lässt, soll im folgenden Kapitel 4.2 durch eine vertiefte Auseinandersetzung mit Hayeks Erkenntnistheorie weiter herausgearbeitet werden. Hayeks fundamentale Skepsis gegenüber den kognitiven Möglichkeiten einer bewussten

---

21 Die Grundidee dieser Ordnung, so wird im anschließenden Kapitel 4.2 deutlich, bildet zum einen der Austausch des für Hayek lediglich subjektiv vorliegenden Wissens über einen Preismechanismus, der für ihn die Rolle eines Kommunikationsmediums übernimmt. Zum anderen sichert eine politisch unantastbare institutionelle Struktur der Katallaxie für Hayek die Verfügbarkeit eines evolutionär gewachsenen kollektiv-unbewussten Wissens.

politischen Gestaltung der Ökonomie führt, so wird anschließend in Kapitel 4.3 dargestellt, zu einer Verengung des politischen Handlungsspielraumes auf eine einzige Alternative zwischen gewachsener und gemachter ökonomischer Ordnung. Inwiefern sich gleichzeitig das Subjekt-Objekt-Verhältnis zwischen gestaltender Politik und gestalteter Ökonomie verkehrt, wird im folgenden Kapitel 4.4 deutlich. Analog zur bereits dargestellten Disziplinierung der Gesetzgebung durch ein spontan gewachsenes Recht wird dabei deutlich, dass Hayek eine ähnliche Form der Disziplinierung durch eine transnationale Wirtschaftsordnung anstrebt, in der durch Wettbewerb Druck auf die Sozial- und Wirtschaftspolitik der Nationalstaaten entsteht. In Kapitel 4.5 wird hiernach nachgewiesen, inwiefern in Hayeks Konzept des Wettbewerbs, das auf die Formulierung optimaler Bedingungen verzichtet, eine Entproblematisierung von Ungleichheit angelegt ist. Die Ergebnisse dieser unterschiedlichen Dimensionen einer de-politisierten Ökonomie werden in Kapitel 4.6 zusammengetragen.

4.2 Die kognitive Unverfügbarkeit der Katallaxie

Mit dem Begriff der ‚Katallaxie‘, der in den 1960er und 1970er Jahren zum zentralen Begriff in Hayeks ökonomischem Denken avanciert (vgl. Hayek 1968, 8f; 1969, 224ff; Hayek 1986, 149 ff.), schließt Hayek an seine wissenstheoretische Wende in den 1930er Jahren an. [22] Wie oben bereits erwähnt, bietet die Katallaxie für Hayek eine Lösung des Problems der gesellschaftlichen Wissensteilung, das er in Abgrenzung zur Makroökonomie des Marktsozialismus formuliert. Die Grundpfeiler dieser Lösung präsentierte Hayek erstmals ausführlicher in dem erstmals 1946 erschienenen Aufsatz ‚Die Verwertung des Wissens in der Gesellschaft‘ (Hayek 1952, 103 ff.).

Ausgehend von diesem Text erweist es sich im Folgenden als sinnvoll zwischen zwei Formen des Wissens genauer zu unterscheiden, um deren Verwertung es Hayek geht: zum einen handelt es sich um individuelles Wissen im Sinne spezialisierter Fertigkeiten, zum anderen um ein Wissen, dass nur unbewusst vorliegt und sich in Konventionen und Institutionen ablagert. Die Katallaxie als wirtschaftsliberaler Gesamtordnung, so wird dadurch deutlich, vereint beide Dimensionen des Wissens um den Preis einer weiteren Dimension: eines intersubjektiv teilbaren und dadurch politischen Wissens um die Ökonomie als Ganzer. Durch Ausschluss dieses Wissens bleibt die Ökonomie unverfügbar für eine Politisierung.

---

22 Als begriffsgeschichtlicher Vorläufer dieses ungewöhnlichen Begriffes dürfte Mises' 1940 publizierte ‚Nationalökonomie‘ eine wichtige Rolle gespielt haben, in der Mises zwar nicht den Begriff der Katallaxie selbst verwendet, dafür aber die *Katallaktik* als Theorie des Marktes beschreibt, die sich in eine allgemeine Theorie des Handelns einfüge (Mises 1940, 7; 319). In ganz ähnlicher Weise steht Hayeks Theorie der Katallaxie in Verbindung mit einer allgemeinen Theorie des Handelns unter Bedingungen eines konstitutiven Nicht-Wissens über die Wirtschaft als Ganzer.

Im Anschluss an die bereits erwähnte Idee subjektiver ökonomischer Daten, einer individuellen Form des Wissens, die sich in Anschluss an Kley als fragmentarisch und flüchtig beschreiben lässt (vgl. Kley 1994, 50 ff.), spricht sich Hayek in ,Die Verwertung des Wissens' zunächst dafür aus, den Wirtschaftsakteuren so viel Spielraum wie nur möglich zur Anwendung ihres Wissens zuzugestehen.[23] Eine zentrale Rolle, so Kley, spiele dabei für Hayek die Eröffnung von Möglichkeiten zur individuellen Anpassung an günstige Gelegenheiten. Hayeks Feststellung, „daß die wirtschaftlichen Probleme der Gesellschaft hauptsächlich Probleme der raschen Anpassung an die Veränderungen in den besonderen Umständen von Raum und Zeit sind" (Hayek 1952, 111), bildet in dieser Hinsicht ein gutes Beispiel für eine auch von anderen Neoliberalen geforderte ökonomische Flexibilisierung, die Richard Sennett als „Kultur des neuen Kapitalismus" beschrieben hat (vgl. Sennett 1998). Die Voraussetzung solcher flexibler individueller Anpassungsleistungen bildet für Hayek vor allem jene Wettbewerbsordnung, deren rechtliche Verfasstheit bereits in Kapitel 3.2 analysiert worden ist. Diese Voraussetzungen spiegeln sich in seiner Definition der Katallaxie als „besondere Art spontaner Ordnung, die vom Markt dadurch hervorgebracht wird, daß Leute innerhalb der Regeln des Eigentums-, Schadensersatz- und Vertragsrechts handeln" (Hayek 1981a, 151). Die Charakterisierung der Katallaxie als spontane Ordnung verweist dabei auf einen Aspekt der Interaktion, der über die Anwendung individuellen Wissens hinausweist.

In dieser Hinsicht unterstreicht Hayek die Bedeutung von Einrichtungen zur Mitteilung ökonomischen Wissens, d. h. zur Kommunikation über (un-)günstige ökonomische Gelegenheiten. Das wichtigste Instrument dazu ist ein Preismechanismus, der die Veränderungen von Angebot und Nachfrage auf dem Markt registriere:

> Die bloße Tatsache, daß es für jedes Gut *einen* Preis gibt (...) bringt die Lösung zustande, zu der (was gerade denkbar, aber praktisch nicht möglich ist) ein Einzelner gekommen wäre, der all die Informationen besessen hätte, die in Wirklichkeit unter alle an dem Prozeß beteiligten Menschen verteilt sind (Hayek 1952, 114 f.).

In dieser Hinsicht spricht Hayek vom Preismechanismus auch als einem „System zur Fernvermittlung" von Informationen, das, dem Ziffernblatt einer technischen Kontrollapparatur gleich, die Strukturveränderung in der Ökonomie registriere (vgl. ebd., 115).

> Das Wunder ist, daß in einem Fall wie der Knappheit eines Rohmaterials, ohne das eine Anordnung ausgegeben wird, ohne daß mehr als vielleicht eine handvoll Menschen die Ursachen kennen, zehntausende von Menschen, deren Identität durch monatelange Untersuchungen

---

23 Nicht zufällig taucht das Motiv der Nützlichkeit individuellen Wissens an prominenter Stelle in Hayeks Freiheitsbegriff wieder auf (vgl. Kap. 3.3).

nicht festgestellt werden könnte, dazu geführt werden, das Material oder seine Produkte sparsamer zu verwenden; das heißt sich in der angemessenen Richtung zu bewegen (ebd., 116).

Zu Recht kritisch lässt sich gegenüber der Rhetorik des „Wunders" mit Kley einwenden, dass unter dieser Perspektive auch die spekulationsbedingte Flexibilität von Preisen als objektive Information gelten muss. Das gelte nicht zuletzt auch für die Spekulation mit Grundnahrungsmitteln oder anderen existentiellen Gütern, deren Folgen oft dramatisch seien, obwohl sich hier kaum von der Übermittlung realer Knappheitsverhältnisse sprechen lasse (vgl. Kley 1994, 66). Doch so viel auch dafür spricht, dass die durch den Preismechanismus vermittelten Daten nicht immer verlässlich sind, steht für Hayek fest, dass dieser Mechanismus die einzige Möglichkeit darstellt über Veränderungen der Ökonomie Auskunft zu geben.[24] Mit Foucault ließe sich hier zuspitzen, dass es der Markt bzw. genauer der Preis ist, der bei Hayek „wahr spricht" (vgl. Foucault 2004, 57). Alles, was aus einer (staatlich) zentralisierten Perspektive über die Ökonomie gesagt werden kann, unterläuft dagegen nach Hayek die kognitiven Anforderungen einer produktiven ökonomischen Koordination.

Über die m. E. berechtigte Kritik an den planwirtschaftlichen Phantasien der 1930er und -40er Jahre hinaus wird in Hayeks These der Verstreutheit ökonomischen Wissens eine radikale Abgrenzung *betriebs*-ökonomischen Wissens von *polit*-ökonomischem Wissen erkennbar, d. h. eine Abtrennung von individuellen und kollektiven ökonomischen Problemlösungsstrategien. Mehr noch: die Verwertung individuellen Wissens, die Durchführung individueller Pläne, ist nach Hayek nur möglich unter der Bedingung der Nicht-Verwertung kollektiven Wissens, der Abwesenheit öffentlicher Planung von Wirtschaft und Gesellschaft. Mit dem Konzept der Katallaxie setzt Hayek somit fast ausschließlich auf die Produktivität der zuerst genannten Wissensform, während letztere unter ständigen Verdacht kognitiver Unzulänglichkeit gerät. An dieser Stelle zeichnet sich eine erste Form der De-Politisierung der Ökonomie ab, die wesentlich auf dem Ausschluss kollektiven Wissens für die Gestaltung ökonomischer Prozesse beruht.

Mit der starken Betonung individuellen Wissens scheinen die öffentlichen institutionellen Rahmenbedingungen der Ökonomie für Hayek von nachrangiger Bedeutung zu sein. Wie nun im Folgenden gezeigt wird, ist dies nur auf den ersten Blick der Fall, denn Hayeks wissenstheoretischer Zugang zur Ökonomie weist noch eine weitere Dimension auf.

Einen ersten Hinweis auf diese Dimension gibt Hayek bereits in ‚Wirtschaftstheorie und Wissen' durch die Feststellung, dass Wissen mehr sei als bloße Fertigkeit und die von ihm anvisierte Wissensteilung mehr als bloße Arbeitsteilung:

---

24 Angeführt werden könnte an dieser Stelle ebenso, dass Hayeks Preismechanismus nur solche Angebote und solche Nachfragen registriert, die marktförmig gestaltet sind und somit Nachfragen ohne ausreichend Kaufkraft oder Zugang zum Markt von diesem Mechanismus nicht erfasst werden.

> Um es kurz auszudrücken: Eine Fertigkeit bezieht sich nur auf das Wissen, von dem eine Person in ihrem Beruf Gebrauch macht, während die weiteren Kenntnisse, die wir untersuchen müssen (...), die Kenntnis von verschiedenerlei Möglichkeiten zu handeln ist, von denen der Mensch nur indirekt Gebrauch macht (Hayek 1952, 72, FN 17).

In ‚Die Verwertung des Wissens' deutet Hayek am Preismechanismus an, was unter diesen „weiteren Kenntnissen", von denen „der Mensch nur indirekt Gebrauch macht", zu verstehen ist. Indirekt nützlich sei der Preismechanismus als eine Institution, die „nicht das Produkt menschlicher Erfindung ist" (Hayek 1952, 116). Vielmehr sei er „einer jener Bildungen, die der Mensch zu gebrauchen gelernt hat (...) nachdem er darauf gestoßen ist, ohne es zu verstehen" (ebd., 117). Die Bedeutung von Institutionen und Konventionen als eine Art Speicher von Wissen, über das man nicht direkt verfügt, reicht dabei für Hayek über rein ökonomische Institutionen hinaus. „Wir gebrauchen ständig Formeln, Symbole und Regeln, deren Bedeutung wir nicht verstehen und durch deren Verwendung wir die Hilfe von Wissen in Anspruch nehmen, das wir persönlich nicht besitzen" (ebd.). Dieser Wert unbewussten Wissen wurde bereits in Bezug auf das gewachsene Rechts des Common Law (vgl. Kap. 3.5) diskutiert und wird sich auch in den folgenden Kapiteln weiter thematisiert. Während ökonomisches Wissen zuvor noch als individuelle Fertigkeit gefasst wurde, die keinerlei politische Qualität besitzt, zeigt sich in Hayeks Rekonstruktion des Preismechanismus als Wissensspeicher eine Präferenz für unbewusstes kollektives Wissen, das sich aufgrund seiner fraglosen Autorität ebenso wenig für politisches Handeln eignet. Um die Konsequenzen dieser Theorie unbewussten Wissens für Hayeks Konzeption der Katallaxie abschätzen zu können, ist nun genauer auf seine Erkenntnistheorie einzugehen.

Aus einer in ihren Grundzügen bereits Anfang der 1920er Jahre entwickelten Erkenntnistheorie folgert Hayek, dass Wissen nicht nur zwischen den Individuen verteilt, sondern zum Großteil auch unbewusst ist. Während Hayek in seinem erkenntnistheoretischen Erstlingswerk ‚Die sensorische Ordnung' (vgl. Hayek 2006) dieses Unbewusste noch in physiologisch-neurologischen Kategorien entwickelt und darlegt, wie dieses jeder sinnlichen Wahrnehmung zu Grunde liege, formuliert er in den 60er Jahren ähnliche Gedanken über das Unbewusste in den sozio-kulturellen Kategorien eines impliziten Wissens, das sich durch Prozesse der Sozialisation und kultureller Evolution unbewusst fortbilde. Auf der Grundlage einer starken Hierarchie, die sich aus dieser Erkenntnistheorie zwischen der Sphäre des Bewusstseins und einer kognitiv unverfügbaren Sphäre ergibt, verbindet Hayek seine Argumentation für die Effizienz der Katallaxie hinsichtlich der Koordination verstreuten Wissens mit der Behauptung einer Abhängigkeit von Traditionen und Routinen, die nur selten an die Oberfläche des Bewusstseins drängen und sich deshalb der politischen Gestaltbarkeit entzögen.[25]

'Die sensorische Ordnung' oder „Sinnesordnung", die Hayek gleichsetzt mit dem menschlichen Geist (vgl. Hayek 2006, § 1.49)[26], lässt sich als physiologische Theorie sinnlicher Wahrnehmung und aller davon abgeleiteten mentalen Żustände begreifen.[27] Da diese physiologische Theorie selbst, wie im Folgenden gezeigt wird, nicht empirisch nachprüfbar ist, handelt es sich bei dieser Theorie eigentlich um Metaphysik.

Mit ihr stellt Hayek die Entstehung und Entwicklung menschlicher Wahrnehmung als Prozess der Anpassung an eine kognitiv unverfügbare Umwelt dar, einen Prozess, den Bouillon m. E. zu Recht als spontane Ordnung deutet (Bouillon 1991, 76 ff.).

Um diese Deutung Bouillons verständlich zu machen, muss zunächst auf den für Hayeks Theorie der Sinnesordnung zentralen Begriff der „Klassifikation" und seine Unterscheidung zwischen phänomenologischer und physikalischer Welt eingegangen werden:

> Es bestehen nun in der Tat zumindest zwei verschiedene Ordnungen, nach denen wir die Objekte der Welt, die uns umgeben, arrangieren oder klassifizieren können: eine ist die Ordnung unserer Sinneserfahrungen, in der Ereignisse nach ihren *sensorischen* Eigenschaften wie Farben, Töne, Tastempfindungen usw. klassifiziert werden; die andere ist eine Ordnung, die genau diese und andere Ereignisse enthält, sie aber als ähnlich oder verschieden behandelt, je nach dem, ob sie (…) andere *externe* Ereignisse hervorbringen (Hayek 2006, § 1.7, Hervorhebung C. R).[28]

---

25 Systematisch betrachtet führt diese „Verbindung" allerdings zu erheblichen Problemen, da Hayeks Betonung der Hierarchie zwischen Bewusstsein und Überbewusstem jede bewusste Konstruktion gesellschaftlicher Ordnung – auch die einer liberalen Marktordnung – epistemologisch fraglich erscheinen lässt.

26 Die Darstellung seiner Argumentation in einem System von Paragraphen erinnert nicht zufällig an Wittgensteins ‚Tractatus logico-philosophicus', den Hayek als einer der ersten gelesen haben dürfte (vgl. Hennecke 2000, 36). Während es inhaltlich große Differenzen zwischen beiden Erkenntnistheorien gibt, erscheint in beiden Werken das Ziel einer kritischen Grenzziehung für sinnvolles Denken als zentrales Motiv.

27 Es muss erstaunen, dass diese Schrift, die weitreichende Implikationen für Hayeks Sozialtheorie enthält, erst zu einem späten Zeitpunkt ins Deutsche übersetzt worden ist. Zur schwierigen Rezeptionsgeschichte des zuerst 1952 auf Englisch erschienen Werkes, die im englischsprachigen Raum in den 1970er Jahren einsetzte, vgl. William N. Butos (2010).

28 Die Frage, ob und wie ein Wissen von der physikalischen Welt (unabhängig von unseren sensorischen Wahrnehmungen) möglich sei, interessiert Hayek zunächst nicht: „Der Gegensatz, mit dem wir befaßt sind, liegt nicht zwischen Erscheinung und Realität" (Hayek 2006, § 1.11). Eine Antwort auf diese Frage liefert Hayek dennoch, indem er die Unterschiede zwischen mentaler und physikalischer Ordnung herausstellt: „Da die Ähnlichkeiten oder Unterschiede der Phänomene, wie wir sie wahrnehmen, nicht den Ähnlichkeiten oder Unterschieden, welche die wahrgenommenen Ereignisse manifestieren, entsprechen, sind wir nicht berechtigt, anzunehmen, daß die Welt uns erscheint, wie sie ist" (ebd., § 1.16).

Mit dem Begriff der „Klassifikation" stellt Hayek auf eine konstruktivistische Erkenntnistheorie ab, in der Sinneswahrnehmung nicht „konkrete" Eigenschaften individueller Ereignisse erfasst, sondern immer nur „abstrakte", d. h. kategorial vermittelte Eigenschaften einer bestimmten Gruppe von Ereignissen (vgl. ebd. § 6.33–6.43). „Wahrnehmung ist somit stets das Platzieren von etwas in eine oder verschiedene Klassen von Objekten" (ebd, § 6.36). Wie Petsoulas zu Recht anmerkt, stellt Erkenntnis in Hayeks Sinne eine Anpassung an eine Komplexität von Eindrücken dar: „the nervous system receives undifferentiated masses of stimuli" (Petsoulas 2001, 24).

Die ontologische Unterscheidung, die Hayek zwischen Innen- und Außenwelt trifft, ist insofern wichtig, als er davon ausgeht, dass die Sinnesordnung – jene Ordnung, die den Menschen in die Lage versetzt sensorische Eigenschaften zu klassifizieren – ursächlich durch die Ordnung der externen, d. h. physikalischen Ereignisse bestimmt wird. Dieser Zusammenhang ergibt sich daraus, dass für Hayek die phänomenologische Ordnung identisch ist mit der „neuronalen Ordnung der Nervenfasern", die wiederum Teil der physikalischen Welt sei und in Interaktion mit ihr geformt werde (vgl. Hayek 2006, § 2.7–2.9). Aus diesem Bedingungsverhältnis ergibt sich jedoch kein Korrespondenzverhältnis zwischen phänomenologischer und physikalischer Ordnung:

> Was wir Geist nennen, ist somit eine besondere Ordnung einer Reihe von Ereignissen, die in einem Organismus stattfinden und auf eine gewisse Art mit der physikalischen Ordnung von Ereignissen in der Umwelt verbunden, aber nicht identisch sind (ebd., § 1.49).

Die spezifische Verbindung zwischen phänomenologischer und physikalischer Ordnung genauer zu klären, bildet den Hauptgegenstand von Hayeks Untersuchung.

Seine Argumentation, die hier nicht im Einzelnen nachvollzogen wird, weil der Fokus dieser Arbeit kein philosophischer, sondern ein ideologietheoretischer ist, läuft schließlich auf die These hinaus, dass die physikalischen Ereignisse, die die Sinnesordnung konstituieren, für diese eine „vor-sinnliche" (s. o.) bzw. vorbewusste Erfahrungen darstellen. Im Licht dieser vorsinnlichen Erfahrung werde dann jede weitere Erfahrung interpretiert (vgl. ebd., § 8.5–8.8).[29]

> Der Erfahrungsprozeß beginnt somit nicht mit Empfindungen oder Wahrnehmungen, sondern geht diesen notwendig voraus: Er agiert aufgrund physiologischer Ereignisse und arrangiert diese in einer Struktur oder Ordnung, die zur Grundlage der »mentalen« Bedeutung dieser Ereignisse wird (...). Anders formuliert heißt das: Die Erfahrung ist nicht eine Funktion des Geistes oder des Bewußtseins. Geist und Bewußtsein sind vielmehr die Produkte der Erfahrung (ebd., § 8.5).

---

29 Die vorbewusste Erfahrung bezeichnet Hayek auch als „Verbindungen" (bzw. „linkages") (§ 8.2).

Hayek begreift die Sinnesordnung hier als ein lernendes System. Seine Darstellung des Lernprozesses der Sinnesordnung besitzt dabei – das haben bereits eine Reihe von KommentatorInnen herausgearbeitet – gewisse Ähnlichkeiten mit Poppers Konzept des „Fallibilismus", d. h. der Idee einer grundsätzlichen Vorläufigkeit allen Wissens, die durch Erfahrung erwiesen wird (vgl. Gray 1995, 10 f.; Bramoullé / Calcei 1999; Popper 2005, 16 ff.).

Diese Interpretation stützt sich auf einen von Hayek konstatierten Prozess der „Reklassifikation" der Sinnesordnung (vgl. Hayek 2006, § 6.45–6.48). Seine Überlegungen diesbezüglich fasst Hayek folgendermaßen zusammen: „Die Erfahrung, daß die auf vergangenen Verbindungen gründende Klassifikation nicht immer funktioniert, d. h. nicht immer zu richtigen Vorhersagen führt, zwingt uns, eben diese Klassifikation zu revidieren" (ebd., § 8.14).[30] Auf den ersten Blick hat dieser Vorgang einige Ähnlichkeit mit der von Popper angeführten kritischen Prüfung von Hypothesen im Lichte neuer Beobachtungen (vgl. Popper 2005, 54 ff.). Auf den zweiten Blick offenbaren sich jedoch Unterschiede, anhand derer sich insbesondere das Verhältnis von Bewusstsein und Unbewusstem weiter präzisieren lässt.

Der erste Unterschied zwischen der Popperschen und Hayekschen Erkenntnistheorie betrifft die Funktion des bewussten Intellektes. Dieser sei nach Hayek zwar am Prozess der Reklassifikation beteiligt, allerdings für wenig mehr zuständig als die Explikation von zuvor impliziten Beziehungen zwischen verschiedenen Sinneswahrnehmung (vgl. ebd., § 8.15). Alles, was sich über die Gegenstände der Wahrnehmung lernen lasse, gehe nach Hayek nicht auf die Tätigkeit des Intellektes zurück, sondern diesem bereits voraus (vgl. ebd., § 8.18). Das Schema, nach dem Popper seinen Fallibilismus in die rational gesteuerte Prüfung von Hypothesen überführt, lässt sich aufgrund der schwachen Rolle, die der Intellekt bei Hayek im Lernprozess der Sinnesordnung spielt, nur schwer auf diesen übertragen.

Aber nicht nur in Hinblick auf die Rolle des Intellekts wird ein Unterschied zum Popperschen Fallibilismus bzw. Falsifikationismus erkennbar: auch in Bezug auf den Begriff der Erfahrung, der den Lernprozessen des Geistes bei Popper und Hayek zu Grunde liegen, werden Differenzen sichtbar. Während Popper davon ausgeht, dass sich allgemein formulierte Hypothesen durch konfligierende Beobachtungen als falsch erweisen können, bleibt Hayek gegenüber dieser empirischen Annahme skeptisch. Was Popper als „Theoriebeladenheit" der Beobachtung gegenüber dem Verifikationismus ins Feld geführt hatte (vgl. Popper 2005, 69 ff.), in seiner Konzeption des Falsifikationismus aber nicht konsequent weiter verfolgt, weil er diese Annahme nicht auf Basissätze überträgt (vgl. Habermas 1971, 176 ff.), ruft Hayek als Beladenheit der Beobachtung mit vorbewusster Erfahrung erneut in Erinnerung. Denn, so argu-

---

30 Diese Neukonfigurierung der Sinnesordnung im Zuge enttäuschter Erwartungen betreffe nicht nur die Beziehung zwischen den Ereignissen eines bestimmten Deutungsschemas, sondern auch die Neukonfigurierung der Deutungsschemata selbst (vgl. Hayek 2006, § 8.15).

mentiert Hayek implizit gegen Popper: „unser Wissen [enthält] auf jeder Ebene, oder in jeder Diskurswelt, einen Teil, der ungeachtet seiner Herkunft aus der Erfahrung, nicht durch die Erfahrung kontrolliert werden kann" (Hayek 2006, § 8.18).[31]

Hayeks Darstellung der Entwicklung der Sinnesordnung erscheint zuletzt als dreistufiges Verfahren, das sich der Verfügung durch den Intellekt entzieht. Dieses Verfahren beginnt als eine Art Programmierung der Sinnesordnung durch vorbewusste Erfahrung, setzt sich fort als Aktivierung im Sinne einer Anwendung zur Klassifikation sinnlicher Wahrnehmung und leitet schließlich über zu einer Re-Programmierung der Sinnesordnung durch neue Erfahrungen, wobei die letzte Stufe nicht im Sinne von Poppers kritischem Rationalismus, sondern im Sinne einer physikalischneuronalen Selbststeuerung zu verstehen ist. Auch wenn Hayek an dieser Stelle nicht den Begriff verwendet: wie Bouillon richtig dargestellt hat, handelt es sich der Sache nach bei dem Lernprozess der Sinnesordnung um einen Prozess der spontanen Ordnung, in dem eine selbstgesteuerte Häufung bestimmter physikalischer Ereignisse zur Ausbildung neuer Strukturen führt.[32]

Als Zwischenfazit lässt sich festhalten, dass bei Hayek die Theorie der Sinnesordnung ein starkes Übergewicht eines neuronalen Unbewussten gegenüber dem Bewusstsein im Prozess der Konstituierung sinnlicher Wahrnehmung begründet (vgl. ebd., § 8.2).[33] Übertragen auf die im Folgenden genauer untersuchte Frage, wie gesellschaftlich relevantes Wissen entsteht, bildet dieses Übergewicht den Ausgangspunkt, von dem aus sich alle möglichen sozialen Ordnungen einschließlich der Katallaxie rechtfertigen lassen, solange ihre Ergebnisse und Strukturen keiner bewussten Gestaltung unterliegen.

Hinsichtlich der sozialen und ökonomischen Konsequenzen von Hayeks Erkenntnistheorie lohnt sich nun ein Blick auf sein Konzept des impliziten Wissens und

---

31 Auch Hayek erkennt eine gewisse Strukturähnlichkeit zur Erkenntnistheorie Poppers, vor allem, was dessen Kritik der Induktion, d. h. den Aufstieg von konkreten Tatsachen zu allgemeinen Theorien angehe (Hayek 2007, 35). Mit Popper formuliert er gegen die Induktion: „daß vielmehr die Fähigkeit zum Verallgemeinern zuerst da sein muss." Bemerkenswert ist dann allerdings die evolutionäre Richtung, in der Hayek Popper interpretiert, indem er der physiologischen Gebundenheit des Wissens besondere Bedeutung beimisst: „Während der Organismus mit einer großen Zahl von Handlungsmustern spielt, von denen einige als vorteilhaft für die Erhaltung der Art verstärkt und beibehalten werden, treten korrespondierende Strukturen im Nervensystem, die geeignete Dispositionen hervorbringen, erst versuchsweise auf und werden dann entweder beibehalten oder verworfen" (ebd.).

32 Nach Bouillon räume Hayek eine „graduelle Veränderung der Sinnesordnung durch gehäufte Erfahrung ein" (Bouillon 1991, 83). In diesem Sinne sei auch die von Hayek angenommene Zusammengesetztheit der Wahrnehmung zu verstehen: „Für ihn ist es (…) die Zusammensetzung vieler physikalischer Ereignisse, die die physiologischen Impulse auslöst und damit die Sinnesordnung zur klassifizierenden Wahrnehmung anregt" (ebd., 84).

33 So sei das Gehirn als Bewusstseinsapparat nicht in der Lage, im Einzelnen adäquate Auskunft zu geben über jene komplexen physiologischen Interaktionen, die zu seiner Herausbildung geführt hätten (vgl. Hayek 2007, 24).

dessen kultureller Evolution, die werkgeschichtlich an die Theorie der Sinnesordnung in den 1950er und 60er Jahren anschließt.[34] Thematisiert werden darin die sozialen Prozesse, in denen Wissen angeeignet und weitergebildet wird.

Als paradigmatisches Beispiel für implizites Wissen dient Hayek der Verweis auf die Sprachfähigkeit von Kindern, die allein durch Nachahmung bestimmter Regeln in der Lage seien sinnvoll zu kommunizieren (vgl. Hayek 2007, 3). Kinder würden ein „Sprachgefühl" erwerben, das nicht voraussetze, dass sie die angewendeten Regeln, wie etwa die der Grammatik, explizit zum Ausdruck bringen könnten.[35]

Die herausragende Bedeutung, die Regeln bzw. „Muster" in dieser Form des Wissens spielen, adressiert Hayek als „Primat des Abstrakten" (vgl. Hayek 1996, 114 ff.). In diesem Begriff spiegeln sich zwei für ihn fundamentale Eigenschaften impliziten Wissens, die nicht zufällig starke Ähnlichkeit mit den Eigenschaften der Sinnesordnung haben. Zum einen verweist Hayek – wie schon beim Begriff der Klassifikation – auf eine Vorrangigkeit von allgemeinen Schemata, mit deren Hilfe konkrete Erfahrung und Handlungen bewältigt würden. Zum anderen unterstreicht er die Bedeutung des Unbewussten, die in der Theorie der Sinnesordnung durch die spontane Ordnung vorbewusster Erfahrungen zum Ausdruck kommt.[36]

Am Beispiel kindlichen Sprachvermögens verdeutlicht Hayek eine Hierarchie, die für ihn zwischen praktischer und kognitiver Verfügbarkeit des Wissens besteht. Diese Hierarchie drücke sich aus in seiner Überzeugung, dass „der Mensch handelte, ehe er dachte, und [nicht] verstand (…), bevor er handelte" (Hayek 1986, 34). Implizites Wissen geht nach Hayek immer aus Praktiken hervor und spielt bei deren Organisation eine unersetzliche Rolle.

---

34 Den Höhepunkt von Hayeks Theorie der kulturellen Evolution bildet die erstmals 1988 als Band I der Collected Works herausgegebene Schrift ‚The Fatal Conceit. The Errors of Socialism'. Sie wird in dieser Arbeit nicht näher analysiert, da sich Zweifel an der Autorenschaft Hayeks an diesem Werk durchgesetzt haben. Als Hayeks Gesundheit im Alter von 80 Jahren nachließ, war es der Herausgeber William W. Bartley, der auf die Gestaltung des Werkes großen Einfluss nahm (vgl. Caldwell 2003, 316 ff.).

35 Was in Hayeks Theorie der Sinnesordnung die „Verbindungen" darstellen: jene durch vorbewusste Erfahrung geformten Klassifikationsschema der Wahrnehmung, bildet die physiologische Analogie zu den unbewussten Regeln, die nach Hayek das implizite Wissen bestimmen.

36 Beide Eigenschaften des „Abstrakten" finden Erwähnung in der von Arthur Koestler und J. R. Smythies dokumentierten Diskussion im Anschluss an Hayeks Referat zum ‚Primat des Abstrakten' (vgl. Koestler und Smythies 1970, 314 ff.). Aufschlussreich in Bezug auf die Bedeutung des Unbewussten in Hayeks Begriff des Abstrakten ist insbesondere Hayeks Zustimmung zu dem Kommentar Frankls, der feststellt, dass „das Geistige (…) sich jeder Bewußtwerdung [entzieht]" und damit den Anspruch auf Selbst-Reflexion in den Bereich des Krankhaften verweist (vgl. ebd., 320 f.). Hayeks Reaktion darauf könnte eindeutiger nicht ausfallen: „ich bin voll und ganz einverstanden und glaube sogar, daß man diese Feststellung streng beweisen kann" (ebd., 321).

Um diesen praktischen Aspekt impliziten Wissens zu veranschaulichen, übernimmt Hayek vor allem von Gilbert Ryle (Ryle 1946; 1949), aber auch von Polanyi (1958) die Unterscheidung von „knowing how" und „knowing that".

Ryle stellt knowing how als eine praktische Wissensform dar, die über Faktenwissen (knowing that) hinausgehe und in Fragen nach dem Wesen des Wissens zu Unrecht vernachlässigt werde (vgl. Ryle 1946). Was dagegen im Alltag zu Recht als intelligentes Verhalten wertgeschätzt werde, sei eine Geschicklichkeit, die zur zweiten Natur geworden sei (vgl. ebd., 14). In dieser Geschicklichkeit bildeten Regeln die wichtigsten Strukturmerkmale: „knowing a rule is knowing how. It is realised in performances which conform to the rule, not in theoretical citations of it" (ebd., 7). Was Hayek in seinem Rückgriff auf Ryle übersieht, ist, dass dieser hier unter „Konformität" mit Handlungsregeln nicht deren kognitive Unverfügbarkeit versteht, sondern auf Kritikfähigkeit und Selbstkontrolle der Subjekte gegenüber diesen Regeln setzt. Aus diesem Grund grenzt Ryle sein Verständnis von knowing how ausdrücklich von Konzepten impliziten Wissens ab (vgl. ebd., 15; 7)![37] Hayek dagegen sieht im knowing how vor allem die Effizienz von unbewussten Regeln versinnbildlicht: „Es genügt, daß sie [die Individuen, C. R.] den Regeln gemäß handeln *können* (know how to act) ohne zu *wissen daß* (know that) die Regeln in artikulierten Ausdrücken die und die sind" (Hayek 1986, 139).

Ganz ähnlich wie die Wahrnehmungsmuster der Sinnesordnung unterliegt auch das implizite Wissen bei Hayek einem Lernprozess.[38] Parallel zur Emergenz der Sinnesordnung hebt Hayek auch in Bezug auf das implizite Wissen unbewusste Erfahrungsprozesse hervor. Im Beispiel des kindlichen Spracherwerbs verweist er dazu auf Mechanismen der „Nachahmung" und „Übertragung", die sich ohne kognitive Kontrolle des Gelernten vollzögen (Hayek 2007, 10 ff.).[39] Während Hayek in der ‚Sinnesordnung' Lernprozesse noch größtenteils auf individueller Ebene verhandelt und

---

37 So hält Ryle insbesondere fest, dass es immer noch darauf ankomme Regeln „mit dem Kopf" zu verwenden und „ein Richter seines eigenen Verhaltens" zu werden (Ryle 1946, 15). Diese Fähigkeiten spielen in Hayeks Begriff impliziten Wissens eine nur marginale Rolle.

38 Der Gedanke der Parallelität zwischen den Prozessen, in denen sich die Sinnesordnung und das implizite Wissen herausbilden, taucht bereits in ‚Missbrauch und Verfall der Vernunft' auf. In Bezug auf die Genese von Klassifikationsmustern der Sinnesordnung stellt Hayek fest, dass diese „auf einer vorbewußten Erfahrung [beruhe, C. R.], einem Erfassen jener Beziehungen in der Außenwelt, die für die Existenz des menschlichen Organismus in der Umgebung, in der er sich entwickelte, von besonderer Wichtigkeit sind, und daß sie eng zusammenhängt mit der unendlichen Zahl von „bedingten Reflexen", die die species Mensch im Laufe ihrer Evolution erworben hatte" (vgl. Hayek 1979, 292, FN 16).

39 Eine wichtige Argumentationsgrundlage für diese These bilden für Hayek interessanterweise Experimente aus der zoologischen Verhaltensforschung. In Bezug auf seine These eines Primats des Abstrakten stellt er dazu fest: „Die größte Unterstützung für meine These liefert (...), die Ethologie" und meint damit insbesondere Phantomexperimente, die zeigen, dass Tiere in identischer Weise auf eine Vielzahl verschiedener Gestalten reagieren, die schematisch ihren biologischen Eltern ähneln (Hayek 1996, 117).

nur beiläufig erwähnt, dass diese mit Lernprozessen der Gattung verbunden seien (vgl. Hayek 2006, § 2.15–2.16, § 8.14), fokussiert er mit der Theorie impliziten Wissens vornehmlich letztere, d. h. die soziale Seite des Lernens. Die Prozesse dieses Lernens, d. h. die Aneignung durch Anpassung und Übertragung, erscheinen dabei zunächst äußerst harmonisch – als quasi natürliche Prozesse der Sozialisation. Dass diese Prozesse auch noch eine andere Seite haben, wird deutlich an Hayeks Theorie einer kulturellen Evolution des Wissens (vgl. Kap. 3.5).

Mit dem Konzept der kulturellen Evolution fasst Hayek die Weiterbildung von implizitem Wissen in wettbewerblichen Gruppenprozessen (vgl. Hayek 1969, 126–160; 1986, 38 ff.; 1991a, 30 ff.; 1996, 3–130; vgl. Zeitler 1995, 66 ff., Gray 1995, 41 ff.).[40]

Im Wesentlichen handelt es sich bei diesen Prozessen um drei Mechanismen: auf der Grundlage eines universell verstandenen Wettbewerbs käme es unter verschiedenen konkurrierenden Gruppen 1) zur Regelinnovation oder 2) zur Anpassung an die Regeln erfolgreicher Gruppen, schließlich treffe 3) eine negative Selektion all jene Gruppen, die gegenüber erfolgreicheren Gruppen unterliegen (vgl. Hayek 1991a, 46 f.; Hayek 1996, 21 ff.). Die sozial-darwinistischen Aspekte in Hayek Theorie der kulturellen Evolution werden in der Sekundärliteratur kontrovers diskutiert (vgl. Zeitler 1995, 76 ff.). Hayek selbst hat in dieser Hinsicht seine Theorie der kulturellen Evolution als Evolution *angelernter* und *gruppenbezogener* Verhaltensweisen präzisiert und von einer biologischen Evolution *angeborener* Verhaltensweisen *einzelner Individuen* abgegrenzt und zu entschärfen versucht (vgl. Hayek 1986, 40 f.). Es bleibt jedoch die beunruhigende Frage, inwiefern Hayek mit der negativen Selektion angelernter Verhaltensweisen nicht auch den Niedergang ihrer Träger, d. h. von bestimmten, im Konkurrenzkampf unterlegenen Gruppen, die sich unfähig zeigen erfolgreiche Handlungsformen zu entwickeln, impliziert und somit einen durch soziale Institutionen vermittelten Existenzkampf voraussetzt.[41] Das biologistische, mitunter faschistische Vokabular, das Hayek im Kontext seiner Theorie kultureller Evolution verwendet, gibt zur Beunruhigung allen Anlass[42]:

---

40 Auf die de-politisierende Wirkung dieser Theorie des Wettbewerbs hinsichtlich der Ent-Problematisierung von Ungleichheit, wird in Kapitel 4.5 eingegangen.

41 Eine solche Konsequenz legt Hayek nahe, wenn er den evolutionären Wandel von face-to-face-Gesellschaften zur modernen Gesellschaft erläutert: „Das war natürlich nicht immer ein friedlicher Vorgang. Es ist durchaus wahrscheinlich, daß häufig im Verlauf dieser Entwicklung eine wohlhabendere Handel treibende Stadtbevölkerung einer größeren ländlichen Bevölkerung ein Recht auferlegte, das noch im Gegensatz zu den dort herrschenden Sitten stand. Ebenso mochte auch eine militärische landbesitzende Aristokratie im Zeitalter des Feudalismus nach Eroberung einer Stadt der städtischen Bevölkerung ein Recht aufzwingen, das noch aus primitiveren Stufen der ökonomischen Entwicklung stammte. Dies ist auch eine Form des Prozesses, durch den kraftvoller strukturierte Gesellschaft, die Individuen durch die Lockmittel anziehen kann, die sie in der Form von Beutestücken anzubieten hat, eine höher zivilisierte verdrängen kann" (Hayek 1981b, 257, FN 39).

42 „Innerhalb einer gegebenen Gesellschaft werden bestimmte Gruppen gedeihen oder verfallen, je nach den Zielen, die sie verfolgen, und den Verhaltensregeln, die sie beachten. Und die Ziele der er-

Unsere Gewohnheiten und Fähigkeiten, unsere gefühlsmäßigen Einstellungen, unsere Werkzeuge und unsere Einrichtungen – sie alle sind (...) Anpassungen an die vergangene Erfahrung, die sich durch selektive Ausmerzung weniger geeigneten Verhaltens ergeben haben (Hayek 1991a, 34).

Stellt man die diese Beunruhigung zunächst zur Seite, um ihr im Kontext von Hayeks Theorie des spezifisch marktwirtschaftlichen Wettbewerbs in Kapitel 4.5 weiter auf den Grund zu gehen, wird deutlich, dass Wissen für Hayek einem durchaus konfliktreichen Selektionsprozess, d. h. einer „Bewährung" unterliegt, die sich an der „Widerstandsfähigkeit und Ausbreitung der Ordnung der Gesellschaft zeigt" (Hayek 1996, 24). Insofern greife jeder Mensch, der Mitglied einer sozialen Ordnung ist, auf Wissen zurück, dass nicht nur das Ergebnis der Handlungen vieler Menschen, sondern auch vieler Generationen sei. Die spezifische Qualität dieses „»Wissen[s]«, das durch die kulturelle Evolution hervorgebracht wird, bestehe aus Kenntnissen, „die der Umgebung angepaßt sind, ohne über diese etwas auszusagen" (ebd.). Wie bereits in seiner Theorie der Sinnesordnung bzw. der Theorie impliziten Wissens bilde sich im Prozess der kulturellen Evolution vor allem unbewusstes Wissen. Ebenso wie das Erlernen impliziten Wissens durch nachahmende Sozialisation stelle auch die evolutionäre Weiterentwicklung und „Ausbreitung" von Verhaltensweisen durch negative Selektion eine Art „List ohne Vernunft" dar, deren Dynamik sich hinter dem Rücken der Individuen vollziehe.

Die ideologischwichtigste Konsequenz aus Hayeks Erkenntnistheorie ist, dass der Verstand Teil einer unbewussten Dynamik ist, oder, wie Hayek in Hinblick auf die kulturelle Evolution formuliert, „ein Produkt der Zivilisation, in der er aufgewachsen ist und der Verstand weiß von der Erfahrung, die ihn geformt hat, zum großen Teil nichts" (Hayek 1991a, 32).[43] Unter der Prämisse jedoch, dass der Geist diesen Prozessen ausgeliefert ist, fehlt eine Grundbedingung dafür gesellschaftliche oder ökonomische Prozesse bewusst zu gestalten. Die ideologische Pointe seiner Erkenntnistheorie liegt deshalb darin, dass Gesellschaft und Ökonomie für Hayek im doppelten Wortsinn – epistemologisch und politisch – nicht bewusst gemacht werden können. Dass sich gesellschaftliche Verhältnisse dabei der politischen Verantwortung entziehen, lässt sich unter anderem daran sehen, wie der Prozess der kulturellen Evolution bei Hayek an die Stelle kollektiver Willensbildung tritt:

---

folgreichen Gruppe werden schließlich die Ziele aller Mitglieder der Gesellschaft sein" (Hayek 1991a, 46).

43 Diesen Aspekt hebt auch Petsoulas hervor: „Hayek maintaines that the ordering operations of the mind are ultimately governed by rules which are impossible either to grasp or to articulate. The mind, in other words, can never fully understand the ordering principles by which it is governed" (Petsoulas 2001, 25).

Die erfolgreiche Kombination von Wissen und Fähigkeiten wird nicht durch gemeinsame Erörterung von Menschen, die in gemeinsamer Bemühung eine Lösung ihrer Probleme suchen, ausgewählt; die Auswahl ergibt sich daraus, daß die Einzelnen die Erfolgreicheren nachahmen (ebd., 37).

Die Unterordnung des Geistes unter das, was Hayek an anderer Stelle sehr treffend als „überbewußt"[44] bezeichnet (Hayek 2007, 37), hat aber noch eine weitere Konsequenz. Denn indem Hayek davon ausgeht, dass jene rechtlich verfasste Wettbewerbsordnung der Katallaxie, die für ihn eine Anwendung individuellen Wissens absichert und dieses Wissen durch einen deregulierten Preismechanismus zirkulieren lässt, gerade nicht das Produkt menschlicher Erfindungen ist, sondern bloß eine unbewusste und spontane „Bildung", erscheint sie als Teil jenes Bestandes von Institutionen, der sich der politischen Verfügbarkeit entzieht.

4.3 „There is only one alternative": Politische Ökonomie zwischen totalitärer Planwirtschaft und dereguliertem Wettbewerb

Aus Hayeks wissenstheoretischer Fundierung der Ökonomie, die all jene Ordnungsmodelle unter den Verdacht einer illegitimen Anmaßung von Wissen stellt, die eine bewusste politische Gestaltung ökonomischer Institutionen über eine marktliberale Wettbewerbsordnung hinaus anstreben, folgt eine strikte Dichotomie polit-ökonomischer Ordnungsmodelle.[45] Auf diese Konsequenz hat bereits Maiolino hingewiesen, der betont, dass sich bei Hayek ein Gegensatz zwischen unbewusst-gewachsener Ordnung und bewusst-konstruierter Ordnung über alle anderen wirtschaftspolitischen Alternativen lege:

Nicht umsonst widmet Hayek sein Werk »Weg zur Knechtschaft« auch den »Sozialisten aller Parteien«. Was diese, ob sie nun links oder rechts stehen, auszeichnet, ist nichts anderes als ihre

---

44 Diesen Begriff favorisiert Hayek vor allem deshalb, weil er gegenüber dem Begriff des Unterbewußten ausdrückt, dass eine Form des Wissens existiert, die für das Bewusstsein unverfügbar bleibt. „Wenn meine Annahme richtig ist, daß abstrakte Regeln, deren wir uns nicht bewußt sind, die sensorischen (und andere) »Qualitäten« bestimmen, die wir bewußt erfahren, so bedeutet dies, daß wir uns vieles dessen, was in unserem Geist vorgeht, nicht bewußt sind, und zwar deshalb nicht, weil es auf einer zu niedrigen, sondern weil es auf einer zu hohen vor sich geht. Es wäre passender derartige Prozesse nicht unterbewußt, sondern »überbewußt« zu nennen, da sie die bewußten Vorgänge steuern ohne in ihnen vorzukommen" (Hayek 2007, 37).
45 Dass diese Dichotomie, die sich in Hayeks sozialtheoretisch fundamentaler Entgegensetzung von gemachter und spontaner Ordnung widerspiegelt, sein gesamtes Denken durchzieht, wird auch an anderer Stelle – etwa mit Bezug auf den Verlust historischer Alternativen – thematisiert (vgl. Kap. 6).

Respektlosigkeit vor dem Markt, weil sie zu wissen vorgeben, wie dieser einem vorgegebenen Ziel entsprechend gestaltet werden müsse (Maiolino 2014, 253).

Die einzige Alternative, die Hayek gegenüber dem Markt gelten lässt, ist dabei keine im eigentlichen Sinne des Begriffs, der eine Wahl impliziert. Denn analog zu Hayeks Adressierung der „Sozialisten aller Parteien" stellt jede Form der gemachten ökonomischen Ordnung für ihn ein Stück Planwirtschaft dar, das seine totalitäre Vollendung im Keim bereits in sich trage. Die einzige politikökonomische „Alternative" besteht bei Hayek zwischen Wirtschaftsliberalismus und Totalitarismus.

Seine dichotomisierende Perspektive auf die polit-ökonomische Ordnung steht dabei nicht zufällig in einer Tradition mit Margaret Thatcher, deren Rechtfertigung englischer Austeritäts- und Deflationspolitik Anfang der 1980er Jahre ikonographisch für eine Ideologie der Alternativlosigkeit steht, die mittlerweile unter der Abkürzung TINA – „There Is No Alternative" – in den öffentlichen Diskurs eingegangen ist. Als beispielhaft für ihre Argumentation kann ein Interview gelten, das Thatcher kurz nach ihrer Wahl zur englischen Premierministerin amerikanischen PressevertreterInnen gab. Auf die Frage nach den ökonomischen und sozialen Folgen einer strikten Deflationspolitik, die auf einer Kontraktion der Geldmenge und radikalen Kürzungen des öffentlichen Haushalts beruhe, antwortete Thatcher mit dem Verweis auf das Schreckensszenario einer unkontrollierbaren Inflation: „(...) a flight from money into goods and total chaos. (...). So in a sense we do have to do it. Because there really is no alternative" (ebd.). Die Alternativlosigkeit ihrer Argumentation beruht damit wesentlich auf der Konstruktion eines einzigen realistischen Auswegs aus der dystopischen Vision eines ökonomischen Chaos.[46]

Von Interesse ist im Folgenden eine strukturelle Parallele zwischen der ideologischen Alternativlosigkeit im Denken Thatchers und Hayeks. Obwohl es einige Anhaltspunkte für eine Beeinflussung Thatchers durch Hayek gibt, wird diese Frage hier nicht weiter erörtert.[47] Prägnant kommt die genannte Parallele in Hayeks Frühschrift ‚Freedom and the Economic System', vor allem aber im ‚Weg zur Knechtschaft' zum Ausdruck, in dem Hayek auf die Logik einer nichtintendierten Dynamik verweist, die von einzelnen Interventionen zur vollständigen Planwirtschaft und damit in den Totalitarismus nach nationalsozialistischem Vorbild führe.[48] In der Sekundärliteratur

---

46 Ideengeschichtlich lässt sich in diese Dichotomie auch als Begleiterscheinung der Blockkonfrontation des Kalten Krieges verstehen.

47 Hinweise auf eine solche Beeinflussung beziehen sich unter anderem auf Thatchers Rezeption von ‚Der Weg zur Knechtschaft' während ihrer Studienzeit. Insbesondere die zuletzt veröffentlichten Dokumente aus dem Nachlass Thatchers sprechen allerdings dafür, dass der Einfluss von M. Friedman und seiner Theorie des Monetarismus auf die Wirtschaftspolitik des „Thatcherismus" deutlich höher gewesen sind (Thatcher Archive 2016).

48 „Wir haben bereits gesehen, daß die enge Verflechtung aller wirtschaftlichen Erscheinungen es erschwert, mit der Planwirtschaft gerade dort aufzuhören, wo wir möchten, und daß, sobald das freie

wird diese Dynamik mittlerweile als „inevitability thesis" bzw. Zwangsläufigkeitstheorem diskutiert (Samuelson 1980, 813; Caldwell 2006, 28; Farrant / McPhail 2008). An diese Diskussion anschließend wird im Folgenden dargestellt, wie sich bei Hayek das Spektrum möglicher Wirtschaftsordnungen in einer Form verengt, die stark an Thatchers Rhetorik der Alternativlosigkeit erinnert. Auf die Möglichkeit einer Politisierung der Ökonomie, die auf der Verfügbarkeit von Alternativen beruht, hat dieses Theorem erhebliche Auswirkung.

Den Ausgangspunkt von Hayeks dichotomisierender Perspektive auf ökonomische Ordnungen stellt seine Auseinandersetzung mit der zuvor bereits angesprochenen Möglichkeit einer Wirtschaftsrechnung in verschiedenen Modellen der Planwirtschaft dar (Hayek 1952, 156 ff., Hayek 1952, 49 ff.). In all diesen Modellen wird nach Hayek mit Hilfe einer Gesamtrechnung sowohl die Produktion, als auch der Konsum durch Anordnungen einer zentralen Behörde kontrolliert. Die Unmöglichkeit dieser Form der Wirtschaftskoordination beruht für Hayek, wie oben bereits deutlich wurde, wesentlich auf den kognitiven Defiziten der Planungsbehörden gegenüber den flüchtigen und lokalen Gelegenheiten zur Anwendung individuellen Wissens (s. o., Kap 4.2). Diese wissenstheoretisch fundierte Kritik trifft in Hayeks Untersuchungen zur Wirtschaftsrechnung der Planwirtschaft auch partielle Formen des Interventionismus, der nach Hayek seit den 1930er Jahren den Großteil der Erde bestimme: „Die Welt von heute ist schlechterdings ein interventionistisches Chaos" (Hayek 1952, 177). Als Alternative zu Planwirtschaft und interventionistischem Chaos kommt nach Hayek nur die Einrichtung eines möglichst deregulierten markktwirtschaftlichen Wettbewerbs in Frage. Sein theoretisches Interesse gilt dabei dem Nachweis, dass „der Wettbewerb, wenn er richtig funktionieren soll, vollständig durchgeführt werden muß und warum nicht bei einer teilweisen Wiedereinführung Halt gemacht werden darf" (Hayek 1952, 210).

Grundlage von Hayeks Überzeugung, dass der Wettbewerb nur vollständig eingerichtet werden könne, bildet sein Hinweis auf Mises' Kritik am Interventionismus (vgl. Hayek 1952, 175; Mises 1929). Darin diskutierte Mises die Auswirkungen von produktions- und preispolitischen Eingriffen mit dem Ergebnis, dass solche Eingriffe bei ansonsten freier Verfügbarkeit privaten Eigentums niemals das intendierte Ergebnis erzielten. Dies liege nach Mises vor allem daran, dass immer wieder Ausweichstrategien – im Falle von Preisfixierungen etwa Vorratsbildung mit dem Ziel zu einem späteren Zeitpunkt zu besseren Preisen zu verkaufen – gesucht würden, solange diese Gewinne versprächen (vgl. ebd., 9 f.). Um dennoch die ursprünglich erwünschten Ergebnisse zu erzielen, müssten Regierungen weiter an der Kontrollspirale drehen: „Sie müssen alle Produktionszweige umfassen, sie müssen die Preise aller Güter und

---

Funktionieren der Marktwirtschaft über einen bestimmten Punkt hinaus gehemmt wird, der Planwirtschaftler zur Ausdehnung seiner Zwangsmaßnahmen gezwungen sein wird, bis sie alles umfassen" (Hayek 2004, 95).

jeglichen Arbeitslohn, das Verhalten aller Unternehmer, Kapitalisten, Grundbesitzer und Arbeiter regeln" (ebd., 10). Am Ende dieser Logik steht für Mises die Erkenntnis: „Entweder Kapitalismus oder Sozialismus; ein Mittelding gibt es nicht" (ebd., 12).

Hayeks Feststellung, dass „jede isolierte Maßnahme dieser Art [Maßnahmen des Interventionismus, C. R.] Reaktionen hervorrufen wird, die ihren eigenen Zweck zerstören wird und daß jeder Versuch, konsequent fortzufahren, immer weitere Kontrollmaßnahmen notwendig machen wird" (Hayek 1952, 174 f.), bildet so unzweideutig ein Echo von Mises' Kritik. Während Mises jedoch stärker die Bedeutung von Ausweichstrategien hervorhebt, die neue Kontrollen notwendig machen, steht bei Hayek im Hintergrund die im letzten Kapitel analysierte Annahme einer Überkomplexität der Ökonomie, die die kognitiven Fähigkeiten der Menschen übersteige.[49] Jeder Interventionismus operiert in dieser Hinsicht für Hayek mit grob vereinfachenden Modellen und Instrumenten, die die beabsichtigten Zwecke nicht erreichen und deshalb ständiger Erneuerung und Ausweitung bedürfen. Was sich in dieser von Hayek beschrieben Eigendynamik darstellt, ist eine Form der Zwangsläufigkeit, die im Folgenden weiter analysiert und auf seine de-politisierenden Effekte hin befragt werden soll.

In einem erhellenden Beitrag zu Zwangsläufigkeiten in Hayeks polit-ökonomischem Denken schränken Farrant und McPhail zunächst ein, dass Hayek keine unkonditionierte Aussage über historische Gesetzmäßigkeiten treffe (vgl. Farrant / MacPhail 2009, 6). In dieser Hinsicht sei Hayeks ‚Weg zur Knechtschaft' als Warnung vor totalitären Entwicklungen zu verstehen, deren Eintreten unter bestimmten Voraussetzungen sehr wahrscheinlich, durch Einsicht und Umkehr jedoch immer noch zu verhindern seien (vgl., ebd.). Mit Blick auf den sich in England zum Ende des Zweiten Weltkrieges durchsetzenden Wohlfahrtsstaat stellt Hayek so etwa fest, dass wir, „obwohl die Geschichte sich niemals vollkommen wiederholt und weil gerade keine Entwicklung zwangsläufig ist, in gewissem Umfange von der Vergangenheit lernen [können], um eine Wiederholung desselben Ablaufes der Ereignisse zu vermeiden" (Hayek 2004, 5). Farrant und MacPhail deuten diese Aussage Hayeks als konditionierte Vorhersage, die sich insbesondere auf einen kausalen Zusammenhang zwischen Projekten partieller Intervention und totalitärer Planwirtschaft beziehe (Farrant / McPhail 2009, 14). Zwar gebe es nach Hayek keine historische Gesetzmäßigkeiten, aber unter der Voraussetzung, dass an dem Projekt partieller Interventionen festgehalten werde, sei der Übergang in eine totalitäre Planwirtschaft zwangsläufig.

Auf diesen Zusammenhang wies Hayek selbst mit größerem zeitlichem Abstand zu jener Phase zwischen 1930 und 1960 noch warnend hin, die gemeinhin als Hoch-

---

49 „Während in den exakten Naturwissenschaften (...) angenommen wird, daß jeder wichtige Faktor, der die beobachteten Ereignisse mitbestimmt, selbst unmittelbar beobachtbar und meßbar ist, werden bei der Untersuchung komplexer Phänomene wie des Marktes, die von den Handlungen vieler Menschen abhängen, alle die Umstände, die das Resultat des Prozesses bestimme (...) kaum je voll bekannt und meßbar sein" (Hayek 1996, 4).

Zeit planwirtschaftlichen Optimismus' gilt. Zwar gestand er Mitte der 1970er Jahre zu, dass sich der von ihm vorhergesagte Prozess in Richtung totalitärer Planwirtschaft verlangsamt habe, jedoch immer noch eine reale Bedrohung darstelle (vgl. Hayek 1996, 156 ff.). An die Stelle des „heißen Sozialismus" der Kriegs- und Nachkriegszeit sei lediglich ein „kalter Sozialismus" getreten, d. h. ein Interventionismus, der das Ziel einer umfassenden Nationalisierung von Produktion, Tausch und Verteilung auf-gegeben habe zu Gunsten der „Umverteilung durch Steuern und gezielte finanzielle Vergünstigungen" (ebd., 156). Obwohl die Vertreter dieser Position keine umfassende Planwirtschaft anstrebten, bezweifelt Hayek ihre Fähigkeiten, den Interventionismus „auf die Dauer mit der Sicherstellung eines auch nur kleinen Restes von persönlicher Freiheit verbinden zu können" (ebd., 157).[50]

Das theoretische Argument, mit dem Hayek die zwangsläufige Eigenlogik des „kalten Sozialismus" zu plausibilisieren sucht, bezieht sich dabei weniger auf eine strukturelle Komplexität der Ökonomie, wie sie weiter oben erläutert wurde. Viel-mehr argumentiert Hayek dafür, dass dieser wie der „heiße Sozialismus" von der Durchsetzbarkeit sozialer Gerechtigkeit überzeugt sei, die unter demokratischen Bedingungen zu einer ständig steigenden politischen Nachfrage nach immer neuen Regulierungen führe:

> Sobald es einmal Gewohnheit geworden ist, Forderungen auf Markteingriffe zugunsten bestimmter Gruppen nachzugeben, kann wenigstens eine demokratische Regierung sich nicht mehr weigern, dies zugunsten aller Gruppen zu tun, von deren Wählerstimmen sie abhängig ist (Hayek 1996, 157).

Inwiefern sich dieses Argument bei Hayek nicht nur gegen den Interventionismus richtet, sondern auch gegen Demokratien, wird in Kapitel 5.2.1 genauer erläutert. Dabei wird deutlich, dass bei Hayek auch die Reduzierung politischer Freiheit in Folge der Einschränkung wirtschaftlicher Freiheit durch eine Logik der Zwangsläu-figkeit gekennzeichnet ist. Im vorliegenden Kapitel soll dagegen der Prozess genauer analysiert werden, der für Hayek von einzelnen wirtschaftspolitischen Interventio-nen in eine umfassende Planwirtschaft führen.[51]

Mit Farrant und McPhail lässt sich dieser Prozess als konditionierte Zwangsläu-figkeit beschreiben, die einer unintendierten Dynamik folgt: „nudging policy in one direction, neccessitating ever-further government intervention" (Farrant / McPhail

---

50 In seiner weitgehend theoretischen Analyse verzichtet Hayek auf empirische Beispiele und ent-geht damit schon auf methodologischer Ebene kritischen Einwänden, die sich auf den stabilen Zu-sammenhang von wohlfahrtsstaatlichem Interventionismus und politischer Freiheit in Skandinavien wie auch auf die Verbindung von Wirtschaftsliberalismus und eingeschränkter politischer Freiheit während der McCarthy-Ära in den USA richten (vgl. Farrant / McPhail 2009, 9 f.).
51 In dieser Hinsicht verwundert es nicht, dass Hayek jede Volkswirtschaft, die eine Staatsquote von über 50 % aufweist, als „Kommunismus" bezeichnet (Hayek 2004, 56).

2009, 14).[52] Aus ideologietheoretischer Perspektive ist an dieser Stelle eine scharfe Dichotomie in Hayeks politischer Ökonomie von Interesse, bei der auf der einen Seite der Sozialismus in „heißer" planwirtschaftlicher Vollendung oder in einer „kalten" interventionistischen Vorform steht und auf der anderen Seite der vollständige Wettbewerb. Die Notwendigkeit sich strikt an die Prinzipien des Wirtschaftsliberalismus zu halten, ergibt sich dabei insbesondere in Hinblick auf Hayeks Zwangsläufigkeitstheorem, nach dem jede wirtschaftspolitische Intervention einen unintendierten Prozess in Gang setzt, der Schritt für Schritt in die Knechtschaft von wirtschaftlichem Planwirtschaft und politischem Totalitarismus führt. In besonderer Weise zeigt sich in dieser Vorstellung von Alternativlosigkeit in Hayeks politischer Ökonomie eine Schicksalshaftigkeit seines wirtschaftsliberalen Denkens, die jede Politisierung ausschließt, die auf der Möglichkeit einer ökonomischen Alternative beruht.

4.4 De-Nationalisierung der Wirtschaftsordnung und des Geldes

Angesichts der dystopischen Gefahren, die Hayek in wirtschaftspolitischen Abweichungen von marktliberalen Prinzipien sieht, bildet die Einhegung wirtschaftspolitischer Reformen oder gar Revolutionen für ihn ein zentrales Anliegen. Diesem Anliegen entspricht das von Hayek Ende der 1930er entwickelte Konzept einer transnationalen Wirtschaftsordnung, in der der wirtschaftspolitische Spielraum der Nationalstaaten durch eine rudimentäre bundesstaatliche Instanz beschränkt und durch wettbewerblichen Anpassungsdruck strukturell verringert wird. Eine ähnliche Rolle dachte er darüber hinaus einem transnationalen Währungssystem zu, von dessen Privatisierung er sich in späteren Schriften einen noch stärkeren Verlust nationalstaatlicher Handlungsfähigkeit erhoffte. Mit der Idee einer solchen transnationalen Wirtschaftsordnung steht Hayek in einer langen freihändlerischen Tradition, die spezifisch de-politisierte Form jedoch, die Hayek dieser Ordnung verleiht, kann als genuiner Beitrag zu dieser Tradition verstanden werden.

Nicht zufällig erschienen Hayeks publizistische Interventionen zum Thema einer transnationalen Wirtschaftsordnung dabei in einer Zeit, während der zum Ende des Zweiten Weltkrieges und später beim Zusammenbruch des Bretton-Woods-Systems in den frühen 1970er Jahren um eine neue Weltwirtschaftsordnung gerungen wurde.[53]

---

[52] Wie sich die Annahme einer solchen Dynamik mit Hayeks Vorschlägen für ein wohlfahrtsstaatliches Existenzminimum verbinden lässt, soll an dieser Stelle nicht weiter erörtert werden. Verwiesen sei in Hinblick auf diese Diskussion auf das Kapitel 3.3, in dem genauer erläutert wurde, inwiefern dieses Existenzminimum unter dem Vorbehalt strikter Gleichbehandlung steht, die ideologisch auf eine Entproblematisierung von Macht und Ungleichheit zielt.

[53] Nach dem Ende des Zweiten Weltkrieges führten die Debatten um eine neue internationale Ordnung schließlich zur Einrichtung des Bretton-Woods-Systems. In den 1970er Jahren, als dieses System mit dem Keynesianismus in die Krise geriet, zielte Hayeks Vorschlag auf eine radikale Neuordnung.

Die Grundidee von Hayeks Konzept für eine transnationalen Wirtschaftsordnung lässt sich anhand des Begriffs der „De-Nationalisierung" erläutern, den Michael Zürn Ende der 1990er Jahre in Hinblick auf eine Abnahme nationalstaatlicher Handlungsfähigkeit angesichts neuer globaler Herausforderungen vorschlug (vgl. Zürn 1998). Der Begriff der De-Nationalisierung bezeichnet bei Zürn eine Inkongruenz zwischen transnationalen sozialen und wirtschaftlichen Handlungszusammenhängen einerseits und einer diese Zusammenhänge unterlaufenden nationalstaatlichen Instanz anderseits (vgl. ebd., 17). Während Zürn diese Inkongruenz als Verlust von staatlicher Regulationsfähigkeit problematisiert, die mit einem Verlust von demokratischer Legitimität einhergeht und erst durch ein „Projekt komplexes Weltregieren" ausgeglichen werden könne, in dem die Nationalstaaten durch neue Modelle von global governance ihre Handlungsfähigkeit zurückgewännen (vgl. Zürn 1998, 294 ff.), sieht Hayek diese Inkongruenz positiv.

Um Hayeks Konzept einer transnationalen Wirtschaftsordnung zu rekonstruieren, die Zürns Logik der De-Nationalisierung folgt, werden im Folgenden die für diese Idee einschlägigen Schriften Hayeks aus den späten 1930er und 40er Jahren analysiert. Zudem wird auf Hayeks Arbeiten zur Währungspolitik eingegangen, die zeitgleich entstehen und in den 1970er Jahren fortgesetzt werden. Während dabei in Hinblick auf Hayeks währungspolitische Positionen in der Sekundärliteratur meist unterschieden wird zwischen einer ersten Phase, in der Hayek als Befürworter einer transnationalen staatlichen Währungsordnung auftritt, und einer zweiten Phase, in der Hayek sich zur Aufhebung des staatlichen Währungsmonopols bekennt, argumentiert das vorliegende Kapitel für eine Kontinuität seiner währungspolitischen Vorstellungen im Zeichen der angesprochenen De-Nationalisierung als einer Form von De-Politisierung, die auf eine Reduzierung nationalstaatlicher Handlungsfähigkeit im Bereich der Währungspolitik zielt.

Im Kapitel 3.2 wurde bereits kurz darauf eingegangen, welche Rolle in Hayeks politischem Denken die Wettbewerbsordnung als ordnungspolitische Abgrenzung zum Laissez-Faire auch im transnationalen Raum spielt. Im Folgenden wird nun genaueres Augenmerk auf die sich in dieser Ordnung entwickelnden wirtschaftlichen Handlungszusammenhänge gelegt. Den analytischen Unterschied dieser beiden Dimensionen sozialer Ordnung erarbeitet Hayek im Aufsatz „Rechtsordnung und Handelnsordnung" (vgl. Hayek 2003, 35 ff.). Darin wird deutlich, dass eine transnationale Wirtschaftsordnung für Hayek keine bloße Anarchie darstellt, sondern einen Rahmen marktwirtschaftlicher Aktivität absteckt und der auf eine transnationale staatliche Instanz verweist, die eine solche Rechtsordnung durchzusetzen in der Lage ist.[54] Das erste Mal entwickelt Hayek die Konzeption einer solchen transnationalen

---

54 Zur Idee einer solchen transnationalen Rechtsordnung bei Hayek äußert sich ausführlich vor allem Hoffmann 2009.

Rechtsordnung im Angesicht des heraufziehenden Zweiten Weltkrieges in Bezug auf Europa.[55]

Ein solche Rechtsordnung ist für Hayek zuallererst ein wirtschaftlicher Zusammenschluss, dessen Grundlage „die freie Bewegung von Gütern, Menschen und Geld über (...) Grenzen" bilde (vgl. Hayek 1952, 336). Erst ein solcher Zusammenschluss, dessen Aufgabe neben der Sicherung marktwirtschaftlicher Grundfreiheiten auch im Aufbau einer transnationalen Währungsordnung bestehe (vgl. ebd., 329), schütze vor Protektionismus und wohlfahrtsstaatlichen Interventionen, die für Hayek die Grundlage nationalistischer Kollektivismen bilden und internationalen Unfrieden stiften.[56] „Die Abschaffung souveräner Nationalstaaten und die Schaffung einer wirksamen internationalen Rechtsordnung sind die notwendige Ergänzung und logische Vollziehung des liberalen Programms" (ebd., 341). Im Schlusskapitel des ‚Wegs zur Knechtschaft' bringt Hayek diese Rechtsordnung und die staatliche Instanz ihrer Durchsetzung als „ultra-liberale" Version eines Bundestaates auf den Begriff (vgl. Hayek 2004, 202), weshalb hier im Folgenden von einer *trans*nationalen Ordnung im Gegensatz zu einer bloß zwischenstaatlichen *inter*nationalen Ordnung angebracht ist, in der die Nationalstaaten ihre Handlungskompetenzen behalten.[57]

Der durch eine solche transnationale Rechtsordnung geschaffene Raum marktwirtschaftlichen Wettbewerbs ist für Hayek zum einen als direkte Unterbindung nationalstaatlicher Wirtschaftspolitik von Bedeutung. Politiktheoretisch lässt sich diese transnationale Ordnung deshalb auch als negative Integration begreifen, die der nationalstaatlichen Regulierungstätigkeit Grenzen setzt. Die wirtschaftspolitische Abstinenz des ultra-liberalen Bundestaates sieht Hayek dabei durch die soziale und wirtschaftliche Heterogenität des Bundesgebietes gewährleistet, die ein strukturelles Hindernis für eine harmonisierte wirtschaftspolitische Strategie darstelle, die von der Gewährleistung einer Wettbewerbsordnung abweiche. Als Beispiel erwähnt Hayek Arbeitslosenversicherung sowie Denkmal- und Naturschutz, die in mehr oder weniger wohlhabenden Regionen sehr unterschiedlich bewertet würden und somit kaum Aussicht auf allgemeine Durchsetzung hätten (vgl. ebd., 334). Auf ähnliche Schwierigkeiten für eine Politik jenseits des Nationalstaates verweist auch Zürn, der zwar nicht von einer strukturellen Unmöglichkeit ausgeht, aber dennoch auf die Schwierigkeiten

---

55 Es handelt sich um Hayeks Aufsatz ‚Die wirtschaftlichen Voraussetzungen föderativer Zusammenschlüsse', den Hayek bereits 1939 publizierte (Hayek 1952, 324 ff.). Großen Einfluss auf diese Publikation kann nach Hayek der von Robbins kurz zuvor publizierte Aufsatz ‚Economic Planning and International Order' (Robbins 1937) geltend machen.

56 Auf das friedenspolitische Argument, das hinter dieser These steht, wird an dieser Stelle nicht weiter eingegangen. Bedenkenswert in dieser Hinsicht ist Hayeks Verweis auf den Zusammenhang zwischen einer nationalstaatlichen Sozialpolitik und der Konstruktion nationaler Identitäten.

57 „In einem Bundestaat wird die Wirtschaftspolitik darauf gerichtet sein müssen, ein rationales dauerhaftes Rahmenwerk zu schaffen, innerhalb dessen die persönliche Initiative den größtmöglichen Spielraum hat" (Hayek 1952, 340).

politischer Harmonisierung verweist (vgl. Zürn 1998, 22 ff.). Zum anderen setzt Hayek auf eine weitere, indirekte Form der wirtschaftspolitischen Disziplinierung der Nationalstaaten durch die Dynamik des Wettbewerbs. In seiner Auseinandersetzung mit Hayeks Konzept einer transnationalen Wirtschaftsordnung bringt Jochen Hoffmann diese Dynamik auf den Punkt:

> Der hierin zum Ausdruck kommende Gedanke besagt, daß die Beschränkungen der Regierungen nicht nur unmittelbar der Bundesverfassung entspringen. Vielmehr ergeben sich indirekte Beschränkungen aus dem Wettbewerb zwischen den Wirtschaftssubjekten, da Regulierungsmaßnahmen und Steuerbelastungen Wettbewerbsnachteile der inländischen gegenüber den ausländischen Akteuren darstellen können (Hoffmann 2009, 39).

Hoffmann macht damit auf eine Logik des Standortwettbewerbs aufmerksam, die dazu führt, dass sich die Veränderung wirtschaftlicher Rahmenbedingungen bei freiem Verkehr von Waren, Kapital und Menschen auf die Preise der produzierten Güter auswirken. Für die Versuche von Einzelstaaten, eine bestimmte Qualität von Produkten oder Produktionsbedingungen wie beispielsweise die Beschränkung von Arbeitszeit oder Kinderarbeit durchzusetzen, gelte nach Hayek:

> Es darf nicht übersehen werden, daß, vorausgesetzt daß kein Staat die in anderen Teilen des Bundes erzeugten Waren ausschließen kann, jede Last, die er einer bestimmten Industrie durch staatliche Regelungen auferlegt, sie gegenüber gleichen Industrien in anderen Teilen des Bundes schwer in Nachteil setzen würde (Hayek 1952, 330).

Aus demselben Grund sei es für Einzelstaaten schwierig Steuern zu erheben, wenn diese in einem anderen Staat geringer ausfielen und dadurch einen Wettbewerbsnachteil erzeugten (vgl. ebd.) Was bei Zürn und in der globalisierungstheoretischen Literatur insbesondere der späten 1990er Jahre als Deregulierungsspirale kritisiert wurde, als sozialpolitischer „race-to-the-bottom", wird von Hayek bereits Ende der 1930er Jahre vorskizziert – und positiv bewertet.

Auch währungspolitisch spielt die von Hayek entworfene transnationale Rechtsordnung eine wichtige Rolle. Denn auch die nationalstaatliche Verfügung über die Währungspolitik bildet für ihn ein Einfalltor für einen Unfrieden stiftenden Nationalismus, das beseitigt werden müsse. Aufgabe einer transnationalen Wirtschaftsordnung sei deshalb auch die Gewährleistung einer gemeinsamen Währung: „Mit einer gemeinsamen Währungseinheit wird die Handlungsfreiheit, die den nationalen Zentralbanken gegeben ist, zumindest so beschränkt sein, wie unter einer strengen Goldwährung – vielleicht sogar noch mehr" (Hayek 1952, 329). Hatte Hayek währungspolitisch zuvor vor allem auf einen Goldstandard gesetzt, um den Spielraum der Nationalstaaten zur Beeinflussung der Preise durch Geldpolitik zu minimieren, attestiert er nun einer transnationalen Währung ähnliche Effekte.

Erste Überlegungen zu einer gemeinsamen Währung stellte Hayek bereits in fünf Vorlesungen zur Währungspolitik an, die er 1937 in Genf hielt (vgl. Hayek 2011, 45 ff.).

In diesen Vorlesungen sprach sich Hayek unter anderem dafür aus, dass Volkswirtschaften, die durch Handel und Kapitalflüsse miteinander verbunden seien, auch in ein internationales geldpolitisches Regime integriert sein müssten. An die Stelle des „monetären Nationalismus" hätte ein „vernünftig geregeltes Weltwährungssystem" zu treten, dessen Konturen er allerdings erst in der letzten Vorlesung skizziert (ebd. 102 ff.). Als Option eines solchen Währungssystems diskutiert Hayek darin zunächst die Idee eines allgemeinen Goldstandards. Dieser habe zwar den Vorteil einer Beschränkung der nationalstaatlichen Möglichkeiten, durch inflationäre Geldpolitik Einfluss auf Preise zu nehmen, weil der Goldstandard die Kosten für eine Inflation extrem steigert. Gleichzeitig aber seien bei voneinander unabhängigen Währungen immer noch politisch induzierte Schwankungen möglich (vgl. ebd., 104). Als Lösung präsentiert er deshalb ein System international fixierter Wechselkurse. Hayeks spätere Vorschläge zu einer einheitlichen bundesstaatlichen Währung lassen sich als Weiterentwicklung dieser Idee lesen.

Auf den ersten Blick erscheinen die Vorschläge, die Hayek in den 1970er Jahren zu einer radikalen Reform des internationalen Währungssystems hin zu einer Öffnung des staatlichen Bankenmonopols machte, einer völlig anderen Logik zu folgen.[58] Es ist unter anderem Stefan Kolev, der in seiner umfassenden Arbeit über die wirtschaftspolitischen Positionen Hayeks von einem solchen systematischen Bruch zwischen Hayeks währungspolitischen Forderungen der 1930er Jahre und von seinen späteren Ansichten über dieses Thema ausgeht (vgl. Kolev 2011, 194). Zu Recht verweist Kolev dabei darauf, dass Hayek die Idee der Bankenfreiheit in den 1930er Jahren noch für „äußerst unpraktikabel" hielt (Hayek 2011, 105), während er später von den „faszinierendsten theoretischen Ausblicken" schwärmte, die eine solche Aufhebung des staatlichen Währungsmonopols eröffne (vgl. ebd., 135).

Im Zentrum von Hayeks Vorschlag zur Einführung der Bankenfreiheit, der an dieser Stelle nicht in allen technischen Details diskutiert werden soll, steht die Idee eines Wettbewerbs von Währungen, die sowohl von privaten Unternehmen als auch von Nationalstaaten angeboten werden könnten.[59] Wie schon zuvor in Kapitel 3.2 erläutert, handelt es sich bei diesem Wettbewerb um keine Anarchie, sondern um einen Wettbewerb innerhalb eines durch den Staat garantierten Rechtsrahmens.

---

58 Die Radikalität des Vorschlages der Bankenfreiheit wirft unweigerlich die Frage seiner systematischen Vereinbarkeit mit Hayeks Präferenz für gewachsene gesellschaftliche Institutionen. Eine Antwort liefert an dieser Stelle der Verweis auf den ideologischen Gehalt dieses Vorschlages, der sich einer Logik der De-Politisierung zuordnen lässt.

59 Hayeks Vorschlag besteht konkret darin, „daß die Länder des Gemeinsamen Marktes, möglichst einschließlich der neutralen Länder Europas (und vielleicht später der Länder Nordamerikas) sich gegenseitig durch formalen Vertrag verpflichten, in all ihren Staatsgebieten dem freien Verkehr der Währungen (einschließlich Goldmünzen) aller beteiligten Länder sowie einer ebenso freien Ausübung des Bankgeschäfts seitens jeder in einem ihrer Länder gesetzlich niedergelassenen Bank keine Hindernisse in den Weg zu legen" (Hayek 2011, 141).

Hayeks Argumentation für die Abschaffung des staatlichen Monopols auf die Geldausgabe, die im Deutschen unter dem aufschlussreichen Titel ‚Entnationalisierung des Geldes' (Hayek 2011) erschienen ist, verweist m. E. auf eine Kontinuität mit seinen früheren Vorschlägen zu einer internationalen Währungsordnung deren Ziel hier als Einschränkung nationalstaatlicher Handlungsfähigkeit gedeutet wurde. Gleich zu Beginn seines neuen Vorschlages schreibt Hayek:

> Zweck dieses Planes ist es, den bestehenden, für Geld und Staatsfinanzen verantwortlichen Instanzen eine dringend nötige Disziplin aufzuerlegen, indem man es einer jeden, und für immer, unmöglich macht, ein Geld auszugeben, das wesentlich weniger verläßlich und nützlich ist als das Geld irgendeiner anderen (Hayek 2011, 141).

Erst in der Konkurrenz mit alternativen Währungsangeboten sei der Staat gezwungen seine eigene Währung möglichst stabil zu halten, d. h. etwa die Geldmenge nicht zu politischen Zwecken auszuweiten oder zu verkleinern. Vor seiner solchen Politisierung der Währungspolitik seien letztlich auch keine internationalen Instanzen geschützt, weshalb die Bankenfreiheit auch einer potentiellen gemeinsamen europäischen Währung vorzuziehen sei (ebd., 143).

Gerade in Hinblick auf diesen letzten Vorschlag lässt sich Hayeks Idee einer internationalen Währungsordnung und die Idee der Konkurrenz von Währungen einer gemeinsamen Logik zuordnen, die auf eine Beschränkung nationalstaatlicher Handlungsfähigkeit in währungspolitischer Hinsicht zielt. Diese Gemeinsamkeit zeigt sich nicht zuletzt darin, dass Hayek die Idee der Bankenfreiheit in den 1930er Jahren durchaus in Erwägung zog und nur aus praktischen Gründen ablehnte. Bankenfreiheit und das Modell einer bundesstaatlich organisierten gemeinsamen Währung bildeten für Hayek zu diesem Zeitpunkt jeweils echte „Ideale" (ebd., 105).

Die gemeinsame Logik von Hayeks währungspolitischen Vorschlägen lässt sich darüber hinaus mit seinen Vorschlägen für eine transnationale Wirtschaftsordnung in Zusammenhang bringen. Dieser Zusammenhang lässt sich in Anschluss an Zürns Begriff der De-Nationalisierung erläutern: Die von ihm mit diesem Begriff kritisierte Inkongruenz zwischen nationalstaatlicher Handlungsmacht und wirtschaftlichen Interaktionen erscheint bei Hayek als positiv. Der entfesselte Wettbewerb um den günstigsten Standort und die verlässlichste und stabilste Währung diszipliniert die Nationalstaaten und ihre politischen Gestaltungsmöglichkeiten. Während Zürn dem Prozess der gesellschaftlichen De-Nationalisierung mit dem Projekt einer komplexen Weltregierung eine staatliche De-Nationalisierung entgegensetzt, deren Ziel die Rückgewinnung nationalstaatlicher Handlungskompetenz in transnationalen Governancestrukturen bildet, ist das Ziel eines solchen Regierens jenseits des Nationalstaates bei Hayek stets eine Selbstbindung und Beschränkung des Nationalstaates.

4.5 Entproblematisierung von Ungleichheit im marktwirtschaftlichen Wettbewerb

Die bestimmende soziale Interaktionslogik in der zuvor beschriebenen transnationalen marktliberalen Wirtschafts- und Währungsordnung ist nach Hayek der Wettbewerb. Dessen ungewisse Ausgänge bilden für ihn ein Paradebeispiel für die Unmöglichkeit spontane Ordnungen kognitiv zu erfassen.[60] In der folgenden Untersuchung liegt der Fokus weniger als im vorherigen Kapitel auf der Rolle der Nationalstaaten, die unter Bedingungen einer Transnationalisierung des Marktes zu Akteuren in einem wirtschafts- und sozialpolitischen Standortwettbewerb werden, sondern auf den einzelnen wirtschaftlichen Akteuren.

Grundlage dieser Untersuchung bilden Aufsätze und Kapitel aus größeren Werken Hayeks zur Theorie des Wettbewerbs, die sich werkgeschichtlich grob in zwei Phasen aufteilen lassen. Während dabei in den frühesten Texten, die wie seine Rede zur Gründung der Mont Pèlerin Society aus den 1940er Jahren stammen (vgl. Hayek 1952, 141), noch ein stärkerer Fokus auf die ordnungspolitische Einrichtung des Wettbewerbs gelegt wird, widmen sich die späteren Texte vor allem der Kritik von Beschränkungen des Wettbewerbs (vgl. Hayek 1952, 122 ff.; Hayek 1968; 105ff; Hayek 1981a, 149 ff.; Hayek 1991a, 49 ff.). Gerade in Bezug auf die zweite Phase, d. h. in Bezug auf Hayeks Ablehnung jeglicher politischer Eingriffe in den Wettbewerb, ist in der Sekundärliteratur viel Kritik geäußert worden (vgl. Kolev 2011, 54 f.).[61] Der Unterschied dieser beiden Phasen sollte allerdings nicht als allzu stark angesehen werden: in Kapitel 3.2 wurde bereits darauf hingewiesen, dass die Vorschläge, die Hayek zu einer gesteigerten ordnungspolitischen Einrichtung des Wettbewerbs gegeben hat, insgesamt dürftig geblieben sind.

Im Folgenden soll gezeigt werden, wie sich Hayeks vor allem negative Bestimmung des Wettbewerbs, die sich mit einer Ablehnung der Idee des vollkommenen Wettbewerbs verbindet, auf eine Entproblematisierung von Ungleichheit hinausläuft. Denn in Hayeks Konzept des Wettbewerbs erscheint Ungleichheit einerseits als

---

60 In dieser Hinsicht, d. h. als Garant spontaner Ordnungen, bildet der Wettbewerb für Hayek ein universelles soziales Interaktionsmuster, das im Folgenden in seiner marktwirtschaftlichen Dimension genauer untersucht wird. Andere Dimensionen des Wettbewerbs stellen unter anderem seine bereits analysierte Theorie einer evolutionären Gruppenselektion dar (vgl. Kap. 3.5).

61 Der Grund für Hayeks Verzicht auf Vorgaben zur positiven Gestaltung des Wettbewerbs drückt sich unter anderem in folgendem Zitat aus, in dem Hayek 1946 seine Theorie des Wettbewerbs von der für ihn unrealistischen Idee des vollkommenen Wettbewerbs abgrenzt: „Die praktische Lehre aus all dem ist, (...), daß wir uns viel weniger darum kümmern sollten, ob der Wettbewerb in einem bestimmten Fall vollkommen ist oder nicht, sondern vielmehr darum, ob es überhaupt Wettbewerb gibt" (Hayek 1952, 138 f.). Vor dem Hintergrund der im Kapitel 4.3 analysierten polit-ökonomischen Alternativlosigkeit in Hayeks Denken, das den politischen Gestaltungsspielraum auf den Gegensatz von totalitärer Planwirtschaft und dereguliertem Wirtschaftsliberalismus reduziert, ist Hayeks dichotomisierende Theorie des Wettbewerbs durchaus folgerichtig.

unvermeidbar, andererseits als funktional unverzichtbar, oder wie er es 1981 in einem Interview mit der Wirtschaftswoche ausdrückte: „Ungleichheit ist nicht bedauerlich, sondern höchst erfreulich. Sie ist einfach nötig" (Hayek 1981c). Diese Apologie von Ungleichheit unterscheidet Hayek von klassischen Wirtschaftsliberalen wie Smith, der zwar weit davon entfernt war eine allgemeine Gleichheit der Marktergebnisse zu propagieren, dessen Theorie des Äquivalententauschs und des allgemeinen Wohlstands der Nationen jedoch einen deutlich versöhnlicheren Charakter besitzen. Mit der zunehmenden Problematisierung ungleicher materieller Verhältnisse des liberalen Kapitalismus im 19. und 20. Jahrhundert wird diese Ungleichheit verstärkt zum Thema polit-ökonomischer Auseinandersetzungen, während der Wirtschaftsliberalismus, wie ihn etwa Hayek vertritt, an ihrer Entproblematisierung zu arbeiten beginnt.

Die Logik dieser Entproblematisierung bei Hayek lässt sich als zweiseitige skizzieren: Ausgehend von der intellektuellen Unverfügbarkeit der Katallaxie, die sich deshalb auch der politischen Verfügbarkeit bis auf einige abstrakte Strukturen entzieht (vgl. Kap. 4.2), sperren sich auch die Ergebnisse des Handelns innerhalb der Katallaxie der politischen Gestaltung. Über die von Hayek behauptete Unfähigkeit der Politik zum Ausgleich der ungleichen materiellen Verhältnisse des Wettbewerbs hinaus bilden diese Verhältnisse als Leistungsanreiz und Erfolgsmaßstab eine notwendige Ausgangsbedingung für das Funktionieren des Wettbewerbsprozesses.

In dem für seine Theorie des Wettbewerbs zentralen Text ‚Der Wettbewerb als Entdeckungsverfahren' (vgl. Hayek 1968) erläutert Hayek den Zusammenhang zwischen einer grundsätzlichen Unübersichtlichkeit der Ökonomie und der Rolle des Wettbewerbs als einer zufälligen Verteilung von Einkommen, die immer wieder Ungleichheit produziert.

Dabei wendet er sich zunächst gegen die neoklassische Ökonomie, in deren Modellen der Wettbewerb mit einer Tendenz zum Gleichgewicht gerechtfertigt werde. Die in diesen Modellen im Hintergrund stehende Idee des Gleichgewichts jedoch, so wurde bereits in Kap. 4.1 deutlich, ist nach Hayek durch unrealistische kognitive Annahmen hinsichtlich makroökonomischer Daten gekennzeichnet. Die Effizienz des Wettbewerbs lässt sich nach Hayek gerade nicht durch den Nachweis einer bestimmten optimalen Konfiguration makroökonomischer Daten wie etwa der Verteilung von Gütern oder Einkommen rechtfertigen (vgl. Hayek 1968, 4).

Vielmehr rechtfertige sich der Wettbewerb daraus, „daß wir die wesentlichen Umstände nicht kennen, die das Handeln der im Wettbewerb Stehenden bestimmen" (ebd., 3), d. h. durch eine Dynamik, die bisherige Annahmen darüber, was gegebene ökonomische Daten seien, transformiere.[62] In dieser Hinsicht stelle der Wettbewerb ein „Entdeckungsverfahren" dar, das seine Effizienz dadurch erweise, dass es neue

---

[62] „Wettbewerb ist seiner Natur nach ein dynamischer Prozeß, dessen wesentlichste Merkmal als nicht bestehend angenommen werden, wenn man die Annahmen macht, die der statistischen Analyse zu Grunde liegen" (Hayek 1952, 125).

Perspektiven darauf eröffne, was überhaupt Güter, ihr relativer Wert oder auch Bedürfnisse seien (vgl. ebd., 11). Aus diesen Perspektivänderungen ergebe sich nach Hayek der wichtigste Effekt des Wettbewerbs: eine Anpassung individueller Pläne durch Bestätigung oder Enttäuschung bisheriger Annahmen (vgl. ebd., 10).

Aus Hayeks Theorie des Wettbewerbs ergeben sich bis hier hin zwei Konsequenzen. Zum einen macht für Hayek eine Theorie des „vollkommenen Wettbewerbs" keinen Sinn, weil auch eine solche Theorie auf unrealistischen kognitiven Annahmen hinsichtlich idealer makroökonomischer Ergebnisse beruhe (vgl. ebd., 8). In ‚Der Sinn des Wettbewerbs' fasst er diesen Gedanken noch schärfer: unter der Perspektive eines vollkommenen Wettbewerbs werde durch Vorwegnahme seiner Ergebnisse Wettbewerb letztlich verunmöglicht (vgl. Hayek 1952, 122).[63] Mit dieser Ablehnung einer idealen Struktur des Wettbewerbs, die über die Gewährleistung marktwirtschaftlicher Grundrechte hinausgeht, wird zum anderen deutlich, dass die materiellen Ergebnisse des Wettbewerbs, wie etwa die Verteilung von Einkommen, in hohem Maße unvorhersehbar bzw. vom Zufall abhängig sind. Das Bild, das Hayek für diesen Vorgang bemüht, ist das eines Spiels, dessen Ausgänge lediglich durch Geschicklichkeit und Glück bestimmt würden (vgl. Hayek 1981a, 158 ff.).[64]

Der de-politisierte Charakter von Hayeks Theorie des Wettbewerbs, die sich in dieser Metapher verdichtet, kommt dabei in der Anlage der Spielregeln des Wettbewerbs zum Ausdruck, die bis auf sehr allgemeine Strukturen dem Wissen verschlossen bleiben und sich daher der politischen Gestaltung entziehen. Was aber für den Charakter der Spielregeln des Wettbewerbs gilt, gilt ebenso für dessen Ergebnisse: auch diese müssten sich an keinerlei Ideal messen lassen. Ungleichheit erscheint so als schicksalshaft-unproblematisches Ergebnis des Wettbewerbs.

Über diesen fatalistischen Charakter des Wettbewerbs hinaus stellt für Hayek Ungleichheit im Wettbewerb aber auch eine funktionale Notwendigkeit dar. Denn erst durch materielle Anreize von Gewinn bzw. Verlust wird nach Hayek eine Anpassung an neue ökonomische Tatsachen wahrscheinlich:

> Nicht nur das fortschreitende Wachstum, sondern in gewissen Umständen sogar die Erhaltung des erreichten Niveaus der durchschnittlichen Einkommen hängt davon ab, daß sich Anpassungsprozesse vollziehen, die eine Veränderung der nicht nur der relativen, sondern auch der absoluten Anteile der einzelnen Individuen und Gruppen erfordern, obwohl diese in keiner Weise für die Notwendigkeit dieser Änderung verantwortlich sind (Hayek 1968, 12).

---

63 Solange der Marktzugang für neue Akteure nicht geschlossen sei, hält Hayek weder eine hohe Zahl von Konkurrenten noch eine ausgeglichene Verteilung ökonomischer Macht für besonders wichtig.
64 Gegen das Bild des Spiels als Metapher für den Prozess des Wettbewerbs in Hayeks Sinne wendet sich Kley: "In a game, after every round, the cards are reshuffled anew, giving each player the opportunity for a fresh start from the base-line. In the market process however, the chances of success are very much determined by the initial distribution of wealth" (Kley 1994, 99).

Versuche zur Verbesserung der eigenen materiellen Lage kämen dabei nach Hayek allen Teilnehmern des Wettbewerbs zu Gute, weil sie mit neuen bzw. günstigeren Angeboten einhergingen. Für solche Umstrukturierungen der Wirtschaft müssten die Einkommen jedoch grundsätzlich flexibel sein. Der argumentative Kampf, den Hayek gegen die Idee der sozialen Gerechtigkeit ficht (vgl. Kap. 3.3), hat seine Wurzeln nicht zuletzt in dieser Behauptung der Notwendigkeit von Ungleichheit als psychologischem Anreiz.

Eng verbunden mit dieser psychologischen Funktion der Ungleichheit ist noch eine zweite Funktion, ohne die der Wettbewerb nach Hayeks Modell nicht funktioniert. Das ist für Hayek die Lenkungsfunktion der Ungleichheit, die sich in einer Aufteilung der Gesellschaft in eine führende und einer geführte Klasse manifestiere Denn nur von bestimmten materiellen Spitzenpositionen aus, so Hayek, sei Fortschritt möglich. „So lange sie [die Gesellschaft, C. R.] sich im Fortschritt befindet, müssen einige führen und die Übrigen folgen" (Hayek 1991a, 56). Während die gesellschaftlich-ökonomische Elite in der Lage sei mit neuen Lebens- und Wirtschaftsmodellen zu experimentieren, sei die minder gut ausgestattete Masse der Gesellschaft darauf verwiesen sich den Errungenschaften der Elite anzupassen (vgl. ebd.).

Um diese Führungsrolle zu gewährleisten, sei es notwendig, dass der Staat nicht in die Bedingungen der Entstehung einer solchen Elite eingreife d. h. etwa zu Gunsten schlechter gestellter Klassen in das Erbrecht, das Vermögen oder die Erziehung (vgl. ebd., 109 ff.). In diesem Sinne hat Hayek auch keine Vorbehalte festzustellen: „In gewissem Sinne ist es sogar wahr, daß ein solches System denen gibt, die schon haben" (Hayek 1981a, 168). Auch wenn Hayek nicht auf die Förderung einer bestimmten Elite abzielt, sondern stets die allgemeine Gleichheit vor dem Recht betont, wird deutlich, dass die Ungleichheit zwischen Elite und Masse, die unter den Bedingungen dieser Gleichheit entsteht, nicht nur billigend in Kauf genommen wird, sondern für Hayek „höchst erfreulich", ja „nötig" (s. o.) ist, da eine bewusste politische Einrichtung und Lenkung des Wettbewerbs unmöglich sei.

4.6 Zwischenfazit

Die ideologische Neuausrichtung von Hayeks ökonomischem Denken in den 1930er Jahren beginnt, das wurde in Kapitel 4.1 deutlich, mit einer wissenstheoretischen Kritik am neoklassischen Gleichgewichtsbegriff als makroökonomischem Idealzustand. Ideologietheoretisch interessant ist diese Kritik vor allem deshalb, weil Hayek sich mit ihr nicht nur gegen unterschiedliche sozialistische und reformistische Wirtschaftsordnungen wendet, sondern gleichzeitig die von ihm bevorzugte marktwirtschaftliche Ordnung von Erwartungen an bestimmte Idealzustände befreit. Eine Politisierung marktwirtschaftlicher Ordnung durch Kritik gesamtökonomischer Entwicklungen läuft damit ins Leere.

Im Kapitel 4.2 wurde anschließend untersucht, welches Wissen für Hayek überhaupt legitimes ökonomisch relevantes Wissen darstellt. Denn es ist dieses Wissen, um dessen Verwertung es Hayek durch die von ihm präferierte marktwirtschaftliche Ordnung der von ihm angestrebten Katallaxie geht.

Zum einen, so wurde in der Analyse von Hayeks Konzept der Katallaxie deutlich, setzt er auf die Verwertung von individuellem Wissen im Sinne spezialisierter Fertigkeiten, die sich auf den Umkreis der eigenen Lebenswelt und die Nutzung günstiger Gelegenheiten darin beziehen. Die ideologische Funktion von Hayeks Fokussierung auf diesen Typ Wissen besteht dabei in der De-Legitimierung von kollektivem polit-ökonomischen Wissens. Darüber hinaus begründet Hayek mit seiner Theorie der Katallaxie die Relevanz eines zweiten Typus von Wissen. Dieses kollektive Wissen, so wurde durch eine vertiefte Auseinandersetzung mit Hayeks Erkenntnistheorie deutlich, ist ein unbewusstes Wissen. Der hohe Stellenwert des Unbewussten bei Hayek ergibt sich dabei systematisch aus der Idee einer Sinnesordnung, die als unbewusste Klassifikationsapparatur unsere Wahrnehmungen vorstrukturiere. Ebenso wie Hayeks Rekurs auf Polanyis und Ryles Theorie des impliziten Wissens als einem durch Nachahmung übertragenen und durch kulturelle Evolution unbewusst weitergebildeten Regelwissen dient Hayek die Idee der Sinnesordnung als Begründung der Überlegenheit unbewusst gewachsener Institutionen und Handlungsweisen. Indem Hayek die Katallaxie als eine gewachsene, kognitiv unverfügbare Ordnung identifiziert, erscheint jeder Versuch ihrer Umgestaltung konsequenterweise als Anmaßung. Der kognitiven Unverfügbarkeit der Katallaxie entspricht so ein ideologischer Imperativ zur Anpassung, der ihre De-Politisierung besonders klar hervortreten lässt.

Aus dem von Hayek wissenstheoretisch begründeten Imperativ zur Anpassung folgt, so wurde in Kapitel 4.3 herausgearbeitet, seine radikale Kritik an Wirtschaftsordnungen, die gewachsene ökonomische Strukturen missachteten. Selbst die geringfügigsten Veränderungen an dieser Struktur folgen für Hayek einer Logik der intellektuellen Anmaßung und geraten deshalb unter den Verdacht einer Umwandlung der Gesellschaft in eine totale Planwirtschaft. Hayeks polit-ökonomisches Denken zerfällt damit in eine Dichotomie zwischen unregulierter Marktwirtschaft und Wirtschaftsordnungen, die einer planwirtschaftlichen Logik folgen, worin sich die Alternativlosigkeit seines Denkens offenbart. Deren ideologische Funktion, so wurde dargelegt, besteht in einer de-politisierenden Verengung des polit-ökonomischen Möglichkeitsspektrums.

Im anschließenden Kapitel 4.4 wurde die institutionelle Ausgestaltung der Katallaxie genauer untersucht, in der sich Hayeks Sorge vor Abweichungen von marktwirtschaftlichen Prinzipien spiegelt. Um solchen Abweichungen vorzubauen, setzt Hayek unter anderem auf eine transnationale Wirtschafts- und Währungsordnung. In Form eines ultra-liberalen Bundesstaates dient eine solche Ordnung bei Hayek einerseits der direkten Unterbindung nationalstaatlicher Wirtschafts- und Sozialpolitik, sofern durch sie marktwirtschaftliche Prinzipien verletzt würden, zum anderen entstehe durch sie eine Dynamik des Standortwettbewerbs, der die Nationalstaaten dazu bringe selbstständig darauf zu verzichten marktwirtschaftliche Freiheiten in einer Form einzuschränken, die zu einer Senkung wirtschaftlicher Profite führen könnte. Die Logik dieser institutionellen Ausgestaltung der Katallaxie im transnationalen Raum wurde als Prozess der De-Nationalisierung analysiert: als Einschränkung nationalstaatlicher Handlungsfähigkeit, ohne diese auf transnationaler Ebene wiederherzustellen. Dem gleichen Ziel dient bei Hayek die Einrichtung einer transnationalen Währungsordnung, die durch die Behörden des ultra-liberalen Bundesstaates vor dem politischen Zugriff der Nationalstaaten geschützt wird. Für noch effizienter hält Hayek zu diesem Zweck die Öffnung des staatlichen Währungsmonopols für einen Wettbewerb, in dem nur die stabilsten Währungen eine Chance auf Erfolg besäßen. Eine keynesianische Form der antizyklischen Geldpolitik wird mit diesem Modell ebenso verunmöglicht wie Versuche strukturschwacher Staaten durch Abwertung günstiger zu produzieren.

Eine weitergehende Analyse von Hayeks Konzept des Wettbewerbs wurde in Kapitel 4.5 vorgelegt. Dabei ging es nicht mehr um die Rolle der Nationalstaaten in diesem Wettbewerb, sondern um die wirtschaftlichen Einzelakteure und ihr Verhältnis zueinander. Aus der Analyse von Hayeks Konzept des Wettbewerbs als einem „Entdeckungsverfahren", in dem die Entdeckung ökonomischer Gelegenheiten an die Lenkungsfunktion unregulierter ökonomischer Ungleichheit gebunden ist, ergab sich eine De-Politisierung von Ungleichheit durch ihre Entproblematisierung. Anders als im Fall von Hayeks allgemeiner Entproblematisierung von Ungleichheit im Kontext seines Ideals allgemeiner Rechtstaatlichkeit (vgl. Kap. 3.3) verbindet sich die Entproblematisierung durch sein Konzept des Wettbewerbs mit seiner Ablehnung der Idee eines vollkommenen Wettbewerbs. Denn in Abwesenheit einer solchen idealen Theorie des Wettbewerbs, die mit Annahmen über seine Ergebnisse einhergeht und sich an diesen messen lassen muss, übernimmt die Ungleichheit die Rolle des Ausweises von Erfolg und Misserfolg.

5 Ent-Demokratisierung

Die de-politisierende Stoßrichtung, die Hayeks Denken seit seiner ideologischen Wende charakterisiert, lässt sich auch in einer seiner frühesten publizistischen Interventionen aus dem Jahr 1929 erkennen: sie äußert sich darin als Ent-Demokratisierung. Anlass dieser Interventionen ist eine Debatte um die Änderung der österreichischen Verfassung, genauer eine Debatte um das Amt des Präsidenten und seine Rechte und Kompetenzen gegenüber dem Parlament.[1] Hayek sympathisiert in dieser Frage mit der Idee einer Machterweiterung des Staatsoberhauptes. Die Grundlage dieser Idee bildet seine Kritik des parlamentarisch-demokratischen Interessenpluralismus und dessen Offenheit für staatsinterventionistische Programme, eine Kritik, die fortan für das Repertoire des politischen Werkes von Hayek prägend wird.

Ausdruck der zentralen Bedeutung der Ent-Demokratisierung in seinem politischen Denken ist die werkgeschichtlich kontinuierliche Auseinandersetzung mit einer „unbeschränkten" bzw. „totalitären" Demokratie, verstanden als kollektive Selbstbestimmung über die Gestaltung von Wirtschaft und Gesellschaft, die sich unter dem Konzept der Volkssouveränität fassen lässt. Hayeks Kritik an der demokratischen Offenheit gegenüber planwirtschaftlichen oder sozialdemokratischen Programmen geht dabei bis hin zur Befürwortung einer temporären wirtschaftsliberalen Diktatur. Die Bedeutung von Hayeks Kritik an der Demokratie für sein Werk insgesamt offenbart ein Rückblick, den Hayek 1979 auf sein Werk wirft und dabei feststellt, dass zu seinen wichtigsten theoretischen Innovationen die Konzeption einer gesetzgebenden Kammer gehört, deren einmal gewählte Mitglieder einer demokratischen Kontrolle weitestgehend enthoben bleiben, um den Einfluss wechselnder Interessen zu begrenzen (vgl. Hayek 1982).[2]

In gewisser Weise lässt sich somit Christoph Zeitler darin zustimmen, dass sich ein „Spannungsverhältnis zwischen Demokratie und Liberalismus (...) durch Hayeks gesamtes Werk wie ein roter Faden zieht" (Zeitler 1995, 133). Wie jedoch bereits deutlich wurde, greift diese Beurteilung zu kurz und lässt die ideologische Bedeutung des Konservatismus in Hayeks Denken außer Acht. So wird die Demokratie für Hayek vor

---

1 Zur Bedeutung der aus dieser Debatte folgenden Verfassungsänderungen und der an vielen Stellen als Vorbild dienenden Weimarer Reichsverfassung vgl. Christian Sima (1993).

2 So erklärt Hayek anlässlich einer Festveranstaltung zu seinem 80. Geburtstag, er habe in seiner wissenschaftlichen Karriere eine Entdeckung und zwei Erfindungen gemacht (vgl. Hayek 1982). Als Entdeckung beschreibt er jenen Mechanismus marktwirtschaftlicher Preissignale, der bereits im letzten Kapitel eingehend thematisiert wurde. Seine theoretischen Erfindungen orientierten sich an dieser Entdeckung: „Die eine ist, daß ich glaube, daß unser bisheriges Experiment mit einer freien Gesellschaft an einer Mißkonstruktion des herrschenden Ideals der Demokratie zusammenzubrechen droht" (Hayek 1982, 40). Die von ihm vorgeschlagene „Lösung" dieser Fehlkonstruktion durch ein Zwei-Kammer-System, in dem die gesetzgebende Kammer fast gänzlich von demokratischer Verantwortung befreit agiert, wird in Kapitel 5.3.1 dargestellt.

https://doi.org/10.1515/9783110571363-005

allem dort zu einem Problem, wo sie die Grundlagen einer Form von Rechtsstaatlichkeit verlässt, die er zunächst formalistisch, später auch in der Tradition des Common Law als Ausdruck von „tief eingewurzelte[n] Vorstellungen über das was Recht ist" konzeptualisiert (Hayek 1969, 57). Analog dieser Form von Rechtsstaatlichkeit, so wird hier im Folgenden argumentiert, stellt Hayeks Kritik der Demokratie eine Neutralisierung kollektiver Formen der Selbstbestimmung dar, insbesondere insoweit diese über die Grenzen marktwirtschaftlicher und durch soziale Konventionen bestimmter Handlungsfreiheit hinausgehen.[3] Mehr noch als Zeitler ist deshalb Biebricher in seiner Charakterisierung von Hayeks politischem Denken als ‚Problem der Demokratie' zuzustimmen (vgl. Biebricher 2014). Gleichwohl lässt sich diese Problematisierung noch schärfer, nämlich als Problematisierung einer *politisierten* Form der Demokratie fassen, durch die sowohl Wirtschaft und Gesellschaft als auch die Institutionen der Demokratie selbst der Gestaltung durch einen allgemeinen Willen geöffnet werden. Dass Hayeks Problematisierung der politisierten Demokratie auch autoritäre Züge trägt, ist in Teilen der Sekundärliteratur immer wieder thematisiert worden (vgl. zuletzt Robin 2013) und soll hier im Folgenden an Momenten der Ersetzung, der Begrenzung und institutionellen Transformation der Demokratie weiter entfaltet werden.

Als Einleitung zu den unterschiedlichen Formen, in denen sich die Ent-Demokratisierung in Hayeks Denken manifestiert, soll nun zunächst seine Positionierung in der Debatte um die österreichische Verfassungsreform von 1929 nachgezeichnet werden. Sie bildet dabei nicht nur einen weiteren Aspekt in Hayeks ideologischer Wende, die sich unter dem Eindruck einer verstärkten Marginalisierung in der Zeit der Weltwirtschaftskrise vollzieht, sondern lässt sich auch in Zusammenhang mit einer breiteren ideologischen Entwicklung bringen: dem in dieser Zeit entstehenden „autoritären Liberalismus" (Heller 1932). Von diesem Gesichtspunkt aus soll das Repertoire seiner Kritik der Demokratie skizziert werden.

5.1 Hayeks Demokratiekritik im Kontext seiner ideologischen Wende und der Entstehung des „autoritären Liberalismus"

Angestoßen wurde die bereits erwähnte Verfassungsdebatte, die im Dezember 1929 mit einem politischen Kompromiss endete, der den Übergang Österreichs von einem parlamentarischen zu einem semipräsidentiellen Regierungssystem besiegelte, vom

---

3 Die für Hayeks politisches Denken konstitutive Ent-Demokratisierung bildet dabei nur die Kehrseite der bereits im zweiten Kapitel beschriebenen Einhegung politischer Entscheidungen durch eine formale und spontane Konzeption des Rechtsstaates und reflektiert die im dritten Kapitel dargestellte Einschmelzung wirtschaftspolitischer Alternativen auf den Gegensatz zwischen einer wirtschaftsliberalen Utopie und vollständiger Planung, die eine kontroverse demokratische Auseinandersetzung über Wirtschaftspolitik überflüssig macht.

österreichischen Kanzler Johannes Schober, dessen Reformvorschläge sogar noch weiter in Richtung diktatorischer Befugnisse zukünftiger Präsidenten gingen (vgl. Berchtold 1979, 526ff; Sima 1993, 207). Neben dem Recht auf Ernennung und Entlassung der Regierung, dem militärischen Oberbefehl und der Befugnis zur Notstandsgesetzgebung, die sich in abgeschwächter Form auch in der noch im gleichen Jahr verabschiedeten Novelle spiegeln, plante Schober auch das Budgetrecht, Königsrecht des Parlaments, in die Hand des Präsidenten zu legen.[4] Auf der Gegenseite dieser Entmachtung des Parlaments standen die Befürworter des bisherigen Systems, insbesondere Sozialisten wie Hans Kelsen, dessen Idee eines sozialen und demokratischen Rechtsstaats über Jahrzehnte hinweg zur Zielscheibe von Hayeks Kritik werden sollte.[5] Mit zwei Leserbriefen, von denen nur einer veröffentlicht wurde und die bislang kaum rezipiert wurden, ergriff Hayek in dieser Debatte Partei für die Seite Schobers und votierte für die Schaffung eines vom Parlament unabhängigeren Präsidentenamtes, von dem er sich insbesondere die Durchsetzung marktwirtschaftlicher Reformen erhoffte.[6]

In dem Entwurf eines Leserbriefs aus dieser Zeit denkt Hayek zunächst über ein Vetorecht des Präsidenten gegenüber der parlamentarischen Gesetzgebung nach, um dem Anrecht späterer Generationen auf eine seiner Meinung nach in the long run effizienteren Marktwirtschaft gerecht zu werden: „Gegen Gesetze oder auf Grund von gesetzlicher Ermächtigung erlassener Durchführungsbestimmungen kann der Bundespräsident innerhalb von vier Wochen nach Kundmache Einspruch erheben, wenn ihm das Wahrung der Interessen künftiger Generationen erforderlich erscheint" (zit. n. Hennecke 2000, 85). In einem zweiten Leserbrief übt Hayek zudem grundsätzliche Kritik an einer in seinen Augen für den Parlamentarismus charakteristischen Wirtschaftspolitik, die dazu neige, sich partikularen Interessen unterzuordnen:

> Voraussetzung für eine Gesundung der österreichischen Wirtschaft ist (…) eine vernünftige Wirtschafts- und Finanzpolitik, die nicht glaubt der Wirtschaft zu helfen, indem sie abwechselnd der einen und anderen Gruppe auf Kosten aller übrigen Vorteile verschafft, sondern vor allem die vielen Hemmnisse beiseite räumt, die in Österreich (…) der Wirtschaft im Wege stehen. Österreich hat zweifellos noch nicht den Grad wirtschaftlicher Entwicklung erreicht, daß es sich den Luxus eines die Wirtschaft auf Schritt und Tritt kontrollierenden und regelnden Verwaltungsapparates leisten darf (Hayek 1929c, 3).

---

4 Den Übergang zu einem autokratischen System, mit dem die Republik Österreich vorerst verschwand, kennzeichnete schließlich die Verfassungsreform von 1934. Die deutschen „Präsidialkabinette", die ab 1930 auf der Grundlage des Notverordnungsrechts des Präsidenten gebildet wurden, folgten der gleichen Logik.
5 Vgl. herzu Hayeks Kritik des „rationalistischen Konstruktivismus", zu dem er insbesondere auch „deutsche Positivisten von Paul Laband bis Hans Kelsen" rechnet und seinem eigenen evolutorischen Rechtsbegriff gegenüberstellt (Hayek 1986, 107).
6 Eine gewisse politische Nähe Hayeks zu Schober wird auch in seiner Mitarbeit an einer von letzterem einberufenen Wirtschaftskonferenz erkennbar (vgl. Hennecke 2000, 87).

In die 1929 verabschiedete Verfassungsreform setzt Hayek in Bezug auf die Verhinderung parlamentarischer Interessenspolitik besondere Hoffnung, weil diese „in dem Verhältnis zwischen Arbeiterschaft und Unternehmertum jene ruhige Atmosphäre schafft, deren Fehlen in der Vergangenheit zu so vielen vermeidbaren Erschwerungen des Erwerbslebens geführt haben [sic]" (ebd., 4). Vor allem anhand des zweiten Leserbriefes wird deutlich, dass Hayeks Option für die Stärkung des Präsidentenamtes mit der Hoffnung auf eine Lösung der sich in dieser Zeit zuspitzenden sozialen Konflikte verbunden ist, eine Lösung, die für ihn gleichbedeutend mit der Durchsetzung eines wirtschaftsliberalen Systems ist.

Wie zum Hintergrund von Hayeks „ideologischer Wende" schon bemerkt wurde (vgl. Kap. 2), lässt sich spätestens am Beginn der 1930er Jahre für die meisten westlichen Industriestaaten eine Verschiebung in Richtung einer stärkeren Rolle des Staates gegenüber der Wirtschaft belegen. Zum einen zielte diese Bewegung auf sozialistische Umwälzungen, zum anderen auf wohlfahrtsstaatliche Reformen und einen Keynesianismus avant la lettre (vgl. Abelshauser 2003, 24 ff.). Wie Keynes selbst, der im Vorwort zur deutschen Ausgabe seiner „Allgemeinen Theorie" erklärt, dass diese Theorie, obwohl am Beispiel der angelsächsischen Ländern entwickelt, „viel leichter den Verhältnissen eines totalen Staates angepaßt werden" könne (Keynes 1952, IX), unterstützten viele Anhänger der neuen staatsinterventionistischen Ideologie die Idee einer starken Exekutive.

Folgt man einschlägigen Analysen des sich zeitgleich konstituierenden Neoliberalismus im deutschsprachigen Raum, wird allerdings deutlich, dass die Forderung nach einer stärkeren Rolle der Exekutive auch unter sich wirtschaftsliberal verstehenden Intellektuellen prominente Fürsprecher besaß, zu denen auch Hayek gehörte. Diese verbanden damit allerdings etwas genau Gegensätzliches: die Hoffnung auf ein Zurückdrängen des Staatsinterventionismus (vgl. Heller 1933; Haselbach 1991; Ptak 2004). Die Ideen gingen dabei vielfach in eine explizit autoritäre Richtung.[7]

Zu den Vordenkern dieser ideologischen Konstellation zählt auch Carl Schmitt, der in den 1920er Jahren scharfe Kritik an der wohlfahrtsstaatlichen Orientierung des parlamentarischen Systems der Weimarer Republik übte und diesem eine plebiszitäre Führerdemokratie gegenüberstellte (vgl. Schmitt 1926).[8] Schmitts Erweiterung dieses Plans zu einer wirtschaftsliberal-autoritären Ideologie, deren Konstellation für den

---

7 In seiner Schrift ‚Liberalismus' erklärte etwa Ludwig Mises bereits 1927, dass „der Faszismus und alle ähnlichen Diktaturbestrebungen voll von den besten Absichten ist und für den Augenblick [gegenüber dem Sozialismus, C. R.] die europäische Gesittung gerettet hat. Das Verdienst, das der Faszismus damit erworben hat, wird in der Geschichte ewig fortleben" (Mises 1927, 45). Diese Einschätzung nahm Mises später wieder zurück. Sie kann jedoch als Indikator dafür dienen, für welch radikale Formen einige (Neo-)Liberale in der Auseinandersetzung mit dem Sozialismus votierten.

8 Schmitt verstand sich selbst nicht als Liberaler. In seiner Arbeit über ‚Carl Schmitt and authoritarian liberalism' bemerkt Renato Christi dazu treffend, dass Schmitts Abgrenzung gegenüber dem Liberalismus nicht diesem als solchem, sondern nur bestimmten Formen, d. h. vor allem dessen Verbindung

entstehenden Neoliberalismus in vielerlei Hinsicht prägend ist, kommt dabei komprimiert in seinem berühmten, vor etwa 1500 Industriellen des „Langnam-Vereins" gehaltenen Vortrag ‚Starker Staat und gesunde Wirtschaft' von 1932 zum Ausdruck:

> Wie kann man das Ziel einer Unterscheidung von Staat und Wirtschaft heute verwirklichen? Immer wieder zeigt sich dasselbe: nur ein starker Staat kann entpolitisieren, nur ein starker Staat kann offen und wirksam anordnen, daß gewisse Angelegenheiten, wie Verkehr oder Rundfunk, sein Regal sind und von ihm als solche verwaltet werden, daß andere Angelegenheiten der […] wirtschaftlichen Selbstverwaltung zugehören, und alles übrige der freien Wirtschaft überlassen wird (Schmitt 1995, 81).

Insbesondere im Kontext der Krisenzeiten der frühen 1930er Jahre und dem sich international abzeichnenden staatsinterventionistischen Paradigmenwechsel findet sich eine dem Denken Schmitts parallele Argumentation auch bei einer Reihe neoliberaler Autoren. Dass zu diesen Autoren auch Hayek zählt, obwohl er gegenüber Schmitt stets um Abgrenzung bemüht war und ihn später gar als „führenden Theoretiker des Nationalsozialismus" kritisierte (Hayek 2004, 164), ist bereits angesprochen worden und soll im vorliegenden Kapitel anhand von Hayeks Sympathie für „liberale Diktaturen" vertieft werden.[9]

Die politische Nähe einiger der frühen Neoliberalen zu Schmitt, die in Hinblick auf die später ideologisch konstitutive Abgrenzung der Neoliberalen vom Totalitarismus erstaunt, wird nachvollziehbarer mit genauerem Blick auf Schmitts Begriff des starken Staates. Dieser sei „total im Sinne der Qualität und der Energie" und bezeichnet für Schmitt einen in seiner Machtbasis unabhängigen und unbeschränkten Staat. Er sei zu unterscheiden von einem schwachen Staat, der wie der damalige deutsche

---

mit einer pluralistischen Demokratie galt (vgl. Christi 1998, 149). Zu Schmitts Kritik des Liberalismus vgl. unter anderem Klaus Hansen und Hans Lietzmann (1988) sowie Scheuermann 1999, 61 ff.

9 Der globalen Ablehnung Schmitts durch Hayek stehen einige zustimmende Verweise und Einschränkungen entgegen: „Das Verhalten von Carl Schmitt unter dem Hitler-Regime ändert nichts an der Tatsache, daß von den modernen deutschen Schriften zu diesem Gegenstand [der Herrschaft des Gesetzes, C. R.] die seinen zu den gelehrtesten und kenntnisreichsten gehören; siehe insbesondere *seine* [sic!]: Verfassungslehre, München 1928, und der Hüter der Verfassung, Tübingen 1931" (Hayek 1991a, 264). Zur ideologischen Schnittmenge zwischen Hayek und Schmitt vgl. Christi 1998, 146ff und Scheuermann, der zusammenfassend erklärt: „Both authors seek to preserve a specific institutional complex, namely a system of private capitalism unadultered by the "alien" influence of institutional mechanisms that provide representation for the socially disadvantaged. Their theories both ultimately suggest that the quest to recapture this long vanished – indeed mythical – institutional complex may portend an attack on core elements of contemporary liberal democracy" (Scheuermann 1999, 209 ff.). Einen Ansatz, die ideologischen Topoi einer „heroisch-völkischen Weltanschauung" wie der Schmitts und deren Überschneidung mit der Ideologie des deutschen Liberalismus der Nachkriegszeit herauszuarbeiten, hat Marcuse 1934 vorgelegt. Bedenkenswert erscheinen in Bezug auf Hayeks gesellschaftstheoretische Lesart des Liberalismus insbesondere die Überschneidungen im Bereich der „Naturalisierung" von Gesellschaft (Marcuse 1975, 36 ff.).

total [ist] aus Schwäche und Widerstandslosigkeit, aus der Unfähigkeit heraus, dem Ansturm der Parteien und der organisierten Interessen standzuhalten. Er muß jedem nachgeben, jeden zufriedenstellen, jeden subventionieren und den widersprechendsten Interessen gleichzeitig zu Gefallen sein (Schmitt 1995, 74).

Der schwache Staat ist nach Schmitt somit ein gesellschafts- und wirtschaftspolitisch uneingeschränkter Staat, der auch für die Neoliberalen Ziel von Kritik ist. Es ist daher kein Wunder, dass sich Schmitts Unterscheidung zwischen starkem und schwachen Staat zum einen in Hayeks Unterscheidung zwischen einer unter Umständen akzeptablen liberalen Diktatur und einer in jeder Form zu bekämpfenden planwirtschaftlichen Diktatur spiegeln (vgl. Kap. 5.1). Darüber hinaus – und mit teilweise fast wortgleichen Formulierungen – spiegelt sich Schmitts Idee des starken Staates auch in der sich in Deutschland formierenden Ideologie des Ordoliberalismus.

Bevor nun der autoritäre (Wirtschafts-)Liberalismus als Antwort auf die Offenheit der Demokratie für die Artikulation wirtschafts- und sozialpolitischer Interessen in Hayeks politischem Denken dargestellt wird, sei zunächst auf den Ordoliberalismus eingegangen, an dem sich einige zentrale Aspekte dieser ideologischen Konstellation weiter entfalten lassen.

Insbesondere in den frühen 1930er Jahren finden sich bei den ordoliberalen Vordenkern, namentlich bei Walter Eucken und Alexander Rüstow, der mit Schmitt in persönlichem Kontakt stand, Belege für eine ideologische Inkorporierung des starken Staates (vgl. Haselbach 1991, 40 ff.; Ptak 2004, 33 ff.). In einem Zeitschriftenbeitrag mit dem Titel ‚Staatliche Strukturwandlungen und die Krisis des Kapitalismus' aus dem gleichen Jahr wie Schmitts Vortrag stellte so beispielsweise Eucken eine Verbindung zwischen der seinerzeit gegenwärtigen ökonomischen Krise und staatlich-strukturellen Fehlentwicklungen her, die zu einer Auflösung staatlicher Autorität geführt hätten (vgl. Eucken 1932). Den Liberalismus sieht Eucken dabei in enger Verbindung mit einer starken Obrigkeit, der letztmalig die machtpolitisch unabhängige Position Bismarcks und seine Politik der Staatsräson entsprochen habe. Durch Bismarcks Abtreten und „das Zusammenwachsen von Staat und Wirtschaft durch die Politisierung der Wirtschaft" entstand daraufhin der für Eucken gegenwärtige „Wirtschaftsstaat" (Eucken 1932, 303). „Mit seinem [Bismarcks] Abgang begann eine neue Epoche. (...) Aus der gesamten deutschen Politik verschwand die zentrale, alle ihre Einzelgebiete – also auch die Wirtschaftspolitik – beherrschende politische Idee, die Kraft und der beherrschende Wille" (ebd.). Den Wirtschaftsstaat sieht Eucken dabei wie schon Schmitt durch eine Pluralität von organisierten Interessen dominiert, die versuchten, den Staat für partikulare Interessen zu instrumentalisieren (vgl. ebd., 307). Euckens Kritik am politischen Pluralismus, den er als Gefahr für das ökonomische Wohl aller sieht, verdeutlicht aber nicht nur die Bedeutung dieser Kritik für die neoliberale Ideologie im Allgemeinen, sondern wirft auch die Frage auf, was nach Auffassung der Neoliberalen an die Stelle politischer Interessen zu treten habe, wenn das politische System Bismarcks einmal durch die moderne Massendemokratie ersetzt worden ist.[10]

In einem Vortrag vor dem Verein für Socialpolitik aus dem gleichen Jahr wie die Interventionen Schmitts und Euckens, der sich schon mit seinem Titel ,Freie Wirtschaft – starker Staat' eng an Schmitt anlehnt, geht auch Rüstow auf die Problematik politisch organisierter Interessen ein.[11] „Der neue Liberalismus jedenfalls, der heute vertretbar ist und den ich mit meinen Freunden vertrete, fordert einen starken Staat, einen Staat oberhalb der Wirtschaft, oberhalb der Interessenten, da, wo er hingehört" (Rüstow 1963, 258). Dieser Staat sei notwendig, um auf institutionellem Weg zu verhindern, dass Interventionismus und Subventionismus, für Rüstow die Ursachen der ökonomischen Krise, auch zukünftig die Wirtschaftspolitik bestimmten. An ihrer statt plädiert Rüstow zu einer Zeit, in der mehr als fünf Millionen Arbeitslose den Druck in Richtung neuer wirtschaftspolitischer Reformen erhöhen, nicht mehr für absolute wirtschaftspolitische Zurückhaltung im Sinne des Laissez-Faire, sondern für einen Interventionismus, der in Richtung der Marktkräfte agiere und so für „eine Beschleunigung des natürlichen Ablaufs" sorge (Rüstow 1963, 252f.). Um eine solche Politik, die eine praktisch zweifelhafte Übertragung des Laissez-Faire in die Logik staatlicher Interventionen darstellt, weil sie erhebliches Wissen über den „natürlichen" Ablauf des ökonomischen Prozesses voraussetzt, durchzusetzen und überhaupt marktwirtschaftliche Strukturen zu garantieren, sei ein starker Staat unverzichtbar.

Interessant ist nun eine Abgrenzung, die Rüstow gegenüber einem Staat macht, dessen Überlegenheit allein auf Gewalt und Herrschaft gründe. Im Gegensatz zu dieser Art von Überlegenheit gründet die von Rüstow favorisierte Form des starken Staates auf einer Überlegenheit durch „Autorität und Führertum" (ebd., 257). So unkonkret Rüstow im Rahmen seines Vortrages in Bezug auf die Form dieser Autorität bleibt, wird doch deutlich, dass er auf eine gewisse Form von Konformität bzw. Disziplin der Regierten selbst zählt. Denn „in jedem Staatsbürger, selbst in dem egoistischsten borniertesten Interessenten steckt ein anständiger Kern, der danach verlangt anständig regiert zu werden, im Sinne des Ganzen" (ebd.). Um diesen „anständigen Kern" zu erreichen, gelte es, den Menschen in eine „organisch konstruierte Verfassung" zu integrieren (ebd., 257f.).

---

10 Der Kritik an organisierten Interessen liegt im ordoliberalen Denken eine Kritik von sozial und psychologisch desintegrierten „Massen" zu Grunde (vgl. Biebricher 2011, 179 ff.). Vor allem deshalb, weil hinter dem Konzept der Massen auch eine Kritik an der desintegrierenden Rolle des Kapitalismus steht, distanzierte sich Hayek von dieser Diagnose (vgl. Karabelas 2010, 99 f.).

11 „Der Staat wird von gierigen Interessenten auseinander gerissen. Jeder Interessent reißt sich ein Stück Staatsmacht heraus und schlachtet es für seine Zwecke aus". Dieser Zustand, in dem der Staat gegenüber den Interessenten vom Subjekt zum Objekt geworden sei, bezeichnet Rüstow mit Schmitt als „»Pluralismus«, und zwar Pluralismus schlimmster Sorte. Was sich hier abspielt, steht unter dem Motto: »Der Staat als Beute«" (Rüstow 1963, 255).

Die Antwort, die die Ordoliberalen in dieser Zeit auf die Frage nach der Durchsetzung marktwirtschaftlicher Strukturen unter den Bedingungen pluralistischer Interessensartikulation geben, zielt somit einerseits auf die Verstärkung äußerlichen Zwangs durch eine Zentralisierung politischer Macht. Andererseits – und das gilt insbesondere für einen soziologischen Strang innerhalb des Ordoliberalismus, zu dessen prominentesten Figuren Rüstow und Röpke gehören (vgl. Ptak 2004, 15) – suchen einige seiner Vertreter nach Integration der Staatsbürger in eine organisch verstandene Gesellschaft, in der sie die Ressourcen für eine konformistische Selbstregierung erkennen.[12] In dem Programm dieser Integration, das sich positiv auf die Bindungskräfte von Kirche, Familie oder korporativen Organisationen bezieht, erkennt Thomas Biebricher zu Recht eine ideologische Illiberalität (Biebricher 2011, 179 ff.).

Im Vergleich mit der staatspolitischen Position der frühen Ordoliberalen wie Eucken und Rüstow ist Hayeks Favorisierung einer unabhängigeren Position des österreichischen Präsidenten auf der Grundlage einer Kritik des Parlamentarismus, der partikularen Interessen wirtschafts- und gesellschaftspolitisch Ausdruck verleiht, nahezu deckungsgleich.[13] Wie im Folgenden an weiteren seiner Schriften gezeigt wird, folgt damit auch Hayek dem Schmittschen Modell eines zentralisierteren starken Staates, einem Modell, das Hermann Heller bereits 1933 als „autoritären Liberalismus" analysiert hat (vgl. Heller 1933). Den Begriff entlehnt Heller dabei dem Regierungsprogramm Franz von Papens, der ihn zur Bezeichnung seines Plans radikaler Einschnitte in der Sozial- und Kulturpolitik verwendete (vgl. ebd., 652). Zur Durchsetzung dieser Einschnitte setzte Papen auf eine Änderung der Verfassung in Richtung einer Präsidialdiktatur, was Heller zu dem Schluss führt, dass „in demokra-

---

12 Da Rüstow und Röpke aus der Perspektive eines in der romantischen Tradition von Oswald Spengler stehenden Kulturpessimismus schrieben, hält Ptak es für schwer, den inhaltlichen Kern der ordoliberalen Gesellschaftspolitik klar zu bestimmen (vgl. Ptak 2008, 77 ff.). Sowohl in Hinblick auf Röpkes Konzept einer der marktwirtschaftlichen Dynamik „widergelagerten Strukturpolitik", die einen metaphysischen Ordnungsgedanken zu verwirklichen suche, als auch in Hinblick auf Rüstows Konzept der „Vitalpolitik", die im Gegensatz zur „rein materiell eingestellten Sozialpolitik" auf „das Wohlbefinden, auf das sich-Fühlen des einzelnen Menschen" gerichtet sei (Rüstow 1957, 235), komme jedoch ein konservativ-antimoderner Gesellschaftsentwurf zum Ausdruck (vgl. Ptak 2008, 80).

13 Dass diese ideologische Nähe nicht für den Ordoliberalismus im Allgemeinen und für alle Zeiten gilt, wurde im zweiten Kapitel festgestellt und braucht deshalb nicht wiederholt zu werden. Vor dem Hintergrund der von Hayek und den Ordoliberalen geteilten Kritik an der parlamentarischen Demokratie ist der persönliche Kontakt zwischen Hayek, Eucken und Rüstow erwähnenswert, der sich fast zeitgleich zu den hier dargestellten publizistischen Interventionen ergab. Zu den ersten gemeinsamen Treffen gehörte dabei eine Tagung des Vereins für Socialpolitik im Jahr 1928, in der es unter anderem um die Neubesetzung von vereinsinternen Posten ging. Obwohl sie als „Theoretiker" bereits ein gemeinsames methodologisches Lager gegenüber der Historischen Schule der Nationalökonomie bildeten, gelang es den Deutschen Eucken, Röpke und Rüstow auf der einen und den Österreichern Hayek und Mises auf der anderen Seite zu diesem Zeitpunkt noch nicht, sich auf gemeinsame Kandidaten zu einigen (vgl. Karabelas 2010, 89). Die Bildung eines stärkeren auch organisatorischen Zusammenhangs vollzog sich erst in den folgenden Jahren.

tischen Formen (...) das deutsche Volk diesen neoliberalen Staat nicht lange ertragen [würde]" (ebd.). Indem Heller gleichzeitig darauf hinweist, dass der autoritäre Liberalismus die Weiterentwicklung eines Konservatismus sei, der im 20. Jahrhundert alle sozialen Vorbehalte gegenüber dem Kapitalismus verloren habe (vgl. ebd., 649), vermeidet er den Kurzschluss, dass es sich beim autoritären Liberalismus lediglich um die Idee einer Regierung „von oben" handelt, und deutet stattdessen auf ein breites konservatives ideologisches Arsenal dieser Bewegung.[14]

Der Hinweis Hellers auf die Annäherung zwischen Liberalismus und Konservatismus im autoritären Liberalismus ist für die folgende Analyse von Hayeks Konzeption eines ent-demokratisierten Staates insofern wichtig, als Hayek, ähnlich wie Rüstow, der auf den Wunsch der Regierten nach einer Regierung im Sinne eines organischen Ganzen setzt, sowohl auf eine politische Zentralisation als auch auf das innerliche Entgegenkommen der Regierten zielt. Was äußere Zwangsmittel gegen den Ansturm der Interessen auf den Staat nicht zu leisten in der Lage sind, übernimmt auch bei Hayek ein freiwilliger Konformismus, der sich in seinem Gegenkonzept zur Demokratie, der „Demarchie", als Aufruf zur Unterwerfung unter gewachsene traditionelle Meinungen präsentiert (vgl. Kap. 5.4.2).

Hayeks Kritik an der parlamentarischen Demokratie und seine Nähe zum Autoritarismus werden in der politiktheoretischen Sekundärliteratur immer wieder ignoriert. Symptomatisch in dieser Hinsicht ist Walter Reese-Schäfers einführende Darstellung von Hayeks politischem Denken, der in ‚Politische Theorie der Gegenwart in fünfzehn Modellen' Hayeks Verhältnis zur Demokratie vollständig ausspart (vgl. Reese-Schäfer 2006). Aus weiteren, methodisch-systematischen Perspektiven wird Hayeks Befürwortung der temporären wirtschaftsliberalen Diktatur zudem als wenig relevant für seine Einschätzung der Demokratie gesehen, weil diese sich kaum mit Hayeks positiven Aussagen gegenüber der Demokratie zu decken scheint (vgl. Falk 2012; Zamorano Gonzales 2014). Zwar wurde der autoritäre Aspekt seines Denkens mitunter auch kontrovers diskutiert (vgl. Walpen und Plehwe 2001, Ferrant et al. 2012, Robin 2013, Biebricher 2014), dabei aber meist verkürzt dargestellt. Neben Hayeks seit den 1940er Jahren veröffentlichten sozialtheoretischen Schriften wurde dabei bislang vor allem seine Rechtfertigung und Unterstützung autoritärer Regime in Lateinamerika wie dem Augusto Pinochets in Chile untersucht. Im Folgenden wird darüber hinaus gezeigt, welche Kontinuität zwischen Hayeks Positionierung in der Debatte um die Österreichischen Verfassungsreform von 1929 und seiner Unterstützung für Pinochet und andere Autokraten in der Mitte der 1970er Jahre besteht.

---

14 Dieses breitere ideologische Arsenal des Konservatismus lässt sich nicht bloß als lose Ergänzung einer stärkeren Zentralisierung politischer Entscheidungen sehen. Vielmehr scheint insbesondere der deutsche Ruf nach dem „starken Mann" in direktem Zusammenhang zu stehen mit der Idee einer organisch-völkischen Gemeinschaft (vgl. Horkheimer 1936).

Im folgenden Kapitel 5.2 soll deshalb zunächst der Frage nachgegangen werden, wie sich Hayeks Kritik der Demokratie im Kontext seiner Analyse des Totalitarismus darstellt. Denn zwischen seiner Intervention in die Debatte um die österreichische Verfassung Anfang der 1930er Jahre und dem Ende des Zweiten Weltkrieges könnte man zunächst einen Bruch mit der Kontinuität seiner Demokratiekritik vermuten. Ähnlich wie Hayek, der sich im Londoner Exil besonders früh und explizit in dieser Richtung äußern konnte, übten auch einige Ordoliberale ab Mitte der 1930er Jahre scharfe Kritik an einer unbeschränkten und zentralisierten Machtansammlung im Staat.[15] Eine selbstkritische Auseinandersetzung sowohl mit dem eigenen autoritären Erbe als auch der Verwicklung einiger Vertreter des Ordoliberalismus in den National-sozialismus ist bis in die heutige Generation der Ordoliberalen marginal geblieben.[16]

Seit der Zeit, die als Entstehungsphase eines umfassenderen Liberalismus-Begriffs bei Hayek rekonstruiert wurde (vgl. Kap. 3.1), drehte sich sein Denken um eine Abgrenzung zwischen liberal-demokratischer Wettbewerbswirtschaft und einer zur Diktatur tendierenden Planwirtschaft. „A central part of Hayeks thesis was", so hält Gamble in Bezug auf den 'Weg zur Knechtschaft' fest, der als Höhepunkt dieser Denkbewegung gelten kann, "that a centrally planned system would inevitably lead to despotism" (Gamble 1996, 87).[17] Zu klären ist deshalb die Frage, wie sich Hayeks Analyse des Totalitarismus, der meist als das Gegenbild zur liberalen Demokratie ver-standen wird, mit einer Kritik der Demokratie verbindet.

5.2 Von schlechten und guten Diktaturen

Die These einer Ent-Demokratisierung, auf die Hayeks politisches Denken zielt, ist erklärungsbedürftig zunächst vor dem Hintergrund seiner ideengeschichtlichen Zurechnung zur Totalitarismuskritik.[18] Denn aus der etwas dramatisierenden Fest-

---

15 Problematisch blieb die ordoliberale Herrschaftskonzeption in Hinblick auf die Idee einer Eli-tenherrschaft (vgl. Ptak 2007, 51 ff.). Die Legitimität ihrer Herrschaft über die interessengeleiteten „Massen" beweist diese Elite für ordoliberale Vordenker wie Eucken, Rüstow und Röpke durch einen vermeintlichen ökonomischen Wissensvorsprung. Dass es in Bezug auf die Demokratie eine Lücke in-nerhalb der ordoliberalen Überlegung zum institutionellen Arrangement der Gesellschaft gibt, stell-te zuletzt richtigerweise der derzeitige Leiter des Walter Eucken Instituts, Lars Feld, fest (vgl. Feld / Köhler 2011, 6 ff.).

16 Vgl. hierzu vor allem Ptak 2004, 62 ff.

17 Über die ideologische Wirksamkeit des Totalitarismusbegriffes als eine Art Brandmal, das ähn-lich wie der Begriff des „Extremismus" unterschiedlos für alles eingesetzt wird, was nicht einer be-stimmten liberalen Norm entspricht, ist bereits viel geschrieben worden und braucht deshalb nicht wiederholt werden.

18 Für Harald Bluhm gehört Hayek zu einer „philosophisch-ideengeschichtlichen" Strömung der Totalitarismuskritik, die so heterogene DenkerInnen wie Eric Voegelin, Karl Löwith, Karl Popper, Max Horkheimer und Theodor W. Adorno sowie Hannah Arendt und Jacob Talmon vereine und abzu-

stellung, dass Hayek sich „Zeit seines Lebens vordringlich mit (...) den Facetten eines einzigen Problems auseinandergesetzt" habe, nämlich den „totalitären Herausforderungen des 20. Jahrhunderts" (Pies 2009, 2), scheint sich zunächst ein hohes Problembewusstsein für den Verlust demokratischer Institutionen zu ergeben. Vor dem Hintergrund von Hayeks bereits Mitte der 1930er Jahre beginnender Auseinandersetzung mit dem „systematischen Zusammenhang zwischen zentraler Wirtschaftsplanung und politischer Diktatur" (Pies 2003, 3) scheint eine Zuordnung zum autoritären Liberalismus zunächst wenig überzeugend, eine positive Bezugnahme auf demokratisch-pluralistische Formen politischer Herrschaft dagegen naheliegend.

Im folgenden Kapitel 5.2.1 wird deshalb untersucht, wie Hayeks Kritik am Totalitarismus mit einer Ent-Demokratisierung der Gesellschaft zusammenhängt. Der politische Autoritarismus, der sein politisches Werk an vielen Stellen kennzeichnet, so wird dabei deutlich, ergibt sich aus einer Abwehrhaltung gegenüber einem vornehmlich planwirtschaftlich gedeuteten Totalitarismus. Die von Hayek bis zu seinem Lebensende gezeichnete Bedrohung durch unterschiedliche Spielarten des Totalitarismus, die vor dem Hintergrund des von ihm vertretenen schmalen (Wirtschafts-) Freiheitsbegriffs besonders dramatisch wirkt, erfordert deshalb eine Art Zero-Tolerance-Strategie gegenüber Eingriffen in die spontanen Ordnungskräfte von Gesellschaft und Markt. Da die Demokratie für Hayek kaum eigenständigen Wert besitzt (vgl. Kap. 5.3), beinhaltet diese Zero-Tolerance-Strategie auch die Möglichkeit einer temporären Suspendierung demokratischer Formen. Dieses äußerste Extrem seiner Kritik der Demokratie wird in Kap. 5.2.2 am Beispiel seiner Rechtfertigung der chilenischen Diktatur analysiert.

5.2.1 Die planwirtschaftliche Diktatur des Totalitarismus

Für Hayeks Analyse des Totalitarismus insgesamt ist prägend, dass er seine Beschäftigung mit totalitären Herrschaftsformen mit seiner 1935 formulierten Kritik an der Planwirtschaft beginnt. Diese stellt für ihn ein Koordinationssystem dar, das Produktionsverfahren und Konsumgüter zentralistisch verordnet, aufgrund der konstitutiven Beschränktheit menschlicher Erkenntnis aber der Komplexität und Pluralität menschlicher Lebensverhältnisse nicht gerecht wird. Dieses Argument, das fortan seine Kritik der Demokratie beeinflusst und zehn Jahre später auch an prominenter

---

grenzen sei von einer „analytisch-vergleichenden" Strömung, die neben Franz Neumann, Sigmund Neumann, Ernst Fraenkel auch Carl Joachim Friedrich und Zbigniew Brzezinski umfasse (vgl. Bluhm 2002, 154 ff.). Zu den Gemeinsamkeiten der ersten Gruppe zählt nach Bluhm unter anderem der „radikale Gestus des Abrechnens, der die Problematik des Totalitarismus bis in zivilisationsgeschichtliche Ursprünge verfolgt" (ebd., 154). Gerade in Bezug auf Hayeks ideengeschichtlich ausgreifende Rekonstruktion einer sozialtechnischen Denkweise trifft diese Zuordnung ins Schwarze.

Stelle in ‚Der Weg zur Knechtschaft' figuriert (vgl. Hayek 2004, 52 ff.), lässt sich wie folgt skizzieren.

Das wirtschaftliche Grundproblem moderner Gesellschaften besteht nach Hayek, wie bereits erwähnt, in der Verteilung knapper Ressourcen auf unterschiedliche und konkurrierende Zwecke (vgl. ebd., 161, vgl. Kap. 3.3). Eine Hierarchisierung dieser unterschiedlichen Zwecke, die um ihrer Verwirklichung willen in einem allgemeinen Plan vorgenommen werden müsse, lasse sich jedoch rational nicht begründen (vgl. ebd. 170) und auch technisch nicht bewerkstelligen (vgl. ebd., 179). „Diese Tatsache", so Hayek, „daß eine einzige zentrale Behörde das wirtschaftliche Problem der Aufteilung von beschränkten Mitteln unter eine praktisch unbegrenzte Zahl von einander entgegenstehenden Zwecken zu lösen hat, bildet das Problem des Sozialismus als Methode" (ebd.). Aus dieser Problemdiagnose ergeben sich für Hayek fatale Folgen. Denn die über die gesellschaftlichen Produktionsmittel verfügenden Behörden müssten zu immer weitreichenderen Kontrollen greifen, um ihre Pläne auch gegen den Widerstand der Produzenten und Konsumenten durchzusetzen, „bis schließlich die gesamte Wirtschaftstätigkeit unter eine einzige Zentralgewalt gebracht ist" (ebd., 175).[19]

In Bezug auf die Frage nach den politischen Herrschaftsformen planwirtschaftlicher Systeme wird deutlich, dass Hayek von einer Instanz ausgeht, deren Pläne notwendig partikular seien und zur Durchsetzung ungeteilter Machtmittel bedürften.[20] Hayeks Problematisierung dieses diktatorischen Potentials beschränkt sich zu dieser Zeit allerdings noch auf eine Kritik der „Wirtschaftsdiktatur" (vgl. ebd., 206). Die Folgen für andere Formen individueller und kollektiver Selbstbestimmung hingegen bleiben weitestgehend unkommentiert.

Mit dieser theoretischen Engführung steht Hayek in dieser Zeit nicht allein da. Im gleichen, von Hayek herausgegebenen Sammelband erklärt auch Ludwig Mises, dass im Sozialismus stets eine im Auftrag handelnde Körperschaft die Entscheidungen über die Verwendung kollektivierter Produktionsmittel treffe (vgl. Mises 1935). Die politische Struktur dieser Körperschaft sei für ihn jedoch von nachrangigem Interesse.[21]

Erst in seiner anti-totalitären Frühschrift ‚Freedom and the Economic System', die auf den Grundlagen seiner Kritik der Planwirtschaft aufbaut, buchstabiert Hayek

---

19 Diese Tendenz zu einer Ausweitung der Kontrollen durch eine Zentralgewalt erkennt Hayek auch in sozialistischen Modellen, die bestimmte Elemente des Wettbewerbs zu erhalten suchten und die Möglichkeit einer Art „Planwirtschaft light" suggerierten (vgl. Hayek 1952, 192 ff.).

20 In Vorwegnahme späterer Analysen des sowjetischen Staatsterrors, der in der wahnhaften Suche nach Saboteuren von erfolglosen Reformen Ende der 1930er Jahre zu immer brutaleren Mitteln griff (vgl. Schlögel 2008, 103 ff.), betont Hayek dabei eine der Planwirtschaft innewohnende Tendenz, systemische Defizite mit immer willkürlicheren Strafmaßnahmen zu begegnen (vgl. Hayek 1952, 196 f.).

21 „The structure of this body and the question of how it will articulate and represent the common will is for us of subsidiary importance" (Mises 1935, 89).

die Konsequenzen umfassender Planwirtschaften für die Offenheit demokratischer Gesellschaften weiter aus.[22] Ein wichtiges Argumentationsziel, das Hayek in dieser Schrift verfolgt, bildet die These, dass „socialism and collectivism (...) cannot be reconciled with free and democratic institutions" (Hayek 2012, 8). Dass es sich bei dem Nachweis der logischen Unvereinbarkeit von Sozialismus und Demokratie weniger um ein Plädoyer für letztere als um Kritik an ersterem handelt, wird im Folgenden herausgearbeitet.

Ausgangspunkt von Hayeks Argumentation ist wiederum, dass eine Gesellschaft, die ihre Produktions*mittel* in den Dienst eines ökonomischen Planes stelle, damit notwendigerweise auch alle ökonomischen *Zwecke* kontrolliere und einer künstlich und gewaltsam hergestellten Hierarchie von Zwecken unterstelle. Die von ihm vorausgesetzte Unmöglichkeit eines Konsenses über ökonomische Zwecke erfordere deshalb zunächst eine Delegation von ökonomischen Entscheidungen an technische Experten und Institutionen, die sich von dem Anspruch der Vermittlung unterschiedlicher Zwecke befreien (vgl. ebd., 25 f.). Damit sich die neuen Institutionen nicht gegenseitig blockierten, sei es notwendig, auch sie einem einzigen Plan zu unterwerfen: „It becomes more and more the accepted belief that, if one wants to get things done, the responsible director of affairs must be freed from the fetters of democratic procedure" (ebd., 27). „Aufgrund ihrer utopischen Konsensanforderungen", so fasst Pies dieses Argument zusammen, „lasse sich wirtschaftliche Planung nicht auf parlamentarischem Weg durchführen" (Pies 2003, 5).

Planwirtschaften oder bloß partielle Interventionen, die über kurz oder lang eine Verwandlung in Planwirtschaften nach sich zögen (vgl. Kap. 4.3), sind für Hayek aber nicht nur eine durch eine Zentralisierung der Kontrolle, sondern auch durch ein Übergreifen der Kontrolle von der ökonomischen auf alle anderen Sphären der Gesellschaft gekennzeichnet: „authoritarian direction cannot be restricted to economic life, but is bound to expand and to become „totalitarian" in the strictest sense of the word" (Hayek 2012, 29). Um Unterstützung für ein planwirtschaftliches Vorhaben zu generieren, sei eine Wirtschaftsdiktatur so etwa auf massive propagandistische Mittel angewiesen (vgl. ebd., 32). Diese manipulierten die öffentliche Meinung insbesondere in Hinblick auf die Herstellung einer einheitlichen Aufgabe: „that singleness of purpose which – apart from national crises like war – is absent in a free society"

---

22 Die Thematisierung der politischen Konsequenzen der Planwirtschaft findet sich 1936 auch bei dem bereits zitierten Mises in ‚Wirtschaftsordnung und politische Verfassung': „Der unlösbare Widerspruch in der Politik der „Linksparteien" Englands, Frankreichs und der USA ist", so erklärt Mises, „daß sie Planwirtschaft anstreben und sich nicht Rechenschaft darüber geben wollen, daß sie damit auch der Diktatur und der Aufhebung der bürgerlichen Freiheitsrechte den Weg bahnen" (Mises 1936, 52). Ideologietheoretisch ist bei Mises die Ausweitung des Konzeptes der Demokratie auf die Marktwirtschaft von Bedeutung: „Die auf dem Sondereigentum an den Produktionsmitteln beruhende Markt- und Verkehrswirtschaft ist demokratische Ordnung. Jeder Groschen stellt einen Stimmzettel dar" (ebd.). Die Verteilung dieser Stimmzettel erscheint wie bei Hayek als unpolitisch-natürlich.

(ebd., 29). Am Ende dieser Entwicklung zu immer zentralisierteren Entscheidungen und totalen Maßnahmen, deren Ursprung die Ignoranz ökonomischer Pläne für die Pluralität menschlicher Zwecke bildeten, steht für Hayek die Herabsetzung des Menschen zu einem reinen Mittel der Plandurchführung (vgl. ebd., 33).

In Bezug auf die Ausgangsfrage nach den von Hayek analysierten Herrschaftsformen des Totalitarismus ist in ‚Freedom and the Economic System' von Bedeutung, dass sich seine Kritik an totalitären Regimen nur in einem speziellen Sinne auf den Verlust von politischer Freiheit richtet. „While undoubtedly democracy is to some extent a safeguard of personal freedom, and while its decline is due to the fact that it makes the suppression of freedom more difficult, our problem is not mainly one of constitutional change in the strictly political sense" (ebd.). Da der Kern seiner Analyse des Totalitarismus, wie gesehen, eine Kritik der Planwirtschaft bzw. des Interventionismus bildet, richtet Hayek sich gegen totalitäre Diktaturen vor allem insofern, als diese ein effektives Mittel zur Durchsetzung der Planwirtschaft darstellen. Zur Architektur von politischer Macht und Herrschaft, die in Faschismus und sowjetischem Kommunismus höchst unterschiedlich strukturiert ist und sich nur durch eine besondere ideologische Integration erklären lässt, in der planwirtschaftliche Elemente lediglich Teilaspekte bilden, hat er folglich kaum etwas zu sagen.[23]

So wird in Hayeks Analyse des Totalitarismus deutlich, dass sich der Wert der Demokratie vor allem nach ihrer Widerstandsfähigkeit gegenüber planwirtschaftlichen Systemen richtet. Aus dieser argumentativen Konstellation wird ebenfalls ersichtlich, dass die Demokratie, sobald sie planwirtschaftliche Tendenzen aufweist, selbst unter Hayeks Kritik fällt. Dass seine Skepsis gegenüber der Demokratie dabei alles andere als marginal ist, verdeutlicht schon in ‚Freedom and the Economic System' sein Hinweis darauf, dass individuelle Freiheitsrechte bislang häufiger unter Autokratien denn unter bestimmten Demokratien verwirklicht worden seien: "There can be no doubt that in history there has often been much more cultural and political freedom under an autocratic rule than under some democracies" (Hayek 2012, 33).

Zehn Jahre nach seiner Intervention in die Debatte um die österreichische Verfassung zeigt sich auch in dieser Einschätzung Hayeks Sympathie für einen autoritär verordneten Wirtschaftsliberalismus.

Hayeks negatives Bild von der Demokratie hängt nicht nur damit zusammen, dass diese für ihn im besten Fall nur schwachen Schutz gegen totalitäre Tendenzen

---

23 Interessanterweise bildete die nationalsozialistische Gesellschaft trotz keynesianischer Ansätze, Autarkiebestrebungen und Kriegswirtschaft kein planwirtschaftliches System in Hayeks Sinne. „Einerseits", so stellen die Wirtschaftshistoriker Mark Spoerer und Jochen Streb fest „war die staatliche Propaganda eifrig bemüht den staatlichen Lenkungswillen und die entsprechende Lenkungsfähigkeit herauszustellen. Andererseits ließ sie das Privateigentum, einschließlich des Privateigentums an Produktionsmitteln weitgehend unangetastet" (Spoerer / Streb 2013, 101). Hayeks vereinfachende Deutung des Nationalsozialismus als planwirtschaftlich organisiertes System gelangt hier offensichtlich an seine Grenzen.

bietet. Im Folgenden wird vielmehr deutlich, dass sie für ihn durch ihre Offenheit für interventionistische bzw. planwirtschaftliche Experimente selbst eine ernste Gefahr für individuelle Freiheitsrechte darstellt. Obwohl sich Hayek mit seinen Warnungen vor dem totalitären Potential der Demokratie in eine lange Tradition liberaler Theorie zu stellen scheint, wird deutlich, dass er sich auf den Verlust vor allem von marktwirtschaftlicher Handlungsfreiheit bezieht. Vor diesem Hintergrund erscheinen schon marginale Einschränkungen dieser Freiheit in grellem Licht.

Wie leicht sich interventionistisch orientierte Demokratien nach Hayek in totalitäre Regime verwandeln, lässt sich in Ansätzen bereits in ‚Freedom and the Economic System' erkennen (vgl. ebd., 28). Voll entfaltet werden diese Argumente aber erst in ‚Der Weg zur Knechtschaft', Hayeks anti-totalitärem Hauptwerk, das sich als Warnung an die englische Gesellschaft der 1940er Jahre, darüber hinaus aber auch an viele andere Demokratien richtet, die in jener Zeit keynesianische, kriegswirtschaftliche und sozialreformerische Programme durchführten.

In seiner Argumentation, die den Nachweis eines nicht-intendierten Prozesses, einer „slippery slope" zu erbringen sucht, die trotz gegenteiliger Intentionen auf Seiten der Demokraten in eine totalitäre Dystopie führe, bezieht sich Hayek zunächst wieder auf die bereits dargestellte These der mangelnden Konsensfähigkeit planwirtschaftlicher Projekte: „Das Entscheidende liegt darin, daß niemand mehr als einen begrenzten Bereich überblicken und sich der Dringlichkeit von mehr als einer beschränkten Anzahl von Bedürfnissen bewußt sein kann" (Hayek 2004, 54). Während Demokratien auf Zustimmungsfähigkeit angewiesen seien, sei das Vorhaben einer umfassenden Wirtschaftsplanung gerade durch die strukturelle Unmöglichkeit solcher Zustimmung gekennzeichnet. Dessen ungeachtet ließen sich Bürger demokratischer Gesellschaften zu planwirtschaftlichen Experimenten meist von der illusorischen Idee des Gemeinwohls verleiten, in deren Dienst die Planung gestellt werden könne (vgl. ebd., 57). In der Realität stelle sich jedoch bald heraus, dass eine solche Planung jeweils sehr unterschiedlichen Zwecken, d. h. unterschiedlichen Individuen oder Gruppen diene.

An dieser Stelle setzt für Hayek eine notwendige Selbstzerstörung der Demokratie ein. Denn bevor Kritik am Planungsvorhaben laut werden könne, würde die Entscheidungsgewalt über die Durchführung wirtschaftlicher Pläne in die Hände politisch unabhängiger Gremien gelegt (vgl. ebd.). Neben anderen attestiert er dem Sozialisten Harold Laski, der sich Anfang der 1930er Jahre für eine weitreichende Ermächtigung der Wirtschaftsverwaltung durch das Parlament aussprach, eine solche Tendenz zur Ent-Demokratisierung.[24]

---

24 So erklärt Laski etwa in seinem 1933 erschienenen ‚Democracy in Crisis', dass die sozialistische Partei „durch Verordnungen und Verfügungen" regieren solle (Laski 1969, 87). Das Ziel einer solchen Regierung durch Maßnahmen ist bei Laski allerdings mit einem demokratischen Anliegen verbunden: eine Reduzierung ökonomischer Macht, die auf größere politische Gleichheit zielt.

Wie schon zuvor bei seiner Kritik der totalitären Diktatur ist es Hayek wichtig, zu betonen, dass es nicht die Ent-Demokratisierung als solche ist, die für ihn ein Problem darstellt, weil

> die Bedenken sich nicht gegen die Übertragung von gesetzgeberischen Funktionen als solche richten. Die Ermächtigung an sich ablehnen, hieße ein Symptom statt der Ursache bekämpfen und, da sie aus anderen Gründen notwendig sein könnte, unsere Position schwächen (Hayek 2004, 61).

Die zu bekämpfende Ursache und das eigentliche Ziel der von ihm kritisierten Formen der Ent-Demokratisierung bildet – wie schon in seiner Kritik des sowjetischen und faschistischen Totalitarismus – die Planwirtschaft. Ent-Demokratisierung als solche, hier die Option der Ermächtigung politisch unabhängiger Institutionen, hält Hayek für ideologisch durchaus attraktiv und aus bestimmten Gründen sogar für notwendig.

Mit seiner Kritik daran, dass Demokratien dazu tendierten, in Willkür gegenüber Einzelpersonen oder Minderheiten umzuschlagen, steht er in einer sich seit der Mitte des 19. Jahrhunderts entwickelnden Tradition liberaler Kritik an der modernen Massendemokratie. Zu deren bekanntesten Vertretern zählen Benjamin Constant, Alexis de Tocqueville oder John Stuart Mill. In der Problembeschreibung ist sich Hayek mit diesen liberalen Vordenkern darüber einig, dass es für die neue Herrschaftsform der Demokratie auch neue Beschränkungen geben müsse, um die Rechte von Einzelpersonen und Minderheiten zu schützen. Im Gegensatz jedoch etwa zu Mill und seiner Idee eines unveräußerlichen Rechts auf individuelle Entfaltung, das neben einer ökonomischen auch soziale und kulturelle Dimensionen besitzt und in direkter Verbindung mit politischen Freiheitsrechten steht (vgl. Mill 1977, 401 ff.), zielt Hayek auf die Herrschaft eines bis auf die Forderung nach Wirtschaftsfreiheit ethisch gänzlich neutralisierten Rechts, das auch von politischer Freiheit getrennt ist (vgl. Kap. 5.3).[25] In dieser Hinsicht wird eine Verkürzung des liberalen Freiheitsbegriffs deutlich, die vor allem deshalb von Bedeutung ist, als bei Hayek schon der kleinste Verlust wirtschaftlicher Freiheit unweigerlich als totalitärer Angriff erscheint. Es ist deshalb kein Wunder, dass Hayek die Gefahr, die von einer wirtschaftspolitisch ungezähmten Demokratie ausgeht, als besonders hoch einschätzt.

Demokratie, so schließt Hayek aus ihren Tendenzen zur Selbstzerstörung, viel mehr jedoch aus ihrer grundsätzlichen Offenheit gegenüber interventionistischen Projekten, die diese in Gang setzen, sei nur dort sinnvoll, wo der Gegenstand von Regierung allgemein zustimmungsfähig sei (vgl. Hayek 2004, 63). Obwohl er immer

---

25 In ‚Mill on Democracy' argumentiert Nadia Urbinati überzeugend dafür, Mill als Verfechter einer agonistischen Form deliberativer Demokratie zu verstehen (Urbinati 2002). Im Gegensatz zu vielen seiner liberalen Zeitgenossen sei Mill ein Theoretiker, der ein positives Bild der attischen Demokratie und deren Republikanismus hatte: „the way the Athens institutionalized political liberty enhanced their social dynamism, cultural and artistic creativity, and indivual liberty" (vgl. ebd., 4).

wieder die Tradition des Liberalismus bemüht, um diesen legitimen Gegenstand demokratischer Regierung klarer zu fassen, steht am Ende die sehr reduzierte Variante eines Bereichs individueller Freiheit, verstanden als Recht zur Teilnahme am marktwirtschaftlichen Wettbewerb und einem „Recht auf eintreffende Erwartungen", das sich auf die Erhaltung eines bestimmten gesellschaftlichen status quo bezieht. „Wenn »Kapitalismus« hier ein auf Wettbewerb und Privateigentum beruhendes Wirtschaftssystem bedeuten soll", so erklärt Hayek, müsse man sich darüber klar sein „daß nur im Rahmen eines solchen Systems die Demokratie möglich ist" (Hayek 2004, 64). Prägnanter lässt sich diese Definition einer marktkonformen Demokratie nur noch in der Version von ‚Freedom and the Economic System' zitieren: „only capitalism makes democracy possible" (Hayek 2012, 28).

Wie bereits beschrieben ergibt sich das totalitäre Potential der Demokratie für Hayek insbesondere aus ihrer Offenheit gegenüber planwirtschaftlichen Experimenten, die eine Bedrohung eben jenes ideologischen Kerns seines politischen Denkens darstellen, der in einer marktwirtschaftlichen Wettbewerbsordnung besteht.

Mit Jacques Rancière, der in postfundamentalistischer Perspektive das Prinzip der Offenheit und Beweglichkeit der Herrschaftsformen zum charakteristischen Merkmal der Demokratie erklärt, das aus dem Postulat radikaler Gleichheit erwachse, lässt sich Hayeks Kritik der totalitären Gefahren der Demokratie einer größeren Strömung der Demokratiekritik zuordnen (vgl. Rancière 2011). Konstitutives Element dieser Kritik, die nach Rancière seit dem letzten Drittel des 20. Jahrhunderts an Einfluss gewonnen habe, sei eine Kritik an der sozialen „Grenzenlosigkeit" der Demokratie (ebd., 18).[26] Gemeint sei mit dieser Grenzenlosigkeit ein ungehemmtes Spiel individueller Begierden „vom allgegenwärtigen Konsum über die Gewerkschaftskämpfe, bis zur Einforderung von Minderheitsrechten" (vgl. ebd., 25). Interessant an der von Rancière analysierten Strömung ist zum einen sein Hinweis auf die Kritik an einem radikalisierten Individualismus, der diese Demokratiekritik kennzeichne und sich in ähnlicher Form auch bei Hayek findet (vgl. Kap. 5.4.2). Zum anderen verweist Rancière auf eine besondere Wendung des Totalitarismusbegriffes, die sich ebenfalls bei Hayek nachvollziehen lässt: „Jene Eigenschaften, die gestern noch dem Totalitarismus als einem die Gesellschaft verschlingenden Staat zugeschrieben wurden, sind nun zu den Eigenschaften der Demokratie als einer den Staat verschlingenden Gesellschaft geworden" (ebd., 18). Was Rancière als Konsequenz dieser Bedrohung durch die totalitäre Demokratie den „Hass der Demokratie" nennt, lässt sich auch bei Hayek erkennen. Auch bei Hayek gründet sich ein solcher „Hass" auf eine spezifische Offenheit der Demokratie für die Ausgestaltung wirtschaftlicher und sozialer Verhältnisse,

---

26 Obwohl Rancière darauf selbst nicht zu sprechen kommt, lassen sich die Beispiele der von ihm thematisierten Demokratiekritik in einer Zeit seit den späten siebziger Jahren verorten. Wie sich an der Überschneidung mit Hayeks Demokratiekritik zeigt, fallen diese Beispiele nicht zufällig zusammen mit dem Ende der 1970er Jahre aufsteigenden neoliberalen Hegemonieprojekt.

und auch in Hayeks Auseinandersetzung mit der Demokratie mischen sich manifeste Zweifel an ihrem Existenzrecht.

Wie sich Hayeks Zweifel an der Demokratie zum einen in seinem theoretischen Entwurf liberaler Diktaturen, zum anderen in seiner konkreten Unterstützung für lateinamerikanische Diktaturen wie der Augusto Pinochets manifestieren, soll im Folgenden dargestellt werden.

5.2.2 Die (wirtschafts-)liberale Diktatur: Chile als Vorbild

In der Theorie des bürgerlichen Rechts wird häufig von einer Schnittmenge liberaler und politischer Freiheitsrechte ausgegangen, was unter anderem Meinungs-, bzw. Presse-, Versammlungs- oder Organisationsfreiheit betreffe.[27] Für Hayek, dessen konservativer Wirtschaftsliberalismus abgesehen von marktwirtschaftlichen Grundrechten und einem Recht auf eintreffende Erwartungen auf keinen ethisch substantiellen Freiheitsrechten beruht, spielt diese Schnittmenge jedoch keine Rolle. Aus der Negierung einer konzeptionellen Schnittmenge zwischen Liberalismus und Demokratie werden für Hayek sowohl ein autoritärer Liberalismus, der politische Freiheiten missachtet, als auch eine totalitäre Demokratie, die individuelle wirtschaftliche Freiheit negiert, denkbar.

> Das Gegenteil der Demokratie ist eine autoritäre Regierung: das Gegenteil eines liberalen Systems ist ein totalitäres System. Keines der beiden Systeme schließt das Gegenteil des anderen aus: Eine Demokratie kann totalitäre Gewalt ausüben und es ist vorstellbar, daß eine autoritäre Regierung nach liberalen Prinzipien handelt (Hayek 1991a, 125).

Insbesondere vor dem Hintergrund des im letzten Kapitel dargestellten Bedrohungsszenarios, das Hayek von der wirtschaftspolitisch unbeschränkten Demokratie als einem tendenziell totalitären Regime zeichnet, erscheint ihm die Autokratie als mitunter notwendige ideologische Ergänzung des Liberalismus.

Während Hayek die theoretische Option einer liberalen Diktatur, wie im vorangegangen Kapitel bereits dargelegt, im Kontext seiner Kritik des planwirtschaftlichen Totalitarismus formuliert und in seinem über die 1970er Jahre hinweg entstehenden Opus Magnum ‚Recht, Gesetzgebung und Freiheit' systematisch weiter ergänzt (vgl. Hayek 1981b, 169 f.), findet sich eine Konkretisierung dieser Idee in seiner publizis-

---

27 Vgl. hierzu Franz Neumann, der in ‚Der Funktionswandel des Gesetzes im Recht der bürgerlichen Gesellschaft' unter politischen Freiheiten solche fasst, die „durch das Zusammenleben im Staat Bedeutung erhalten, als da sind Vereins-, Versammlungs- und Presse-Freiheit oder das Recht des Wahlgeheimnisses. Sie sind sowohl liberal, insoweit garantieren sie dem Einzelnen Freiheitsrechte, als auch demokratisch, weil sie Mittel sind, um die demokratische Herstellung des Staatswillens zu ermöglichen" (Neumann 1967, 15).

tischen Unterstützung verschiedener autokratischer Regime und insbesondere des Pinochet-Regimes Ende der 1970er Jahre. Hayek nutze in diesem Fall seine Popularität, die mit der Verleihung des Nobelpreises 1974 stark gestiegen war, um seine Unterstützung für das Regime auch durch Interviews oder Leserbriefe kundzutun.

Hayeks kontrovers diskutierter Einfluss auf die Wirtschaftsberater des Pinochet-Regimes, die sogenannten „Chicago Boys"[28], seine persönlichen Kontakte zu Pinochet[29] oder seine Beteiligung an der Durchführung einer Tagung, die die Mont Pèlerin Society 1981 im chilenischen Viña del Mar[30] abhielt, geben zwar Aufschluss über die organisatorischen Allianzen zwischen Neoliberalismus und Autoritarismus, werden hier aber nicht weiter diskutiert. Von Interesse ist im Folgenden demgegenüber die Frage nach der spezifischen ideologischen Affinität von Wirtschaftsliberalismus und Autoritarismus, die Hayeks Denken kennzeichnet. Diese Frage richtet sich hier auf die Art, in der Hayek die bisher abstrakt formulierte Option einer liberalen Diktatur ausbuchstabiert.

Mit dem blutigen Putsch gegen die demokratisch gewählte sozialistische Regierung Salvador Allendes im Jahr 1973 hatte sich nach Brasilien (1964), Argentinien (1966) und Bolivien (1971) auch in Chile eine Militärdiktatur etabliert.[31] Gesellschaftspolitisch zielte diese auf tiefgreifende marktwirtschaftliche Reformen. Im Kontext eines globalisierten Kalten Krieges, in dem die Frage nach dem Wirtschaftssystem alle weiteren politischen Fragen zu überlagern tendierte, wurden die Putschisten dabei auch von den USA unterstützt. Durchsetzungsfähig wurde das Regime allerdings weniger als imperialistisch gesteuerte Militärmacht, denn auf der Grundlage einer ideologischen Konstellation, die die Bewegung der rechten „Gremialistas" mit den wirtschaftsliberalen Eliten des Landes zusammenband (vgl. Fischer 2011, 92 ff.). Die Auswirkungen des neuen Regimes blieben der Weltöffentlichkeit nicht lange verborgen:

---

28 Hayeks Einfluss auf die Chicago Boys ist gegenüber dem der „Monetaristen" Michel Friedman und Arnold Harberger oder dem der „Public Choice Theorie" James Buchanans und Gordon Tullocks als eher gering einzustufen. Für eine aktuelle und kritische Auseinandersetzung mit der Bedeutung der „Chicago Boys" unter der Pinochet-Diktatur vgl. unter anderem Ingo Stützle (2013). Eine breiter angelegte Studie hat zu einem frühen Zeitpunkt zudem Juan Gabriel Valdés (1995) vorgelegt. Aus einer erweiterten Perspektive hat Karin Fischer (2009) die Chicago Boys im Kontext des neoliberalen Einflusses in Chile generell untersucht.
29 Obwohl sich dieser Kontakt auf eine lediglich zwanzig Minuten dauernde Audienz beschränkt, ließ Hayek Pinochet in Anschluss an seinen Besuch immerhin noch einen Band seines gerade erst fertig gestellten dritten Bandes von ‚Recht, Gesetzgebung und Freiheit' zukommen.
30 Zur Aufarbeitung dieser Frage vgl. unter anderem die kontroverse Diskussion zwischen Corey Robin auf seinem Blog (http://coreyrobin.com/) und Caldwell und Montes (2014), wobei letztere von einer breiteren Quellenlage aus argumentierend Hayek keine Rolle in der Auswahl Viña del Mars als Tagungsort der MPS zusprechen.
31 Für eine Darstellung der Durchsetzung der Militärdiktatur unter Pinochet im Kontext der sozialökonomischen Geschichte Chiles seit 1830, vgl. Karin Fischer (2011).

> The military regime quickly declared a state of siege, suspended the Constitution, dissolved Congress, banned political parties, destroyed electoral registers, and imposed restrictions on the media. It set in motion a pattern of human rights violations that was to continue for more than a decade and included widespread torture, kidnappings, beatings, disappearances, and deaths (Puryear 1994, 33).

Seine erste Reise nach Chile unternahm Hayek im Jahr 1977, zu einem Zeitpunkt, als ihm die politische und menschenrechtliche Lage aus Informationen von Amnesty International bereits bekannt war (vgl. Hayek 1978, 44).

Der Besuch des Nobelpreisträgers, der bei dieser Gelegenheit auch den Führer der Junta, Augusto Pinochet traf, wurde von den chilenischen Medien ausgiebig dokumentiert. Es ist bemerkenswert, dass Hayek im ersten Interview zu der Situation Chiles, das er im Anschluss an dieses Treffen der konservativen Zeitung El Mercurio gab, nicht über die Notwendigkeit einer Beschränkung diktatorischer Macht, sondern die Notwendigkeit einer Beschränkung demokratischer Macht sprach. Zuerst jedoch kam Hayek in diesem Interview auf die Rolle der Wirtschaft zu sprechen. Die Befreiung der Wirtschaft aus den von der Regierung Allendes angelegten Fesseln und die Reduktion der Inflation seien „the appropriate indicators for reaching the conclusion that the economic tendency of Chile is very good" (Übers. v. Ferrant et al. 2012, 520). Hintergrund dieser Einschätzung war, dass unter Allende bis 1973 ca. 80 % aller Unternehmen in Schlüsselindustrien verstaatlicht und zahlreiche Preise fixiert wurden. Obwohl so erstmals die tiefe ökonomische und soziale Ungleichheit in Chile Ziel politischer Reformen geworden war, deuteten bald die meisten gesamtwirtschaftlichen Kennzahlen, allen voran die zuletzt mehrere tausend Prozent betragende Inflation, auf eine schwere gesamtwirtschaftliche Krise hin.[32] Anteil an dieser Krise hatte auch die von der CIA unterstützte Opposition, die durch Streiks und Boykotte aktiv die Krise beförderte (vgl. Walpen und Plehwe 2001, 43 ff.). Die ab 1975 von Pinochet durchgesetzten Privatisierungen bis hinein in das Bildungswesen und eine rigorose Austeritätspolitik, die Naomi Klein als „Schockstrategie" bezeichnet hat (vgl. Klein 2007), brachten demgegenüber zeitweise eine gewisse ökonomische Stabilisierung, ging aber mit einer sich bis heute vertiefenden ökonomisch-sozialen Ungleichheit und Desintegration einher, die weltweit ihresgleichen sucht.[33]

Die Art, in der Hayek im zitierten Interview anschließend zur politischen Lage Chiles Stellung nimmt, richtet sich vor allem gegen Defekte der Demokratie: „He told reporters that he talked to Pinochet about the issue of limited democracy and representative government. (...) He said that in his writings he showed that unlimited

---

32 Vgl. Caldwell / Montes (2014), 7 ff.
33 Der Gini-Koeffizient, mit dem die OECD die Verteilung von nationalem Wohlstand misst, lag 2011 bei 0,503 % – kaum ein anderes Land in der OECD wies zu diesem Zeitpunkt eine höhere Ungleichheit auf.

democracy does not work because it creates forces that in the end destroy democracy" (Übers. v. Ferrant et al. 2012, 520).

Zwei Leserbriefe, die Hayek im Sommer 1978 in der Londoner ‚Times' veröffentlichte, verdichten die These, dass er zur Begrenzung der demokratischen gewählten Regierung Allendes autokratische Mittel für durchaus legitim hielt. Nachdem Hayek bereits im ersten Leserbrief unter dem Titel ‚The Dangers to personal liberty' ganz allgemein vermerkte: „unlimited democracy is probably worse than any other form of unlimited government" (Hayek 1978a) und damit die bereits im Kontext seiner Totalitarismuskritik geäußerten Vorbehalte gegenüber der Demokratie aktualisierte, konkretisierte er diese Einschätzung im zweiten, 'Freedom of Choice' betitelten Leserbrief für den chilenischen Fall. In einer Beschreibung, die angesichts des damaligen Wissensstandes über die chilenischen Menschenrechtsverletzungen als eine Positionierung gelesen werden muss, die persönliche Freiheit auf die Teilnahme am marktwirtschaftlichen Wettbewerb reduziert, erklärt Hayek: „I have not been able to find a single person even in much maligned Chile who did not agree that personal freedom was much greater under Pinochet, than it had been under Allende" (Hayek 1978b).[34]

Dass Hayek Menschenrechtsverletzungen wie die Verletzung politischer Freiheit unter dem Regime Pinochets nicht kritikwürdig erschienen, verdeutlicht ein weiterer, bereits für das Jahr 1977 geplanter Leserbrief.[35] Ein Jahr später erschien dieser unter dem Titel ‚Internationaler Rufmord' in einer Publikation der CSU-nahen Hans-Seidel-Stiftung (Hayek 1978c).[36] Farrant et al., die die Beiträge Hayeks zur Pinochet-Diktatur quellenkritisch aufgearbeitet haben, vertreten in ihrer Arbeit die These, dass sich dieser Text lediglich mit einer falschen Darstellung Chiles in der internationalen Presse auseinandersetze und deshalb nicht als Zustimmung zu den autokratischen Mitteln der Putschisten gewertet werden könne (vgl. Ferrant et al. 2012, 519). Angesichts der Tatsache, dass sich Hayek einer inhaltlichen Auseinandersetzung mit der vermuteten Rufmord-Kampagne völlig verweigert und der Begriff „Menschenrechte" konsequenterweise kein einziges Mal in der Publikation vorkommt, muss diese Deutung m.E. jedoch revidiert werden. Gerade darüber, was Hayek nicht erwähnt, zeigt sich seine deutliche Positionierung.

Einen wichtigen Zusatz zur Frage nach der Rolle der liberalen Diktatur macht Hayek in einem Interview, das er 1981 wiederum der Zeitschrift El Mercurio gab (vgl. Hayek 1981d). Darin wird deutlich, dass Hayek die Diktatur als transitorisches Mittel befürwortet, um radikale wirtschaftsliberale Reformen einzuleiten. Als posi-

---

34 Diesen Punkt unterstreichend fügt er hinzu: „That a limited democracy is probably the best possible known form of government does not mean that we can have it everywhere" (Hayek 1978b).
35 Der Leserbrief wurde in der FAZ abgelehnt mit dem Hinweis darauf, dass er in dieser Form in Deutschland nicht zu verteidigen sei. In der Korrespondenz, die Hayek zu diesem Leserbrief führte, wird vom damaligen Mitherausgeber Jürgen Eick eine Parallele zum Besuch gezogen, den F. J. Strauß in Chile machte und wofür er erhebliche Kritik erntete (vgl. Caldwell / Montes 2014, 25).
36 Eine erste kritische Rezeption dieses Textes dauerte weitere 20 Jahre (vgl. Walpen / Plehwe 2001).

tives Beispiel für eine solche Übergangsdiktatur verweist Hayek auf das militärische Regiment der Alliierten, das Ludwig Ehrhard in die Lage versetzt habe, die Kriegswirtschaft durch marktwirtschaftliche Strukturen zu ersetzen. Auf Dauer gesehen gelte es jedoch, solche Diktaturen durch andere Formen beschränkter Demokratie zu ersetzen. Auf die Frage, was im Kontext Lateinamerikas von Diktaturen zu halten sei, antwortet Hayek:

> I would say that, as long-term institutions, I am totally against dictatorships. But a dictatorship may be a necessary system for a transitional period. (…) My personal impression – and this is valid for South America – is that in Chile, for example, we will witness a transition from a dictatorial government to a liberal government (ebd.).

Dass es Hayek ernst war mit einer Begrenzung der Dauer transitorischer Diktaturen, zeigt seine Auseinandersetzung mit der „Notstandsgewalt" im fast zeitgleich zu den zitierten Interviews erschienenen letzten Band von ‚Recht, Gesetzgebung und Freiheit'. Obwohl es dabei nicht um einen Putsch wie im Falle Chiles, sondern um die Frage geht, welche Rolle der diktatorischen Gewalt im Rahmen von Notstandsregelungen innerhalb von funktionierenden Verfassungen zukommt, berührt diese Frage doch seine generelle Sichtweise auf Diktaturen. Hier notiert Hayek:

> ‚Notstand' ist immer ein Vorwand gewesen, unter dem die Garantien individueller Freiheit angenagt worden sind – und wenn sie einmal außer Kraft gesetzt worden sind, ist es für niemanden, dem eine solche Notstandsgewalt übertragen worden ist, besonders schwierig dafür zu sorgen, daß der Notstand fortdauert (Hayek 1981b, 169).

Die institutionellen Vorkehrungen, die Hayek zur Einhegung der Notstandsgewalt vorschlägt, belegen seine große Skepsis gegenüber den Konsequenzen ihrer Verstetigung (vgl. ebd, 169 f.).

Corey Robin hat zu Recht darauf verwiesen, dass Hayek mit seiner Unterstützung temporärer Diktaturen auf ein Konzept setzt, das sich systematisch nur schwer mit seinem politischen Denken vereinbaren lässt: „How one squares Hayek's praise of dictatorships with his conceprion of spontaneous order, I'm not yet sure (Robin, 2014). Denn gerade vor dem Hintergrund seiner stets wiederholten Favorisierung gewachsener Verhaltensregeln erscheint die von ihm selbst dargelegte Funktion des Diktators als Gestalter von Regeln problematisch: „When a government is in a state of rupture, and there are no recognized rules, rules have to be created in order to say what can be done and what cannot. In such circumstances it is practically inevitable for someone to have almost absolute powers" (Hayek 1981d). Mit Farrant et al. lässt sich dieser Widerspruch noch weiter verschärfen durch die Frage, wie sich die liberale Diktatur mit Hayeks grundsätzlichem Misstrauen gegenüber Staat und Regierung in Einklang bringen lässt (Farrant et al. 2012, 527). Widersprüchlich ist vor dem Hintergrund seiner Unterstützung liberaler Diktaturen auch die Abgrenzung gegenüber der Position von Carl Schmitt. Auch wenn Hayek nicht wie Schmitt die diktatorische Entscheidung als solche, sondern die Entscheidung zur Durchsetzung liberaler Ordnung für wertvoll erachtet, bleibt eine ideologische Schnittmenge hinsichtlich der Diktatur, die sich nicht zuletzt in Hayeks Sympathie für den Schmittschen Souveränitätsbegriff ausdrückt.[37]

Dieser systematische Widerspruch zwischen Hayeks Befürwortung des zeitlich begrenzten rechtlichen Ausnahmezustands als einem günstigen Moment zur Gestaltung wirtschaftsliberaler Ordnung und sein gleichzeitiges Insistieren auf einer strikten Herrschaft des Rechts in formalen und traditionalen Formen lässt sich m. E. nur ideologietheoretisch beantworten. Aus dieser Perspektive wird deutlich, dass sowohl Hayeks Befürwortung der liberalen Diktatur als auch sein Konzept von Rechtsstaatlichkeit auf eine De-Politisierung gesellschaftlicher Ordnung zielen, die die Durchsetzung einer marktwirtschaftlichen Wettbewerbsordnung ermöglicht.

5.3 Die Trennung von marktliberaler Wirtschaft und demokratischer Politik

Wenn Hayek bezogen auf ein Regime wie Chile in den 1970er Jahren, das er mit den frühen Jahren Portugals unter dem Regime Salazars, aber auch mit dem Apartheidsregime Südafrikas vergleicht (vgl. Hayek 1981d), die Legitimität liberaler Diktaturen einräumt, dann bezieht er sich dabei, wie gesehen, auf temporäre bzw. transitorische Diktaturen. Diese dienten vor allem der Vermeidung des von ihm planwirtschaftlich gedeuteten Totalitarismus, zu dem jede wirtschaftspolitisch unbegrenzte Demokratie tendiere. Abgesehen von diesem Szenario diktatorischer Gewalt plädiert Hayek in seinen politischen Schriften jedoch in der Regel für eine durch die Herrschaft des Rechts begrenzte Demokratie.[38]

Vor allem gegenüber einer zu seiner Zeit vorherrschenden Auffassung von Demokratie, die er als unbeschränkte Macht der Mehrheit kritisiert, vertritt Hayek den Anspruch einer Vorrangigkeit des Liberalismus, der die Grenzen der Demokratie definiere (vgl. Hayek 1969, 56 ff.). Während die Demokratie für Hayek im strengen Sinne prozedural bestimmt sei als „Bezeichnung einer Regierungsform – nämlich der Herrschaft der Mehrheit" bzw. als ein „Grundsatz über das Verfahren, in dem bestimmt

---

37 Mit Verweis auf Schmitt erklärt Hayek so etwa: „Es ist mit einiger Plausibilität behauptet worden, daß jeder, der die Macht hat, einen Notstand auszurufen und aus diesem Grunde irgendeinen Teil der Verfassung außer Kraft zu setzen, der wahre Souverän sei" (Hayek 1981b, 169).

38 Hinter dieser Herrschaft des Rechts, so wurde vor allem im zweiten Kapitel dieser Arbeit deutlich, steht das Ideal einer rechtlich verfassten Wettbewerbsordnung, sodass sich Demokratie, wie hier im Folgenden gezeigt wird, auf das „Management" dieser Wettbewerbsordnung konzentriert. Eine Ausweitung der Kompetenzen der Demokratie, so wurde unter 5.2.1 deutlich, wird bei Hayek hingegen mit einem Verlassen jener zustimmungsfähigen Inhalte assoziiert, auf denen die Funktionsfähigkeit der Demokratie beruhe, denn „only capitalism makes democracy possible" (Hayek 2012, 28).

wird, was als Gesetz zu gelten hat", sei der Liberalismus eine Lehre „über den zulässigen Inhalt der Gesetze" (Hayek 1991a, 125 f.). Diese für Hayek grundlegende funktionale Unterscheidung von Demokratie und Liberalismus, die eine ethische Trennung und Hierarchie impliziert, soll im Folgenden genauer untersucht werden.

Ausgangspunkt dieser Trennung ist Hayeks Auffassung, dass es Aufgabe des Liberalismus und nicht der Demokratie sei, Aufschluss über die legitimen Ziele der Politik zu geben und dadurch die Offenheit der Demokratie für interventionistische Programme zu begrenzen.[39]

Die Konsequenzen dieser Auflösung der Offenheit der Demokratie, die sich – nach welcher definitorischen Spielart auch immer – mit dem Postulat von Gleichheit derjenigen verbindet, die sich selbst Gesetze geben, sind nicht zuletzt auch für rein verfahrensmäßige Bestimmungen der Demokratie wie diejenige Hayeks von Bedeutung. Denn Hayeks Feststellung, dass es zur Bestimmung der Wahlberechtigten lediglich einer unpersönlichen Regel bedürfe, die nicht willkürlich einzelne Personen ausschließe und gleichzeitig auch „nur Menschen über vierzig Jahre oder nur Einkommensbezieher oder nur Haushaltsvorstände" die Berechtigung zur Wahl zusprechen könne (vgl. Hayek 1991a, 128), ist erweiterungsfähig für alle möglichen Formen unpersönlich formulierter Ausschlüsse.[40] Auf diesen Punkt hat zu Recht auch Gamble verwiesen: „Hayek (...) maintaines that since democracy is only procedural, no particular system of counting votes is intrinsically better than any other" (Gamble 1996, 94). Wenn man unter einer allgemeinen Regel in Hayeks Sinne aber tatsächlich Ausschlüsse nach Alter, Einkommen oder sozialem Stand zulasse, „why not in terms of gender and race?" (ebd.).

Hayeks Verabschiedung von der Idee der Offenheit hat somit erhebliche Konsequenzen, was die Frage der Gleichheit im Zugang zur Gesetzgebung, d. h., was die Frage politischer Partizipation anbelangt. Handgreiflich wird seine restriktive Auffassung von Partizipation dabei zum einen in seiner Orientierung am Ideal der nach Geschlecht und Wohlstand beschränkten frühenglischen Demokratie und in seinem verfassungspolitischen Vorschlag zur Einrichtung einer neuen Form der Gewaltenteilung, in der die Entscheidung für grundsätzliche politische Fragen in einer exklusiven Institution konzentriert wird, die sich der kontinuierlichen Kontrolle und Beteiligung durch die Bürger entzieht (vgl. Kap. 5.4.1).

In Hinblick auf die mögliche Suspendierung der Demokratie unter diktatorischen Ausnahmezuständen, so muss hier erinnert werden, ist es durchaus konsequent,

---

39 Dass historisch betrachtet demokratische Bewegungen ebenfalls mit inhaltlichen, nämlich egalitären Bestimmungen der Politik aufgetreten sind (vgl. Marx 1949), lässt Hayek hier außer Acht.
40 Auf die damit zusammenhängende Problematik von Hayeks Vertrauen in die formale Allgemeinheit des Rechts, d. h. die Frage nach der Gleichheit vor dem Gesetz, ist bereits in Kapitel 3.3 eingegangen worden.

dass Hayek ihr keinen eigenständigen Wert beimisst: „sie ist kein letzter oder absoluter Wert und muß danach beurteilt werden, was sie leistet" (vgl. Hayek 1991a, 129).

Als zentrale Leistung der Demokratie, die für Hayek nicht nur der Demokratie eigentümlich ist, sondern offensichtlich auch durch andere politische Systeme gewährleistet werden kann, ist die Reproduktion der institutionellen und sozialen Voraussetzungen einer marktwirtschaftlichen Wettbewerbsordnung zu nennen. Dies lässt sich zum einen aus Hayeks bereits oben genanntem Zuschnitt der zustimmungsfähigen Grundlagen demokratischer Entscheidungen ableiten, zum anderen aus seinen Bestimmungen über die Aufgaben demokratischer Regierungen, enthalten im ersten Band von ‚Recht, Gesetzgebung und Freiheit':

> Diese besondere Funktion der Regierung ist in etwa vergleichbar mit der des Wartungspersonals einer Fabrik, da ihr Zweck nicht ist bestimmte Leistungen oder Produkte hervorzubringen, die von den Bürgern konsumiert werden sollen, sondern eher dafür zu sorgen, daß der Mechanismus, der die Produktion dieser Güter und Dienstleistungen regelt, in arbeitsfähigem Zustand erhalten bleibt (Hayek 1986, 71).

Neben dieser als zentral einzustufenden Aufgabe der Demokratie gibt es noch weitere, weniger wichtige Aufgaben, die im Folgenden skizziert werden sollen. Im Hintergrund all dieser Aufgaben steht jedoch eine strikte Trennung der jeweiligen Sphären von demokratischer Politik und marktwirtschaftlicher Ökonomie, die ein Übergreifen der ersten auf die zweite, d. h. korrigierende gesellschafts- oder wirtschaftspolitische Eingriffe verhindert. Um diese Trennung und ihre Begründung wird es nun zuerst gehen.

Im Gegensatz zu vielen anderen liberalen politischen DenkerInnen des 20. Jahrhunderts wie etwa Francis Fukuyama, der von einem geschichtlichen Prozess ausgeht, in dem sich radikaler Liberalismus und Totalitarismus dialektisch zur liberalen Demokratie vereinigten (vgl. Fukuyama 1992), ist die Abgrenzung zwischen Liberalismus und Demokratie bei Hayek ideologisch fundamental.[41] Prominente Unterstützung für diese Abgrenzung kommt dabei aus der Systemtheorie. Diese geht nicht nur von einer grundlegenden funktionalen Differenzierung gesellschaftlicher Systeme wie Politik und Ökonomie aus, sondern auch von der Differenzierung ihrer je spezifischen Legitimitätskonzepte. Mit Frank Nullmeier lässt sich die Konsequenz dieser systemtheoretischen Differenzierung zuspitzen: „Die expansive Tendenz der Politik dürfe (...) nie so weit gehen, dass Operationsweisen des ökonomischen Systems außer Kraft gesetzt oder die Legitimationsstandards von einem auf das andere Feld übertragen werden" (Nullmeier 2013, 428). Eine Abgrenzung der für marktwirtschaftliche Ökonomie und demokratische Politik je spezifischen Legitimationsstandards, aus der sich eine ethische Vorrangigkeit von ersterer ergibt, wird im Folgenden anhand von Hayeks Differenzierung zwischen negativ-persönlicher und positiv-politischer Freiheit dargestellt.

---

41 Fukuyamas Konzeption einer teleologischen Entwicklung der Geschichte besitzt allerdings einen ähnlich fatalistischen Charakter, wie hier an Hayeks politischem Denken nachgewiesen wird.

Mit einigen Abstrichen vertritt die von Hayek in der ‚Verfassung der Freiheit' (vgl. Hayek 1991a, 13 ff.) dargelegte Abgrenzung verschiedener Freiheitskonzepte auch Isaiah Berlin, dessen berühmter Aufsatz ‚Two Concepts of Liberty' bzw. ‚Zwei Freiheitsbegriffe' bereits zwei Jahre zuvor, d. h. 1958 erschienen war (vgl. Berlin 2006, 197 ff.).⁴² Parallel zu Berlin unterscheidet Hayek zwischen einem von ihm favorisierten negativen Konzept von Freiheit, das die *Abwesenheit von* willkürlichem Zwang bezeichne, und einem positiven Konzept, das *Ansprüche auf* ein bestimmtes Leben geltend mache (vgl. Hayek 1991a, 25 f.; Falk 2012, 99 ff.).⁴³ Das erste Konzept, das Hayek auch als individuelle oder persönliche Freiheit bezeichnet, wurde bereits thematisiert (vgl. Kap. 3.3). Zu dem zweiten Konzept zählt Hayek auch politische Freiheit, d. h. „die Beteiligung der Bürger an der Wahl ihrer Regierung, an der Gesetzgebung und der Verwaltung" (Hayek 1991a, 18). Konkret bedeutet diese Abgrenzung zwischen negativer persönlicher Freiheit und positiver politischer Freiheit bei Hayek:

> Man kann kaum behaupten, daß die durch die amerikanische Verfassung vom Wahlrecht ausgeschlossenen Einwohner des Districts of Columbia (...) oder die in einem Lande wohnhaften Ausländer, oder Personen, die das Alter für das Wahlrecht noch nicht erreicht haben, nicht völlige persönliche Freiheit genießen, weil sie an der politischen Freiheit keinen Anteil haben (ebd.).

Hayeks Abgrenzung zwischen negativer und positiver Freiheit beinhaltet die Negierung einer politischen Dimension der Freiheit und passt sich dadurch in seine prozedurale Bestimmung der Demokratie ein, die auf partizipatorische Elemente verzichtet.

Der Grund, warum die von ihm favorisierte Form persönlicher Freiheit von politischer Freiheit abzugrenzen sei, liegt in der nach Hayek falschen Annahme, dass Freiheit in Bezug auf ein Kollektiv Geltung haben könne. Genauer geht es Hayek um die für ihn problematische Annahme einer notwendigen Zustimmung zu Kollektiven und der sie konstituierenden Ordnung. In Abgrenzung zur liberalen Tradition der Vertragstheorie bedürften gesellschaftliche Verhältnisse nach Hayek generell keiner allgemeinen Zustimmung, um als frei zu gelten (ebd.).⁴⁴

Wie Hayek geht auch Berlin in ‚Two Concepts of Liberty' von einer totalitären Gefahr aus, die aus dem Konzept positiver Freiheit erwachse, und ist somit von einer Unvereinbarkeit beider Konzepte überzeugt (Berlin 2006, 206). Begrifflich noch schär-

---

42 Als Referenz spielt Berlin dabei allerdings eine eher untergeordnete Rolle (vgl. Hayek 1991a, 25), was unter anderem daran liegen mag, dass Berlin trotz seiner ideologischen Nähe zu Hayek staatsinterventionistischen Eingriffen durchaus nahe stand.

43 Berlin unterscheidet in seinem ursprünglichen Aufsatz zwischen negativer Freiheit als „daß ich von anderen nicht behelligt oder gestört werde" (Berlin 2006, 203), worunter er stärker als Hayek auch nicht-ökonomische Freiheitsrechte fasst, und positiver Freiheit als „Selbst-Bestimmung" bzw. „Selbst-Beherrschung" (ebd., 212).

44 Auch hinter dieser Abgrenzung lässt sich sein Konzept der spontanen sozialen Ordnung erkennen, das um die Vorrangigkeit produktiver Selbststeuerung sozialer Ordnungen kreist.

fer als bei Hayek tritt dabei bei Berlin die Kritik an einer Form von Selbstverwirklichung hervor, die ausgerichtet an Idealen oder Utopien politischen Einfluss auf die Gesellschaft nimmt. Während es Berlin jedoch um den Schutz einer Pluralität menschlicher Lebensformen geht, konzentriert sich Hayek auf den Schutz einer marktwirtschaftlichen Wettbewerbsordnung und gewachsener gesellschaftlicher Verhaltensweisen.

Nach diesen Grenzen, die Hayek zwischen den Sphären von marktwirtschaftlicher Ökonomie und demokratischer Politik zieht, sollen zuletzt noch jene funktionalen Leistungen umrissen werden, die Hayek der Demokratie in den engen Grenzen einer rechtlich verfassten Wettbewerbsordnung zubilligt.

Thematisiert werden diese Leistungen von Hayek vor allem seit den 1960er Jahren (vgl. Hayek 1991a, 131 ff.). Im Kontext seiner Bestimmung der Demokratie als Abstimmungsmodus hebt Hayek immer wieder positiv die Rolle der Demokratie in Bezug auf die friedliche Organisation von Regierungswechseln hervor (Hayek 1969, 58; Hayek 1991a, 131). Erwähnung findet zudem die Bedeutung der Demokratie als einer Form von Herrschaft auf Zeit, die durch die Abwählbarkeit von RepräsentantInnen dafür sorge, dass Gesetze nicht zu sehr zu Lasten der Regierten gingen und vor allem persönliche Freiheit nicht über Gebühr eingeschränkt werde (vgl. ebd., 131 f.).[45] Einen weiteren Vorteil sieht Hayek in der Demokratie als einem Forum für einen Wettkampf der Ideen, in dem auch Minderheitenpositionen eine Chance geboten werde, Mehrheitsmeinung zu werden, d. h. in ihrem innovationsfördernden Potential (vgl. ebd., 132 f.).[46] Angesprochen ist damit zuletzt ein Moment der Demokratie, das in der Demokratietheorie eine wichtige Rolle spielt: die Bedeutung einer durch freie Meinungsäußerung und den zwanglosen Zwang des besseren Arguments sich im zweifachem Wortsinn bildenden Öffentlichkeit (vgl. z. B. Habermas 1998, 349 ff.). An Hayeks Verabschiedung von einer am Ideal der Gleichheit orientierten politischen Partizipation, in die sich auch seine Negierung politischer Freiheit einpasst, wird hingegen deutlich, dass dem öffentlichen Prozess der Meinungsbildung bei Hayek eine eher untergeordnete Rolle zukommt.

Den Prozess demokratischer Meinungsbildung fasst Hayek deshalb, anders als etwa Falk meint, die Hayek in der Tradition endloser öffentlicher Deliberation verortet (vgl. Falk 2012, 123 ff.), als „selbstständigen und spontanen Prozess" auf (ebd., 133).[47] Dass dieser Prozess der spontanen Meinungsbildung von Hayek als „Dem-

---

45 Im Kapitel 5.4.1 wird deutlich, dass Hayeks Vorschlag für eine Reform demokratischer Institutionen mit dem Ziel einer langfristigen Unabhängigkeit der Gesetzgebung diesem funktionalen Charakteristikum der Demokratie widerspricht.
46 Diese zuletzt skizzierten Funktionsbestimmungen der Demokratie, wie Hayek sie entwirft, spielen mit Blick auf sein politisches Denken insgesamt eine eher marginale und unsystematische Rolle. Das wird nicht zuletzt auch in den Interviews deutlich, die Hayek zu Chile gegeben hat, in denen er die Situation der öffentlichen Meinungsbildung kein einziges Mal anspricht.
47 Falks Zuordnung, die sich an der formalistischen Bestimmung von Hayeks Rechtsbegriff orientiert und daraus eine prozeduralistisch-deliberative Konzeption seines Demokratiebegriffs ableitet,

archie" konzipiert wird, womit eine als ursprünglich (von griech. „arché") gesetzte traditionale *Meinung* gegenüber dem dynamischen *Willen* des „demos" Autorität gewinnt und damit zur Ent-Demokratisierung der Gesellschaft weiter beiträgt, wird im folgenden Kapitel 5.4 herausgearbeitet. Gegenüber der oben dargestellten Begrenzung der Demokratie durch eine strikte Trennung von marktwirtschaftlicher und politisch-demokratischer Sphäre wird im Folgenden eine Form der Ent-Demokratisierung erkennbar, die sich auf die Institution und Handlungsweisen der Demokratie selbst bezieht.

5.4 Ent-Demokratisierung durch die „Demarchie"

Den Begriff der „Demarchie" verwendet Hayek in seinem Werk erst relativ spät und nur sporadisch (vgl. Hayek 1969, 227 ff.; 1981, 62 ff.). Gleichwohl lassen sich anhand dieses Begriffs, der bei Hayek die Herrschaft gewachsener *Meinungen* gegenüber einem demokratisch gebildeten *Willen* bezeichnet und durch die Einrichtung einer exklusiv besetzten parlamentarischen Kammer vermittelt wird, weitere Momente von Ent-Demokratisierung identifizieren.

Diese Momente der Ent-Demokratisierung richten sich nicht auf die Ersetzung der Demokratie durch Diktaturen oder ihre Begrenzung durch wirtschaftsliberale Prinzipien, sondern auf eine innere Transformation. Diese innere Transformation wird erstmals greifbar in Texten, die in Hayeks Freiburger Zeit fallen und unter den Titeln ‚Recht, Gesetz und Wirtschaftsfreiheit' und ‚Die Anschauungen der Mehrheit und die zeitgenössische Demokratie' einer Reform der Demokratie gewidmet sind (vgl. Hayek 1969, 47 ff.).[48] Es ist diese Reform, die Hayek am Ende seiner Karriere als eine seiner wichtigsten theoretischen Innovationen einordnete (vgl. Hayek 1982, 40).

In ‚Die Anschauungen der Mehrheit' konstatiert Hayek dabei zunächst das Auseinanderdriften zwischen einem demokratischen Ideal allgemeiner Zustimmung und einer Realität, die sich mehr und mehr von diesem Ideal entferne, weil demokratische Entscheidungen in unangemessener Weise ausgeweitet würden auf die Frage nach der Gestaltung und Korrektur der spontanen Ordnung von Markt und Gesellschaft. Den Grund dieser „Entartung", wie Hayek den Verlust evolutionär entwickelter Verhaltensweisen nennt, sieht er dabei aus der „Logik des Apparats" demokratischer Gesetzgebung entstehen (vgl. ebd., 57):

übersieht an dieser Stelle vor allem, dass eine solche Konzeption unvereinbar ist mit Hayeks Kritik an pluralistischen Formen der Deliberation, die zu staatsinterventionistischen Experimenten führen. **48** Bei den Texten handelt es sich um die Verschriftlichungen von Vorträgen, die Hayek 1963 und 1964 hielt. Zu Hayeks Freiburger Zeit, in der Hayek wichtige Gedanken seines späten Hauptwerkes ‚Recht, Gesetzgebung und Freiheit' erarbeitete, vgl. Hennecke 2000, 283 ff.

Es scheint mir aber, daß die Entwicklung der modernen Politik und insbesondere die Wirt-
schafts- und Sozialpolitik vielmehr das Produkt der besonderen Maschinerie, als der Ausdruck
der gemeinsamen Ansichten einer Majorität ist – ein Kunstprodukt, das wir übereingekommen
sind, den Willen der Mehrheit zu nennen, das aber vielfach niemandes Wünschen entspricht
(ebd.).

Was Hayek hier mit seiner Kritik am Kunstprodukt des Mehrheitswillens meint, ist
nicht so sehr eine nachvollziehbare Kritik an der Marginalisierung von Minderheiten durch die Idealisierung von Mehrheitsentscheidungen, sondern die Kritik an der
Offenheit der Demokratie, insofern sie in wirtschaftsliberale Traditionen eingreift.
Gegenüber der künstlichen Übereinkunft der Mehrheit stellten diese Traditionen eine
natürliche Quelle von Übereinstimmung dar. Für Hayek gilt es deshalb nicht nur,
den institutionellen Apparat der Demokratie so umzustellen, dass Wirtschafts- und
Sozialpolitik im Zaum gehalten werden, sondern auch neuen Anschluss an die evolutionär entstandenen, unausgedrückten „gemeinsamen Ansichten der Majorität"
zu gewinnen, die er gegen sozial- und wirtschaftspolitische Eingriffe zu mobilisieren
hofft.

Zum einen, so wird im Folgenden gezeigt, handelt es sich bei Hayeks Kritik der
Demokratie um eine institutionelle Form der Ent-Demokratisierung, die Teil eines
größeren Verfassungsreformprojekts ist, das Hayek seit etwa Mitte der 1960er Jahre
entwickelt (vgl. Vanberg 1981). Zentrale Anliegen dieses Projektes bilden neben der
bereits im dritten Kapitel dargestellten Herrschaft des Rechts und der im vierten
dargestellten Wettbewerbsordnung auch ein Zwei-Kammern-Modell repräsentativer
Demokratie, in dem die Legislativ-Kammer einer wiederkehrenden politischen Kontrolle weitgehend enthoben bleibt und auf eine traditionalistische Konsens-Struktur
verpflichtet wird (s. Kap. 5.3.1).

Zum anderen handelt es sich dabei um eine Form der Ent-Demokratisierung,
die sich als Appell zum freiwilligen Konformismus gegenüber gewachsenen Verhaltensweisen präsentiert. Als Aufforderung zur Unterwerfung unter das „gewachsene
Recht" wurde dieser Konformismus in Ansätzen bereits im zweiten Kapitel thematisiert (vgl. Kap. 3.5). In dieser Art des Konformismus wird nun genauer jene zu Beginn
dieses Kapitels angesprochene Seite des „autoritären Liberalismus" erkennbar, die
eine vom Anspruch auf Partizipation weitgehend befreite, unter Umständen sogar
diktatorische Autorität „von oben" mit einem subjektiven Entgegenkommen, einer
autoritären Einstellung „von unten" verbindet (s. Kap. 5.3.2).

5.4.1 Die Demarchie als institutionelle Ent-Demokratisierung

Hayeks Ideen zur Reform demokratischer Institutionen, die den von ihm bezeichneten Gefahren eines ‚Wegs zur Knechtschaft' zu widerstehen in der Lage sind, um so

eine liberale Diktatur zu vermeiden, lassen sich zunächst vis-à-vis zu seinem Konzept der Herrschaft eines de-politisierten Rechts entwickeln.

So wird schon in Hinblick auf die von Hayek als gesellschaftlich grundlegend bestimmte Etablierung einer formal und traditional angelegten Herrschaft des Rechts deutlich, dass eine pluralistisch-partizipatorische Form der Demokratie für ihn problematisch ist. Denn die strikte ethische Neutralität, die das Recht bei Hayek kennzeichnet (vgl. Kap. 3.3), steht der wirtschafts- und gesellschaftspolitischen Äußerung divergierender (z. B. Fraenkel 2011, 265 ff.) bzw. agonistischer Interessen (z. B. Mouffe 2013) diametral gegenüber. Die Kontinuität traditioneller Verhaltensweisen, die bei Hayek durch das „gewachsene Recht" gesichert wird, steht zudem in Konflikt mit dem Konzept der Volkssouveränität, d. h. einer höchsten Willensentscheidung über die Gestaltung von Gesellschaft und Wirtschaft, insofern sie die Gefahr der Diskontinuität rechtlicher Traditionen heraufbeschwört. Mit dem Vokabular der aktuellen Demokratietheorie gesprochen, verweist Hayeks Konzept der Herrschaft des Rechts sowohl auf eine Beschränkung der Input- als auch auf eine Beschränkung der Output-Seite der Demokratie.

Wie genau sich diese Beschränkung darstellt, wird im Folgenden untersucht. Von heuristischer Bedeutung ist dabei zunächst Hayeks basale Unterscheidung zwischen Recht als unpersönlich und abstrakt formuliertem Regelwerk einerseits und speziellen Maßnahmen bzw. Befehlen andererseits, die sich auf bestimmte Personen bzw. Gruppen und die Veränderung konkreter Lebensbedingungen bezögen.[49]

Bereits in der ‚Verfassung der Freiheit' hatte Hayek im Kontext seiner Auseinandersetzung mit dem Prozess öffentlicher Meinungsbildung davon gesprochen, dass es eine „Funktionsteilung" gebe zwischen Bürgern, die abstrakte Ideen entwickelten, und anderen, die sich mit konkreten Anwendungen auseinandersetzten (vgl. Hayek 1991a, 136 f.). In dem bereits angesprochenen Text über die ‚Die Anschauungen der Mehrheit' wendet Hayek diese Unterscheidung nun auf die Gestaltung des politischen Systems an.

Ausgehend von der These, dass die institutionelle Blütezeit der Demokratie, die Hayek als Blüte des Ideals parlamentarischer Gewaltenteilung[50] versteht, nur von kurzer Dauer gewesen sei, nämlich im England des 18. Jahrhunderts, konstatiert Hayek einen anschließenden Verfall durch die Usurpation von Regierungsaufga-

---

49 „Unterstellen wir, daß sich eine klare Unterscheidung zwischen den beiden Arten von Regeln, die wir jetzt >Gesetze< nennen, ziehen läßt, so wird ihre Bedeutung schärfer hervortreten, wenn wir etwas detaillierter die Art von Verfassungseinrichtungen skizzieren, die eine wirkliche Gewaltentrennung zwischen beiden repräsentativen Körperschaften sichern würde, wodurch Gesetzgebung im engeren Sinne wie auch die eigentliche Regierungstätigkeit demokratisch gelenkt werden würden, aber von verschiedenen und voneinander unabhängigen Instanzen" (Hayek 1981b, 149).

50 „Gewaltenteilung bedeutet, daß für jede Ausübung von Zwang die Regierung durch eine allgemeine Regel autorisiert sein muß" (Hayek 1969, 63).

ben von Seiten der Legislative (vgl. Hayek 1969, 65).[51] Unter den Regierungsaufgaben versteht Hayek dabei die „Verwaltung von besonderen, dem Staate anvertrauten Mitteln", bei der nach Zweckmäßigkeit „Entscheidungen über besondere Dinge und nicht über allgemeine Dinge" getroffen würden (ebd). Die Gesetzgebung habe sich dagegen um den „den Erlaß allgemeiner Rechtsregeln" zu kümmern und dadurch die Tätigkeit der Regierung zu leiten und zu kontrollieren (vgl. ebd., 62). In der von Hayek beschworenen Blütezeit demokratischer Institutionen, die, nebenbei bemerkt, durch ein hoch selektives Zensus- und Geschlechterregime bestimmt war, konnten „Parlamentsmitglieder (...) noch als Vertreter der allgemeinen Interessen und nicht als Vertreter besonderer Interessen angesehen werden" (ebd., 65). In dem Maße jedoch, wie sich die Legislative Entscheidungsbefugnis über die Ausgabe staatlicher Mittel für konkrete Zwecke angemaßt habe, sei das Ideal uninteressierter Gesetzgebung verloren gegangen.

Ganz ähnlich der ordoliberalen Kritik an der parlamentarischen Interessenspolitik, die einen „Staat als Beute" (Rüstow) impliziere, sieht Hayek aus dem Verfall der Demokratie ein System der „Kuhhändel" entstehen, in dem die unterschiedlichsten politischen Anliegen in politischen Programmen zusammengebracht würden, um Mehrheiten zu organisieren. Von einer allgemeinen Zustimmung zu den Sachen selbst könne so nicht mehr ausgegangen werden (vgl. ebd., 67).

Die Auflösung einer uninteressierten Gesetzgebung zu Gunsten einer „Schacherdemokratie" sei nach Hayek jedoch nicht Ausdruck eines anthropologischen Defekts, sondern Konsequenz eines Systems, das es Politikern erlaube, staatliche Mittel in konkrete Projekte zur Umgestaltung und Korrektur spontaner Ordnungen zu investieren (vgl. Hayek 1981b, 138). Als treibende Kraft hinter der Entstehung dieses Systems macht Hayek das Konzept der Volkssouveränität aus. Dieses ist für ihn vor allem von der rationalistischen Idee der kognitiven wie politischen Verfügbarkeit von Gesellschaft und Wirtschaft getragen, der Idee, dass ein mehrheitlich bestimmter Wille höchste Gewalt innehaben könne (vgl. ebd., 71).[52] Schon aufgrund der Beschränktheit des Wissens der Menschen auf einen kleinen, sie umgebenden Lebensbereich und den daraus resultierenden Interessen seien demokratische Mehrheiten nicht in der Lage, die Umgestaltung gesellschaftlicher Ordnung zu verantworten (vgl. Hayek 1969,

---

51 An anderer Stelle scheint Hayek von einer anderen, nahezu gegensätzlichen Dynamik auszugehen, nämlich der freiwilligen Abtretung von Verantwortung der Legislative an die Regierung: „Wahrscheinlich ist der größte Teil der Macht, die die Bürokratie erworben hat und die tatsächlich unkontrollierbar ist, das Ergebnis der Delegierung durch Legislativen" (Hayek 1981b, 159). Hier macht sich das geringe Interesse Hayeks für historische Entwicklungen gegenüber seinem ideologischen Interesse deutlich bemerkbar.

52 In den wenig später publizierten ‚Grundsätze einer liberalen Gesellschafsordnung' ergänzt Hayek diese Analyse des Verfallsprozesses dahingehend, dass auch die Idee einer notwendigen Korrektur spontaner Ordnungen zu Gunsten bestimmter Bevölkerungsgruppen, d. h. die der Idee der „sozialen Gerechtigkeit", einen wichtigen Anteil an dieser Entwicklung habe (vgl. 1969, 117 f.).

68). Gegen die Anmaßung von Wissen und souveräner Entscheidung über die Gestaltung von Wirtschaft und Gesellschaft setzt Hayek deshalb auf die Autorität traditioneller Meinungen. Die „Demarchie" stellt in diesem Sinne einen Versuch dar, den vermeintlichen Konsens eingewurzelter Meinungen zu institutionalisieren, um so einer auf die Aushandlung pluraler Interessen gerichteten Demokratie vorzubeugen.

Welche Bedeutung Hayeks Priorisierung von Meinungen gegenüber jedem kollektiven Willen hat, wird deutlicher an einem etwas später, nämlich 1968 erschienen Text ‚Die Sprachverwirrung im politischen Denken'. Die Pointe des Textes liegt dabei in folgender Feststellung: „Die Mitglieder einer Offenen Gesellschaft haben und können auch nur Meinungen über Werte gemeinsam haben, jedoch keinen auf konkrete Ziele gerichteten Willen" (Hayek 1969, 223). Meinungen und Werte ordnet Hayek dabei jener Art von Wissen zu, das bereits im dritten Kapitel als biologisch und kulturell überformt und dadurch letztlich unverfügbar ist. Werte etwa seien meist kulturell überliefert und bestimmten das Handeln von Menschen auch ohne deren Bewusstsein (vgl. ebd., 222). Die wichtigsten Meinungen und Werte, die das gesellschaftliche Miteinander erst ermöglichten, seien dabei „Tabus" ähnlich: sie verböten bestimmte Handlungsweisen, ohne dass der Grund für ein solches Verbot bewusst sei (ebd., 221). Angelehnt an diese Unterscheidung ist Hayeks Befürwortung einer Herrschaft der Meinung, der „Demarchie", gegenüber einer Herrschaft des bloßen Willens, der „Demokratie".

Diejenigen, die für Hayek die gewachsenen Meinungen in allgemeinen Gesetzen zum Ausdruck zu bringen hätten, nennt er in Anlehnung an antike Vorbilder „Nomotheten" (vgl. Hayek 1969, 55). Die Ausgestaltung der parlamentarischen Kammer, in der die Nomotheten zusammenkommen, entspricht dabei der Funktion der Meinungsbildung im Hayekschen Sinne. Sie steht deshalb zum einen für Kontinuität: „Die rechtsetzende Körperschaft müßte eine stabile, auf lange Sicht arbeitende Körperschaft sein, deren Mitglieder nur schrittweise ersetzt würden und nach einer langen Amtsperiode nicht wiederwählbar wären" (Hayek 1969, 54). Inwiefern in dieser Beschreibung zudem eine Einschränkung von Partizipation und demokratischer Responsivität eingeschrieben ist, wird erst deutlich an Hayeks Konkretisierungen der Mitgliedschaft der Nomotheten:

> Ich könnte mir zum Beispiel vorstellen, daß jedes Jahr die jeweils Vierzigjährigen aus ihrer Mitte Vertreter auf fünfzehn Jahre entsenden, so daß auf diese Weise ein Fünfzehntel der rechtsetzenden Versammlung ersetzt würde. Und ich würde ihre im fünfundfünfzigsten Jahr abtretenden Mitglieder zwar nicht wiederwählbar machen, aber ihnen eine Verwendung auf weitere fünfzehn Jahre als bezahlte Laienrichter zusichern, so daß sie wirklich von Parteiorganisationen unabhängig wären (ebd.).

Zweck dieser exklusiven Mitgliedschaftsbedingungen der Nomotheten ist, wie Hayek ausführlich im dritten Band von ‚Recht, Gesetzgebung und Freiheit' darlegt, eine doppelte Unabhängigkeit: „die vollständige Unabhängigkeit dieser nomothetae vom Druck der Sonderinteressen oder organisierten Parteien" (vgl. Hayek 1981b, 157). In der Suche nach institutionellen Vorkehrungen gegen die Parteilichkeit von Abgeordneten geht Hayek schließlich so weit, die Zugehörigkeit zu einer politischen Organisation zum Grund für einen Ausschluss aus der gesetzgebenden Versammlung zu erklären (vgl. ebd.).

Wie im nächsten Kapitel gezeigt wird, gehört zu den wichtigsten ideengeschichtlichen Vorbildern von Hayeks politischem Denken der konservative Liberalismus Edmund Burkes (vgl. Kap. 6.5). In Hinblick auf Hayeks Konzept der Nomotheten lässt sich dabei auf das von Burke entwickelte Ideal des „trustee" verweisen. Dieses bezeichnet Abgeordnete, die im Gegensatz zum „delegate" Unabhängigkeit gegenüber ihren Wählern beanspruchen und selbst im Falle von Entscheidungen, die im Widerspruch mit den kurzfristigen Interessen ihrer Wählerschaft stehen, das allgemeine nationale Wohl im Blick behalten (vgl. Burke 1887b).[53] Ähnlich wie Burke von einer „natürlichen Aristokratie" ausgeht, die in der Lage sei, dieses allgemeine Wohl aufgrund ihrer gelehrten Weitsicht zu verwirklichen, kennzeichnet auch Hayeks Konzept der Nomotheten ein autoritär-patriarchales Repräsentationsverständnis. Bettina Lösch, die sich mit unterschiedlichen neoliberalen Gegenmodellen zur Demokratie auseinander gesetzt hat, spricht in dieser Hinsicht zu Recht von einem elitären „Rat der Weisen" (Lösch 2007, 234).

Bevor hier eine kurze Zwischenbilanz über die ent-demokratisierenden Effekte von Hayeks Reformvorschlägen für eine institutionelle Reform des Parlamentarismus gegeben wird, soll an dieser Stelle noch komplettiert werden, wie Hayek sich das institutionelle Umfeld der Nomotheten vorstellt. Diese bilden gegenüber der Regierung, die sich mit der konkreten Umsetzung der Gesetzesakte befasst und daher periodisch gewählt wird, „um sie für die fluktuierenden Wünsche der Wählerschaft empfänglich zu machen", die maßgebliche Kontrollinstanz (Hayek 1981b, 155). Ein solches System parlamentarischer Gewaltenteilung verlange darüber hinaus nach einem starken Verfassungsgericht, das die Kompetenzen von Gesetzgebung und Regierung zu trennen in der Lage sei (vgl. Hayek 1969, 54).

Während der ent-demokratisierende Effekt einer Elitenherrschaft, die von stetiger demokratischer Rechtfertigung und Kontrolle ausgenommen bleibt, leicht einsichtig ist, ist ein zweiter Effekt von Hayeks institutionellem Reformvorhaben weniger offensichtlich. Dieser bezieht sich auf die Voraussetzung jener scheinbar allgemein akzeptierten Meinung, die sich nach Hayek in einem Prozess kultureller Evolution durchsetzt und die Abgeordneten auf einen Konsens verpflichtet.[54] Innerhalb der Logik von

---

53 „Auf der anderen Seite sollte die eigentliche Gesetzgebung nicht durch Interessen, sondern durch die Meinung gelenkt werden, d.h. durch Ansichten darüber, welche *Art* der Handlung richtig oder falsch ist (...) ohne Rücksicht auf die Auswirkung auf bestimmte Individuen oder Gruppen" (Hayek 1981b, 155).

54 Diese Verpflichtung auf einen Konsens wird nicht zuletzt darin deutlich, dass Hayek davon ausgeht, dass sich innerhalb der Nomotheten ein „Gemeinsinn" etabliere (Hayek 1981b, 159). In einer Äußerung Hayeks in der ‚Verfassung der Freiheit' wird deutlicher, dass dieser „Gemeinsinn" einen

Hayeks Kritik der interessenbestimmten Schacherdemokratie ist die Autorisierung dieser Meinung von großer Bedeutung. Ohne sie könnte kaum gewährleistet werden, dass nicht auch die Nomotheten partikularistisch und interessengeleitet entscheiden.

> Die höchste Gewalt muß also keine unbeschränkte Gewalt sein (...). Genauso wie der Papst nur für unfehlbar gehalten wird, wenn er ex cathedra spricht, d. h. wenn er Dogmen und nicht Einzelentscheidungen verkündet, genauso hätte eine Gesetzgebungsversammlung nur so lange höchste Gewalt, als sie ihre Gesetzgebungsbefugnisse ganz strikt einhält und nur gültige Nomoi[55] verabschiedet (Hayek 1969, 228).

Von einer institutionellen Ent-Demokratisierung kann bis hierhin deshalb insofern gesprochen werden, als der exklusive Verein der Nomotheten, der von der ebenso exklusiven Gruppe der 45jährigen gewählt wird, einer regelmäßigen demokratischen Kontrolle, der Hayek an anderer Stelle eine wichtige Funktion gegenüber Tendenzen der Verselbstständigung von Herrschaft zuschreibt, weitestgehend entzogen wird.[56] Sowohl das Verbot politischer Parteien als auch die Verpflichtung auf einen traditionell gefassten Konsens wenden sich somit gegen die Artikulierung eines politischen Interessenpluralismus, der die spontane Ordnung der Gesellschaft umzugestalten in der Lage wäre.

Anschließend an die Analyse von Hayeks Verpflichtung der Gesetzgebung auf die Verabschiedung von Gesetzen, die sich der herrschenden Meinung unterwerfen, wird im Folgenden sein Aufruf zu einem strukturell ähnlichen „freiwilligem Konformismus" thematisiert. Dieser richtet sich nicht nur an eine kleine Elite, sondern an alle Bürger.

5.4.2 Die Demarchie als Aufruf zum freiwilligen Konformismus

Die Idee, dass ausgerechnet Konformität ein wichtiges Merkmal offener Gesellschaften darstelle, entwickelt Hayeks nicht erst im Kontext seines Vorschlages für eine strikte Aufteilung parlamentarischer Gewalt in eine ausführende und eine gesetzge-

---

Sinn vor allem für traditionelle Verhaltensweisen meint. Die Aufgabe des Politikers, so stellt Hayek dabei fest, „in einer Demokratie ist es, herauszufinden, was die Ansichten der großen Mehrheit sind, nicht, neue Ideen in Umlauf zu setzen, die in ferner Zukunft die Ansicht der Majorität werden könnten" (Hayek 1991a, 136).

55 Unter „Nomoi" versteht Hayek gerade jene Gesetze bzw. jene Form des Rechts, die in Kap. 3.2–3.5 analysiert wurde: neben dem strikt formalen Charakter des Rechts und der Garantie marktwirtschaftlicher Grundrechte ist dieses Recht durch seine „Abstraktheit" charakterisiert, die eine Allgemeinheit kennzeichnet, die traditional eingewurzelte Verhaltensweisen bezeichnet (vgl. Hayek 1969, 211 ff.).

56 Würden die Nomotheten in ihren Entscheidungen zudem die Kongruenz mit der herrschenden Meinung beachten, käme ihren Gesetzen eine Autorität zu, die Hayek mit der päpstlichen Autorität vergleicht und sich auch in dieser Hinsicht der Politisierung entzieht.

bende Kammer, die auf die Durchsetzung gewachsener Meinungen verpflichtet sei. Die Fährte dieser Idee lässt sich bereits an einem werkgeschichtlich weitaus früheren Zeitpunkt aufnehmen: sie beginnt mit seiner Analyse des Nationalsozialismus und der Idee, dass eine wichtige Ursache des NS eine übersteigerte Betonung von Individualität darstelle.

Als Quellen stehen in Bezug auf Hayeks Analyse des NS zum einen Texte zur Verfügung, die diesen als planwirtschaftlichen Totalitarismus thematisieren. In diesen Texten sieht Hayek Konformität vor allem verursacht durch äußeren Zwang. So müssten staatliche Behörden nach Hayek sukzessive alle individuellen Ausdrucksformen unterbinden, um keine Zweifel an der Durchführbarkeit wirtschaftlicher Pläne aufkommen zu lassen, deren Erfolg für ihn logisch unmöglich ist (vgl. Kap. 5.2).

Zum anderen stehen Quellen Hayeks zur Verfügung, die in Bezug auf das Verhältnis von NS und Individualität auf mentalitätsgeschichtliche Entwicklungen aufmerksam machen, die in der Genese des Nationalsozialismus eine wichtige Rolle gespielt hätten. Darin erscheint paradoxerweise gerade die Ablehnung von freiwilligem Konformismus als mentale Voraussetzung für die Durchsetzung des NS, der als künstliches, gegen gewachsene soziale Bindungen eingerichtetes Kollektiv entstanden sei: als organisatorische Zusammenfassung von auf ihrer Originalität beharrenden Individuen.[57]

Dieses zweite Modell basiert auf Ideen, die Hayek zunächst im Londoner Exil im Rahmen seiner Arbeit für eine propagandistische Bekämpfung des Nationalsozialismus entwickelte (vgl. Hayek 1933). Hier finden sich erste Versuche einer mentalitätsgeschichtlichen Deutung des Nationalsozialismus, die Hayek dann besonders prägnant in ‚Wahrer und falscher Individualismus' weiter ausführt (vgl. Hayek 1952, 9 ff.). Das ideengeschichtlich vereinfachende Modell dieser manichäischen Gegenüberstellung wird im sechsten Kapitel ausführlicher thematisiert.

In der für ihn typischen Gegenüberstellung von Liberalismus und Totalitarismus bezeichnet Hayek als „wahren Individualismus" zunächst eine Denkweise, die den Menschen nicht als vereinzeltes, sondern als durch und durch vergesellschaftetes Wesen vorstelle, als eine Theorie der „Menschen (...) deren Natur und Charakter völlig durch ihr Leben in der Gesellschaft bestimmt sind" (vgl. ebd., 15). Gemeint sei damit keine allgemeine Uniformität, sondern die Annahme von Handlungsfreiheit unter der Bedingung von gesellschaftlich geteilten Verhaltenserwartungen.[58] Von dieser Denkweise grenzt Hayek eine „falsche", nämlich rationalistische Variante des Individua-

---

57 Zwischen beiden Modellen besteht insofern ein Zusammenhang, als fehlender freiwilliger Konformismus nach Hayek eine motivationale Komponente bei der Einrichtung des planwirtschaftlichen Zwangsapparates im NS spielt. Gleichzeitig verfügt diese motivationale Komponente auch über Eigenständigkeit und spielt nach Hayek auch in anderen Kontexten eine Rolle.

58 Adam Smith preist Hayek in dieser Hinsicht als Theoretiker jener Umstände und Institutionen, unter denen eine begrenzte Rationalität zu allgemein produktiver Geltung gelangen könne und nicht als Theoretiker individueller Rationalität (vgl. Hayek 1952, 22).

lismus ab, der die gesellschaftliche Verfasstheit des Menschen insofern leugne, als er davon ausgehe, dass gesellschaftliche Verhaltenserwartungen einer freien Gestaltbarkeit unterlägen (vgl. ebd., 16). Von dieser Variante nimmt Hayek an, dass sie zur Entstehung des Nationalsozialismus und dessen Deformation von Individualität beigetragen habe.

So äußere sich die Vorherrschaft des falschen Individualismus in Deutschland vor allem darin, dass die Wertschätzung freiwilliger Konformität besonders schwach ausgeprägt sei, ja sogar verachtet werde (vgl. ebd., 40). Goethe und Humboldt seien in dieser Hinsicht die schlechten Vorbilder einer Haltung, die die Gesellschaft dem individuellen Willen zu unterwerfen suche. An die Stelle der vom wahren Individualismus geachteten, spontan gewachsenen sozialen Bindungen setze der falsche Individualismus künstliche Gebilde wie die deutsche Nation (vgl. ebd., 41).[59] Dagegen setzt Hayek jene Verhaltensweisen, die sich ohne willentliche Einmischung „spontan" und unbewusst durchgesetzt hätten. Gemeint sei damit, „daß die grundsätzliche Einstellung des wahren Individualismus eine Demut gegenüber den Vorgängen ist, durch die die Menschheit Dinge erreicht hat, die von keinem Einzelnen geplant oder verstanden worden sind und in der Tat größer sind als der Einzelverstand" (Hayek 1952, 47).

Auch an dieser Stelle lässt sich wie schon zuvor Hayek mit Rancière in einer breiteren Strömung der Demokratiekritik verorten, die in der Demokratie eine Gefahr der Zerstörung etablierter Ordnungen erkennt. Hayeks Kritik eines übersteigerten Individualismus lässt sich dabei parallelisieren mit einer von Rancière analysierten Kritik der Französischen Revolution, die nicht deshalb in den Terror geführt habe, weil sie die Rechte des Individuums nicht beachtet habe, sondern weil sie diese zu Heiligtümern erklärt habe. Dahinter, so Rancière, stehe letztlich eine Kritik der Aufklärung, „die das Urteil der isolierten Individuen an die Stelle der kollektiven Strukturen und Überzeugungen stellt" (Rancière 2011, 20). Diese Entwicklung der Demokratiekritik, in der Revolution und revolutionärer Terror ineinander fallen, moniere eine Auflösung von traditionellen Bindungen, die anschließend nur künstlich wieder hergestellt werden könnten.

Hayeks Kritik der Demokratie, so wird an dieser Parallelisierung deutlich, ist insofern radikal, als sie die Grundlagen demokratischer Prozesse, die Formulierung eines individuellen Urteils bzw. Willens problematisiert. Gerade in Hinblick auf die zentrale systematische Rolle, die die Schrift „Wahrer und falscher Individualismus" für sein liberales Selbstverständnis spielt, wird deutlich, dass sich sein Aufruf zum freiwilligen Konformismus nicht auf seine Analyse des NS beschränkt. Ein wichtiges Beispiel, das zeigt, inwiefern dieser Aufruf einen direkten Bezug zu seiner Kritik der

---

59 Abgesehen von Hayeks richtigem Hinweis auf die Konstruktion von Kontinuitätsmythen wie dem „Dritten Reich" begleitet seine Kritik des falschen Individualismus ein Aufruf zu freiwilligem Konformismus gegenüber gewachsenen Verhaltensweisen, der für die Wirkmächtigkeit solcher Mythen nicht irrelevant gewesen ist.

Demokratie aufweist, findet sich in dem schon erwähnten Text über die ‚Die Anschauungen der Mehrheit und die zeitgenössische Demokratie':

> Es ist wahrscheinlich keine Übertreibung zu sagen, daß der Fortschritt der Zivilisation hauptsächlich darin besteht, daß wir als Individuen lernen, unsere Wünsche hinsichtlich besonderer Dinge allgemeinen Regeln zu unterwerfen. Aber die Mehrheiten sind noch nicht in diesem Sinne zivilisiert (Hayek 1969, 59).

Ideologietheoretisch ist hier von Bedeutung, dass Hayek Tendenzen der Kritik und Auflehnung gegenüber gesellschaftlichen Prozessen und Institutionen im Namen der Rechte des Individuums mit einem Aufruf zur Anpassung an die „blind erscheinenden Kräfte des sozialen Prozesses" begegnet (Hayek 1952, 38). Es ist diese freiwillige „Unterwerfung", „Anpassung" bzw. „Demut" gegenüber dem gesellschaftlichen status quo, d. h. seine vollständige Ent-Politisierung, die auch seine Konzeption einer auf Ungleichheit und wiederkehrenden Krisen beruhenden Wettbewerbsordnung gegenüber staatsinterventionistischen Reformvorhaben durchsetzungsfähig macht.

5.5 Zwischenfazit

Auf die Vorteile einer ideologietheoretischen Betrachtungsweise, die in der Lage ist, auch heterogene, scheinbar widersprüchliche Konzepte als politisch durchsetzungsfähige Konstellation zu analysieren, ist bereits mehrfach eingegangen worden. Auch in Bezug auf Hayeks Demokratiekritik wird dieser Vorteil vor allem gegenüber systematischen Betrachtungsweisen deutlich, die versuchen, Hayek einem abstrakt-konsistenten Denkmodell zuzuweisen.

Einen solchen Versuch hat zuletzt auch Johanna Falk vorgelegt, die in Hayek eines von drei „Grundmodellen" westlichen Freiheitsdenkens erkennt, das sie „von seinen Prämissen bis zu seinen Konsequenzen" nachzuzeichnen beansprucht (vgl. Falk 2012, 11).[60] In ihrer Rekonstruktion von Hayeks Freiheitsbegriff erkennt sie dabei zu Recht eine explizite Distanzierung vom Konzept der politischen Freiheit (vgl. ebd., 104 f.), die auch im vorliegenden Kapitel thematisiert wurde (vgl. Kap. 5.3). Diese Distanzierung lässt sich für sie allerdings nicht vereinbaren mit Hayeks Vorschlägen zur Einrichtung der gesetzgebenden Kammer der nomothetae, einem Vorschlag, bei dem der Demokratie durch die Artikulierung konsensfähiger Meinungen eine wichtige Rolle in der Erhaltung offener Gesellschaften zukomme.[61] Seine Theorie sei deshalb „nicht ohne demokratische Mitbestimmung denkbar" (Falk 2012, 106).

---

60 Neben einem rechtsstaatlichen und einem sozialliberalen Modell stehe Hayek idealtypisch für das Modell des Wirtschaftsliberalismus (vgl. Falk 2012, 10 ff.).
61 „Spätestens, wenn er die >Herrschaft des Gesetzes< propagiert, wird sich zeigen: Individuelle Freiheit muss politisch konstituiert werden" (Falk 2012, 106).

Dass Hayek jedoch nicht nur politische und individuelle Freiheit strikt vonein-ander trennt, sondern auch das Konzept einer „liberalen Diktatur" entwirft und ihre konkrete Ausformung im Fall Chiles unterstützt (vgl. Kap. 5.2.2), widerspricht dieser Relativierung Falks: für Hayek sind liberale Ordnungen sehr wohl ohne demokrati-sche Mitbestimmung denkbar. Im vorliegenden Kapitel konnte darüber hinaus nach-gewiesen werden, dass die Idee eines solchen autoritären Liberalismus bereits in einer frühen publizistischen Intervention Hayeks zur Reform der österreichischen Verfassung und seiner Auseinandersetzung mit dem Totalitarismus angelegt ist (vgl. Kap. 5 und 5.2.1).

Der Grund für Falks Relativierung von Hayeks Demokratiekritik ist dabei weniger in einer unkritischen oder selektiven Quellenauswahl zu suchen, als in ihrer Metho-dik. Dies wird deutlich an der Begründung ihrer Relativierung: „Wer eine Linie durch seine [Hayeks] Philosophie ziehen will, muss seine expliziten Äußerungen zur politi-schen Freiheit im Grunde ignorieren" (Falk 2012, 106). Von einer solchen kohärenten „Linie" geht die hier an Stuart Hall geschulte Ideologietheorie nicht aus. Vielmehr eröffnet die Ideologietheorie eine Perspektive darauf, wie sich eine konzeptuelle Heterogenität zu einer durchsetzungsfähigen Konstellation arrangiert. Die scheinba-ren internen Inkohärenzen und Widersprüche in Hayeks Kritik der Demokratie lassen sich dabei zunächst noch verschärfen.

Denn die Diktatur ist bei Hayek – anders als bei Schmitt, in dessen Nähe Hayek zu Beginn gerückt wurde – kein Selbstzweck, sondern stets auf die Durchsetzung liberaler Ordnungen gegen totalitäre Systeme bzw. den Tendenzen ihrer Entstehung gerichtet. Damit jedoch steht die anvisierte Diktatur und ihr Anspruch auf Gestaltung gesamt-gesellschaftlicher Ordnung auf der Seite jenes rationalen Konstruktivismus und jener Eingriffe in die kulturelle Evolution, die für Hayek die größte Bedrohung moderner offener Gesellschaften darstellen. Aus systematischer Perspektive erscheint Hayeks Entwurf einer liberalen Diktatur nicht nur seinem Konzept des gewachsenen Rechts zu widersprechen, sondern auch der Herrschaft der gewachsenen „Meinung", die in seinem Vorschlag für eine „demarchische" Reform der Demokratie (Kap. 5.4) eine prominente Rolle einnimmt. Falks methodischer Ansatz zielt offensichtlich gerade dort ins Leere, wo Hayeks politisches Denken von liberalen Traditionen abweicht und konservative Züge aufweist.

Ausgehend von der ideologie- bzw. hegemonietheoretischen Grundprämisse der Umkämpftheit bzw. Strittigkeit gesellschaftlicher Ordnung lässt sich die Heterogeni-tät von Hayeks Repertoire der Demokratiekritik auf die Durchsetzung einer bestimm-ten gesellschaftlichen Ordnung hin rekonstruieren. Durchsetzungsfähig, so die in dieser Arbeit nachzuweisende These, wird Hayeks Konzept einer liberalen Wettbe-werbsordnung durch eine umfassende De-Politisierung von Gesellschaft. Besonders handgreiflich wird diese De-Politisierung zweifellos an der zuletzt dargestellten Ent-Demokratisierung von Gesellschaft, d. h. in der Kritik Hayeks an jenen Institutionen und Handlungsweisen, in denen sich die kollektive Entscheidung über die Gestaltung von Wirtschaft und Gesellschaft am direktesten manifestiert. Zurückblickend wurden in diesem Kapitel hauptsächlich drei unterschiedliche Elemente identifiziert, die sich einer solchen Ent-Demokratisierung zuordnen lassen. Erstens handelt es sich dabei um eine in Kapitel 5.2 dargestellte Strategie der Ersetzung von Demokratie durch die bereits erwähnte liberale Diktatur. Die Argumentation dieser Ersetzung, die in Hayeks Denken allerdings eine Ausnahme bleibt, gründet auf einer Annäherung der Demokratie an das Lager des Totalitarismus. Wie an seiner Zustimmung zu Pinochets Putsch gegen die Regierung Allendes und der im Folgenden diktatorisch durchgesetzten marktwirtschaftlichen Schockstrategie deutlich wurde, werden die äußersten Mittel gegen die Demokratie denkbar an dem Punkt, wo die Demokratie selbst als äußerste Bedrohung erscheint.

Zweitens ist mit dem Kapitel 5.3 auf eine Eingrenzung von Demokratie durch Hayek hingewiesen worden. Die strikte Trennung von Liberalismus und Demokratie bzw. persönlicher und politischer Freiheit, die dieser Eingrenzung zu Grunde liegt, ist dabei Teil jener Polarisierung zwischen Freiheit und Sozialismus bzw. Totalitarismus, deren scheinbar alternativloser Charakter bereits im vorigen Kapitel 5.4 kritisch beleuchtet worden ist. Gegenüber der Teilnahme am Markt, so wird deutlich, besitzt die Partizipation an den „res publica" einen untergeordneten Wert.

Drittens wurde im Kapitel 5.4 auf eine Form der Demokratiekritik eingegangen, die sich als innere Transformation begreifen lässt: dabei ging es um eine Entkopplung der Gesetzgebung von wechselnden gesellschaftlichen Interessen und ihrer kontroversen parlamentarischen Aushandlung einerseits und den Appell zu mehr freiwilligem Konformismus andererseits. Gemeinsamer Bezugspunkt ist die Transformation der Demokratie. Das Konzept der „Demarchie", in dem sich diese Transformation bündeln lässt, verbindet die Herrschaft eines elitären Kreises von Abgeordneten mit der Herrschaft traditioneller Meinungen.

Der von Hayek entworfenen diktatorischen oder elitären politischen Herrschaft „von oben" korrespondiert in dieser Hinsicht die Ausformung einer spezifischen Selbstbeherrschung „von unten". Zusammen bilden sie einen Rahmen, der eine Politisierung des gesellschaftlichen und ökonomischen status quos verhindert.

6 De-Politisierung der Geschichte

Der Rekurs auf die Geschichte sozialer Ordnung spielt in Hayeks de-politisierter Ideologie eine zentrale Rolle. Deutlich wurde dies bereits an den Regeln des gerechten Verhaltens in seiner Theorie des Common Law, den tradierten ökonomischen Institutionen in seinem Konzept der Katallaxie und den etablierten Meinungen des Volkes in seinem Konzept der Demarchie, deren historische Gewordenheit er jeweils besonders hervorhebt. Aus einer Metaperspektive verweist Hayek auf die Gewordenheit seines eigenen sozial-historischen Ansatzes, zu dessen Vordenkern er neben klassischen Liberalen der Schottischen Aufklärung auch konservative Gegenaufklärer wie Burke oder Friedrich Carl von Savingy zählt. Die spezifische Form der Gewordenheit, auf die sich Hayek bezieht, ist eine aus unterschiedlichen Perspektiven bereits dargestellte, unbewusst-spontane, die richtige Form sozialer Ordnung für ihn mithin das Ergebnis einer durch Konventionen geleiteten „Evolution" (vgl. Hayek 1986, 24). Im Gegensatz zu den von Hayek als Vorbild bemühten schottischen Liberalen, die, geleitet durch aufgeklärte Erkenntnis, mit den gesellschaftlichen Verkehrsformen des Merkantilismus brechen wollten, ist Hayeks Neo-Liberalismus, der auf einer Kritik des aufklärerischen Erkenntnis- und Fortschrittsoptimismus gründet, den Konventionen einer wirtschaftsliberalen Vergangenheit verpflichtet.[1]

Ganz im Sinne seines Interesses an hegemonialen Fragen verbinden sich bei Hayek systematische Überlegungen zur Geschichte, wie etwa zur richtigen Form historischer Wissenschaft, mit Untersuchungen über die TrägerInnen solcher Überlegungen und den Bedingungen ihrer gesellschaftlichen Durchsetzung. Den aufgeklärten Fortschrittsoptimismus etwa, den Hayek der Sozialtheorie des europäischen Kontinents zuschreibt, ordnet er einer historisch weit ausgreifenden rationalistischen Bewegung zu, die seit dem 19. Jahrhundert und dem Einfluss Saint-Simons, Auguste Comtes und G. W. F. Hegels die Verfechter evolutionärer sozialer Entwicklung verdrängt habe und stattdessen die Geschichte zum Objekt holistisch-positivistischer Erkenntnis gerinnen lasse (vgl. Hayek 1979, 143 ff.). Diese Bewegung bilde die intellektuelle Grundlage aller möglichen Formen sozialtechnisch gemachter Ordnungen, die unweigerlich in den Totalitarismus führten.

Neben einer berechtigten Warnung vor der Verwandlung von Politik in die Verwaltung positivistischer Tatsachen, so wird im Folgenden gezeigt, impliziert Hayeks Kritik am Rationalismus der Sozialwissenschaften eine Abkehr von dem Anspruch

---

1 Insofern trifft auf Hayek gerade nicht jene ideengeschichtliche Verortung im „Gewebe politischer Diskurse" zu, die Marcus Llanque in einem neueren Einführungswerk der politischen Ideengeschichte vornimmt: „Ähnlich wie in Teilen der Schottischen Aufklärung (Pestoulas 2001) (sic!) war für Hayek die spontane Entstehung von Institutionen (...) der entscheidende Aspekt der Gesellschaftsentwicklung" (Llanque 2008, 438). Es ist demgegenüber vor allem Petsoulas Verdienst, die Brüche zwischen der Schottischen Aufklärung und Hayeks Idee der spontanen Ordnung aufgezeigt zu haben (vgl. Petsoulas 2001, 1).

https://doi.org/10.1515/9783110571363-006

einer wissenschaftlichen Durchdringung sozialer Ordnungen und ihrer Gewordenheit. Diese Abkehr geht mit einem Verzicht auf den Entwurf zukünftiger Ordnungen
einher. Die ideologisch relevante Konsequenz dieses Verzichts ist die Verunmögli-
chung einer Politisierung, die auf eine bewusste Umgestaltung gesellschaftlicher
Ordnung zielt.

Wie schon das Recht, die Ökonomie und die Demokratie bildet auch die
Geschichte für Hayek ein relevantes ideologisches Interventionsfeld. Ausdruck dieser
Relevanz sind zum einen seine allgemeinen Überlegungen zur Geschichte als unbe-
wusst-spontaner Entwicklungslogik, die in allen seinen sozialtheoretischen Publikationen präsent sind. Zum anderen ist auf konkretere historische Studien zu einzelnen AutorInnen und geistesgeschichtlichen Strömungen zu verweisen (vgl. u. a.
Hayek 1991b; 1992). Diese Arbeiten stützen sich im Wesentlichen auf die Geschichte
der Ideen und setzen dadurch einen Kontrapunkt zu ideologiekritischen und -theore-
tischen Ansätzen, die intellektuelle Entwicklungen auf gesellschaftliche Strukturveränderungen beziehen.[2]

Die Geschichte und ihre Deutung erhalten bei Hayek zudem ideologische Bedeutung vor dem Hintergrund seiner Auseinandersetzung mit der Marginalisierung des
Wirtschaftsliberalismus in den frühen 1930er Jahren. Zu verweisen ist dazu auf eine
frühe Schrift Hayeks über Propaganda in Deutschland, deren Thema für sein historisches Denken prägend wurde (vgl. Hayek 2010, 305 ff.). Als zentrales Mittel im
ideologischen Kampf um das Bewusstsein der Deutschen präsentiert Hayek darin die
Idee eines subversiven Geschichtsbuches zur Zerstörung deutscher Geschichtsmy-
then.[3] Neben einer korrigierten Darstellung des Angriffs auf Spanien oder der Verantwortung für den Brand des Reichstags müsse in einem solchen Geschichtsbuch
insbesondere der sozialistische Charakter des Naziregimes thematisiert werden (ebd.,
309).[4] Anstelle solcher Mythen bzw. sozialer Zusammenhänge, die Hayek zu solchen
erklärt, müssten ältere (wirtschafts-)liberale Ideale ins Bewusstsein der Gegenwart
gehoben werden (vgl. ebd., 305). Fragen danach, welche Rolle ein krisenhafter Kapi-

---

2 Als Quellen dienen Hayek dabei auch eigene ideengeschichtliche Editionsarbeiten zu den Schriften
Heinrich Hermann Gossens (Hayek 1928a), Mengers (vgl. Hayek 1968), John Stuart Mills und Harriet
Taylors (Hayek 1951). Dass Hayeks ausufernde Quellenverweise seinem literarischen Stil nicht zuträg-
lich sind, hat D. P. O'Brien festgestellt: „The beautiful crafted but sometimes almost impenetrable
prose, the length to which the scholarship drew him, the substitution of patient repetition (shades of
Menger) for rhetoric and polemic – all these led to a situation in which his work to a significant extent
remained unread" (O'Brien 1994, 369)

3 „The extent to which the political views not only of the more intelligent Germans but even of the
ordinary citizen of Germany are based on the distorted view on history (...) can hardly be exaggerated:
even in so far as the common people are concerned, the long run effect of any propaganda will depend
on now [sic!] far it succeeds in dispelling the main misconceptions in this respect" (Hayek 2010, 306).

4 Dass es sich bei dieser einseitigen Rekonstruktion der Quellen des Nationalsozialismus selbst um
einen Mythos handelt, wird im Kontext der Auseinandersetzung mit Hayeks Blick auf die Geschichte
als Konfrontation zweier Weltsichten genauer analysiert (vgl. Kap. 6.4).

talismus oder die Befürwortung autoritärer Reformen durch die frühen Neoliberalen zur Lösung dieser Krise für den Aufstieg des Totalitarismus spielten (vgl. Kap. 5.1), schließt Hayek von vornherein aus. Auch wenn Hayeks Schrift über Propaganda seinerzeit lediglich in der Verwaltung von BBC und dem englischen Informationsministerium Leser gefunden haben dürfte (vgl. Shearmur 2015, 2), blieb die Warnung vor einer den evolutorischen Liberalismus verdrängenden sozialistisch-rationalistischen und tendenziell totalitären Bewegung ein zentrales Publikationsthema.[5]

Vor diesem Hintergrund erstaunt zunächst, dass Hayeks geschichtliches Denken insbesondere im deutschen Sprachraum bisher selten gewürdigt worden ist.[6] Die Rezeptionslücke auf diesem Feld ist von Nachteil, weil mit Hayeks Deutung der Geschichte als spontanem Entwicklungsprozess ein wichtiges Puzzleteil seiner ideologischen Gesamtkonstellation außer Acht gelassen wird, das deren konservative Seite vervollständigt.[7] Diese mangelnde Würdigung mag zum einen daran liegen, dass sein geschichtliches Denken als bloßes Anhängsel seiner Sozialtheorie rezipiert wird. Zum anderen aber steht der Rezeption in der Geschichtswissenschaft ein methodisches Hindernis entgegen. Dieses Hindernis bildet Hayeks forschungslogische Bevorzugung unbewusster Entwicklungsprozesse, d. h. seine Fixierung auf Traditionen, deren Ursprünge wissenschaftlich nicht zu lokalisieren seien.[8] Unter dieser Perspektive,

---

5 Davon zeugen neben seinen Schriften zu Propaganda und Re-Education in Deutschland (vgl. Hayek 1992, 201ff; 223 ff.) auch seine kontinuierlichen Warnungen vor einem Wiederaufleben des Totalitarismus nach Ende des Zweiten Weltkrieges. In einem den 50er Jahren publizierten Aufsatz mit dem Titel ‚History and Politics' kommt die hier skizzierte Bedeutung der Geschichte als ideologischem Interventionsfeld treffend zum Ausdruck: „The influence which the writers of history thus exercise on public opinion is propably more immediate and extensive than that of the political theorist who launches new ideas" (Hayek 1967, 201).

6 Zu den wenigen Ausnahmen zählen die jeweils knappen Verortungen Hayeks in der Ideengeschichte bei Llanque (2008, 434 ff.) und Bohlender (2007, 50 ff., 88), in denen Hayeks eigene Perspektive auf die Ideengeschichte indes keine Rolle spielt. Die geringe Beachtung, die Hayeks geschichtliches Denken im deutschsprachigen Raum erfahren hat, spiegelt sich in der Edition seiner Schriften. Während in der englischsprachigen Aufsatzsammlung ‚New Studies in Philosophy, Politics, Economics and the History of Ideas' der Ideengeschichte eine eigene Abteilung gewidmet ist, fehlt im deutschen Pendant ‚Die Anmaßung von Wissen. Neue Freiburger Studien' eine solche Rubrik. Entsprechend stellt sich die Situation der posthum herausgegebenen Schriften Hayeks dar: während bereits kurz nach seinem Tod mit ‚The Trend of Economic Thinking' (Hayek 1991b) und ‚The Fortunes of Liberalism' (Hayek 1992) zwei Bände der ‚Collected Works' publiziert wurden, die sein geschichtliches Denken zum Thema machen, ist die Publikation eines vergleichbaren Bandes in den Gesammelten Schriften unter dem Titel ‚Sozialwissenschaftliche Denker. Aufsätze zur Ideengeschichte' erst für das Jahr 2016 geplant.

7 Dass diese Seite durch eine (wirtschafts-)liberale Seite ergänzt wird, wurde bereits deutlich: Eine Reform der weitgehend unbewussten Entwicklung der Geschichte in Richtung Wirtschaftsfreiheit ist nach Hayek stets möglich (vgl. Kap. 4.3). Durch Hayeks Distanzierung von jedem rationalistischen Konstruktivismus, der sich die Planung der Gesellschaft anmaße, erscheint diese Reform als Rückgriff auf eine unbewusst gewachsene Tradition des Wirtschaftsliberalismus.

8 Zur herausragenden Stellung von Traditionen in seinem Ansatz vgl. Freeden 2006, 303.

das wird in Kapitel 6.4 genauer gezeigt, erscheint die Ideengeschichte als enthistorisierte Auseinandersetzung zweier Weltsichten: einer antirational-individualistischen und einer rationalistisch-sozialistischen. Die jeweiligen internen Differenzierungen dieser Weltsichten und ihre historische Entwicklung verblasst dabei gegenüber der Betonung ihrer Gegensätze. Der aus dieser methodischen Dichotomie resultierende Mangel an Aufmerksamkeit für Hayeks historische Arbeiten ist gleichwohl von Nachteil für seine ideengeschichtliche Verortung. Denn ein wichtiger Aspekt von Hayeks historischen Arbeiten bildet die Auseinandersetzung mit der Geschichte des Liberalismus und der Frage, an welche Elemente dieser Tradition im 20. Jahrhundert noch anzuschließen sei. Eine im Folgenden noch genauer zu fassende Antwort deutet Hayek mit seiner Selbstverortung in der Tradition der englischen Whigs und ihrem Bekenntnis zum Wert gewachsener Institutionen an (vgl. Hayek 1991a, 494).[9]Die ideologischen Konsequenzen dieser Selbstverortung legt Freeden nahe:

> Though Hayek entertained an experimental and dynamic conception of historical change, he did not subscribe to a theory of progress. Instead, in terms not far removed from Burke, he saw social evolution as a repository of collective human wisdom, and the source of guidelines and procedures which adjust human relationships (Freeden 2006, 302).

Dass es sich bei dieser von Freeden zu Recht hervorgehobenen Theorie evolutionären sozialen Wandelns um eine im Kern de-politisierte Vision geschichtlichen Werdens handelt, die sich bei Burke, dem großen Kritiker der Französischen Revolution, wie bei Hayek gegen eine Politisierung von Wirtschaft und Gesellschaft wendet, wird im Folgenden genauer herausgearbeitet. Der Faden dieser ideologischen Konzeption der Geschichte wird wie schon zuvor aus Texten aufgenommen, die in die Zeit von Hayeks ideologischer Wende fallen.

6.1 Hayeks geschichtliches Denken im Kontext seiner ideologischen Wende

Hayeks erste nennenswerte Publikation zur Geschichte, seine Antrittsvorlesung an der LSE im Jahr 1933, fällt zeitlich nicht zufällig mit dem Beginn seiner im zweiten Kapitel untersuchten ideologischen Wende zusammen. Der Anlass dieser Schrift, der Antritt seiner Ökonomieprofessur, sollte nicht davon ablenken, dass sich Hayeks Ausführungen nicht nur auf die Geschichte der Ökonomie, sondern auf die Geschichte des Sozialen im Allgemeinen beziehen. Ausgehend einer anthropologischen Qualität

---

9 Als Vertreter dieser Tradition der Whigs sind Autoren des Konservatismus und der Gegenaufklärung des 19. Jahrhunderts zu nennen: von Burke über Savigny bis hin zu de Maistre und Menger, dem Gründer der Österreichischen Schule der Nationalökonomie.

subjektiver ökonomischer Rationalität, sperrt sich Geschichte bei Hayek gegen jede politische Um- bzw. Neugestaltung.

In dieser Hinsicht lässt sich die Schrift als Intervention in einen breiten sozialwissenschaftlichen Diskurs auffassen, der zu dieser Zeit auch durch das Personal der LSE vorangetrieben wurde. Das von den Fabianern gegründete Projekt der LSE galt der sozialwissenschaftlichen Fundierung konkreter wirtschafts- und gesellschaftspolitischer Reformen im Bereich von Gesundheit, Bildung, Hygiene etc. und suchte aus diesem pragmatischen bis emanzipatorischen Anliegen explizit auch die Nähe der Politik (vgl. u. a. Beilharz/Nyland et al. 1998). Einen wichtigen Platz in diesem Projekt nahm die Idee eines allgemeinen sozialen Fortschritts ein, die sich in ähnlicher Form auch in neuen sozial-liberalen Parteien wie den englischen New Liberals manifestiere (vgl. Tribe 2009, 70). Angelehnt an Marx' Kritik des Kapitalismus, die neben einer Analyse der Form und Dynamik des Kapitals auch einen Ausblick auf den Verfall des Kapitalismus und seine Überwindung durch den Kommunismus umfasst, bezog sich zudem die sozialistische Bewegung positiv auf die Idee sozialen Fortschritts – im Gegensatz zu den Fabianern jedoch im Sinne eines epochengeschichtlichen Fortschritts.

Hayeks Vorlesung kann als Abrechnung mit dem wissenschaftlich-sozialreformistischen Projekt der Fabianer und dem fortschrittsoptimistischen Zeitgeist insgesamt betrachtet werden. Zunächst lenkte Hayek die Aufmerksamkeit seiner ZuhörerInnen auf die Ideengeschichte: „for the views at present held by the public can clearly be traced to the economists of a generation or so ago" (Hayek 1991b, 17). Für Hayeks Londoner Publikum eher unverständlich dürfte dabei seine Konkretisierung dieses Einflusses früher Ökonomen gewesen sein, den er der Historischen Schule der Nationalökonomie zuspricht. „It is no accident, that the return of protectionism which followed the free-trade era of the nineteenth century was the work of the men under the influence of this school" (ebd., 23). Aber nicht nur Hayeks Verweis auf den Einfluss der ökonomischen Ideengeschichte ist an dieser Stelle von Interesse: vielmehr wird im Folgenden dargelegt, inwiefern er das Geschichtsbild der Historischen Schule und ihre induktiv-positivistische Methode als zentralen Bestandteil des Fortschritt-affinen Zeitgeistes kritisiert.

Die Pointe von Hayeks Kritik an der Historischen Schule wird deutlicher mit Blick auf eine Kritik, die einige Jahrzehnte zuvor, Anfang der 1880er Jahre, bereits Menger an dieser Schule vorgebracht hatte. Die Rede ist hier von einer Kritik, die als erster Methodenstreit in die Geschichte des ökonomischen Denkens eingegangen ist. Ein Rückblick auf Menger ist an dieser Stelle auch deshalb geboten, weil Hayek sich in der Zeit seiner Antrittsvorlesung im Rahmen von Editionsarbeiten intensiv mit dem Werk Mengers beschäftigte.[10]

---

10 In der Zeit um 1934 ist Hayek maßgeblich an der Veröffentlichung von Mengers Collected Works beteiligt und schreibt für den ersten Band eine Einleitung, die gleichzeitig in der Economica erscheint

Gegenüber dem gesellschaftstheoretisch holistischen Ansatz Schmollers, der von der historischen Relativität gesellschaftlicher Phänomene ausgeht, verteidigte Menger im Methodenstreit seine „Volkswirtschaftslehre" als ökonomische Fachdisziplin, deren methodologischer Individualismus mit der Geltung überhistorischer Regelmäßigkeiten einhergehe. In Mengers ‚Untersuchungen über die Methode der Socialwissenschaften, und der Politischen Ökonomie im Besonderen' von 1883 heißt es dazu, dass sich die Volkswirtschaft als theoretische Wissenschaft unterscheide von historischen bzw. praktischen Wissenschaften, da sie demgegenüber „das generelle Wesen und die generellen Zusammenhang (die Gesetze) der wirthschaftlichen Erscheinungen" zum Gegenstand habe (Menger 1969, 254 f.). Dieses Wesen der Ökonomie entwickelt Menger – und die gesamte nachfolgende Grenznutzenschule inklusive Hayeks – aus anthropologisch-allgemeinen Grundannahmen darüber, wie der einzelne Mensch mit seinen subjektiven Bedürfnissen den Objekten zu ihrer Befriedigung gegenübersteht. Erst in Hinblick auf diese Bedürfnisse erhalten die Objekte ihren Wert und die Funktion, die sie auf dem Markt spielen (vgl. ebd., 44 ff.).

Interessanterweise wendet sich Menger damit weder grundsätzlich gegen eine gesellschaftstheoretische Einbettung ökonomischer Annahmen noch gegen die Idee einer historisch spezifischen Entwicklung der Gesellschaft. Gestützt auf Autoren der Gegenaufklärung wie Burke, Gustav Hugo und Savingny betrachtet er diese Entwicklung jedoch als organische Entwicklung. Diese organische Qualität betrachtet er als Hindernis einer rationalen Durchdringung und pragmatischen Umgestaltung der Gesellschaft, wie sie für die Historische Schule der Nationalökonomie prägend geworden sei:

> Das Ziel der hier in Rede stehenden Bestrebungen [der Gegenaufklärung, C. R.] mußte (...) das volle Verständnis der bestehenden socialen Einrichtungen überhaupt und der auf organischem Wege entstandenen Institutionen insbesondere sein, die Festhaltung des Bewährten gegen die einseitig rationalistische Neuerungssucht (...). Es galt die Zersetzung der organisch gewordenen Volkswirthschaft durch einen oberflächlichen Pragmatismus zu verhindern, (...) der gegen die Absicht seiner Vertreter unausweichlich zum Socialismus führt (vgl. ebd., 208).[11]

(vgl. Hayek 1992, 61 ff.). In der deutschen Ausgabe der Gesammelten Schriften Mengers liegt diese Einleitung als Übersetzung ebenfalls vor (vgl. Hayek 1968).

11 Hervorzuheben an Mengers Kritik des Rationalismus ist, dass auch Smith als Vertreter eines von Menger kritisierten „rationalen Liberalismus" unter sie fällt: „Adam Smith und seine Schüler hatten die Bedeutung des Geschichtsstudiums für die Politische Ökonomie und die Relativität socialer Einrichtungen (...) keineswegs verkannt; was ihnen dagegen zu Recht zum Vorwurf gemacht werden kann, ist ihr Pragmatismus, welcher der Hauptsache nach nur ein Verständnis für positive Schöpfungen der öffentlichen Gewalten hatte, die Bedeutung der ›organischen‹ Socialgebilde für die Gesellschaft überhaupt und die Volkswirtschaft insbesondere indes nicht zu würdigen verstand und deshalb dieselben zu conservieren auch nirgends bedacht war" (Menger 1969, 207, Hervorhebung im Original). Auch wenn sich Hayek immer wieder positiv auf Menger bezogen hat, zeichnete er von Smith ein geradezu konträres Bild: in diesem erscheint Smith als Begründer seiner Theorie der spon-

Hervorhebenswert in Hinblick auf das durch Mengers Position im Methodenstreit geprägte geschichtliche Denken Hayeks, ist die Verbindung zwischen Mengers natur-gesetzlich geltenden ökonomischen Grundannahmen und der Idee einer historisch je spezifischen Entwicklung von Gesellschaften, die sich unbewusst und daher ebenfalls gleichsam natürlich vollzieht. Stapelfeldt hat dargelegt, wie sich dieser Zusammen-hang logisch aus dem individualistischen Charakter von Mengers Grenznutzenansatz ergibt, in dem die anthropologische Setzung eines rational Nutzen maximierenden homo oeconomicus mit einer notwendig irrationalen Gesamtbewegung der Ökono-mie korrespondiert, die sich keiner bewussten Kontrolle unterwerfen lasse (vgl. Sta-pelfeldt 2012, 361 ff.).[12]

Insbesondere in Hinblick auf die politischen Konsequenzen, die sich für Menger aus dieser wissenschafts- und geschichtstheoretischen Position gegenüber den gesellschaftsverändernden Ansprüchen des Sozialismus ergeben, muss betont werden, dass der „Methodenstreit" auch eine hegemoniale Komponente beinhaltet. Aufgrund seines Interesses an der hegemonialen Stellung des Wirtschaftsliberalis-mus insbesondere gegenüber sozialreformistischen und sozialistischen Alternativen, die in seiner Zeit durch die Gründung der deutschen Arbeiterparteien 1863/67 und die Pariser Commune von 1871 an Boden gewannen, lässt sich Menger deshalb als wich-tiger Vorläufer neoliberaler Ideologie einordnen. Indem er Mengers Denken als reak-tionär und gegenrevolutionär deutet, hat zuletzt Robin eine vieldiskutierte Rekonst-ruktion vorgelegt, die dieser Richtung folgt (vgl. Robin 2013).

Hayeks Kritik an der Historischen Schule und ihrem Geschichtsbild in seiner Londoner Antrittsvorlesung spiegelt die skizzierten Positionen Mengers. Denn wie Menger führt auch Hayek seinen Angriff auf die Historische Schule unter Verweis auf ihre Ablehnung überhistorisch-theoretischer Annahmen, wie sie vor allem die klas-sische politische Ökonomie kennzeichneten: „Refusing to believe in general laws, the Historical School had the special attraction that its method was constitutionally unable to refute even the wildest utopias, and was, therefor, not likely to bring the disappointment associated with theoretical analysis (Hayek 1991b, 22). Das Fehlen jenes Moments der Enttäuschung, den überhistorisch geltende Voraussetzungen der Ökonomie gegenüber politischen Anliegen ihrer Veränderung auslösten, bildet somit einen zentralen Kritikpunkt Hayeks an der Historischen Schule. Anstelle einer theoretischen Perspektive führe die Beschreibung einzelner historischer Zusammen-hänge und deren induktive Aufschichtung zur Bestimmung historischer Epochen in die Versuchung zu wirtschafts- und sozialpolitischen Reformen (vgl. ebd.). Hayeks Kritik der Historischen Schule wegen ihrer anti-theoretischen Perspektive verbindet

---

tanen Ordnung (vgl. Hayek 1991b, 119 f.). Dass eine solche Vereinnahmung Smiths nicht haltbar ist, hat überzeugend Petsoulas nachgewiesen (dies. 2001, 1 ff.).

12 In Mengers methodischem Ansatz, so stellt Stapelfeldt fest, „konvergieren geisteswissenschaftli-cher und naturwissenschaftlicher Positivismus" (Stapelfeldt 2012, 366).

sich deshalb ähnlich wie bei Menger mit einer Kritik an ihrer pragmatischen Haltung: „Its emphasis on the unsatisfactionary aspects of economic life, rather than upon what was owed to the working of the existing system (...) strongly recommended it to all those who had become impatient" (ebd.). Die wirtschaftspolitisch stoische Haltung, die Hayek, wie oben bereits gezeigt, gegenüber konjunkturellen Krisen und ungleicher Verteilung von Einkommen durch die Katallaxie empfiehlt (vgl. Hayek Kap. 4.5), basiert nicht zuletzt auf dieser wissenschaftstheoretischen Ablehnung des wirtschaftspolitischen Pragmatismus. In der unveränderbaren Naturgesetzlichkeit ökonomisch-individualistischer Annahmen spiegelt sich so ein für Hayeks ideologisches Denken zentrales Motiv der De-Politisierung wider.

Auf die historische Genese dieser ökonomischen Anthropologie des Menschen im frühbürgerlichen Zeitalter hat unter anderem Albert O. Hirschmann hingewiesen, der gezeigt hat, wie sich ökonomische Interessen gegen aristokratisch-klerikale Tugendansprüche durchsetzen mussten (vgl. Hirschmann 1987). Gegenüber dem Anspruch der Historischen Schule, die Spezifik ökonomischer und gesellschaftlicher Phänomene wissenschaftlich zu erfassen und – wenn auch in induktiv-technizistischem Sinne – umzugestalten, imprägniert die bei Manger und Hayek dominierende Annahme überhistorischer anthropologischer Voraussetzungen eine wirtschaftsliberale Struktur gegen jede Form der Politisierung.

Für die weitergehende Rekonstruktion von Hayeks historischem Denken ist neben den bereits dargestellten überhistorischen ökonomischen Voraussetzungen die von ihm wie von Menger zu Grunde gelegte spezifische Entwicklungsfähigkeit der Gesellschaft von Interesse, die sich unabhängig vom Willen und Wissen ihrer Akteure durchsetze: „[it] is not the product of deliberate planning, but has been brought about (...), by means which nobody wanted or understood" (Hayek 1991b, 26). Diese spontane Entwicklungsfähigkeit der Geschichte wird im Kapitel 6.2 genauer untersucht. Grundlage dieser Position ist Hayeks Warnung davor, dass mit der Gesellschaft auch die Individuen zum Objekt politischer Planung werden. Gleichzeitig wird gezeigt, dass auch Hayeks Idee einer spontanen Entwicklungslogik der Gesellschaft die Menschen zu Objekten macht: zu Objekten einer unbewussten und de-politisierten Geschichte. Zu dieser De-Politisierung von Geschichte trägt auch Hayeks Rückgriff auf eine sinnverstehende Methodologie bei, die in seinem ideengeschichtlichen Hauptwerk ‚Missbrauch und Verfall der Vernunft' thematisiert wird. In Kapitel 6.3 wird diese Methodologie genauer untersucht, um darzulegen, dass aus ihr eine starke Projektion des Eigenen in das historische Fremde folgt. Anschließend wird im Kapitel 6.4 analog zur Logik von Hayeks ökonomischem Denken (vgl. Kap. 4.3) gezeigt, wie sich aus seiner Ablehnung einer bewussten Gestaltung von Geschichte eine politische Alternativlosigkeit ergibt, die sich in einer Rekonstruktion der Ideengeschichte als Konfrontation zweier Weltsichten widerspiegelt. Im anschließenden Kapitel 6.5 wird in einem Exkurs verdeutlicht, inwiefern neben dem bereits zitierten Menger vor allem Edmund Burke als ideengeschichtliches Vorbild von Hayek gelten kann. Im Kapitel 6.6 werden die einzelnen Fäden noch einmal zusammengeführt.

6.2 Statt der Geschichte als Objekt wissenschaftlicher Erkenntnis: der Mensch als Objekt der Geschichte

Seit seiner ersten publizistischen Intervention zur Geschichte vertrat Hayek, wie zuletzt gezeigt, die methodologisch komplexe Position Mengers, der sowohl von überhistorischen anthropologischen Annahmen als auch von historisch spezifischen Entwicklungspfaden der Gesellschaft ausgeht. Diese zweite Annahme wird im Folgenden nun genauer untersucht.

Dazu wird der Blick auf jenes Werk gerichtet, in dem sich Hayeks geschichtstheoretische und methodologische Positionen in besonderer Weise verdichten: das ab 1941 zuerst in mehreren Artikeln und dann 1952 als Monographie publizierte Werk ,Missbrauch und Verfall der Vernunft' (Hayek 1979).[13] Ähnlich wie zur gleichen Zeit auch Popper mit seinem Buch ,Das Elend des Historizismus' (Popper 2003) wendete sich Hayek darin kritisch gegen verschiedene sozialwissenschaftliche Ansätze und deren sozialreformistische bzw. -revolutionäre Konsequenzen. Wenn auch mit je unterschiedlichen Schwerpunkten bilden die Hauptgegner bei Hayek wie bei Popper ein sozialwissenschaftlicher Positivismus nach Comte und der historische Materialismus nach Marx, die sie für ihren Beitrag Forschungsprogramm kritisieren, das die gesellschaftliche Welt vollständig empirisch zu erfassen und nach ihren historischen Bewegungsgesetzen zu planen beanspruche.[14]

Der Untertitel von Hayeks Werk, über Missbrauch und Verfall der Vernunft: „ein Fragment", deutet dabei auf den ursprünglich umfangreichen Plan des Werkes, das Aufstieg und Verfall einer freiheitlichen Gesellschaft anhand einer 150-jährigen Geschichte sozialer Wissenschaft darstellen sollte. Dazu plante Hayek zunächst den Aufstieg des englischen Liberalismus im 18. Jahrhundert nachzuzeichnen, dessen Niedergang durch die Aufklärung und die Französische Revolution begonnen habe und durch den Utopismus Saint-Simons und den Positivismus August Comtes weiter beschleunigt worden sei. In Deutschland sei dieser Niedergang einerseits durch die Aufnahme des französischen Denkens, anderseits aber durch die genuin deutsche Tradition eines sozial-holistischen Determinismus im Denken von Hegel und Marx fortgesetzt worden. Ende des 19. Jahrhunderts, so intendierte Hayek anschließend nachzuweisen, habe dieser Niedergang die Ursprungsländer freiheitlichen Zusammenlebens, England und die USA, erfasst. ,Der Weg zur Knechtschaft', dessen Thema die Vollendung des Niedergangs westlicher Zivilisation durch die rationalistische

---

13 Entstanden, so Hennecke, sei das Werk gewissermaßen an der englischen Heimatfront. Für den gerade erst eingebürgerten Engländer beschränkten sich Hayeks Möglichkeiten den Krieg auf Seiten der Alliierten zu unterstützen auf akademisch-verwaltungstechnische Aufgaben in London und Cambridge, die ihm gleichzeitig Freiraum für eigene Forschungen eröffneten (vgl. Hennecke 2000, 155 ff.).
14 Eine genauere Analyse der Intervention Poppers, die sich weniger auf den von Hayek kritisierten Szientismus als auf einen „Philosophismus" richtete, hat Nordmann vorgelegt (vgl. ders. 2005, 162 ff.).

Planung des Totalitarismus darstellt, sollte nach Hayeks Plan, von dem letztlich nur die Darstellung des Verfallsprozesses in Frankreich und Deutschland realisiert wurde, den zweiten Teil bilden (vgl. ebd., 9).

Mit dem Haupttopos einer missbräuchlichen Überschätzung der Vernunft, die sich einer Übertragung naturwissenschaftlicher Methoden auf das Studium der Gesellschaft und ihrer Geschichte äußere, bietet Hayek eine weit ausgreifende Interpretation der westlich-europäischen Geistesgeschichte und ihres Verfalls. In Abgrenzung von dieser Verfallsgeschichte entwickelt Hayek vor allem im ersten Teil von ‚Missbrauch und Verfall der Vernunft‘ das Konzept einer eigenen historischen Sozialwissenschaft: ausgehend von einem methodologischen Individualismus, d. h. der oben bereits erwähnten Annahme subjektiver ökonomischer Rationalität, tritt Hayek für eine Methode ein, die die unbewusste und spontane Entwicklung der Gesellschaft zu verstehen sucht. Mit dieser Methode hoffte Hayek die „Tyrannei" einer am Ideal der Naturwissenschaften orientierten Sozialwissenschaft zu brechen (ebd., 12), die gesellschaftliche Zusammenhänge und ihre Geschichte positivistisch in Tatsachen aufzulösen suche, um sie, ausgerichtet am „Ideal des Ingenieurs", einer vollständigen Planung zu unterwerfen (ebd., 129). Seiner übergreifenden Interpretation der Verfallsgeschichte entsprechend, subsummiert Hayek die von ihm kritisierten Ansätze unter einem einzigen Begriff, dem des „Szientismus". In einem späteren Wörterbuch-Beitrag bestimmt Hayek diesen als polemischen Begriff, der sich nicht gegen die Naturwissenschaft als solche richte, sondern lediglich gegen die Vorstellung, „daß die besonderen Techniken und Verfahren, die sich in der Physik als besonders erfolgreich erwiesen haben, auch in der sozialwissenschaftlichen Forschung (...) eine entscheidende Rolle spielen müssen" (Hayek 2007, 213). Während Hayek damit explizit *keine* Kritik an der Idee überhistorischer Gesetzmäßigkeiten in den Sozialwissenschaften äußert, deren Bedeutung für seine Kritik der Historischen Schule bereits geschildert wurde, listet er unter den problematischen Verfahren des Szientismus vor allem „Objektivismus", „Kollektivismus" und „Historizismus" (vgl. ebd.). Es lohnt sich, an dieser Stelle einen genaueren Blick auf Hayeks Kritik des Historizismus zu werfen, da dieser als Abgrenzungsfolie dient, vor dem er seinen eigenen methodischen Ansatz zur Untersuchung der Geschichte präzisiert.

Mit dem Begriff des Historizismus, für den Hayek außerhalb der genannten Definition des Szientismus den Begriff Historismus bevorzugt, kommt er Popper entgegen, der nahezu parallel ‚Das Elend des Historizismus‘ veröffentlichte, eine Schrift, die sich wie Hayeks ‚Missbrauch und Verfall der Vernunft‘ gegen sozialistische Tendenzen in der Sozialwissenschaft wendete. Hayeks Kritik am szientistischen Zugriff auf die Gesellschaft und ihre Geschichte richtet sich dabei insbesondere gegen die Annahme, dass aus der Geschichte induktiv auf theoretische Aussagen über soziale Zusammenhänge und den sich in ihr entwickelnden Geist zu schließen sei (vgl. Hayek 1979, 85 ff.). Den Begriff des Historismus verwendet Hayek dabei in einem gebräuchlichen pejorativen Sinne, der auf den Verlust an Orientierung angesichts einer zu starken Betonung historischer Relativität verweist.[15] Den Orientierungsverlust, den Hayek dabei im Blick hat, ist der Verlust einer Richtung, die einer unbewussten Entwicklung der Gesellschaft eigentümlich ist.

Analog zu seiner historischen Großdeutung von Aufstieg und Verfall einer freiheitlichen Gesellschaft unterscheidet Hayek den Historismus zunächst von einer älteren historischen Schule, die die Aufgaben des Historikers von denen des Theoretikers getrennt habe: „Diese ältere historische Schule betonte den individuellen Charakter aller historischen Erscheinungen, die nur genetisch, nämlich als das gemeinsame Ergebnis vieler durch lange Zeiträume wirkende Kräfte verstanden werden können" (ebd., 86). In der Darstellung dieser älteren historischen Schule bezieht sich Hayek vor allem auf Friedrich Meinecke (vgl. vor allem ders. 1965).[16] Von Meinecke übernimmt Hayek dabei die Idee, dass eine historische Formation wie die deutsche Nation nicht Ausdruck einer allgemeinen Entwicklung sei, sondern eine besondere Geschichte besitze. Daraus ergibt sich bei Meinecke wie bei Hayek das Ziel einer Geschichtswissenschaft, die mit der Rekonstruktion von historischen Singularitäten befasst ist. Wie Meinecke geht auch Hayek davon aus, dass sich die Genese dieser Singularitäten nicht rational, sondern unbewusst vollziehe. In dieser Hinsicht sei nach Hayek eine „kompositive Theorie" gefragt, die erkläre, wie solche Singularitäten „als unbeabsichtigtes Ergebnis der Handlung vieler Einzelwesen entstehen können" (Hayek 1979, 86). „Kompositiv" ist Hayeks Theorie damit in Hinblick auf das gedankliche Zusammenfügen der Handlungen unterschiedlicher Individuen, die für sich betrachtet rational agierten, deren Interaktion aber keine Rationalität beanspruche könne.

Während die ältere historische Schule für Hayek vor allem in Hinblick auf ihre Einsicht in die Entwicklung historischer Singularitäten anknüpfungswürdig erscheint, kritisiert er an ihr eine gewisse anti-theoretische Haltung, die unter anderem aus einer zu scharfen Abgrenzung gegenüber den Naturwissenschaften entstanden sei (ebd., 87).[17] Stattdessen hebt Hayek den theoretischen Charakter seiner kompositi-

---

15 In Hinblick auf diese Schlagseite des Historismusbegriffs spricht Kämmerer von einem spezifischen „Problem" des Historismus: „Seit seinem ersten Auftauchen stand der Begriff Historismus also für eine Belastung und Schwächung des gegenwärtigen Lebens, hervorgerufen durch ein Zuviel an Beschäftigung mit der Geschichte und durch die damit einhergehende Relativierung geltender Wertmaßstäbe" (Kämmerer 2000, 29).

16 Meineckes Auffassung über die Anschauungen der von Hayek als ältere historische Schule bezeichneten intellektuellen Bewegung kulminierte in seinem Spätwerk ‚Die Entstehung des Historismus' von 1936.

17 Auf der Ebene ihrer Gegenstände lassen sich die Natur- und Sozialwissenschaften nach Hayek durch unterschiedliche Grade an Komplexität unterscheiden, die bei sozialen Phänomenen deutlich höher sei als in den Naturwissenschaften (vgl. Hayek 1996, 285 f.). Dennoch hebt Hayek auch Verwandtschaften der Natur- und Sozialwissenschaften hervor, deren Grundlage die Erklärung konkreter Einzelheiten durch Verallgemeinerungen darstelle. Bezüglich des jeweiligen Erkenntnisinteresses liege in den Naturwissenschaften der Schwerpunkt auf der Weiterentwicklung der Verallgemeinerun-

ven Theorie hervor, die „ein Verstehen des Prinzips der Strukturzusammenhänge der sozialen Ganzheiten in sich schließt" (ebd., 86 f.).[18] Gemeint ist damit der schon erwähnte Zusammenhang zwischen individuellem Bewusstsein und einem kollektivem Unbewussten.

Systematisch betrachtet stellt Hayeks Theorie einer Entwicklungsform sozialer Strukturen, von der er zu wissen meint, dass über sie kein Wissen möglich ist, ein Paradox dar. Ideologietheoretisch, so wird im Folgenden deutlich, lässt sich dieses Paradox auflösen: der Verweis auf eine nicht-rationale Genese der Gesellschaft stellt für Hayek eine „negative Theorie" dar, die sich gegen jeden emanzipatorischen und utopischen Anspruch einer rationalen Rekonstruktion und Kritik der Gesellschaft richte (vgl. ebd.).

Um diesen ideologischen Gehalt von Hayeks historischem Ansatz auszuleuchten, gilt es Hayeks Kritik am szientistischen Historismus genauer herauszuarbeiten, der für ihn ein Verfallsprodukt der älteren historischen Schule darstellt. Dieser Verfall setzt für Hayek an dem Punkt ein, wo der Szientismus begann, „die Geschichte als das empirische Studium der Gesellschaft darzustellen, aus der schließlich die Verallgemeinerungen hervorgehen würden" (ebd., 87). Gleich mehrere Ideen des jüngeren Historismus hält Hayek vor diesem Hintergrund für problematisch: zum einen die Idee, dass aus der Geschichte Theorien über soziale Zusammenhänge im Sinne empirischer Ganzheiten zu gewinnen seien, zum anderen die Idee, dass sich diese Ganzheiten zu einer Theorie der Geschichte im Sinn einer geschichtlichen Epoche und diese wiederum zu einer Entwicklungsdynamik von mehreren Epochen zusammensetzen ließen. An dieser Stelle verbindet sich Hayeks Kritik am szientistischen Historismus mit der Kritik an Kollektivismus und Objektivismus, d. h. mit seiner Kritik an der Annahme, dass es komplexe soziale Gegenstände sozialwissenschaftlicher Erkenntnis geben könne, deren Komplexität sich durch eine Summe empirischer Tatsachen ausdrücken ließe.

Dieses methodische Gesamtkonstrukt des Szientismus habe aus der Annahme historischer Singularitäten einen radikalen historischen Relativismus geformt: „Alle Sozialtheorie, so sagte man, wäre notwendig historisch, zeitgebunden und wahr nur für einzelne geschichtliche ‚Phasen' oder ‚Systeme' " (ebd., 102). Die Gesellschaft werde in dieser Hinsicht als eine historische Totalität interpretiert, die bis hinein in den menschlichen Geist wirksam sei (vgl. ebd., 104 f.). Die Idee der historischen Singularitäten sei mit dem szientistischen Historismus deshalb in eine Theorie his-

---

gen, während die Sozialwissenschaften stärker auf das Verstehen von einzelnen Ereignissen ausgerichtet seien (vgl. Hayek 1979, 90 f.).

18 Auf die an dieser Stelle nur vage erwähnte „Erklärung des Prinzips" geht Hayek genauer in dem Aufsatz ‚Degrees of Explanation' ein (Hayek 1967, 3 ff.). Auf Deutsch widmet sich Hayek dieser Form der Erklärung unter anderem in dem Aufsatz ‚Die Theorie komplexer Phänomene' (vgl. Hayek 1996, 290 ff.).

torischer Ganzheiten umgeschlagen, die die Grundlage für umfassende sozialtechnische Planung – selbst in Hinblick auf die Entwicklung der Geistes – liefere: „das Extremste, wozu der Mensch durch den Erfolg des Verstandes in der Beherrschung der äußeren Natur bisher geführt worden ist" (ebd., 121).

Zu Recht hält Hayek dieser Idee den Spiegel vor und fragt nach der historischen Bedingtheit solcher Theorien, die beanspruchen, objektiv und „von außen" die Entwicklung der Gesellschaft und des Geistes zu erklären (vgl. ebd., 122). Ein solcher Anspruch würde bedeuten, dass sich der planende Geist selbst völlig durchsichtig wäre, was Hayek vor dem Hintergrund seiner konstruktivistischen Erkenntnistheorie zu Recht für problematisch hält.[19] Hierzu verweist Hayek auf die Rolle, die implizites Wissen im Prozess der Erkenntnis spielt und dieses Wissen durch unbewusste Regeln präformiert (vgl. Kap. 4.2). In dieser Hinsicht bekräftigt Hayek einerseits die Annahme des Historismus, der von der historischen Bedingtheit des menschlichen Geistes ausgeht (vgl. Hayek 1979, 124). Andererseits stellt er fest, dass sich die Rekonstruktion dieser Bedingtheit der rationalen Erkenntnis entzieht: wie die Gesellschaft, so stellt auch der Geist in seiner Entwicklung für Hayek eine komplexe Struktur dar, die sich nicht auflösen lässt in eine endliche Zahl von Beobachtungen.

Aus dieser Kritik des Historismus ergeben sich Konsequenzen für Hayeks historische Rekonstruktion der szientistischen Denkform ebenso wie für seine anderen historischen Arbeiten. Denn eine rationale Rekonstruktion der Genese dieser und anderer Denkform kann es genau genommen nicht geben: sie stellen für Hayek das Produkt einer gesellschaftlichen Entwicklung dar, die nicht zu durchschauen ist.[20] An die Stelle solcher rationaler Rekonstruktionen, das wird auch im folgenden Kapitel gezeigt, tritt bei Hayek die Annahme ungebrochener ideengeschichtliche Traditionen, die sich in zwei konkurrierende Lager, einen gesellschaftlichen Rationalismus und einen Anti-Rationalismus teilen. Ohne die Möglichkeit, das Entstehen und die Entwicklung solcher Traditionen rational fassen und kritisieren zu können, erscheint der Mensch diesen Traditionen ausgeliefert: als Objekt der Geschichte. Im Folgenden wird deutlich, dass Hayek die Unterwerfung unter solche Traditionen nicht als Problem auffasst, sondern im Gegenteil als Freiheit versteht.

Die herausragende methodische Bedeutung, die Hayek in seiner Sozialtheorie der Tradition als einer nicht weiter hintergehbaren historischen Singularität zuweist, wird deutlicher in Rücksicht auf die von ihm präferierte kompositive Theorie:

---

19 Teile von Hayeks konstruktivistischer Erkenntnistheorie, die er ausführlich in ‚Die sensorische Ordnung' entwickelt, erscheinen erstmals in ‚Missbrauch und Verfall der Vernunft'. Dazu gehört auch Hayeks Verweis auf die Rolle einer unbewussten Klassifikation sinnlicher Erfahrung: „Wahrnehmen heißt, in eine bekannte Kategorie (oder bekannte Kategorien) einordnen" (Hayek 1979, 61).
20 Aufgrund dieser Undurchschaubarkeit, die die Unmöglichkeit von Veränderung impliziert, ist es durchaus konsequent, wenn Hayek den Szientismus und die aus ihm folgende Vorliebe für rationale Planung als „Aberglaube" bezeichnet, der sich auf keinerlei Gründe stützen könne (vgl. Hayek 1979, 120).

(...) nämlich der Theorie, die die verschiedenen Arten zeigt, in denen die bekannten Elemente verbunden werden können, um die einmaligen Kombinationen hervorzubringen, die wir in der realen Welt finden. Das empiristische Vorurteil führte (...) zu einer Umkehrung des einzigen Vorganges, durch den wir geschichtliche Ganze verstehen können, der Rekonstruktion aus den Teilen (ebd., 100).

Hayeks Polemik gegen das „empiristische Vorurteil" ist an dieser Stelle nicht absolut zu verstehen: Er richtet sich lediglich gegen die Vorstellung, dass soziale *Ganzheiten* – auch im Sinne historischer Epochen oder der Weltgeschichte – empirisch gegeben seien. Denn solche Ganzheiten bestehen nach Hayek „aus einer unbegrenzten Vielfalt von Erscheinungen" und sind daher komplex (ebd., 93). Dagegen sind die *Elemente* historischer Ganzheiten nach Hayek „das einzige (...), was wir direkt erfassen können" (ebd. 100). Direkt empirisch zu erfassen sind für Hayek, der hierbei in Mengers Tradition des methodologischen Individualismus steht, Individuen und ihre Handlungen. Aus der Annahme der individuellen Rationalität dieser Handlungen folgt in Hayeks Methodologie die Annahme, dass das Ganze der Gesellschaft keiner Rationalität folge: „Tatsächlich sind alle sozialen Prozesse, die es verdienen, zum Unterschied vom Handeln von Einzelnen ‚sozial' genannt zu werden, fast ex definitione nicht bewußt" (ebd., 121). Aus dieser Perspektive wird deutlich, warum Hayek die Ideengeschichte als eine Form der Psychoanalyse begreift, die sich diesem gesellschaftlichen Unbewussten auf eine besondere Art und Weise annimmt:

Sie kann dem demselben Zweck dienen wie eine psychoanalytische Behandlung, indem sie unbewußte Elemente, die unser Denken bestimmen, an die Oberfläche bringt, und kann möglicherweise helfen, unsere Gedanken von Einflüssen zu säubern, die uns in Fragen unserer eigenen Zeit ernstlich irregeführt haben (ebd., 266).

Bemerkenswert ist allerdings, dass Hayek in dem zeitgleich veröffentlichten Werk ‚Die sensorische Ordnung' seine strikte Ablehnung der Psychoanalyse betont (vgl. Hayek 2006, X). Diese Ambivalenz lässt sich nur dadurch erklären, dass Hayek dem psychoanalytischen Verfahren nur ein Stück weit folgt – nämlich bis zum Verweis auf das Unbewusste – , das Anliegen der Psychoanalyse, unbewusste Denk- und Verhaltensweisen wiederum auf bestimmte körperliche bzw. soziokulturelle Strukturen zu beziehen, allerdings nicht teilt. Ebenso trennt sich Hayeks Projekt „unsere Gedanken von Einflüssen zu säubern, die uns (...) irreführen" (s. o.) von einem gesellschaftsverändernden Anspruch der Psychoanalyse, die mehr zu sein beansprucht als psychische Hygiene.[21] Denn sowohl das Freilegen des Einflusses gesellschaftlicher Strukturen auf das Unbewusste als auch der Anspruch der gesellschaftlichen Veränderung fallen unter Hayeks Kritik an der szientistischen Überschätzung der Vernunft.

---

21 Zur Dimension der Gesellschaftskritik in Freuds Psychoanalyse vgl. Göllner 2007.

Stattdessen setzt Hayek, ausgehend vom methodischen Individualismus und der daraus folgenden Annahme der Begrenztheit menschlichen Wissens, auf Demut gegenüber jenen Resultaten des sozialen Prozesses, die nicht das Ergebnis eines individuellen Willens sind (vgl. ebd., 126). Im vierten Kapitel wurde bereits deutlich, inwiefern diese Resultate für Hayek eine besondere Würde dadurch erhalten, dass sie sich in einem Prozess der evolutionären Auslese bewährten (vgl. Kap. 4.2). Um den undurchschaubaren evolutionären Vorteil dieses Wissens auch weiter ausnutzen zu können, sei es nach Hayek wichtig „daß wir als Individuen uns Kräften beugen und Grundsätzen gehorchen, die wir nicht hoffen können, völlig zu verstehen" (Hayek 1979, 127). Was Hayek deshalb fordert, ist ein Rückgang auf unhinterfragte soziale Ordnungen im Handeln und im Denken. Als ein prägnantes Beispiel für diesen Rückgang kann im Kontext von Hayeks Definition seines Ideals negativer Freiheit sein Bezug auf die „älteste Bedeutung" von Freiheit überhaupt gelten, die Hayek aus den Befreiungsurkunden von Sklaven entnimmt (vgl. Hayek 1991a, 27).[22] Das Gleiche gilt für die Struktur des Marktes und des Preismechanismus, die nach Hayek nicht das Produkt bewusster Anstrengungen, sondern nicht intendierter Effekt der Beschränkung staatlicher Macht gewesen seien und erst nachträglich eine rationale Darstellung fanden, die es heute zu erneuern gelte (vgl. Hayek 1979, 138). Der Liberalismus, den Hayek wieder zu beleben sucht, ist somit insgesamt keiner rationalen Rekonstruktion zugänglich, sondern bezieht seine Autorität aus einem Prozess evolutionären Wachstums, an den es sich nachträglich anzupassen gilt.

In Hayeks Fokussierung auf die Autorität unbewusst gewachsener Traditionen drückt sich somit ein hohes Maß an Determinierung der Gegenwart durch die Vergangenheit aus. Angesichts von Hayeks Kritik an der Idee des historischen Determinismus, die er unter anderem im Kontext seiner Auseinandersetzung mit zwei für den Szientismus zentralen Vordenkern, Comte und Hegel, formuliert (vgl. ebd., 273 ff.), erscheint dieser Schluss zunächst kontraintuitiv. Obwohl beide Denker unterschiedliche theoretische Projekte verfolgten, würden sie sich, nämlich Comte durch die Annahme gesellschaftlicher Naturgesetzlichkeiten und Hegel durch die Orientierung an metaphysischen Prinzipien, im Gedanken eines vorbestimmten weltgeschichtlichen Entwicklungsprozesses treffen. Bei beiden sei mithin „das oberste Ziel allen Studiums der Gesellschaft eine Universalgeschichte der ganzen Menschheit aufzubauen, verstanden als ein Plan für die notwendige Entwicklung der Menschheit nach erkennbaren Gesetzen" (ebd.). Eingeschrieben sei dieser Universalgeschichte die

---

22 Dass der Versuch eines Rückgangs auf Traditionen, die noch die Antike mit der Gegenwart verbinden, anfällig für Projektionen ist, wird auch daran deutlich, dass nach Hayek der Schutz des Eigentums in der von ihm angesprochenen „ältesten Bedeutung" von Freiheit nicht vorkommt – jedoch fraglos mitgedacht worden sei, weil ein solches Recht nach Hayek in der Antike allgemein üblich gewesen ist (Hayek 1991a, 27). Die unausgedrückte Allgemeinheit dieses Rechts in der Antike, an das Hayek anschließen möchte, wird allerdings höchst fraglich angesichts seines exklusiven Charakters, d. h. etwa angesichts des Ausschlusses von Frauen aus diesem Recht.

Idee des Fortschritts, d. h. ein Bild von der Geschichte als ein wachsender Organismus (vgl. ebd., 276). Die Idee eines historisch notwendigen Fortschritts, wie er in der Geschichtstheorie von Comte und Hegel erscheint, ist Hayek also fremd.

Diese Ablehnung bedeutet indes nicht, dass nicht auch Hayeks geschichtliches Denken deterministische Züge aufweist. Erwähnung fanden diese Züge bereits im Zusammenhang mit seiner Theorie der kulturellen Evolution, die sich hinter dem Rücken der Subjekte als unbewusste Selektion von Verhaltensweisen in einem unvorhersehbaren Prozess des Wettbewerbs ausdrücke. Aber auch aus Hayeks Überlegungen zur Methodologie der Sozialwissenschaften geht eine Determinierung der gesellschaftlichen Gegenwart durch das geschichtlich gewordene gesellschaftlich Unbewusste hervor – auch wenn Hayek diese Determinierung nicht als Vorbestimmung ausspricht, sondern als Freiheit von jeder bewussten Kontrolle und Gestaltung der Gesellschaft preist:

> Wir verstehen einander, vertragen uns und können erfolgreich nach unseren Plänen handeln, weil in den meisten Dingen sich die Mitglieder unserer Zivilisation nach unbewußten Verhaltensformen richten, in ihrem Handeln eine Regelmäßigkeit zeigen, die nicht die Folge von Befehl oder Zwang, oft nicht einmal von einer bewußten Einhaltung bekannter Regeln ist, sondern die Folge von fest eingewurzelten Gewohnheiten und Überlieferungen (Hayek 1991a, 78).

Ausdruck findet diese Determinierung durch die Geschichte bei Hayek durch eingewurzelte Gewohnheiten und Überlieferungen, die Regelmäßigkeiten in den Handlungen von Menschen spontan gewordener Gesellschaften bewirken. Die Konditionierung durch unbewusste Traditionen erfolgt dabei so konsequent, dass nach Hayek weder Befehl noch Zwang notwendig sind, um Gleichförmigkeit des Verhaltens herzustellen und das Gegenüber zum Objekt eigener Pläne zu machen.

Weil die Menschheitsgeschichte für Hayek indes bis in die 1970er Jahre hinein vor allem eine Verfallsgeschichte darstellt und eine unhinterfragte Geltung traditioneller Verhaltensweisen mit der Durchsetzung des Rationalismus aufgelöst wurde, bedarf es zu ihrer Durchsetzung einer bewussten Entscheidung und gesamtgesellschaftlich verbindlichen Institutionalisierung. Hayeks Neo-Liberalismus ist deshalb ein in die Vergangenheit gerichteter konservativer Liberalismus.[23]

Resümierend lässt sich festhalten, dass Hayeks geschichtswissenschaftlicher Ansatz, der soziale Verhältnisse als Produkt von individuellen rationalen Handlun-

---

23 Der Objektstatus, den Menschen gegenüber künstlich erneuerten Traditionen einnehmen, wird bei Hayek noch verstärkt durch eine ungleiche Verantwortung in Hinblick auf ihre Auslegung. Ausgehend von der Annahme, dass gesellschaftlich wirksame Ideen aus dem Geist bestimmter „original thinkers" stammten (vgl. Hayek 1960, 371 ff.), hält Hayek unter anderem die Weiterentwicklung des Rechts nach überlieferten Traditionen am besten aufgehoben in der Hand eines kleinen Kreises von Common-Law-Richtern (vgl. Kap. 3.5). Die Entwicklung der grundlegendsten Prinzipien der Verfassung sieht er darüber hinaus am besten durch die Nomotheten, einem exklusiven Rat der Weisen, gewährleistet (vgl. Kap. 5.4.1).

gen unter den Bedingungen unbewusst wirksamer gesellschaftlicher Konventionen auffasst, in mehrfacher Weise zu einer ideologischen De-Politisierung von Wirtschaft und Gesellschaft beiträgt. Zentral ist dabei die Autorisierung historisch singulärer Sinnzusammenhänge, die sich einer rationalen Rekonstruktion genauso widersetzen wie einer Veränderung. Befördert wird diese Auslieferung an die Vergangenheit durch die Assoziation der Sinnzusammenhänge mit individueller Freiheit, eine Assoziation, die wesentlich auf der Annahme gründet, dass eine Auslieferung an unbewusste Kräfte der Vergangenheit die einzige Alternative gegenüber einer vollständigen Verwaltung der Gesellschaft nach naturwissenschaftlichen Gesetzen darstellt

6.3 Hayeks Sinnverstehen als methodische Reproduktion des Eigenen im historisch Fremden

Ein methodologisches Charakteristikum, das sich aus Hayeks sozial-historischem Ansatz ergibt, kommt zur Sprache in seiner Schrift über zwei unterschiedliche Forschernaturen mit dem Titel ‚Two types of mind' (Hayek 1990, 50 ff.). Im Gegensatz zu den von ihm als „Meister ihres Faches" bezeichneten Naturen, die stets in der Lage seien den fachlichen Wissensstand zu reproduzieren, charakterisiert sich Hayek selbst als „Puzzler", d. h. als Forschertyp der neue Ideen stets im Lichte des eigenen – teilweise unbewussten – Standpunktes aus betrachte (vgl. Hayek 1990, 53).[24] Diese Anlage seines Denkens habe unter anderem dazu geführt, dass er in Fragen der Ideengeschichte immer nur jene Ideen weitergegeben hätte, von denen er selbst gelernt habe, während ihn die Ziele der von ihm untersuchten Autoren wenig interessiert hätten (vgl. ebd., 52, FN. 2).

Dass hinter dieser Darstellung mehr steckt als eine kokette Selbststilisierung als eigensinniger Geist, hat O'Brien angemerkt: „Studying Hayek as an intellectual historien is in fact quite good way of holding up a mirror to Hayek – a signal of the elements in economics, law and politics which he considered to be important" (O'Brien 1994, 343). Nach dieser zutreffenden Beobachtung bietet die Ideengeschichte bei Hayek mehr ein intellektuelles „Arsenal", das in aktuellen politischen Auseinandersetzungen Verwendung findet, als ein „Archiv", in dem Ideen nach ihren historischen Besonderheiten sortiert werden (vgl. Llanque 2008, 2 ff.). Als Beispiel einer solchen Verwendung der Ideengeschichte als Arsenal nennt O'Brien Hayeks Darstellung von Hume und Smith, die bei Hayek fast ausschließlich als Vorläufer seiner Idee der spontanen Ordnungen Erwähnung fänden (vgl. O'Brien 1994, 343). Von weit größerem Interesse als O'Briens Hinweis darauf, dass die von Hayek bemühte ideengeschichtli-

---

24 „What my sources give me are not definite pieces of knowledge which I can put together, but some modification of an already existing structure inside of which I have to find a way by observing all sorts of warning posts" (Hayek 1990, 53).

che Traditionslinie in Bezug auf seine konservative Deutung der spontanen Ordnung kaum durchzuhalten ist, ist O'Briens Anmerkung hier, weil sie auf eine systematische Schlagseite von Hayeks ideengeschichtlicher Forschungsmethode hinweist. Denn Hayeks sozial-historischer Ansatz folgt einer Methode des Sinnverstehens, die wesentlich darauf beruht, dass erkennbar nur sei, was dem eigenen Verstand gleiche (vgl. Hayek 1979, 105 ff.; 1952, 83 ff.). In dieser Methode, so wird im Folgenden dargelegt, kommt eine De-Politisierung der Geschichte insofern zum Ausdruck, als der jeweilige Forschungsstandpunkt reproduziert wird und das historisch Fremde, das sich bei Hayek nicht bestimmten wirtschaftsliberalen Kategorien fügt, als feindlich gelesen wird.

Grundlage von Hayeks Methode des Sinnverstehens ist seine oben bereits erwähnte Abgrenzung der Sozial- gegenüber den Naturwissenschaften, die auf der Idee gründet, dass sich die Sozialwissenschaften nicht mit Dingen, sondern mit „dem verschiedenartigen Verhalten der Menschen gegenüber ihrer Umgebung – gegenüber anderen Menschen oder gegenüber den Dingen" befasst sind, d. h. mit einer *Relation*, in der Menschen zu ihrer Umwelt stehen (Hayek 1952, 80). Dieser relationalen Logik entsprechend hebt Hayek eine subjektive Ausrichtung sozialwissenschaftlicher Untersuchungen hervor (vgl. Hayek 1979, 28 ff.). Im Folgenden wird dargelegt, wie sich bei Hayek dieser Subjektivismus mit einem konformistischen Moment forschungslogisch verbindet.

Das für Hayeks sozial-historischen Ansatz grundlegende subjektive Moment bestimmt dabei einerseits die Gegenstände der Untersuchung: diese seien nicht durch ihre „objektiven Eigenschaften" bestimmt, sondern durch „Ansichten, die jemand anderer über sie hat" (ebd., 81).[25] Dabei komme es auch nicht darauf an, ob diese Ansichten in irgendeiner Weise wahr seien: „Kurz gesagt, in den Sozialwissenschaften sind die Dinge das, wofür die Menschen sie halten. Etwas ist Geld, ein Wort, ein Schönheitsmittel, wenn und solange es jemand dafür hält" (ebd.). Den Charakter dieser *Ansichten* fasst Hayek seinem methodologischen Individualismus gemäß als Ausdruck individueller Zweckrationalität, d. h. als Ausdruck von *Absichten* auf, die sich nicht mehr auf andere Motive hin befragen lassen. In Hinblick auf die Unhintergehbarkeit solcher Absichten, die nach Hayek in soziale Gegenstände hineingedacht werden, spricht er konsequenterweise von „Tatsachen der Sozialwissenschaften" (Hayek 1952, 78 ff.). Die Relation, die es in den Sozialwissenschaften zu untersuchen

---

25 „Die für Sozialwissenschaften im engeren Sinn, d. h. jene, welche früher als Geisteswissenschaften (moral sciences) bezeichnet worden sind, befassen sich mit den bewußten und überlegten Tätigkeiten des Menschen, mit Handlungen, für die gesagt werden kann, daß der Mensch zwischen mehreren ihm offenstehenden Wegen wählen kann" (Hayek 1979, 29). Auf die Frage, inwiefern Hayeks Theorie der Geschichte eine Form der Determinierung durch die Vergangenheit impliziert, ist im vorangehenden Kapitel 6.3 ausführlich eingegangen worden.

gelte, bildet bei ihm entsprechend eine Relation zwischen Menschen, ihrer Umgebung und dem Zweck, der dieser Relation zu Grunde liegt (vgl. ebd.).[26]

Das von Hayek betonte subjektive Moment betrifft zum anderen die Perspektive der Forscher selbst, die ihrem Untersuchungsgegenstand vermittelt durch ihre Zweckrationalität gegenüberstünden.[27] Dieses Verhältnis hebt Hayek hervor, wenn er feststellt, dass die Beobachtung sozialer Gleichmäßigkeit nicht darauf beruhe, dass wir eine bestimmte gemeinsame Eigenschaft in verschiedenen Gegenständen „gefunden haben", sondern weil uns die Gegenstände „gleich erscheinen" (Hayek 1979, 30).

Aus dieser subjektiv-konstruktivistischen Bedingtheit der Forschungsperspektive folgt die Frage, wie Objekte überhaupt erkannt werden können, wenn sie nicht lediglich Konstrukte darstellen. Hayek beantwortet diese Frage, indem er feststellt: „daß wir bei der bei der Besprechung des bewußten Handelns anderer Leute ihre Tätigkeit immer in Analogie zu unserem eigenen Denken interpretieren" (Hayek 1952, 86). Handlungen und die Gegenstände von Handlungen würden daher verstanden, „indem wir in diese Personen ein Klassifikationssystem der Gegenstände hineinprojizieren, das wir nicht von der Beobachtung anderer Menschen her kennen, sondern aus der Klassifizierung, die unser eigenes Denken vornimmt" (ebd.). Was in Hayeks Methode des analogiebildenden und hineindenkenden Verstehens vorausgesetzt ist, ist die Konformität, mit der sowohl das Objekt der Untersuchung als auch der Forscher bestimmten Handlungen oder Dingen Sinn zuschreiben. Diese Konformität bezieht sich sowohl auf den sozialen, als auch den historischen Kontext, in dem Erkenntnisobjekt und -subjekt stehen. Angesichts der großen Wirksamkeit, die Hayek unbewussten Sinnzusammenhängen bei der Konstitution dieser Kontexte zuschreibt, ist es kein Wunder, dass für ihn Verstehen in den meisten Fällen problemlos und intuitiv abläuft (vgl. ebd., 88). Unter der Voraussetzung dieser durch unbewusste Sinnzusammenhänge hergestellten Konformität ist es allerdings ebenfalls folgerichtig, wenn Hayek erklärt, dass die Fähigkeit zum Verstehen in dem Maße abnehme, wie man sich aus einem angestammten Umfeld herausbewege. „Es folgt daraus (...), daß wir ein uns fremdes Denken nicht nur nicht erkennen könnten, sondern es sinnlos wird, von einem völlig andersartigen Verstand überhaupt zu sprechen" (ebd., 89 f.). Auf diese Konstruktion eines sozial Anderen ohne Verstand wird am Ende des Kapitels eingegangen. Zunächst gilt es jedoch einen genaueren Blick auf die Hayeks Theorie des Verstehens zugrunde liegende Bedingung sozialer Konformität zu werfen.

---

26 Der starken Bedeutung, die Hayek dem subjektiven Moment in den Sozialwissenschaften zubilligt, entspricht seine Überzeugung, dass die Nationalökonomie in Fragen der Methodologie am Weitesten fortgeschritten sei (vgl. Hayek 1979, 28 ff.).

27 An dieser Stelle greifen Hayeks methodologische Überlegungen und seine konstruktivistische Theorie des Wissens, die einen aktiven Prozess des Klassifikation von Sinneseindrücken betont, ineinander (vgl. Kap. 4.2).

Unter den wenigen AutorInnen, die sich mit Hayeks Begriff des Verstehens aus-einandergesetzt haben, betont vor allem Stapelfeldt die bei Hayek im Prozess des Verstehens vorausgesetzte Konformität. „Wenn Hayek jenes Verstehen als Rückbezug fremden Sinnes und Verstandes auf eigenen Sinn und Verstand expliziert (...), dann legt er dem Verstehen implizit einen Sinn-Konformismus zugrunde, so daß der sin-guläre unmittelbar ein allgemeiner Sinn ist" (Stapelfeldt 2009, 47). Hayeks Idee, dass Traditionen bruchlos wirksam und bewusst nicht veränderbar sind, geht dadurch in die sozialgeschichtliche Forschungspraxis über. In Bezug auf Hayeks eigene ideenge-schichtliche Arbeiten führt dies – wie im anschließenden Kapitel ausgeführt wird – dazu, dass er von der Tradition eines konservativen Wirtschaftsliberalismus ausgeht, der von der Antike und den mittelalterlichen Scholastikern über den klassischen englischen Liberalismus, die Gegenaufklärung eines Burke und Savigny bis hin zur Österreichischen Schule der Nationalökonomie reicht (vgl. Hayek 1996, 219 ff.).

Aus der Voraussetzung eines dem Verstehen unterlegten Sinn-Konformismus ergeben sich wichtige Konsequenzen für die ideologietheoretische Frage nach den Möglichkeiten einer Politisierung der Geschichte. Hier führt die Annahme eines gemeinsamen Sinnzusammenhangs zwischen den ForscherInnen und ihren beforschten Objekten offensichtlich zu einer regelrechten Enthistorisierung. Das his-torisch Andere, das unter anderem als Archiv bislang unverwirklichter Möglichkeiten anderer sozialer Verhältnisse dient, verwandelt sich unter einer verstehenden Pers-pektive nach Hayeks Vorstellungen in eine andauernd fortwährende Bestätigung des eigenen Standpunktes. Der eigene Standpunkt des Forschers erhält im Gegenzug den Charakter eines in der Ideengeschichte immer schon eingeschriebenen telos, eine politische Veränderung gesellschaftlicher Verhältnisse findet auf diesem Weg keiner-lei Anhaltspunkte.

Alle historischen Verhältnisse, die sich im Gegensatz dazu Hayeks Theorie des Verstehens zugrunde liegender Sinnzusammenhänge *nicht* fügen, d. h. die nicht kompatibel sind mit der ideologischen Gesamtkonstellation seines konservativen Liberalismus, erhalten den Charakter eines radikal Fremden, wenn nicht gar Feindli-chen. Denn Ideen, die nach Hayek nicht verstehbar sind, können diesen Status durch keinerlei Einsicht in ihre Entstehungsgeschichte verlieren: sie gelten ihm mit ihren Trägern nicht nur als unverstehbar, sondern als „abnormal" bzw. „geisteskrank" (ebd., 87). Inwiefern sich diese Unterscheidung zwischen Konformität und einem antagonistischen Anderen auch in der dichotomen Anlage seiner Ideengeschichte spiegelt, wird im Folgenden dargestellt.

6.4 Geschichte als Konfrontation zweier Weltsichten

Es ist bemerkenswert, dass Hayeks geschichtliches Denken, das, wie gezeigt, auf die Ideengeschichte verweist, um gegenwärtige Ordnungen von Gesellschaft nicht nur funktional zu analysieren, sondern auch normativ zu bewerten, bislang auf wenig

Resonanz in historischen Disziplinen gestoßen ist. Gründe hierfür, das wurde bereits angedeutet, sind in der spezifisch dichotomen Form zu suchen, in der Hayek seine ideengeschichtlichen Studien zu Einzelpersonen, intellektuellen Schulen oder ganzen Epochen präsentiert. Diese Dichotomie spiegelt sich in folgender Erklärung Hayeks vom Ende seiner Karriere:

> Tatsächlich bin ich zu der Überzeugung gelangt, daß nicht nur einige der wissenschaftlichen sondern auch die wichtigsten politischen (oder »ideologischen«) Differenzen unserer Zeit letztlich auf gewissen grundlegenden philosophischen Differenzen zwischen zwei Schulen des Denkens beruhen (Hayek 1986, 18).

Die Differenzen bestünden nach Hayek ebenso im liberalen Denken selbst, d. h. zwischen „dem echten, antirationalistischen und dem falschen, rationalistischen, Individualismus" (Hayek 1952, 21). Diesen beiden Schulen des Denkens, einer rationalistisch-sozialistischen und einer antirational-individualistischen, ordnet Hayek nicht nur die ideologischen Differenzen seiner Gegenwart, sondern die vollständige westliche Geistesgeschichte unter. Die dichotome Anlage seiner Ideengeschichte impliziert dabei eine Auseinandersetzung zwischen zwei Weltsichten, die bei genauerem Hinsehen kaum Entwicklung kennt bzw. nur in Hinblick auf das jeweilige historische Kräfteverhältnis eines antagonistischen Schemas, das an Carl Schmitts Wesensbestimmung des Politischen als antagonistischer Freund-Feind-Beziehung erinnert.

Gamble hat diese Anlage von Hayeks historischem Denken als Endpunkt von Geschichte beschrieben (Gamble 1996, 182 ff.). In Hayeks „attempt to delegitimize one side of the Western tradition", d. h. vor allem in der umfassenden Delegitimierung des Sozialismus, sieht er eine fatalistische Reduzierung politischer Optionen (ebd., 183). Dieser Fatalismus sei bei Hayek deshalb auch noch stärker als bei Fukuyama, der in seinem bekannten Essay über das Ende der Geschichte deutlich mehr Spielraum institutioneller Gestaltbarkeit zulasse.[28] Auch wenn Gamble die Konsequenzen von Hayeks dichotomisierendem Blick auf die Geschichte treffend darstellt: die Frage nach ihrer inneren Logik bleibt unbeantwortet und wird im Folgenden genauer untersucht.

Der logische Ursprung der enthistorisierenden Anlage von Hayeks ideengeschichtlichem Denken liegt, das wurde bereits im Kontext seiner ideologischen Wende deutlich, in bestimmten überhistorischen anthropologischen Prämissen, die den Menschen als zweckrationalen homo oeconomicus zeichnen. Aus diesen subjektivistischen Prämissen folgt unter anderem Hayeks Entscheidung für eine subjektivistische Methode des Sinnverstehens, die Verständnis nur für das sinn-konformistisch

---

28 „Fukuyama states that liberal capitalism has triumphed, but he does not regard its institutional form as fixed or invariant. A range of institutions are compatible with its basic principles of organization" (Gamble 1996, 183 f.).

Eigene aufbringt und das Fremde entweder dem Eigenen gleichmacht oder als das Andere barbarisiert.

Die Grundlage von Hayeks dichotomisierendem Blick auf die Ideengeschichte bilden „zwei Arten, das Muster (pattern) menschlicher Aktivitäten zu betrachten" (vgl. Hayek 1986, 23). Der Gegensatz dieser Betrachtungsweisen menschlicher Handlungen gründet auf einem Meta-Narrativ, in dessen Zentrum der Kampf um evolutionäre Vorteile steht.

Die erste Art der Betrachtung, die der Idee der gemachten Ordnung entspricht, stammt dabei nach Hayek „aus einer tief verwurzelten Neigung des primitiven Denkens" (ebd., 24). Diese Neigung richte sich darauf, die Welt anthropomorph, d. h. als Ausdruck menschlichen Entwurfs zu begreifen. Für die primitive Frühgeschichte der Menschheit hält Hayek diese Neigung für durchaus angemessen, handelte es sich bei der sozialen Grundlage dieser Epoche doch um nahezu selbstständige Wirtschaftseinheiten, die sich in ihrer überschaubaren Größe tatsächlich noch einem einzelnen Entwurf organisieren ließen. In sozialer Hinsicht beschreibt Hayek diese Struktur als „Stammesgesellschaft" (Hayek 1981a, 179 ff.). Das Problem, das für Hayek die Neigungen der Stammesgesellschaft erzeugen, beginnt mit dem auf den primitiven Urzustand folgenden Abschnitt der Weltgeschichte, der Zivilisation: „Die Geschichte der Zivilisation ist der Bericht über einen Fortschritt, der in dem kurzen Zeitraum von achttausend Jahren fast alles geschaffen hat, was wir als wesentlich für das menschliche Leben ansehen" (Hayek 1991a, 50). Der von Hayek als zivilisatorischer Meilenstein gegenüber der Stammesgesellschaft hervorgehobene Übergang zur städtischen Lebensweise, in der sich die sozialen Beziehungen unüberschaubar verkomplizierten, habe sich erst vor dreitausend Jahren ereignet. Dabei sei eine Dynamik entstanden sei, die so rasant verlaufe, dass die biologische Ausstattung des Menschen nicht hinterher gekommen sei (vgl. ebd.). Die Logik dieser Dynamik fasst Hayek als spontane Ordnung, als „Prozess der Anpassung und des Lernens, in dessen Verlauf sich nicht nur die uns bekannten Möglichkeiten, sondern auch unsere Wertsetzungen und Wünsche ändern" (ebd., 51). Um die Offenheit dieser Form der Ordnung für unterschiedliche und flexibel veränderbare Wertvorstellungen zu betonen, nennt Hayek diese Ordnung auch „Große Gesellschaft" (vgl. Hayek 1981a, 181). Der spontanen Dynamik der Großen Gesellschaft sei geschuldet, dass die Neigungen aus der primitiven Vorzeit unzeitgemäß weiterhin präsent seien, was unweigerlich zu Konflikten führe und unter anderem bedeute, dass alle Proteste gegen „Industrialismus, Kapitalismus oder die Überfeinerung (...) im Grunde Proteste gegen eine neue Lebensform [sind]" (Hayek 1991a, 51).

Interessant ist an dieser Stelle eine Form der Delegitimierung von Kritik, die auf ihren unzeitgemäßen, evolutionär zurückgebliebenen Charakter abhebt. Im Verweis auf den evolutionären Vorsprung der Großen Gesellschaft vermischen sich hier eine deskriptive und eine normative Perspektive auf die Geschichte: die erfolgreiche Durchsetzung einer Gesellschaftsordnung bedeutet für Hayek gleichzeitig einen Ausweis ihrer Überlegenheit. Diese Form der Delegitimierung von Kritik an der

Großen Gesellschaft trifft insbesondere die Idee sozialer Gerechtigkeit, die Hayek als paradigmatisch für die primitiven Vorstellungen der Vorzeit gilt:

> Es ist ein Zeichen der Unreife unseres Geistes, daß wir aus diesen primitiven Begriffen [der sozialen Gerechtigkeit, C. R.] noch nicht herausgewachsen sind und immer noch von einem unpersönlichen Prozeß, der eine größere Befriedigung menschlicher Bedürfnisse herbeiführt, als jede beabsichtigte menschliche Organisation je erreichen könnte, verlangen, daß er sich (...) moralischen Vorschriften füge (Hayek 1981a, 93).

Die Entwicklung von primitiven Stammesgesellschaften hin zur Großen Gesellschaft, unter deren Bedingung es zur Konfrontation zweier Betrachtungsweisen menschlichen Handelns kommt, bildet das Meta-Narrativ in Hayeks historischem Denken.

Einerseits ist deshalb die Geschichte mit der Entwicklung der Großen Gesellschaft in gewisser Weise abgeschlossen: andere Formen menschlichen Denkens und Handelns sind für Hayek ohne Verlust der evolutionären Vorteile der Großen Gesellschaft nicht mehr denkbar.[29] Andererseits aber beginnt mit der Großen Gesellschaft für Hayek die Geschichte eines Kampfes um die Durchsetzung zweier Weltsichten, wobei angesichts der evolutionären Überlegenheit der Großen Gesellschaft, die aus ihrer Faktizität auch normative Geltung entwickelt, implizit immer schon feststeht, dass in diesem Kampf diejenigen Kräfte zu unterstützen sind, die an der Reproduktion der Großen Gesellschaft mitwirken.

Dieser Kampf, den Hayek ideengeschichtlich aufarbeitet, soll nun anhand von einigen besonders emblematischen Stationen nachgezeichnet werden, wobei deutlich wird, in welcher Rigidität Hayek unterschiedlichsten Denkansätzen seine dichotomen Interpretationsmodelle aufzwingt.

Hayeks Rekonstruktion der Geschichte als Auseinandersetzung zweier Weltsichten beginnt mit der Antike. Aufstieg und Fall der Macht Roms deutet er dabei als Aufstieg und Fall einer bestimmten Form der Herrschaft des Rechts, das bereits jenem Idealbild entspricht, das in Kapitel 3.3 als formale Rechtsstaatlichkeit dargestellt wurde:

> Diese klassische Periode war auch eine Periode völliger wirtschaftlicher Freiheit, der Rom seine Prosperität und Macht hauptsächlich verdankte. Vom zweiten Jahrhundert nach Christus an drang jedoch der Staatssozialismus rasch vor. (...). In der Zeit des späten Kaiserreichs verfiel das strenge Recht, als der Staat im Interesse einer neuen Sozialpolitik seine Kontrolle des Wirtschaftslebens ausdehnte (Hayek 1991a, 207).

---

29 Aus dieser Perspektive ergibt sich nicht nur ein besonderer historischer Fatalismus, sondern auch die Schablonenhaftigkeit, mit der Hayek bestimmte Denkformen der einen oder der anderen Vergesellschaftungsweise zuordnet, sodass etwa der von ihm angesprochene Begriff der sozialen Gerechtigkeit „geradewegs zu einem voll entwickelten Sozialismus führt" (Hayek 1981a, 94). Bestimmend für Hayeks Kritik der Idee sozialer Gerechtigkeit ist die Zuordnung zu einer primitiven Denkstruktur, die die Große Gesellschaft als überschaubaren Familienzusammenhang behandeln wolle.

Die Verengung der römischen Geschichte auf den Kampf um die Vorherrschaft von Wirtschaftsliberalismus und Staatssozialismus bildet ein erstes Beispiel für die Problematik von Hayeks dichotomer Geschichtsdeutung. Hinsichtlich der Konsequenzen dieser Deutung muss unter anderem betont werden, dass die Ausweitung des Begriffs ‚Staatssozialismus' auf das römische Kaiserreich mit einem erheblichen Verlust an historischer Schärfe verbunden ist. Denn abgesehen davon, dass der Begriff ‚Sozialismus' im antiken Rom selbstverständlich nicht in Gebrauch gewesen ist, werden mit dem Begriff so unterschiedliche Herrschaftsmodelle wie das römische Kaisertum, die Einparteienherrschaft der Sowjetstaaten ebenso wie ein vorindustrielles Wirtschaftssystem, das auf die Produktivkraft von Sklaven zurückgriff, mit dem industriellen Modernisierungsprojekt der Sowjetunion, das auf der Mobilisierung formal freier Arbeiter beruhte, gleichgesetzt. Es lässt sich hier deshalb mit einigem Recht von einer begrifflichen Enthistorisierung sprechen.

Dem Vorbild der römisch-antiken Auseinandersetzung um die Herrschaft wirtschaftsliberaler Rechtsstaatlichkeit folgen in Hayeks Rekonstruktion der Ideengeschichte viele weitere Episoden. Der Begriff des Vorbilds ist dabei wörtlich zu verstehen, da er ungebrochene Traditionen impliziert. In Hayeks Darstellung der Genese des modernen Rechtsdenkens bleibt deshalb die „staatssozialistische" Tradition des späten römischen Kaiserreichs virulent:

> Danach [nach dem Verfall wirtschaftsliberaler Rechtsstaatlichkeit im antiken Rom, C. R.] war die Vorstellung, daß die Gesetzgebung dazu dienen solle, die Freiheit des Individuums zu schützen, für tausend Jahre verloren. Und als die Kunst der Gesetzgebung wiederentdeckt wurde, war es die Kompilation Justinians mit seiner Vorstellung von einem über dem Gesetz stehenden Herrscher, die auf dem Kontinent als Vorbild diente (ebd.)

Hayeks Hinweis auf die Souveränitätsvorstellungen des neuzeitlichen Europa, die er nicht nur gegenüber der römischen Antike, sondern auch gegenüber der spätmittelalterlichen englischen Rechtstradition des Common Law als historische Fehlentwicklung begreift, bildet einen zentralen Topos seiner dichotomischen Geschichtsdeutung, auf die noch zurückgekommen wird.

Bevor jedoch auf diese neuzeitliche Entwicklung genauer eingegangen wird, sei zunächst erwähnt, dass entgegen den Deutungen aktueller Sekundärliteratur ausgerechnet das Mittelalter für Hayek keine so düstere Zeit darstellt.

> Bis zur Wiederentdeckung der Politik des Aristoteles im dreizehnten Jahrhundert und des Justinianischen Kodex im fünfzehnten Jahrhundert durchlief Westeuropa (...) einen Zeitabschnitt von tausend Jahren, in dem Recht wieder als etwas unabhängig vom menschlichen Willen Gegebenes angesehen wurde (...) [und] in dem die Vorstellung, daß Recht absichtlich gemacht oder geändert werden könnte fast als Sakrileg erschien (Hayek 1986, 118).

Erst die absolute Monarchie und nach ihr die Demokratie hätten nach Hayek einen der wichtigsten Grundsätze des freiheitlichen Gesetzes zerstört: dessen Unabhängigkeit vom bewussten menschlichen Willen und seiner Unterwerfung unter die Willkür der

Regierung (vgl. ebd., 119). In dieser Hinsicht gilt gerade nicht, was Petersen behauptet: dass Hayek im Mittelalter die Freiheit unter dem Gesetz vermisst habe (Petersen 2014, 65). Petersens Einschätzung von Hayeks Position gegenüber dem Mittelalter kann sich indes auf dessen Äußerungen zum ökonomischen Denken dieser Epoche stützen, die eine insgesamt ambivalentere Haltung gegenüber dem Mittelalter nahelegen. Denn in Hinblick auf die in dieser Zeit populäre Idee des gerechten Preises äußert Hayek große Vorbehalte (vgl. u. a. Hayek 1981a, 106 f.). Erst mit den spätmittelalterlichen Scholastikern, die seit Schumpeters Arbeiten zur ökonomischen Ideengeschichte als wichtiger Vorläufer der österreichischen Werttheorie gelten (vgl. Schumpeter 2007, 115 ff.), sieht Hayek dieses problematische Erbe des Mittelalters auf dem Rückzug.[30] Besondere Bedeutung misst Hayek dabei dem von den Scholastikern geprägten Begriff eines „natürlichen Preises" bei, der wie das „Natur"-Recht dieser Schule einen technischen Begriff darstelle, „um das zu bezeichnen, was niemals »erfunden« oder absichtlich entworfen worden war" (Hayek 1986, 119).

Die Schablonenhaftigkeit von Hayeks ideengeschichtlichen Rekonstruktionen äußert sich dabei als Ausblendung der rationalistischen Elemente in der Rechtstradition der Spätscholastiker, die es ermöglichte in geradezu revolutionärer Weise das Naturrecht auch auf nicht-europäische Bevölkerungen auszudehnen (vgl. Spindler 2013; Köck 1987, 30).[31] Das dichotome Schema von Hayeks Geschichtsdeutung führt hier offensichtlich zu einer Homogenisierung, die es ihm unmöglich macht die Ambivalenzen geistesgeschichtlicher Bewegungen herauszuarbeiten.[32]

Zurück nun zu jener ideengeschichtlichen Dichotomie und Auseinandersetzung, die sich für Hayek an das Spätmittelalter anschließt und für ihn besondere Bedeutung für das politik-ökonomische Denken des 20. Jahrhunderts besitzt. Hierbei handelt es sich um die Dichotomie zwischen einem britischen und einem kontinentalen Typ des Liberalismus, die Hayek auch als Dichotomie zwischen „wahrem und falschem Individualismus" bezeichnet, um keine Zweifel über seine eigene Positionierung aufkommen zu lassen (vgl. u. a. Hayek 1952, 9 ff.).

---

30 Für die Scholastiker sei klar gewesen, dass nur Gott den gerechten Preis kennen würde, weshalb sie lehrten, „daß die durch gerechtes Verhalten der Parteien auf dem Markt bestimmten Preise (...) alles wären, was die Gerechtigkeit verlangte" (Hayek 1981a, 106).

31 Für die rationalistischen Elemente in der Naturrechtslehre von Francisco de Vitoria und Domingo de Soto macht Spindler eine bestimmte Rezeption der Rechtslehre Thomas von Aquins verantwortlich. Das „lex naturalis" habe bei den Thomanern gerade nicht seinen letzten Geltungsgrund in Gott, da das göttliche Recht für die Menschen unerkennbar sei (Spindler 2013, 41). „Natur" und das Naturgesetz seien dagegen immer mit einer eigenen Erkenntnisleistung und menschlicher Ordnungsstiftung verbunden (ebd., 42 f.).

32 Auf diese Homogenisierung verweist auch Gamble: „Hayek pays no attention to political analysis of the shiftig balance of forces and rival coalitions in particular historical situations. He concentrates solely on the broad trend of ideas" (Gamble 1996, 89)

Als stilbildend für den wahren Individualismus sieht Hayek die englischen Whigs des 17. Jahrhunderts und unter diesen vor allem Locke und dessen Naturrechtslehre, in der das Recht sich der Verfügungsgewalt des Souveräns entziehe. In dieser Hinsicht stehe Locke in direkter Traditionslinie mit den Spätscholastikern.[33]

> In den Debatten während des englischen Civil War und der Commonwealth-Periode wurden diese Ideen von der Herrschaft oder Majestät des Rechts endgültig formuliert, die dann nach der »Glorious Revolution« von 1688 zu den leitenden Grundsätzen der Whig-Partei wurden (...). Die klassischen Formulierungen standen in John Lockes »Second Treatise on Civil Government« (1689) (Hayek 1996, 221).

Die Form der Herrschaft des Rechts, auf die sich Hayek dabei bezieht, ist, wie bereits dargestellt wurde, die Form des unbewusst gewachsenen englischen Common Law – auch wenn die Assoziierung Lockes mit dieser Tradition erhebliche Probleme aufwirft (vgl. Kap. 3.5). Die Grundprinzipien der wahren Individualisten beziehen sich parallel zu Hayeks Deutung von Lockes Naturrecht auf eine anti-rationale und evolutorische Gesellschaftsordnung, die nach Hayek zunächst von Mandeville, Hume, Josiah Tucker, Smith und Adam Ferguson und im 19. Jahrhundert dann von Alexis de Tocqueville und Lord Acton weiter entwickelt worden sei (vgl. Hayek 1986, 12 f.). Mandeville gilt Hayek in dieser Hinsicht als einer der ersten, der in seiner Bienenfabel die Idee einer notwendig begrenzten Vernunft ausformulierte und aus dieser Prämisse eine Theorie nicht-intendierter Ergebnisse menschlichen Handelns ableitete (Hayek 1969, 127). Zum Kreis dieser Gruppe von individualistischen Gesellschaftstheoretikern zählt Hayek weiterhin Burke, dem nicht nur eine Zusammenfassung der Prinzipien der Whigs gelungen sei, sondern der diese auch gegen den falschen, d. h. kontinentalen Typ des Liberalismus verteidigt hätte, als dessen Lehren über die Anhänger der Französischen Revolution ihren Weg auch nach England suchten. Zu den späteren Vertretern dieser Gruppe zählt er darüber hinaus Wilhelm Humboldt und den Sozialdarwinisten Herbert Spencer, deren Bekenntnis zu einem minimalen Staat, der sich nicht in die selbstregulative Ordnung der Gesellschaft einmische, Hayek besonders hervorhebt (vgl. Hayek 1996, 222 ff.). Die sozialen und politischen Bewegungen, die den Ideen des wahren Individualismus Ausdruck verliehen hätten, seien nach Hayek

---

33 „Aus eben dieser Tradition [der Spätscholastiker, C. R.] leiteten John Locke und seine Zeitgenossen die klassisch liberale Konzeption der Gerechtigkeit her, für die nur, wie mit Recht gesagt worden ist, »die Art und Weise, in der sich der Wettbewerb vollzieht, nicht seine Resultate,« gerecht oder ungerecht sein können" (Hayek 1986, 106). Bemerkenswert an dieser Darstellung ist zum einen Hayeks Betonung des spätscholastischen Einflusses auf Locke, der in der Ideengeschichte bislang keine große Rolle spielt und eher der Kontinuitätsannahme seiner spezifischen historischen Methode geschuldet sein dürfte. Diese Kontinuitätsannahme verbindet Locke auch mit späteren Theorien des Wettbewerbs, obwohl der Begriff des Wettbewerbs, wie bereits erwähnt, auf eine viel jüngere Geschichte zurückblickt (vgl. Kap. 3.2).

unter anderem in der Freihandelsbewegung zu suchen, die sich im frühen 19. Jahrhundert in England herausbildeten.

Das Gegenbild dieser spezifisch britischen Tradition des Liberalismus bildet für Hayek der kontinentale Liberalismus, den er auch als „rationalistischen" oder „konstruktivistischen" Liberalismus bezeichnet, weil dieser nach einer Einrichtung der Gesellschaft nach bewussten Zielen strebe (vgl. Hayek 1952, 12). Die erkenntnistheoretischen Grundlagen dieser Position stammten insbesondere von René Descartes, dessen universalisierter Zweifel für Hayek quer liegt zu der von letzterem geforderten Achtung vor Traditionen und Konventionen (vgl. Hayek 1986, 25).[34] Als weitere Vertreter sieht Hayek die Physiokraten, die Enzyklopädisten und Rousseau, bei dem sich Rationalismus und Kollektivismus in besonderer Form verbänden (vgl. Hayek 1952, 12).[35] Das gemeinsame intellektuelle Band dieser Intellektuellen beschreibt Hayek folgendermaßen: „Was (...) von Anfang an den auf dem Kontinent herrschenden [Intellektuellen, C. R.] von dem englischen unterschied, läßt sich am besten als Freidenkertum bezeichnen. Es äußerte sich in einer stark antiklerikalen, antireligiösen und allgemein antitraditionalen Haltung" (Hayek 1996, 223). Eine solche antitraditionale Haltung gehe nach Hayek einher mit dem Willen die Gesellschaft nach bestimmten Zwecken neu einzurichten, d. h. mit der Idee politischer Freiheit und der Idee der Revolution. Aus dieser Tradition des Liberalismus führt für Hayek der Weg über den Sozialismus des 19. Jahrhunderts direkt in den Totalitarismus des 20. Jahrhunderts.

Einige Probleme dieser dichotomischen Rekonstruktion des Liberalismus, die schon aufgrund ihrer geographischen Grenzziehung künstlich wirkt und die zahlreichen Formen gegenseitiger Beeinflussung zwischen Insel und Kontinent ausklammert, hat Stapelfeldt aufgezeigt (vgl. Stapelfeldt 2009, 119 ff.).[36] So negiere Hayek in

---

34 „Der »radikale Zweifel«, der ihn sich weigern ließ, irgend etwas als wahr hinzunehmen, das nicht logisch aus expliziten Prämissen abgeleitet werden konnte, die »klar und deutlich« und deshalb jenseits jeden Zweifels waren, beraubte alle jene Regeln des Verhaltens der Gültigkeit, die nicht in dieser Weise gerechtfertigt werden konnten" (Hayek 1986, 25).

35 Mit Iwan-Michelangelo D'Aprile lässt sich zeigen, dass die von Hayek angeführte Traditionslinie von Decartes bis Rousseau insbesondere in Bezug auf das von Hayek zu Grunde gelegte rationalistische Verbindungselement fragwürdig erscheint (D'Aprile 2001). In seinem Beitrag über Rousseaus politische Philosophie hebt D'Aprile hervor, dass Rousseau eher einem romantischen Denktypus entspreche, dessen Welt- und Menschenbild, in dem Gefühl und moderne Individualität einen besonderen Platz einnähmen, vom mathematischen Rationalismus der Frühaufklärung zu unterscheiden sei (vgl. ebd., 87 f.).

36 Ein emblematisches Beispiel dieser gegenseitigen Beeinflussung stellt der Austausch zwischen Smith und wichtigen französischen Intellektuellen seiner Zeit dar (vgl. Blomert 2012). Dass insbesondere die physiokratische Idee eines selbstregulativen Wirtschaftskreislaufes zur Formulierung von Smiths Nationalökonomie beitrug, ist entgegen Hayeks Beteuerung mittlerweile ideengeschichtlich weitgehend anerkannt. Ausdruck von Hayeks dichotomischem Modell ist dagegen seine Annahme, dass Smith vor allem durch Abgrenzung von Montesquieu zu seinen Ideen gelangt sei (vgl. Hayek 1952, 23 f., FN 15).

der englisch-schottischen Aufklärung den positiven Bezug auf die politische Revolution von 1688 und die zu Grunde liegende liberal-kapitalistische Revolution. Damit verbunden sei Hayeks Unverständnis für den aufklärerischen Gehalt von Smiths Theorie der „invisible hand", die durch die Differenzierung von Gebrauchswert und Tauschwert als Produkt gesellschaftlichen Handelns einen wichtigen Beitrag zur Entmythologisierung der politischen Ökonomie geleistet habe. Gleichzeitig entgehe Hayek die Idee der Gleichheit in der britischen Moraltheorie, die nicht nur in Smiths Lehre vom Äquivalententausch zum Ausdruck komme, sondern auch in der Idee des Gesellschaftsvertrages, den Smith von Locke übernehme.

Angesichts dieser systematischen Verzerrungen der englisch-schottischen Tradition, die auch auf der Gegenseite, der kontinentalen Tradition des Liberalismus, aufzeigt werden könnten (vgl. Stapelfeldt 2009, 122 f.), ist als Zwischenfazit zu Hayeks Rekonstruktion des evolutorischen Liberalismus Stapelfeldt zuzustimmen:

> Nur indem Hayek die britische Tradition sozialdarwinistisch reformuliert und von aller Aufklärung reinigt, kann er sie der französischen Aufklärung gegenüberstellen und als Urbild des Neo-Liberalismus präsentieren. Das Bild, das er von der englisch-schottischen Aufklärung zeichnet, ist somit das Zerrbild der Gegenaufklärung (ebd., 120).

In Hinblick auf die übergeordnete Fragestellung dieser Arbeit, d. h. in Hinblick auf den ideologisch-depolitisierenden Gehalt von Hayeks Perspektive auf die Ideengeschichte, ist zudem festzustellen, dass der Schnitt, den Hayek zwischen britischem und kontinentalem Liberalismus ansetzt, gleichzeitig den ökonomischen vom politischen Liberalismus trennt. Rousseaus Republikanismus bzw. seine Idee der Volkssouveränität, die dem versammelten politischen Gemeinwesen jederzeit das Recht zubilligt die Grundlagen des Zusammenlebens neu zu gestalten, zählt für Hayek ebenso wie die Idee der Vertragstheorie und der politischen Freiheit im allgemeinen zur problematischen Tradition des „falschen Individualismus".

Es wurde bereits erwähnt, dass Hayeks Delegitimierung jener ideengeschichtlichen Perspektive, die im falschen Individualismus zum ersten Mal ihren vollständigen Ausdruck findet, sich auf ein Meta-Narrativ bezieht, das auf den evolutionären Nachteil gemachter Ordnungen abstellt. Eine weitere Form der Delegitimierung bezieht sich auf die totalitären Tendenzen dieses Denktypus. Aus dieser Perspektive stellt der falsche Individualismus eine Vorstufe des Sozialismus im 19. Jahrhunderts dar, dessen intellektuelle Saat im Sowjetkommunismus einerseits und dem europäischen Faschismus andererseits aufgingen. Entsprechend erklärt Hayek die Durchsetzung des Nationalsozialismus aus einer intellektuellen Tradition, die bereits 150 Jahre zurückreiche (vgl. Hayek 2004, 146). Hayeks Begriff des Totalitarismus als Sammelbegriff für eine Bandbreite polit-ökonomischer Ordnungen, die von sozialen und politischen Formen des Liberalismus bis hin zum Nationalsozialismus reicht, verleiht dieser Delegitimierungsstrategie prägnanten Ausdruck. Die Gefahren von Hayeks vereinfachender Deutung des Totalitarismus als planwirtschaftlich-gemachter Ordnung, die politischen und sozialen Aspekten wenig Beachtung zollt, wurden bereits in Kapitel 4.3 angemerkt. Im Folgenden wird zudem deutlich, dass die Dichotomie, die Hayek dabei zwischen dem latent totalitären falschen Individualismus und dem evolutorischen wahren Individualismus ansetzt, gleichzeitig eine vollständige Exkulpierung des letzteren für die menschenverachtenden Auswüchse des „Zeitalters der Extreme" (Hobsbawm 1997, 37 ff.) bedingt.

Ein Beispiel für die Probleme, die Hayeks dichotome Perspektive auf die Genese des Totalitarismus mit sich bringt, weil sie zu einer Verdrängung bestimmter ideologischer Bewegungen führt, stellt seine Rekonstruktion der Entstehung des Nationalsozialismus dar, die er verdichtet im 12. Kapitel von ‚Der Weg zur Knechtschaft' beschreibt. Nachdem Hayek zunächst die lange Latenzphase nationalsozialistischen Denkens unterstreicht, stellt er fest, dass die „Kraft, die diese Gedanken zur Macht brachte (...) aus dem sozialistischen Lager [kam]" (Hayek 2004, 147). Ansätze, die den Nationalsozialismus dagegen (auch) aus der krisenhaften Entwicklung des Kapitalismus, aus den ihn stützenden Ideologien oder Gesellschaftsgruppen zu erklären sucht, lehnt Hayek ab. „Es ist einfach ein Kollektivismus, der von allen Spuren der individualistischen Tradition, welcher seiner Verwirklichung im Wege stehen könnten, befreit ist" (ebd., 146).[37]

Besondere Bedeutung für diese Form des Kollektivismus besitzen für Hayek der Erste Weltkrieg und die anschließenden Jahre, weil sich in dieser Zeit der Sozialismus von einem theoretischen Marxismus entfernte, in dem noch eine abstrakte Idee von Freiheit präsent gewesen sei, und sich der Sozialismus anschließend an einen autoritären und nationalistischen Staatsfetischismus annäherte (vgl. ebd., 147).[38] Zu den relevanten Vertretern dieser intellektuellen Entwicklung zählt Hayek neben dem zunächst sozialistisch argumentierenden Werner Sombart auch die Sozialdemokraten Johann Plenge und Paul Lensch sowie die sozialliberalen Denker und Politiker Walther Rathenau und Friedrich Naumann, wobei Hayek selbst hier auf ideologische Differenzierungen zu Gunsten einer pauschalen Zuordnung zum Sozialismus verzich-

---

37 Zu Hayeks argumentativem Vorgehen sei mit Spekker angemerkt, dass Hayeks Fokussierung auf den Sozialismus als Wurzel des Nationalsozialismus schon insofern Fragen aufwirft, als nationalsozialistische Quellen selbst in keiner Weise Erwähnung finden. „Es wäre das Allernaheliegendste, Programme, Verlautbarungen oder Texte der Nazis oder Faschisten heranzuziehen, wenn man plausibilisieren will, wie hier sozialistische Forderungen, insbesondere die nach einer zentral geplanten Wirtschaft, übernommen und zum eigenen zentralen Programm gemacht worden seien. Hayek aber bringt *nicht einen einzigen Verweis* solcher Art" (Spekker 2012, 70). Vor diesem Hintergrund, der ergänzt wird durch ein generelles Desinteresse Hayeks hinsichtlich der nicht-ökonomischen Aspekte der Herrschaftsform des Nationalsozialismus, der zudem nach dem Weg zur Knechtschaft keine publizistische Erwähnung mehr findet, ist Spekker zuzustimmen, der Hayeks Interesse am Nationalsozialismus als ein instrumentelles beschreibt, das sich eher auf eine Delegitimierung des Sozialismus gerichtet habe (vgl. ebd., 73).

38 „Erst danach [nach dem Ersten Weltkrieg, C. R.] schwoll die Flut des nationalistischen Sozialismus eigentlich an und verwandelte sich dann rasch in die Lehren Hitlers" (Hayek 2004, 147).

tet. Als Belege für die Neuausrichtung dieser „Sozialisten" zitiert Hayek zum einen Passagen aus Sombarts 1915 publiziertem Werk ‚Händler und Helden. Patriotische Besinnungen‘, das eine Abrechnung mit der kommerziellen Zivilisation Englands zu Gunsten einer kriegerischen deutschen Kultur darstelle, die in der Lage sei, alle Kräfte in den Dienst des Krieges zu stellen. „Der deutsche Staatsgedanke, wie Fichte, Lassalle, und Rodbertus ihn formuliert haben", so referiert Hayek Sombart, „bestehe darin, daß der Staat weder von den Individuen begründet noch gebildet worden ist, daß er kein Aggregat von Individuen ist noch, daß er den Zweck hat, irgendwelche Interessen der Individuen zu fördern. Er ist vielmehr eine Volksgemeinschaft" (vgl. ebd., 148). Um diese konservative Wende des deutschen Sozialismus weiter zu konturieren, geht Hayek auf Johann Plenges 1916 erschienenes Buch ‘1789 und 1914: Die symbolischen Jahre in der Geschichte des politischen Geistes‘ ein. Darin überhöhe Plenge den Weltkrieg ähnlich wie Sombart zu einer Konfrontation zweier Prinzipien: den Ideen der Freiheit von 1789 und den Ideen der Organisation von 1914, für die Deutschland stehe (vgl. ebd., 150 f.). In dieser Frontstellung polemisiere Plenge gegen individualistische Anarchie und spreche sich für eine Einheit von Staat und Volkswirtschaft aus, in der jeder seinen Platz habe. Neben der konservativ-nationalistischen Aufladung des Sozialismus zu einem National-Sozialismus, die Hayek bereits bei Sombart betont, unterstreicht er bei Plenge eine Entwicklung in Richtung Organisation und Planung.

Diese Neuausrichtung des Sozialismus beeinflusste nach Hayek auch den deutschen Konservatismus: „Plenge und Lensch haben nacheinander den unmittelbaren Vorläufern des Nationalsozialismus, vor allem Oswald Spengler und Moeller van den Bruck (...), die Leitgedanken geliefert" (ebd., 155). In dieser Hinsicht erscheint das nationalsozialistische Denken als Konvergenzposition zwischen einem sich neu ausrichtenden Sozialismus und einem dieser Transformation folgenden Konservatismus. „Es war der Zusammenschluß der antikapitalistischen Kräfte der Rechten und der Linken und die Verschmelzung des radikalen und des konservativen Sozialismus, die aus Deutschland alles, was liberal war, vertrieben" (ebd., 147).

Hayeks Beschreibung einer Durchdringung sozialistischen und sozial-liberalen Denkens in Deutschland mit konservativ-nationalistischen Elementen spätestens seit dem Ersten Weltkrieg ist in der Geschichtswissenschaft weitgehend anerkannt. Problematischer ist allerdings die aus Hayeks dichotomer Perspektive erwachsende These, dass gerade diese intellektuelle Entwicklung die Wurzel des Nationalsozialismus darstelle, während der Liberalismus keine und der Konservatismus eine lediglich passive Rolle gespielt habe.

Zwei Beispiele sollen die Probleme dieser Deutung der Genese des Nationalsozialismus skizzenhaft illustrieren. Zum einen sei auf den von Hayek bemühten Rathenau verwiesen, der als Initiator der Kriegsrohstoff-Bewirtschaftung des Deutschen Reichs am Beginn des Ersten Weltkrieges in besonderer Weise den Planungsoptimismus dieser Zeit verkörperte und aufgrund seiner sozial-utopischen Visionen zu Recht als wirtschaftlicher und gesellschaftlicher „system-builder" beschrieben worden ist (vgl.

Hughes 1990). Gleichzeitig aber vertrat Rathenau durch alle seine Publikationen hindurch liberale Ansichten, wie seine Kritik der mechanisierten Massengesellschaft verdeutlicht, deren Kategorien er Friedrich Nietzsche und Max Weber entlehnte und die einem zukünftigen, sittlichen Individualismus gewidmet ist (vgl. Reichhold 2014a). Eine entsprechend zu gestaltende Gesellschaft sollte nach Rathenaus 1912 veröffentlichter Schrift ‚Zur Kritik der Zeit' mehr sein als „eine lebende Maschine (...) aus gleichmäßigem, normalem und festem Material, (...) massenhaft produzierbar" (Rathenau 1912, 59). Ähnlich wie Hayek kritisierte auch Rathenau die Herrschaft eines modernen Rationalismus: der Entwurf einer neuen Gesellschaft, in der die strukturlose Masse zum „Volksstaat" geeint werde, bedürfe stattdessen der „seelischen" Kräfte einer neuen geistigen Elite (vgl. Reichhold 2014a, 47 ff.).[39]

Bemerkenswert an diesem Programm ist zum einen dessen ideologische Komplexität, die eine konservative Wende des Liberalismus veranschaulicht, zu deren Konsequenzen unter anderem die Rezeption von Rathenaus Schriften im republikfeindlichen Milieu der Weimarer Zeit gehörte (vgl. ebd., 52). Hayeks vereinfachend-dichotomisierende Perspektive verdrängt indes nicht bloß den Anteil dieses konservativen Liberalismus am Aufstieg des Nationalsozialismus, sondern – so zeigt das folgende zweite Beispiel – auch den Anteil eines Konservatismus als genuiner ideologischer Kraft, die bereits vor dem Ersten Weltkrieg zentrale nationalsozialistische Ideologeme vorwegnahm.

In dieser Hinsicht wäre insbesondere auf einen konservativen Antisemitismus zu verweisen, der mit der Antisemitenliga ab 1879 zu einer organisierten politischen Kraft und später zentrales Element nationalsozialsozialistischer Ideologie wurde. In Hayeks Rekonstruktion der Quellen nationalsozialistischen Denkens findet der Antisemitismus, der ein Element unterschiedlicher Ideologien dieser Zeit war, allerdings nur in wenigen Sätzen Erwähnung.[40] Brisant ist diese Beinahe-Nicht-Thematisierung, weil Hayeks Denken zwar in keiner Weise antisemitisch zu nennen wäre, gleichzeitig aber nicht frei ist von sozial-darwinistischen Elementen, die auch für die ideologische

---

39 In seiner Ablehnung von demokratischer und rationaler Vermittlung des neuen Volksstaates zu Gunsten starker Führungspersönlichkeiten (Rathenau 1977, 436) stellt dabei auch Rathenaus Programm eine Form der De-Politisierung gesellschaftlicher Ordnung dar.

40 Antisemitismus taucht bei Hayek vor allem als Instrument des Totalitarismus zur propagandistischen Herrschaftsstabilisierung durch Abgrenzung auf: „Irgendein Feind, ein innerer wie der Jude oder der Kulak oder ein äußerer, scheint ein unentbehrliches Stück im Arsenal des totalitären Führers zu sein" (Hayek 2004, 123). Hayeks Verweis auf „irgendeinen" Feind sollte dabei nicht im Sinne eines zufälligen Feindes missverstanden werden. Hayek unterstreicht vielmehr das Bedingungsverhältnis von Antisemitismus und Antikapitalismus: „Es ist die alte Geschichte der Fremdrasse, die nur zu den minder geachteten Erwerbszweigen zugelassen [den kommerziellen, wie Hayek zuvor ausführt, C. R.] und dann dafür gehaßt wird, daß sie sich in ihnen betätigt" (ebd, 123 f.). Interessanterweise kommt Hayek von dieser Analyse nicht zu dem naheliegenden Gedanken, dass dem Hass auf die Juden ein Moment irrationaler Projektion zukommt, der Ausdruck jenes gesellschaftlich-allgemeinen Unbewussten ist, auf dessen ordnungsstiftende Kraft er sich so vehement positiv bezieht.

Konstitution des Antisemitismus konstitutiv sind (Arendt 1990, 279 ff.). Als konservativer Beitrag zum Nationalsozialismus wäre weiterhin auf den völkischen Nationalismus zu verweisen, der sich Ende des 19. Jahrhunderts ebenfalls politisch organisierte, bei Hayek jedoch kaum bzw. als bloßes Anhängsel des Sozialismus wahrgenommen wird. Die Radikalisierung dieses konservativen Lagers in der Weimarer Republik, die in der Forschung als „konservative Revolution" beschrieben worden ist (vgl. Weiß 2012, 17 ff.) und in der sich moderne und antimoderne Ideologeme in einer Weise verbinden, die nicht auf Hayeks Formel eines konservativen Sozialismus gebracht werden können, lässt sich unter anderem an Schmitt ablesen, der den Sozialismus bezeichnenderweise aufs Heftigste ablehnte.

Zusammenfassend lässt sich feststellen, dass Hayeks Rekonstruktion der Geschichte als Auseinandersetzung zweier Weltsichten einer besonderen Form der Enthistorisierung Vorschub leistet, was sich bereits in Hayeks Kritik an einem vermeintlichen römischen „Staatssozialismus" manifestiert, der das Ende einer „wirtschaftsliberalen" Blütezeit markiere. Verbunden mit dieser Perspektive ist, wie an Hayeks einseitiger Deutung der spätmittelalterlichen Scholastiker deutlich wurde, eine Homogenisierung intellektueller Lager. Überschneidungen und die gegenseitige Beeinflussung dieser Lager werden, wie es in Hayeks wenig überzeugender Trennung zwischen einem britischen „wahren" und einem kontinentalen „falschen" Individualismus deutlich wird, ausgeklammert. Hayeks Rekonstruktion dieser Auseinandersetzung liegt dabei ein Meta-Narrativ zu Grunde, das den falschen Liberalismus und den sich aus ihm entwickelnden Sozialismus unter Totalitarismus-Verdacht stellt.

Zuletzt wurde anhand von Hayeks Rekonstruktion der Genese des Nationalsozialismus dargestellt, inwiefern unter dieser Perspektive der evolutorische Liberalismus von jeder historischen Verantwortung für den Aufstieg des Nationalsozialismus freigesprochen wird, was insbesondere angesichts der konservativen Wende des Liberalismus im Übergang zur Weimarer Republik problematisch erscheint. Hayeks Missachtung des Konservatismus als genuiner ideologischer Formation, deren Anteil am Aufstieg des Nationalsozialismus nicht außer Acht gelassen werden darf, zeigt besonders deutlich, wie sein dichotomes Geschichtsbild eine wissenschaftliche Auseinandersetzung mit der Geschichte zu Gunsten einer ideologischen Mobilisierung verhindert. Eine solche enthistorisierte Geschichte beraubt die Gegenwart um die Erinnerung gesellschaftlicher Alternativen, die ihre Politisierung ermöglichen. Die festgestellte Entwicklungslosigkeit der Geschichte unterstützt damit Gambles oben dargestellte These von einem geschichtlichen Endpunkt.

6.5 Exkurs: Edmund Burke als Vordenker von Hayeks de-politisierter Ideologie

Zu den Implikationen von Hayeks dichotomer Perspektive auf Geschichte gehört eine Selbstverortung in der Tradition des evolutorischen Liberalismus. Insbesondere in

Bezug auf so fortschrittsoptimistische Theoretiker wie Smith stellt diese Tradition eher ein Zerrbild des klassischen Liberalismus dar, das seine Inspiration in der Gegenaufklärung des 19. Jahrhunderts findet. Vor allem diese Epoche und insbesondere der von Hayek verehrte Edmund Burke können deshalb, wie nun im Folgenden kursorisch ausgeführt wird, Vorbildcharakter für Hayeks Neo-Liberalismus reklamieren.

Obwohl sich Hayek immer wieder positiv auf Burke bezieht, wenn es um die Bestimmung seines intellektuellen Standorts geht (vgl. u. a. Hayek 1969, 108), sind seine Auseinandersetzungen mit Burke insgesamt marginal geblieben. Dabei ist Burke allerdings in guter Gesellschaft mit anderen für Hayeks Denken relevanten Vorbildern, denen er – wie etwa Smith – publizistisch kaum Aufmerksamkeit schenkte.[41] In dieser geringen publizistischen Beachtung liegt deshalb wohl einer der Gründe, warum das Vorbild-Verhältnis zwischen Burke und Hayek bis auf einige wenige kurze Beiträge bisher kaum untersucht worden ist.[42] Gleichwohl sind Hayeks sparsame Bemerkungen über Burke aufschlussreich, um einen Eindruck der Hinsichten zu vermitteln, in denen Burke, der von 1729 bis 1797 in Irland und England lebte, publizierte und zwischen 1765 und 1794 parlamentarisch für eine Fraktion der Whigs tätig war, ein Vorbild für Hayeks Denken darstellt.[43] Aufschlussreich ist in dieser Hinsicht eine seiner ausführlicheren Bemerkungen zu Burke in dem für seine ideengeschichtliche Selbstverortung relevanten Aufsatz ‚Wahrer und falscher Individualismus‘:

> Ich kann die Konfusion, die über die Bedeutung von »Individualismus« herrscht, nicht besser illustrieren, als mit der Tatsache, daß der Mann, der für mich einer der größten Repräsentanten des echten Individualismus ist, Edmund Burke, gewöhnlich (und mit Recht) als Hauptgegner des sogenannten »Individualismus« Rousseaus dargestellt wird, dessen Theorien wie er fürchtete, den Staat schnell »zu Staub und Pulver der Individualität« auflösen würden (...). Doch kann gar kein Zweifel bestehen, daß sowohl Burke als auch de Tocqueville in allem wesentlichen Adam Smith sehr nahe stehen (...) und daß der »Individualismus«, dem sie entgegentreten, etwas ganz anderes ist als der von Smith (Hayek 1952, 14 f.).

Wie genauer ausgeführt werden soll, ist Burke ein wichtiger Vorläufer von Hayeks Denken vor allem als Begründer einer wirtschaftsliberal-konservativen Ideologie zur Abwehr von Prozessen der Politisierung, die zu Burkes Zeiten vor allem durch die Französische Revolution entstanden.

---

41 Bei Smith etwa beschränken sich die ausführlichsten Auseinandersetzungen auf zwei dreiseitige Zeitungskommentare bzw. Rezensionen (vgl. Hayek 1991b, 119 ff.; 122 ff.).

42 Zu den wenigen Ausnahmen gehört Linda C. Reader, die nicht nur von einem Vorbild-Verhältnis ausgeht, sondern in Hayek eine Art Vollendung von Burkes Denken sieht: „Burke's implicit political creed is, in all essential respects, the doctrine articulated by the twentieth-century social philosopher F. A. Hayek" (Reader 1997, 70). Zu dem gleichen Schluss kommt auch Edward Feser (2003, 19).

43 Eine umfassende und empfehlenswerte Biographie Burkes hat F. P. Lock (ders. 1998–2006) vorgelegt.

Die Interpretation von Burkes Denken als Vorbild für das Hayeks, beruht auf einer Lesart Burkes, die zunächst von einem Kohärenzproblem in seinem Denken, d. h. einem spezifischen „Burke-Problem", ausgeht (vgl. Shklar 1957, 225; Macpherson 2009; Winch 1985). Vermutet sei damit, so stellvertretend Winch, eine Schwierigkeit „of reconciling, if possible, his [Burkes] ‚conservative' or organic position on political authority with his supposedly ‚liberal' or individualistic conception of economic life" (Winch 1985, 231). Während Burke in Handels- oder Eigentumsfragen, später auch in Fragen der Armutsregulierung, als liberaler Bourgeois aufgetreten sei, der ganz ähnlich wie Smith[44] für gleiche ökonomische Freiheit eintrat, gilt seine Einforderung von Achtung gegenüber tradierten gesellschaftlichen Ordnungen und ihren Hierarchien als Ausweis seiner konservativen Vorliebe für die Aristokratie (ebd., 232). Die Konstatierung des Burke-Problems beruht somit auf dem Nachweis einer Inkohärenz zwischen Burkes Parteinahme für die Freiheitsrechte des Individuums, die sich etwa in seiner Unterstützung der amerikanischen Unabhängigkeitserklärung äußert, und seinem Lamentieren über den Verlust von sittlicher Autorität, der auf der revolutionären Missachtung für den „Geist des höheren Standes" und dem „Geist der Religion" beruht (Burke 1967, 134).

Bislang sind unterschiedliche Antworten darauf gegeben worden, wie mit dem Burke-Problem umzugehen sei. Auf der einen Seite stehen dabei diejenigen KommentatorInnen, die, wie Shklar, auf die Unauflöslichkeit des Widerspruchs verweisen, der insbesondere angesichts von Burkes marktradikaler Spätschrift ‚Thoughts and Details of Scarcity'von ihr als „Schock" gegenüber seinen vorherigen konservativ-kommunitaristischen Schriften empfunden wird: „Burke was one of the first social theorists to base his economic and political ideas on entirely opposed principles" (Shklar 1957, 225).[45] Auf der anderen Seite stehen KommentatorInnen, die wie J. B. MacPherson auf die Vereinbarkeit dieser Positionen in Burkes Denken verweisen, indem sie diese Positionen als Komponenten einer Ideologie auffassen, die ihre Logik in Hinblick auf die sozialgeschichtliche Lage Englands und Europas am Ende im 18. Jahrhunderts offenbart.[46] Besondere Bedeutung hat für den Marxist Macpherson dabei die ökonomische Klassenlage bzw. -hierarchie dieser Zeit. Um die Stabilität der englischen Klassenordnung nicht zu gefährden, setze sich Burke für die Autorität traditioneller

---

44 In der Frage nach dem Verhältnis zwischen den beiden ist es üblich geworden auf eine Anekdote zu verweisen, nach der Smith über Burke gesagt habe „that he was the only man who, without communication, thought on these topics exactly as I did" (MacPherson 2009, 61 nach Blisset 1800, 429).

45 Weitergehend beschreibt Shklar das Burke-Problem als beispielhaften Ausdruck einer Grundstruktur konservativen Denkens: „Burke was neither as consistent nor as logical as the philosophers of the Enlightenment but, then, it was just these qualities that conservatives have resented most in their opponents" (Shklar 1957, 225).

46 Nach MacPherson sei es wenig hilfreich, wie Shklar nach einer systematischen Lösung des Burke-Problems zu suchen: „If logical confrontation would show that capitalist morality and traditional morality were incompatible, so much the word for logic" (MacPherson 2009, 66).

Ordnung und überlieferter Rollen ein: „Unless labourers, farmers, capitalists and rentiers all knew their place, unless all were convinced that the rewards the market gave them were just and hallowed, the market system could not operate" (Macpherson 2009, 63). In einer ähnlichen, wenn auch nicht gleichermaßen ökonomistischen Perspektive wie der MacPhersons, soll im Folgenden dargestellt werden, inwiefern das konservativ-wirtschaftsliberale Denken Burkes als Ideologie begriffen werden kann. Gemeint ist damit eine Ideologie, die auf die Gewinnung von Hegemonie durch eine De-Politisierung von Wirtschaft und Gesellschaft zielt.

Dass sich Burke mit wenigen Ausnahmen grundsätzlich weigerte systematische Traktate anzufertigen und sich stattdessen auf politische Reden, Pamphlete und Briefe beschränkte, die meist auf einen konkreten politischen Anlass bezogen sind, macht sich auch in Hinblick auf seine polit-ökonomischen Schriften bemerkbar. Zwar erklärte Burke am Ende seiner Karriere in ‚A letter to a Noble Lord', dass er sich „from my very early youth to near the end of my service in parliament" mit politischer Ökonomie beschäftigt habe (Burke 1839, 298), dennoch fehlen systematische Schriften, die dieser Neigung Ausdruck verleihen. Besondere Bedeutung haben deshalb neben Passagen aus seinen berühmten ‚Betrachtungen über die Französische Revolution' (Burke 1967) vor allem aber die schon erwähnte, im Jahr 1795 entstandene Schrift ‚Thoughts and Details of Scacity' (Burke 1887c), in der sich sein polit-ökonomisches Denken verdichtet.[47] Während Burke mit ersterer Schrift liberale Freiheitsrechte wie die Unantastbarkeit des Eigentums als Errungenschaften der englischen Verfassung gegenüber der „wilden Sittenlosigkeit" der Französische Revolution verteidigte (Burke 1967, 75), machte er sich mit letzterer auch zum Anwalt einer Position strikter Nicht-Intervention insbesondere in Bezug auf Lebensmittelpreise und staatliche Armenunterstützung. Egal um welche Form der Intervention in den Markt es sich handelt: in der Schrift über die Knappheit bezeichnet sie Burke als Bruch mit den „laws of commerce, which are the laws of Nature, and consequently the laws of god" (Burke 1887c, 157). Die Radikalität, in der Burke hier für eine ökonomische Selbstregulierung eintritt, steht dabei weder seinem Freund Smith noch Hayek in irgendeiner Weise nach. Den hegemoniegeschichtlichen Hintergrund dieser radikalen Position lieferten neben allgemeinen egalitären Tendenzen im Zuge der Französischen Revolution, verschiedene konkrete Reformbestrebungen zur besseren Versorgung mit Nahrungsmitteln und zu Mindestlöhnen in der Landwirtschaft.[48] Diesen Eingriffen in die Vertragsfreiheit stellt Burke die Feststellung entgegen: „Labour is a commodity like every other, and rises or falls according to the demand. This is the nature of things.

---

47 Die Schrift über Knappheit ist eine Zusammenfassung mehrerer Beiträge, die Burke im Jahr 1795 angesichts einer durch Missernten verursachten Erhöhung der englischen Weizenpreise verfasste und die erstmals 1800 publiziert wurden (zur Entstehung vgl. Lock 200, 513 ff.).
48 Die Debatten in dieser Zeit befassten sich vor allem um eine Ausweitung der „Speenhamland-Gesetze" (vgl. u. a. Karl Polanyi 2001, Kap. 7 bzw. kritisch dazu Block / Somers 2014, 114 ff.).

However, the nature of things has provided for their [the laboring people, C. R.] necessities" (ebd., 136). Die „Begründung", die Burke für die Geltung der Marktgesetze mit dem Verweis auf ihregottgegebene Naturgesetzlichkeit „the nature of things" gibt, entstammt ebenso wie sein Vertrauen auf die Befriedigung menschlicher Bedürfnisse letztlich einer besonderen Idee von Vorsehung, die nicht den Anspruch einer rationalen Legitimation erhebt. Deshalb gelte es:

> manfully to resist the very first idea, speculative or practical, that it is within the competence of government, taken as government, or even of the rich, as rich, to supply to the poor those necessaries which it has pleased the Devine Providence for a while to withhold from them (ebd. 157).

Erkennbar wird darin eine Form der De-Politisierung der Wirtschaftsordnung ebenso wie die ihrer Ergebnisse durch Rückgriff auf eine undurchschaubare gesellschaftliche Natur, die in ganz ähnlicher Form auch bei Hayek auftaucht. Im Gegensatz zu Hayek allerdings, der Zeit seines Lebens Atheist blieb, spielt in der Charakterisierung dieser Natur bei Burke immer auch der Rückgriff christlich-religiöse Kategorien eine wichtige Rolle.

In ähnlicher Weise wie Hayek weist Burke darüber hinaus auf eine bestimmte Verfasstheit der Ökonomie hin, die eine rationale Durchdringung verunmögliche und es verbiete, in die Prozesse der Ökonomie einzugreifen. Gegen die Einsetzung von Friedenrichtern, die über die Entwicklung der Lohnhöhe nach dem Vorbild der Speenhamland-Gesetze entscheiden, wendet Burke in dieser Hinsicht ein:

> Laws prescribing or magistrates exercising a very stiff and often inapplicable rule, or a blind and rash discretion, never can provide the just proportions between earning and salary, on the one hand and nutriment on the other: whereas interest, habit, and the tacit convention that arises form a thousand nameless circumstances produce a tact, that regulates without difficulty what laws and magistrates cannot regulate at all (ebd., 145).[49]

Was Hayek als individuelles und situatives ökonomisches Wissen beschreibt, das stark von unbewussten Routinen abhängig sei und in Kapitel 4.2 als politisch unverfügbare Dimension der Ökonomie analysiert worden ist, findet sich – freilich weitaus weniger systematisch ausgearbeitet – in Burkes Verweis auf die vielen namenlosen Umstände, die ökonomisches Handeln bedingten und deshalb nicht durch Regulierung ersetzt werden könnten. Der anonyme Prozess bzw. „tact", der bei Burke durch das Zusammenwirken all dieser Umstände an die Stelle bewusster Regulierung tritt, korrespondiert Hayeks Idee der unbewusst wirksamen spontanen Ordnung des Mark-

---

49 Diejenigen, die dieser Erkenntnis zum Trotz für Interventionen in die Wirtschaft plädierten, bezeichnet Burke in einer Wendung, die in ihrer Radikalität an Hayek erinnert, als „zealots of the sect of regulation" (Burke 1887c, 141).

tes.[50] Auf diese kognitivistische Konzeption der Ökonomie bei Burke hat auch Renee Prendergast hingewiesen: „Burke's grand theme in economics as much as in politics is his rejection of constructivistic rationalism. (...) He added to it an opposition to economic intervention based primarily on the issue of information" (Prendergast 2000, 251). Burkes Skepsis gegenüber der Erkennbarkeit ökonomischer Ordnung, so streicht hier Prendergast richtig hervor, bezieht sich auch auf seine Perspektive auf politische Ordnung.

Bereits in einer frühen Publikationen, ‚Observation on the Late Publication Intituled the Present State of the Nation' (vgl. Burke 1806), die mit seinem Amtsantritt im Parlament zusammenfällt, lässt sich diese Erkenntnis-Skepsis Burkes nachvollziehen. Darin argumentiert Burke gegen die Leitung von Politik durch Vernunft. So könne etwa das Verhältnis zwischen englischer Souveränität und der Freiheit der amerikanischen Kolonien nicht durch abstrakte Vernunft bestimmt werden, da die Vernunft notwendig begrenzt sei: „politicks ought to be adjusted, not to human reasonings, but to human nature; of which the reason is but a part, and by no means the greatest part" (ebd., 320). Eine größere Rolle spielt bei Burke deshalb eine habituelle Form der Moral, die durch die spezifische Praxis mehrerer Generationen entwickelt worden sei. In Hinblick auf die amerikanischen Kolonien spricht sich Burke deshalb für eine größere Unabhängigkeit und mehr individueller Freiheiten aus – wie sie die amerikanischen Siedler als Nachkommen von Engländern gewohnt seien (vgl. ebd. 317). In der Figur einer habituellen englischen Moral, die bei Burke immer auch ökonomische Freiheit impliziert, wird deutlich, wie Burke gleichzeitig zum Befürworter amerikanischer Unabhängigkeit als auch Gegner der unversell-egalitären Tendenzen der Französischen Revolution werden konnte.

Eine der wichtigsten Kristallisations- und Stützpunkte dieser Moral bildet für Burke die englische Verfassung, deren Ursprünge für ihn in der Herausbildung bürgerlicher Freiheiten und des Parlamentarismus im 17. Jahrhundert liegen. Es ist diese Verfassung, die Burke gegenüber der französischen Revolutionsverfassung und dem dahinter stehenden Prinzip der Volkssouveränität bzw. „der Lizenz einer wilden Sittenlosigkeit" der Massen verteidigte (Burke 1967, 75). Vor allem die ästhetisch-rhetorische Form dieser Verteidigung brachte ihm dabei den Ruf als Begründer des modernen Konservatismus ein. Umso mehr – so das Plädoyer dieses kurzen Exkurses – gebührt ihm dieser Ruf als Vordenker einer umfassend de-politisierten Ideologie. Neben den bereits genannten Aspekten einer kognitiven Unverfügbarkeit von Wirtschaft und Gesellschaft und der organischen Entwicklung des Rechts muss auch Burkes Kritik am Prinzip der Volkssouveränität, der er ein elitäres Modell repräsentativer Verantwortung gegenüberstellt und von Dirk Jörke zu Recht als „Zurück-

---

50 Parallel zu Hayek wendet sich Burke unter Verweis auf die spontane Ordnung des Marktes gegen die vermeintliche Willkür politischer Entscheidungen: „But if authority comes in and forces the buyer to a price (...) what is it but to make abitrary decision of his property?" (Burke 1887c, 142).

drängung der Demokratie" bezeichnet wird (vgl. Jörke 2011, 128 ff.), als Teil dieser de-politisierten Ideologie gelten.

Ähnlich wie Hayek, der sich, wie oben bereits gezeigt, mit Vehemenz gegen eine bestimmte Tradition des Liberalismus selbst wendet, um einer allgemeinen Politisierung durch Demokratisierung und Interventionismus entgegenzutreten, richtet sich Burke in Reaktion auf die Politisierung durch Revolution und Reformen im Bereich der staatlichen Armenunterstützung gegen Auflösungserscheinungen im eigenen politischen Lager. Sein ideologischer Kampf gilt mithin nicht nur dem äußeren Feind, d. h. den direkten Anhängern der Französischen Revolution und ihrer Ideen, sondern auch bestimmten Vertretern der Whigs, die sich nicht stark genug gegenüber der neuen Bedrohung positionierten.[51] In der Betonung, die beide Denker, Burke wie Hayek, auf die Konventionen der Vergangenheit legen, die selbst nicht Ausdruck eines politischen Willens, sondern einer unbewussten Gewordenheit ist, zeigt sich ihr historisches Denken als de-politisierte Vision von Gesellschaft und ihrer Geschichte.

6.6 Zwischenfazit

Während der Begriff des ‚Neo-Liberalismus' in aktuellen Auseinandersetzungen meist historisch-unspezifisch den Einsatz für eine möglichst deregulierte Form der Marktgesellschaft bezeichnet (vgl. Kap. 2), konnte im vorliegenden Kapitel gezeigt werden, welche Bedeutung Hayeks historisches Denken für eine weitaus komplexere ideologische Gesamtkonstellation besitzt. So markiert Hayeks positiver Bezug auf die historische Gewordenheit gesellschaftlicher Ordnung, wie zuletzt verdeutlicht, seine Nähe zum Denken des konservativen Gegenaufklärers Burke und eine besondere Distanz zum Denken der liberalen Schottischen Aufklärung. Diese Distanz offenbart sich vor allem in Hinblick auf Hayeks Legitimation sozialer Ordnung durch Verweis auf ihre unbewusst-evolutionäre Gewordenheit, die auch ein in die Zukunft verlängertes kontinuierliches Werden impliziert. Ein Bruch mit bisherigen Formen gesellschaftlicher Verhältnisse, wie ihn die Kritik des aufgeklärten Liberalismus an Ungleichheit und Herrschaftsförmigkeit von Merkantilismus und Absolutismus auszeichnet, hat in diesem Denken keinen Platz.

An dieser Stelle lohnt es sich noch einmal auf Hayeks Begriff der Freiheit zu verweisen, den er als individuelle Freiheit unter einem gewachsenen Recht konzipiert

---

51 Stärkster Ausdruck dieser Ausrichtung ist sein „Appeal from the New to the Old Whigs" (vgl. Burke 1887a) von 1791, in dem Burke auf die englische Geschichte des 17. Jahrhunderts zurückgreift, vor allem die Rebellion der Whigs in den 1680ern, um die Sukzession eines bestimmten Königsgeschlechts als unabänderliche Institution zu rechtfertigen: „civil society might be first a voluntary act (...) ist continouance is under a permanent standing convenant, coexisting with society; and it attaches upon every individual oft hat society, without any formal act of his own" (Burke 1887a, 165).

und auf dessen Unterschiede zum klassischen Liberalismus wie dem Kants hingewiesen wurde (vgl. Kap. 3.3; ebenso Allen 1998, 47 ff.). Diese Distanz zum klassischen
Liberalismus wird erklärbar erst in Bezug auf die ideologische Wende Hayeks, die
eine Reaktion auf einen politischen Fortschrittsoptimismus sowohl im Lager eines
reformorientierten Liberalismus, aber auch auf Seiten eines revolutionären Sozialismus darstellte.

Vor diesem Hintergrund ist von besonderem Interesse, dass Hayeks historisches
Denken eine spezifische Tendenz zur Enthistorisierung kennzeichnet. Einen ersten
Hinweis darauf lieferte das Kapitel 6.1, in dem Hayeks Rückgriff auf Menger und
dessen Kritik an der Historischen Schule der Nationalökonomie im Zeichen einer
ökonomisch-subjektivistischen Anthropologie rekonstruiert wurde. Wie Menger
betont auch Hayek, dass der Mensch nicht von Natur aus ein homo oeconomicus sei,
sondern erst durch die gesellschaftlichen Verhältnisse zu einem werde: dass „nur
die Macht der Umstände sie [die Menschen] dazu bringen konnte sich wirtschaftlich
zu verhalten und wirksam ihre Mittel den Zielen anzupassen" (Hayek 1952, 22). Eine
solche Erziehung und Disziplinierung des Menschen hin zu einer möglichst effizi-
enten Nutzung von Ressourcen und zur Verfolgung eigener Zwecke gewährleistet in
Hayeks Denken die Unabhängigkeit des gesellschaftlichen Entwicklungsprozesses
von jeder politischen Einflussnahme. Die ökonomisch-subjektivistische Natur des
Menschen ist in diesem Sinne eine zweite, gesellschaftliche Natur, die unveränderbar
erscheint.

Im anschließenden Kapitel 6.2 wurde genauer dargelegt, inwiefern diese zweite
gesellschaftliche Natur bei Hayek auf der Voraussetzung subjektiven Bewusstseins
beruht und gleichzeitig die Unterordnung dieses Bewusstseins unter eine unverfügbare unbewusste Entwicklung der Gesellschaft beinhaltet. Zum Ausdruck kommt
dieses Verhältnis in Hayeks Konzeption einer historischen Sozialwissenschaft, die
er in Abgrenzung zum Szientismus als eine Form bzw. Erweiterung des methodologischen Individualismus entwickelt. So entsteht nach Hayek Gesellschaft genetisch
aus den Handlungen vieler Menschen: allerdings nur unter der Voraussetzung von
bereits wirksamen Konventionen, die auch die Ergebnisse menschlicher Interaktionen prägen. Eine der Pointen dieser Konzeption liegt darin, dass Hayek sich zwar mit
Verve gegen die szientistische Planung gesellschaftlicher Entwicklung wendet, die
keinerlei Spontaneität mehr zulasse, in seinem eigenen methodischen Ansatz aber
eine ganz ähnlich deterministische Perspektive entwickelt. Der Unterschied zu dem
von ihm kritisierten Beharren des Szientismus auf der planenden Vorhersage gesellschaftlicher Prozesse ist dabei, dass die Entwicklung der Gesellschaft bei Hayek einer
unbewussten Eigenlogik folgt.

Die methodologischen Implikationen von Hayeks sozial-historischem Ansatz
wurden im Kapitel 6.3 weiter ausbuchstabiert. Zu diesen Implikationen gehört das
Selbstverständnis dieses Ansatzes als subjektives Sinnverstehen. Mit diesem Sinnverstehen, das auf der Projektion subjektiven Sinns in das soziale Gegenüber beruht,
expliziert Hayek seinen methodologischen Individualismus forschungslogisch weiter

aus. Eine genauere Analyse dieser Art Sinnverstehens in Hinblick auf seine de-politisierenden Effekte zeigte dabei eine starke Abhängigkeit von einer Sinn-Konformität als Voraussetzung erfolgreichen Verstehens. Ohne eine Reflexion auf die Entstehungsbedingungen der für Hayek per se unbewussten Sinnzusammenhänge, die für ihn soziales Handeln leiten, stellen die Ergebnisse seines sozial-historischen Sinnverstehens eine Reproduktion des je eigenen Sinns dar.

Von einer solchen Reproduktion eigenen Sinns im historisch fremden Gegenstand zeugt Hayeks Umgang mit der Ideengeschichte. Diese zerfällt, so wurde in Kapitel 6.4 nachgewiesen, in zwei Lager: eines, dem sich Hayek selbst zuordnet und von ihm als antirational-evolutorischer Liberalismus bezeichnet wird, und ein Lager, das er als rationalistisch-konstruktivistischen Sozialismus kritisiert.[52] Indem Hayek Frühformen der Auseinandersetzung um Deutungshoheit zwischen diesen beiden Lagern bereits in der Antike ausmacht und diese bis in seine Gegenwart verfolgt, setzt er einen Antagonismus voraus, der an Marx' Idee erinnert, dass die Geschichte eine Geschichte von Klassenkämpfen sei. Gedankliche Wurzel dieses Antagonismus, der bei Hayek im Gegensatz zu Marx keinen erkennbaren Fortschritt kennt, ist ein evolutionärer Wettbewerb um die bessere Anpassung an eine von Hayek als komplex und undurchschaubar konzipierte Große Gesellschaft.

An verschiedenen Beispielen konnte dabei gezeigt werden, dass Hayeks Rekonstruktion der Ideengeschichte als Auseinandersetzung zweier ideengeschichtlicher Lager nicht nur die Ambiguitäten zwischen diesen Lagern, sondern auch die internen Differenzen der in diesen Lagern zusammengefassten Ansätze unterschätzt. De-politisierend wirkt diese Struktur der Ideengeschichte, weil durch sie insbesondere die Funktion der Ideengeschichte als Archiv für alternative Denkmodelle vernachlässigt wird.

In Hayeks starker Betonung der Gewordenheit seiner Ideen, der Betonung etwa darauf, welchen Vorbildcharakter der evolutorische Liberalismus und insbesondere die Ideen der „old whigs" für sein Denken besäßen, stellt sich sein neo-liberales Denken aufs Neue als komplexe Verbindung von liberalen und konservativen Aspekten dar. Im Kapitel 6.5 wurde deshalb das von Hayek immer wieder als Vorbild erwähnte Denken Edmund Burkes genauer untersucht, das ebenfalls durch eine komplexe Struktur von liberalen und konservativen Elementen geprägt ist. Dabei ließ sich zeigen, dass Burke, der als Begründer des Konservatismus gilt, ein Vorbild für Hayek vor allem deshalb darstellt, weil sich dessen Denken in besonderer Weise als Reaktion auf die Politisierung von Gesellschaft und Wirtschaft durch die Französische Revolution verstehen lässt, die durch bestimmte Formen der Armutsregulierung noch weiter an Fahrt gewann. Zu den traditionellen Gesellschaftsformen von Familie,

---

52 Es ließen sich an dieser Stelle noch weitere Bindestrich-Charakterisierungen der jeweiligen Lager hinzufügen, was vor allem daran liegt, dass unter diese Bezeichnungen ein Komplex unterschiedlichster Strömungen vereint wird.

Kirche und Nation, die es für Burke gegenüber dem Fortschrittsoptimismus der Revolution und ihren englischen Nachahmern zu bewahren gelte, rechnet Burke auch das Privateigentum und grundlegende Marktfreiheiten.

Die hier betonten Parallelen zwischen Burke und Hayek sollten nicht überzeichnet werden.

Dadurch ginge unter anderem der Blick dafür verloren, dass Hayek zwar die Bedeutung von integrations- und kontinuitätsstiftenden sozialen Zusammenhängen wie Familie und Religion durchaus wertschätzt, dabei aber deutlich allgemeiner und unspezifischer als Burke bleibt, der sich auf konkrete historische Kollektive und Institutionen wie die englische Verfassung oder die Vorsehung des christlichen Gottes bezieht.[53] Mit seiner Theorie der spontanen Ordnung bewegt sich Hayek auf einer deutlich abstrakteren Ebene und bleibt dadurch anschlussfähig für verschiedene Formen des Konservatismus. Andererseits würde durch eine Überzeichnung von Parallalen zwischen Burkes und Hayeks Denken auch die spezifisch anti-sozialistische Ausrichtung Hayeks verlorengehen, die in seiner Kritik des planwirtschaftlichen Totalitarismus zum Ausdruck kommt.

Die in dieser Arbeit zu Grunde gelegte hegemoniegeschichtliche Kontextualisierung politischen Denkens vermag in dieser Hinsicht den zu Blick schärfen für die veränderte Position eines zu Hayeks Zeit transnationalisierten Wirtschaftsliberalismus, der nicht mehr nur dem anglo-amerikanischen Raum zugehörig ist. Das gilt ebenso für dessen Konfrontation mit einer transnationalen Form sozialreformistischer wie revolutionärer Bewegungen und deren Fortschrittsoptimismus, dem Hayek mit seiner Form der De-Politisierung der Geschichte entgegentritt.

---

53 Eine Spielart solcher Bezüge auf historisch-konkrete Kollektive bildet allerdings Hayeks Dichotomisierung zwischen einer kontinentalen Tradition des rationalistischen Liberalismus und einer vor allem englischen Tradition des evolutorischen Liberalismus.

7 Ergebnisse und Anschlüsse

Ausgangspunkt der Arbeit war die Frage, wie das thematisch und ideologisch komplexe Denken Hayeks in Verbindung steht zur Geschichte von Niedergang und Aufstieg des Wirtschaftsliberalismus im 20. Jahrhundert. Um diese Fragestellung zu bearbeiten, wurde ein ideologietheoretischer Ansatz gewählt, unter dem politisches Denken als Teil von historisch situierten Auseinandersetzungen um gesellschaftliche Hegemonie aufgefasst wird. Als historischer Kontext, unter dem sich das ideologische Profil von Hayeks Denken herausbildete, wurde die Krisenzeit der frühen 1930er Jahre identifiziert. Als Höhepunkt einer längeren Phase der Politisierung von Wirtschaft und Gesellschaft, während der sich der Staatsinterventionismus als politik-ökonomisches Paradigma endgültig durchsetzte, stellt diese Zeit eine besondere Herausforderung für den Wirtschaftsliberalismus und sein Ziel einer deregulierten kapitalistischen Marktordnung dar. Vor diesem Hintergrund wurde im zweiten Kapitel die zentrale These dieser Arbeit entwickelt: dass die fragile Einheit von Hayeks Denken eine de-politisierte Ideologie bildet, die ihre Wirksamkeit in Reaktion auf diese Herausforderungen entfaltet.

Mit dieser ideologietheoretischen Perspektive betritt die vorliegende Arbeit ein Forschungsfeld, das in der Hayek-Forschung bislang kaum untersucht wurde. Die Fruchtbarkeit dieser Perspektive zeigt sich bereits in Hinblick auf jene Analyse neoliberaler Ideologie, die die Arbeit methodisch inspiriert: Halls Analyse des Thatcherismus. Denn bei Hall, ebenso wie bei vielen anderen sich meist kritisch verstehenden Lesarten von Hayeks Denken, erscheint es einseitig wirtschaftsliberal-individualistisch, als „gospel of Adam Smith and the free market", nach dessen Melodie Ende der 1970er Jahre „a monetarist version of neo-classical economics came to provide the accepted frame of reference for economic debate" (Hall 1983, 28). Diese Lesart ist mit Blick auf Hayeks Vorstellungen von einer deregulierten Marktökonomie nicht falsch – aber auf besondere Weise unvollständig. Denn was Hall in Hinblick auf das ideologische Gesamtprofil des Thatcherismus feststellte, das für ihn durch besagte wirtschaftsliberale Töne *in Kombination* mit konservativen Werten wie Nation, Tradition und Ordnung wirksam wurde (vgl. Hall 1983), gilt in ähnlicher Weise auch für Hayek. Auch Hayeks Denken, so stellt diese Arbeit heraus, kreist neben der Befürwortung wirtschaftsliberaler Reformen um eine konservative Form von Politik, Gesellschaft und Kultur, in der die „Hochhaltung von Traditionen und Gebräuchen, von gewachsenen Einrichtungen und von Regeln, deren Ursprung und Berechtigung wir nicht kennen" (Hayek 1991a, 78), eine zentrale Rolle spielt. Die politikwissenschaftliche Relevanz einer solchen Perspektive, die die Komplexität neoliberaler Ideologie in Rechnung stellt, zeigt neben dem Thatcherismus auch ein Blick auf die Programmatik von Parteien wie Reagans Republicans, aber auch Tony Blairs Labour Party und Gerhard Schröders Sozialdemokraten, die als wichtige Wegmarken der Durchsetzung des Neoliberalismus gelten. Diese Parteien boten jeweils komplexe Ideologien, in denen Marktwirtschaft und Individualismus nur Teilaspekte einer umfassenderen

https://doi.org/10.1515/9783110571363-007

Gesellschaftskonzeption darstellen.[1] Innerhalb dieser Gesellschaftskonzeptionen spielt auch der Staat keine passive oder bloß negative Rolle, was sich an unterschiedlichen neoliberalen Reformstrategien ablesen lässt, in denen der Staat ein wichtiges Steuerungsinstrument bildet.[2] Der Wirtschaftsliberalismus allein, so lässt sich verallgemeinern, stellt spätestens seit den 1930er Jahren kein hegemoniefähiges politisches Programm mehr dar. Entsprechend richtete sich der Blickwinkel dieser Arbeit mit und über Hall hinaus auf die hegemoniale Ausrichtung von Hayeks Denken, das als paradigmatisch für jene erste Generation neoliberaler DenkerInnen gelten kann, die im Angesicht der bislang schwersten Krise kapitalistischer Marktökonomien und daran anschließender Projekte staatsinterventionistischer Regulierung nach einer gesellschaftlichen Neueinbettung des Kapitalismus suchten.

Der zentrale Begriff, mit dem die hegemoniale Logik in Hayeks Denken in dieser Arbeit aufgeschlossen wurde, ist der Begriff der De-Politisierung. Mit ihm wird eine Ideologie beschrieben, unter der Wirtschaft und Gesellschaft – d. h. auch Ungleichheit, Macht und Herrschaft – als schicksalshaft und unveränderbar erscheinen und sich deshalb der politischen Verfügbarkeit entziehen. Angezeigt ist mit dem Begriff der De-Politisierung die Negation von Errungenschaften einer republikanischen bzw. radikal-demokratischen Auffassung des Politischen als kollektiver Selbstbestimmung über die gesellschaftlichen Formen des Zusammenlebens, die unter aufgeklärt-säkularen Vorzeichen als grundsätzlich umstritten und kontingent gelten.[3] Der Akt der De-Politisierung, insofern mit ihm bestimmte Aspekte des gesellschaftlichen Zusammenlebens von einer Politisierung ausgeschlossen werden, lässt sich dabei

---

1 Während der Thatcherismus nach Hall wirtschaftsliberale Reformen mit einem Stolz auf die Einigkeit der englischen Nation verband, der sich gegen einen klassenkämpferischen Antagonismus der Linken und die Gefahren sittlicher Desintegration der Subalternen richtete (vgl. Hall 1983, 19 ff.), kombinierten die Sozialdemokraten unter Blair und Schröder Reformen zur Deregulierung des Arbeitsmarktes mit einem Konzept sozialer Verantwortung, die die ArbeitnehmerInnen und Arbeitslosen gegenüber der Gesellschaft trügen, selbst für ihre „Employability" zu sorgen (vgl. Lessenich 2008). Inwiefern der Topos einer solchen sozialen Verantwortung ideologisch eher der Tugendethik des Konservatismus nahesteht, kann an dieser Stelle lediglich als Forschungsfrage aufgeworfen werden.
2 In Bezug auf diese Steuerungsfunktion des neoliberalen Staats hat sich in der avancierten Neoliberalismusforschung die Unterscheidung zwischen einem „Roll-In"- und einem „Roll-Out"-Neoliberalismus etabliert, die auch eine historische Konnotation besitzt. Biebricher unterscheidet dabei eine erste deregulierend-destruktive Phase des Bruchs mit Keynesianismus, Wohlfahrtsstaat und Nachkriegskompromiss seit Ende der 1970er Jahre von einer zweiten, in den 1990er Jahren beginnenden Phase der internen Restrukturierung etwa im Sinne des „New Public Managements" und der Aktivierung von Individuen und Zivilgesellschaft (vgl. Biebricher 2016, 10 ff.). Auch wenn viel für eine Verortung Hayeks im ersten Modell spricht, zeigen die Ergebnisse der vorliegenden Arbeit, inwiefern etwa Hayeks Ansätze zur Konstruktion einer neuen transnationalen Rechtsordnung oder zur Reform der Demokratie, diese Dichotomie sprengen.
3 Eine Einschränkung dieser Kontingenz bildet lediglich die Voraussetzung, dass die öffentlich bestimmten Formen nicht ihrerseits die Grundlagen der kollektiven Selbstbestimmung verletzen.

selbst als politischer Akt, als Teil von Auseinandersetzungen über die Gestaltung der Gesellschaft, begreifen, ohne sich als ein solcher zu erkennen zu geben.

So wie sich konservatives Denken im Allgemeinen als politische, d. h. gesellschaftlich intervenierende „Re-Aktion" auf die Erschütterung bisheriger Ordnungs- und Rollenmodelle auffassen lässt (vgl. Lenk 1989, 15 ff.), lässt sich auch Hayeks Denken als Reaktion auf Prozesse der Politisierung auffassen. Zum Ausdruck kommt diese eingreifende Haltung in seiner bereits im ersten Kapitel dargelegten Auffassung über die Aufgabe des Sozialtheoretikers, die er als Ausübung von „Einfluß auf die öffentliche Meinung" charakterisiert (vgl. Hayek 1991a, 496). Den Nukleus dieser Reaktion, die bei Hayek weniger durch Eingriffe in Debatten um tagespolitische Fragen als durch Intervention in Diskurse mit weit gespannten historischen und institutionellen Bezügen gekennzeichnet ist, bildet sein Konzept der spontanen Ordnung. Auf der Grundlage einer fundamentalen Skepsis gegenüber der menschlichen Erkenntnisfähigkeit fasst Hayek mit diesem Konzept soziale Strukturen wie Recht, Moral oder Geld als nicht intendierte Ergebnisse menschlichen Handelns, die sich aufgrund ihrer Komplexität einer bewussten politischen Korrektur und Umgestaltung entzögen (vgl. Kap. 2). Die Implikationen dieses Konzeptes verdeutlicht Thatchers berüchtigte Behauptung „there is no such thing as society", womit sie zum Ausdruck bringt, dass von der Gesellschaft nicht erwartet werden könne Verantwortung für die soziale Lage der Individuen zu übernehmen und dass nur individuelle Initiativen eine Verbesserung dieser Lage bewirkten (vgl. Thatcher 1987). Wie Hayek mit seinem Konzept der spontanen Ordnung, so negiert Thatchers Behauptung die politischen Selbstgestaltungskräfte der Gesellschaft, und wie bei Thatcher steht auch bei Hayek auf der Rückseite dieser de-politisierten Gesellschaftskonzeption eine Mobilisierung des Individuums in Hinblick darauf selbst die Verantwortung für sein Schicksal zu übernehmen oder, wie es Foucault ausdrückt, eine Regierung des Selbst als Unternehmen, eine Regierung, die nach ständiger Optimierung des eigenen Humankapitals strebt (vgl. Foucault 2004, 314). Während in der Hayek-Forschung zu Recht immer wieder auf die Zentralität des Konzeptes der spontanen Ordnung für Hayeks Denken verwiesen wurde (vgl. Hunt / McNamara 2007), bildet die hier zu Grunde gelegte Deutung spontaner Ordnung als de-politisierter Ordnung ein Novum. Die Rekonstruktion dieser Logik der De-Politisierung wurde dabei in unterschiedlichen sozialtheoretischen Feldern von Hayeks Denken durchgeführt.

Bevor auf die Ergebnisse dieser Untersuchungen zurückgeblickt wird, um davon ausgehend die Bedeutung dieser Ergebnisse für die Hayek-Forschung und einen weiteren politiktheoretischen Kontext zu umreißen, sei zunächst noch genauer auf die scheinbare Paradoxie einer Logik der De-Politisierung eingegangen, die selbst politischen Charakter besitzt.[4] So „twisted" zunächst die Idee einer Politik der De-Politisierung erscheint, birgt sie den Vorteil die *Form* jener Intervention zu fassen, mit der Hayek den Wirtschaftsliberalismus gegen eine Übermacht von keynesianischen, wohlfahrtsstaatlichen, national-protektionistischen wie kommunistischen Wirtschafts- und Gesellschaftsordnungen in dem oben beschriebenen konservativen Sinne durchzusetzen und zu stabilisieren sucht. So bildet die Grundlage seiner Kritik an diesen Projekten der Vorwurf einer Anmaßung von politischer Vernunft, die gesellschaftliche Verhältnisse als intentional gemachte bzw. geplante Ordnung begreife und dadurch den Weg zu einer Knechtschaft durch den totalen Staat vorzeichne: „Diese Idee, daß vernunftbegabte Menschen sich zusammensetzen und überlegen, wie die Welt neu gestaltet werden kann, ist vielleicht das charakteristischste Ergebnis dieser Plan-Theorien" (Hayek 1991a, 70). Seine Kritik an einer tendenziell totalitären politischen Vernunft ist dabei nicht als rein passives Programm misszuverstehen. Denn gleichzeitig trat Hayek selbst als Verfechter radikaler Neuordnungen auf; einen Eindruck davon vermittelt sein bereits Ende der 1930er Jahre konzipierter Entwurf für eine internationale wirtschaftsliberale Wettbewerbsordnung, die gegenüber demokratischer Kontrolle weitgehend immunisiert ist und nationalstaatliche Einmischung von Steuer- über Sozial-, Umwelt- bis hin zur Geldpolitik unterbindet (vgl. Kap. 4.4). Zu einer Zeit, in der Nationalismus und Protektionismus dominierten, stellt dieser Vorschlag ebenso wie auch Hayeks spätere Vorschläge zur Entnationalisierung des Geldes ein radikales Programm wirtschaftsliberaler Neuordnung dar. Auf der einen Seite präsentiert sich Hayeks Denken damit als konservativ-bewahrend und auf organische Evolution ausgerichtet dar, auf der anderen Seite als politisch radikal.

Die Form, in der sich diese zwei Seiten von Hayeks Denken verbinden, ist, wie die Arbeit vor allem an Hayeks geschichtlichem Denken in Kapitel sechs gezeigt hat, eine rückwärtsgewandte Utopie, die sich auf ein vergangenes „goldenes Zeitalter" eines wirtschaftsliberalen Kapitalismus und anderer gewachsener gesellschaftlicher Institutionen bezieht, deren Existenz im späten 18. und frühen 19. Jahrhundert er mehr voraussetzt als historisch belegt. Nach Hayeks Selbstverständnis handelt es sich bei der von ihm verfochtenen Neuordnung deshalb weniger um einen bewussten politischen Akt, der unter dem Vorbehalt der Begründung steht, als um den Anschluss an eine natürliche Entwicklung: „die Zusammensetzung der Bruchstücke einer zerbrochenen Tradition" (Hayek 1991a, 496).[5] Wäre dieser Begriff nicht bereits auf eine konkrete historische Bewegung festgelegt, die dem Nationalsozialismus durch eine

,

---

4 In diesem paradoxen Sinne, so stellt auch Selk in einem Überblicksbeitrag zu politischen Theorien von De- bzw. Entpolitisierung fest, seien solche Akte „eine Aktivität, die sich von unpolitischen Verhaltensweisen unterscheidet (Selk 2011, 185).

5 Eine popularisierte Variante dieses Denkens, die für Hayek allerdings keine Rolle mehr gespielt hat, stellt der Verweis auf die evolutionäre Niederlage des Sozialismus im Wettstreit der Systeme dar. Ein solcher Verweis entzieht sich ebenfalls einer Begründung der (nicht wenigen) Widersprüche des Realsozialismus.

Kombination antimoderner wie radikal moderner Ideologeme zur Durchsetzung verhalf (vgl. Weiß 2012), ließe sich auch Hayeks Denken als „konservative Revolution", genauer als konservativ-wirtschaftsliberale Revolution begreifen.

Der Begriff einer Politik der De-Politisierung zielt deshalb auf die Beschreibung eines radikalen Programms, das sich als Bewahrung des Vergangenen präsentiert. Dass es sich bei diesem Programm nicht um ein Programm handelt, das sich für die Kontinuität *aller* Traditionen, sondern *selektiv* vor allem für die Tradition des Wirtschaftsliberalismus einsetzt, verdeutlicht die Rolle, die der Liberalismus als Garant rational bestimmter Prinzipien in Hayeks Denken nach wie vor spielt. Viele AutorInnen, die anerkennen, dass Hayeks Denken durch konservative und wirtschaftsliberale Elemente geprägt ist, haben auf deren Disparität verwiesen (vgl. u. a. Vanberg 1986; Gray 1995); der Begriff der De-Politisierung bietet im Gegensatz dazu eine Möglichkeit, die ideologische Beziehung dieser Elemente zueinander zu analysieren. Abgesehen von den politiktheoretischen Konsequenzen schließt sich in Hinblick auf die ideologische Beziehung von Wirtschaftsliberalismus und sozialem Konservatismus unter anderem die sozialpsychologische Frage an, inwiefern Hayeks Konservatismus eine emotionale und identitäre Kompensation für die Zumutungen sozialer Ungleichheit und Prekarität einer deregulierten Marktwirtschaft schafft.

Ausgehend von der Frage nach der hegemonialen Neueinbettung wirtschaftsliberaler Ideen wurde in dieser Arbeit besonderes Augenmerk auf Hayeks sozialtheoretisches Denken gelegt, das seit den 1930er Jahren seine zuvor vor allem fachökonomischen Forschungen ergänzte und transformierte. Im Gegensatz zu vielen anderen Arbeiten, die ebenfalls einen Bruch in Hayeks intellektueller Biographie in dieser Zeit ansetzen und diesen wie Caldwell aus methodischen Defiziten seines nationalökonomischen Forschungsprogramms schließen (vgl. Caldwell 1988), betonte die vorliegende Arbeit im zweiten Kapitel, dass diese Neuorientierung weniger auf innertheoretische Probleme als auf einen außertheoretischen politischen Impuls zurückgeht, der als hegemoniale Herausforderung bereits angesprochen wurde. Das Zentrum der Themen, die in dieser Zeit für Hayek relevant wurden, bildet die ebenfalls schon erwähnte Thematik spontaner Ordnung, die sich auf den ersten Blick an Smiths Theorie der unsichtbaren Hand zu orientieren scheint.[6]

Die Wurzeln von Hayeks Neukonzeption der unsichtbaren Hand lassen sich, wie in Kapitel 6.1 festgestellt, bei Hayeks großem theoretischen Vorbild Menger, dem Gründer der Österreichischen Schule der Nationalökonomie, finden. Anstelle des für Menger problematischen *rationalen* Liberalismus, der sich in Smiths objektiver Werttheorie spiegele, plädiert Menger dabei für einen methodologischen Subjektivismus,

---

[6] Dass Hayeks Vereinnahmung Smiths nicht nur auf der Ausblendung von Smiths aufklärerischem Erkenntnisoptimismus beruht, sondern auch auf der Unterschlagung seiner gesellschafts- und herrschaftskritischen Positionierung, wurde bereits von AutorInnen wie Petsoulas (2001) bzw. Stapelfeldt (2009) gezeigt.

der auf eine rationale Durchdringung der Ökonomie als Ganzer verzichtet. Mengers Kritik am Rationalismus leitet auch Hayeks ökonomisches Denken, in dem die Unverfügbarkeit von Wissen eine zentrale Rolle spielt. Bezeichnenderweise betont Hayek in einer der raren Schriften, in denen er sich mit Smith überhaupt detailliert auseinandersetzt, dass es ihm um eine aktualisierende Deutung Smiths gehe, „his message in today's language", die sich insbesondere gegen den Sozialismus richten lasse (Hayek 1991b, 119 ff.). Diesem Interesse folgt eine Deutung der Theorie der unsichtbaren Hand als Kritik von rationaler Erkenntnis und intentionaler Gestaltung der Gesellschaft, die den aufklärenden und politisch-utopischen Charakter von Smiths Kritik des Merkantilismus unterschlägt.[7] Als ein wichtiges ideengeschichtliches Ergebnis der Arbeit, das sich aus der Perspektive auf Hayeks Suche nach einer hegemonialen Einbettung des Wirtschaftsliberalismus ergibt, lässt sich damit vermerken, dass der Ort Hayeks in der Ideengeschichte durch eine konservativ-gegenaufklärerische Lesart Smiths geprägt ist, die ähnlich wie bei Menger oder Burke mit einer scharfen Kritik an der französischen Revolution und ihren radikaldemokratischen und -egalitären Erben einhergeht.

Diese Perspektive auf Hayeks Neuinterpretation des klassischen Liberalismus unterscheidet die vorliegende Arbeit von einer breiten Strömung diskurstheoretischer Analysen, die im Anschluss an Foucaults Studien zur ‚Gouvernementalität der Gegenwart' das Ziel neoliberalen Denkens wie das Hayeks in einer Ökonomisierung aller Lebensbereiche erkennen (vgl. Foucault 2004; Bröckling et al. 2000; Gertenbach 2007). Nach dieser Lesart stellt Hayeks Theorie der spontanen Ordnung eine Form ökonomischer Ordnung dar, innerhalb derer sich der Wettbewerb als ergebnisoffener Prozess vollziehe (vgl. Foucault 2004, 244). Während der klassische Liberalismus der Ökonomie als eigenständiger Ordnung gegenüber der Staatsräson der Fürsten eine erste Bresche geschlagen hätte, würden insbesondere durch den amerikanischen Neo-Liberalismus immer mehr Lebensbereiche in den Bann des ökonomischen Wettbewerbs gezogen (vgl. ebd., 300 ff.). In Hinblick auf die von Hayek angestrebte umfassende Deregulierung und Privatisierung ist dieser Deutung zunächst zuzustimmen. Allerdings verkennt eine solche Deutung die Logik von Hayeks Theorie spontaner Ordnung als einer sich selbst organisierenden, korrigierenden und entwickelnden Ordnung, die die Eigenlogik unterschiedlicher Lebens- und Gesellschaftsbereiche anerkennt. Wie bereits an Hall gezeigt wurde, entgeht auch der an Foucault orien-

---

7 Vor dem Hintergrund dieses aktualisierenden Interesses ist in dem Smith-Text Hayeks positive Bezugnahme auf Jeffrey Francis, einen konservativen Publizisten aus dem Lager der englischen Whigs vom Anfang des 19. Jahrhunderts, zu verstehen, der Smiths Anliegen darin erkennt, „to resolve almost all that has been ascribed to positive institution into spontaneous and irresistible development of certain obvious principles – and to show how little contrivance or political wisdom the most complicated and apparently artificial schemes of policy might have been erected" (Hayek 1991b, 120).

tierten Diskursanalyse die sozialkonservative Seite von Hayeks Denken, die in dieser Arbeit als wichtiges Puzzleteil einer de-politisierten Ideologie verstanden wird.[8]

Der Logik der De-Politisierung wurde dabei in den vier exemplarischen Feldern Recht, Ökonomie, Demokratie und Geschichte nachgegangen, die jeweils eine besondere Relevanz für die ideologische Gesamtkonstitution von Hayeks Denken beanspruchen können. Wegen der formativen Rolle, die die 1930er Jahre für Hayeks Denken spielen, wurde am Anfang der Kapitel, die sich mit diesen Feldern befassen, besonderes Augenmerk auf die Entwicklung der jeweiligen Thematik in diesen Jahren gelegt.

In Kapitel drei wurde zunächst Hayeks rechtliches Denken auf seine de-politisierende Logik hin analysiert. Wie genau Hayeks Rezeption der für sein rechtliches Denken vorbildlichen Konzepte des Rechtsstaates, der englischen Rule of Law und insbesondere des englischen Common Law verlief, wäre noch genauer zu erforschen; betont wurde in dieser Arbeit insbesondere die Rolle, die diese Konzepte in Hayeks Auseinandersetzung mit der Politisierung von Wirtschaft und Gesellschaft spielen. Die wichtige Stellung, die das Recht bei Hayek in dieser Hinsicht einnimmt, resultiert daraus, dass für ihn der Totalitarismus auf politischen Eingriffen in eine Sphäre individueller Freiheit beruht, die er als Freiheit unter einem formal und spontan geformten wirtschaftsliberalen Recht begreift. Diese Form des Rechts, das für jeden Bürger gleichermaßen gelte und auch den Staat binde, entzieht sich für Hayek jeder bewussten politischen Zwecksetzung und sei deshalb ethisch neutral. Aus dieser Perspektive argumentiert Hayek gegen die Idee einer sozialen Gerechtigkeit, die auf der Annahme beruht, dass gesellschaftliche Prozesse und insbesondere ökonomische Prozesse Ausdruck einer normativ gestaltenden politischen Vernunft seien.

Ideologisch relevant, so wurde gezeigt, ist an dieser Konzeption zunächst eine normative Entleerung: bis auf einen Kern von unantastbaren Marktfreiheiten ist Freiheit bei Hayek eine nicht näher bestimmte formale Handlungsfreiheit. Mit dieser Konzeption, so wurde gezeigt, geht eine Ent-Problematisierung von ungleichen und machtdurchzogenen ökonomischen und sozialen Verhältnissen einher, die sich unter den Bedingungen formaler Rechtsstaatlichkeit entwickeln.

Durch seine Betonung der aktiven Rolle des Staates zur Durchsetzung wirtschaftsliberalen Rechts scheint Hayek zunächst einer Vielzahl von damaligen wie auch aktuellen Kritikern des Laissez-Faire zu entgehen, die auf die Notwendigkeit von staatlichen Rahmenbedingungen für einen produktiven Verlauf marktwirtschaft-

---

8 Analog zu Foucaults Terminologie könnte man in Bezug auf diese Konzeption von einer De-Politisierung des Sozialen sprechen, die sich mit einer Ökonomisierung des Sozialen verbindet. Aus seiner Analyse der politischen Kultur des Neoliberalismus kommt Maiolino zu ganz ähnlichen Ergebnissen: „Es ist eine Kultur des Undemokratischen (...) die im Gleichklang mit dem neoliberalen Projekt der Politik der Entpolitisierung und der ›Ökonomisierung des Sozialen‹ das Denken, das Handeln und das Fühlen der Menschen einnimmt und so auch die bestehenden Herrschaftsverhältnisse sowie ihnen gemässe Welt- und Selbstdeutungen stabilisiert" (Maiolino 2014, 18).

licher Prozesse verweisen.[9] Die Crux der von Hayek durchaus betonten Notwendigkeit staatlich durchgesetzter rechtlicher Rahmenbedingungen liegt aus der Perspektive der Arbeit jedoch an ihrer de-politisierten Form, die jede nicht-evolutionäre Veränderung der Gesellschaft ausschließt. Diese Pointe von Hayeks rechtlichem Denken verpasst auch Foucault, der die Zielrichtung von Hayeks Denken als „Einführung von allgemeinen rechtsstaatlichen Prinzipien in die Wirtschaftsgesetzgebung" charakterisiert (vgl. Foucault 2004, 240 ff.).[10] Die de-politisierte Form dieser Konzeption von Rechtsstaatlichkeit wird noch greifbarer mit Blick auf ihre Verankerung in einer Theorie spontaner Ordnung des Rechts.

Von vielen KommentatorInnen, wie etwa dem Berlin-Schüler Gray, sind die Grundlagen von Hayeks rechtlichem Denken in eine liberale, ja kantianische Tradition gestellt worden, in der das Recht als Schutz vor willkürlichen Handlungen begriffen wird. Diese Interpretation trägt allerdings nicht sonderlich weit. Denn die Allgemeinheit des Rechts, die bei Kant durch eine universell gedachte Vernunft bestimmt wird und unter dem Begriff der „Republik" mit dem Prinzip der Volkssouveränität verschränkt ist (vgl. Maus 2011, 187 ff.), wird bei Hayek durch partikulare Traditionen bestimmt.[11] Die Relevanz dieser partikularen Traditionen zeigt sich an Hayeks positivem Bezug auf eine Form des englischen Common Law, in dem das Recht aus spontan gewachsenen Verhaltensweisen entstehe und die Entscheidung über die Geltung und Auslegung dieses Rechts zwischen Judikative und Parlament geteilt werde. Mit Maus, die in ihrer Rekonstruktion von Kants Rechtsbegriff betont, dass bei diesem „die private Handlungsfreiheit durch die Partizipation an der Gesetzgebung abgesichert" sei (ebd., 199), lässt sich Hayeks Theorie des Rechts als spontaner Ordnung als eine Form der Verselbstständigung und Emanzipation des Rechts von einer demokra-

---

9 Wie zuletzt bei Joachim Gauck erscheint die Kritik an Hayeks vermeintlicher Ablehnung des Staates meist im Zusammenhang mit einer Aufwertung des Ordoliberalismus als einer Spielart des Neoliberalismus, der gegenüber den krisenhaften Tendenzen der Marktwirtschaft auf die ordnende Kraft des Staates setzt. „In unseren öffentlichen Debatten", so Gauck anlässlich des 60jährigen Bestehens des Walter Eucken Instituts, „wünsche ich mir mehr intellektuelle Redlichkeit und auch etwas mehr historisches Bewusstsein und Anerkennung für das breite Spektrum des Liberalismus in unserem Land, das von Eucken und seiner Vorstellung von einem ordnenden Staat bis hin zu Friedrich August von Hayek reicht, der ‚spontanen Ordnungen' mehr zutraute als dem Staat" (Gauck 2014). Abgesehen davon, dass bei Gauck das Spektrum des deutschen Liberalismus auf das Spektrum der neoliberalen Tradition zusammenschrumpft, bezieht sich bei genauerer Betrachtung auch Hayek positiv auf die ordnende Rolle des Staates.

10 „Ein Spiel der Unternehmen, das innerhalb eines juridisch-institutionellen Rahmens geregelt ist, der vom Staat garantiert wird: Das ist die allgemeine Form dessen, was der institutionelle Rahmen in einem erneuerten Kapitalismus sein soll" (Foucault 2004, 244).

11 „Also", so Kant in der ‚Metaphysik der Sitten', „kann nur der übereinstimmende und vereinigte Wille aller, so fern ein jeder über alle und alle über einen jeden ebendasselbe beschließen, mithin nur der allgemein vereinigte Volkswille gesetzgebend sein" (Kant 2009, 129).

tischen Form der Gesetzgebung auffassen. Das spontan gewachsene Recht bei Hayek ist deshalb ein zutiefst de-politisiertes Recht.

Aktualisierenden Anschluss an diese Konzeption einer de-polisierten wirtschaftsliberalen Rechtsordnung bieten politikwissenschaftliche Debatten um Prozesse einer neoliberalen Verrechtlichung der EU. So spricht etwa Ralph Guth in Bezug auf den EU-Fiskalpakt zur Durchsetzung monetaristischer Haushaltsdisziplin von einem „neuen Konstitutionalismus", der zur Verschiebung politischer Herrschaft von demokratisch legitimierten Akteuren hin zur Judikative führe, die auf einer vertraglichen Selbstbindung demokratischer Akteure durch wirtschaftsliberale Rechtsnormen beruhe (vgl. Guth 2013).

In Kapitel vier wurde Hayeks ökonomisches Denken auf seinen ideologischen Gehalt hin analysiert, wobei diese Analyse gleichzeitig eine Analyse von Hayeks epistemologischem Denken darstellt. Denn mit Blick auf die Entwicklung von Hayeks ökonomischem Denken während seiner ideologischen Wende ergibt sich eine Transformation bzw. Neuorientierung, die auf die ökonomische Bedeutung des Wissens abzielt. Unter Verweis auf die Grenzen wirtschaftspolitischen Wissens positionierte Hayek sich seitdem kritisch gegen jede Gestaltung ökonomischer Prozesse, die von seinem Ideal der Katallaxie als deregulierter Wettbewerbsordnung abweicht.

Während in der Forschung eine wissenstheoretische Neuorientierung Hayeks weithin anerkannt ist, bleibt die Frage nach ihren Ursachen häufig im Dunkeln. Eine Antwort stellt der in dieser Arbeit vorgenommene Nachweis von hegemonialen Herausforderungen der 1930er Jahre dar, insbesondere durch planwirtschaftliche und keynesianische Projekte, deren Wirtschaftspolitik auf makroökonomischem Wissen beruht. Gleichzeitig äußert sich in Hayeks Kritik an makroökonomischem Wissen auch ein Impuls zur Revision bisheriger wirtschaftsliberaler Dogmen, der ohne Hinweis auf die Marginalisierung des Wirtschaftsliberalismus in dieser Zeit kaum zu erklären wäre. Unter dem Eindruck dieser Marginalisierung verabschiedet sich Hayek von einem auch gegenwärtig noch dominierenden neoklassischen Gleichgewichts-Ideal der Ökonomie: Krisen und Ungleichheit sind für ihn stattdessen integraler Teil des marktwirtschaftlichen Prozesses und unabwendbar, weil sich ihre Dynamik wirtschaftswissenschaftlichem Wissen entziehe.[12] Die Konsequenz daraus ist eine De-Politisierung, die mit einem Imperativ zur Anpassung an Krisen und Ungleichheit einhergeht.

Aus der Analyse von Hayeks wissenstheoretischer Erneuerung der Ökonomie ergeben sich indes noch weitere Formen der De-Politisierung. Grundlegend für eine solche Analyse ist die Unterscheidung zweier Formen des Wissens, die in Hayeks

---

12 Dass eine solche Theorie möglichweise näher an der Realität einer sich durch Innovation immer wieder umwälzenden und dadurch auch krisenhaften kapitalistischen Marktwirtschaft liegt, als die Idee einer harmonischen Angleichung von Interessen impliziert, gerät bei der eingenommenen ideologietheoretischen Perspektive freilich etwas aus dem Blick.

Ideal einer kapitalistisch-marktwirtschaftlicher Ordnung der Katallaxie eine entscheidende Rolle spielen: Wissen als individuelle Fertigkeit und Wissen als kollektiv
Unbewusstes. Die ideologisch relevante Pointe dieser Unterscheidung liegt dabei in
der Abwesenheit einer dritten Form des Wissens, die Hayek als Anmaßung begreift:
Wissen als Bewusstsein über die Eigenschaften einer geteilten gesellschaftlichen
Welt. Die Bedeutung dieser geteilten Welt für politisches Handeln hat Arendt besonders hervorgehoben: „das Handeln kann als Tätigkeit überhaupt nicht zum Zuge
kommen ohne die ständige Anwesenheit einer Mitwelt" (vgl. Arendt 2005, 34). Politisches Handeln verweist daher für Arendt auf ein Miteinander-Sprechen, in dem diese
Mitwelt aus einer Pluralität von Perspektiven entsteht (vgl. ebd., 36 f.). Bei Hayek,
so konnte gezeigt werden, ist kollektives Wissen dagegen vor allem unbewusstes
Wissen, das durch unbewusste Prozesse der Sozialisation erlernt und durch kulturelle Evolution weiterentwickelt wird.

Über diese Auseinandersetzung mit der de-politisierenden Logik der Wissenschaft der Katallaxie hinaus wurde auch auf die institutionelle Struktur der Katallaxie
eingegangen, d. h. auf Hayeks Überlegungen zur Struktur einer wirtschaftsliberalen
Rechtsordnung jenseits des Nationalstaates. Jüngst hat Streeck diese Überlegungen
Hayeks, die größtenteils aus einer Zeit zum Ende des Zweiten Weltkrieges stammen,
aufgegriffen und als eine Art „blue print" für die spätere institutionelle Ausgestaltung
der Europäischen Union dargestellt, in der die Handlungsmacht von Nationalstaaten
durch die Konstruktion eines gemeinsamen Marktes samt wirtschaftsliberaler Institutionen wie einer unabhängigen Zentralbank stark eingeschränkt werden (vgl. Streeck
2013, 157 ff.). In Anlehnung an Streeck wurden in dieser Arbeit Hayeks Pläne für eine
transnationale Wirtschafts- und Währungsunion als Pläne einer De-Nationalisierung
aufgefasst, die sich mit einer Zurückdrängung national verfasster demokratischer
Akteure verbindet. Dabei wird nationalstaatlich-demokratisches Handeln zum einen
durch eine transnationale Rechtsordnung mit einem bereits beschriebenen formal-
spontanen wirtschaftsliberalen Charakter de-politisiert, zum anderen durch eine
Dynamik, die die Nationalstaaten unter den Bedingungen einer solchen Rechtsordnung in einen Standortwettbewerb um die geringsten Steuern und Regulierungen
zwingt.

In Hinblick auf die immer größere Rolle, die internationale Handelsabkommen
wie zuletzt etwa TTIP oder TTP und regionale Zusammenschlüsse wie die EU für
die transnationale Struktur marktwirtschaftlicher Ordnungen spielen, lassen sich
Hayeks Pläne für eine de-politisierte Wirtschafts- und Währungsordnung für ein wei-
teres aktuelles Forschungsfeld fruchtbar machen.

In Kapitel fünf wurde Hayeks demokratietheoretisches bzw. -kritisches Denken
untersucht. Dabei wurde deutlich, dass Hayek zur Durchsetzung einer wirtschaftsliberalen Rechtsordnung auf eine Form von Ent-Demokratisierung setzt, zu der die
Eingrenzung demokratischen Entscheidungsspielraums ebenso gehört wie eine Aus-
höhlung partizipatorischer Prinzipien und in bestimmten Fällen sogar mit der Erset-

zung demokratischer Institutionen durch eine temporäre wirtschaftsliberale Diktatur einhergeht.[13]

In Hayeks Kritik der Demokratie, genauer der Demokratie verstanden als Volkssouveränität, in der eine Politisierung der ökonomischen und sozialen Grundlagen des Zusammenlebens durch alle BürgerInnen zu jeder Zeit prinzipiell möglich ist, bündelt sich die Zielrichtung von Hayeks de-politisierter Ideologie wie in einem Brennglas. Während ein großer Teil auch der aktuellen Hayek-Forschung immer noch an einem grundsätzlich positiven Bezug Hayeks zur Demokratie festhält (vgl. u. a. Wegner 2011; Falk 2013), wurde in dieser Arbeit auch anhand kleinerer Schriften, Leserbriefe und Interviews verdeutlicht, inwiefern eine Ent-Demokratisierung bei Hayek ideologisch und werkgeschichtlich eine Konstante darstellt.

Ein positiver Bezug Hayeks auf die Beschränkung politischer Partizipation findet sich bereits in einem Text vom Ende der 1920er Jahre, d. h. in unmittelbarer zeitlicher Nähe zu der für Hayeks Denken formativen Zeit der Weltwirtschaftskrise. Ähnlich wie der deutsche Ordoliberalismus, so konnte gezeigt werden, votierte auch Hayek in dieser Zeit für eine Stärkung der Exekutive mit dem Ziel wirtschaftsliberale Reformen durchzusetzen.[14]

An die Einschränkung demokratischer Teilhabe durch eine Machtausweitung der Exekutive anschließend, wurde Hayeks Theorie der Diktatur analysiert, in der er zwischen schlechten planwirtschaftlich-totalitären und guten wirtschaftsliberalen Diktaturen unterscheidet. In Bezug auf seine Theorie des planwirtschaftlichen Totalitarismus offenbarte sich dabei eine theoretische Engführung von Demokratie und Totalitarismus, die auf Hayeks Verdacht gründet, dass eine für interventionistische und planwirtschaftliche Experimente grundsätzlich offene Demokratie eine totalitäre DNA besitze. In diesem Verdacht gegenüber der Demokratie lässt sich – um einen weiteren aktualisierenden Ausblick von den Ergebnissen dieser Arbeit zu wagen – eine Logik erkennen, die in der gegenwärtigen Politikwissenschaft als Politik der Angst analysiert wird (vgl. u. a. Freudenberger 2011). Als Beispiel für eine neoliberale Politik der Angst lässt sich auf die amerikanische Tea-Party verweisen, deren Kritik an neo-keynesianischen Interventionen im Kontext der Wirtschaftskrise von 2008 und der Einführung einer allgemeinen Krankenversicherung mit einer Hysterie um die Entstehung eines neuen Sozialismus, gesteuert durch eine quasi-totalitäre Regierung in Washington verband (vgl. Reichhold 2014b).

---

13 Die Tradition, in der Hayek damit gedeutet wurde, ist die des „autoritären Liberalismus" (Heller). Damit ergänzt die vorliegende Arbeit einen Zweig der Neoliberalismusforschung, der bislang vor allem den deutschen Ordoliberalismus als autoritäres Denken analysiert hat (vgl. Haselbach 1991).
14 Gerade in Hinblick auf diese Rolle der Exekutive, die bei den Ordoliberalen gar mit einem Bekenntnis zum „starken Staat" einherging, wird deutlich, inwiefern neoliberales Denken gerade nicht, wie in öffentlichen Diskursen häufig angenommen, per se staatsfeindlich ist.

Die Annahme einer unbewussten Dynamik, durch die sich eine wirtschaftspolitisch unbeschränkte Demokratie bei Hayek schnurstracks in die Diktatur einer zentralen Planbehörde verwandelt, rechtfertigt für Hayek die Einrichtung wirtschaftsliberaler Regime mit autoritären Mitteln. Die wirtschaftsliberale Diktatur bildet in Hayeks Denken indes nicht die Regel, sondern die Ausnahme, die mit der Bedrohung durch den Totalitarismus und die totalitären Tendenzen der Demokratie verbunden ist. Die Norm stellt für ihn die bereits dargestellte rechtsförmige Beschränkung von Demokratie dar. Dass diese Norm jedoch nicht bedeutet, wie es manche Hayek-ForscherInnen heute vermuten, dass es bei Hayek nennenswerte „funktionale Interdependenzen" zwischen Wirtschaftsliberalismus und Demokratie gibt (vgl. Wegner 2011, 145), lässt sich insbesondere an Hayeks Ablehnung einer politischen Dimension seines Freiheitsbegriffes nachvollziehen.

Neben der Konstitutionalisierung von Demokratie und einer Verhärtung der Exekutive bis hin zur wirtschaftsliberalen Diktatur finden sich bei Hayek Vorschläge zur Reform bestehender parlamentarischer Systeme, die ebenfalls einer Logik der Ent-Demokratisierung folgen. Das von ihm favorisierte Modell der Demarchie, in dem Hayek diese Vorschläge zusammenfasst, ist dabei bislang vor allem als institutioneller Reformvorschlag wahrgenommen worden, der auf die Einrichtung einer nur exklusiv zugänglichen gesetzgebenden Kammer zielt. Wie bereits die zuvor genannten Tendenzen einer Verhärtung von politischer Herrschaft gegenüber der Teilhabe der BürgerInnenschaft weist auch dieser Vorschlag in Richtung eines „autoritären Etatismus", der seit dem Ende des Fordismus als neoliberale Form politischer Herrschaft diagnostiziert wurde (vgl. Poulantzas 1978, Kannankulam 2008). Wie zuletzt John Kannankulam gezeigt hat, besteht diese Form in einer Verselbstständigung staatlicher Machtapparate sowohl durch eine Verstärkung der Exekutive, als auch durch einen Verfall des Parlaments insbesondere in Hinblick auf seine willensbildende Funktion (vgl. Kannankulam 2008, 19 ff.). Darüber hinaus konnte gezeigt werden, dass die Idee der Demarchie in direktem Zusammenhang steht mit einem Appell Hayeks zur Unterwerfung der einzelnen Bürger unter die herrschende Meinung. Hayeks Präferenz für diese freiwillige Unterwerfung verdient in der aktuellen Hayek-Forschung noch mehr Aufmerksamkeit. Denn hier wird deutlich, dass der „wahre Individualismus", den Hayek fordert, ein Konformismus mit Traditionen, insbesondere aber mit wirtschaftsliberalen Arrangements darstellt.[15] Jede ideologietheoretische Analyse von Hayeks Kritik der Demokratie muss deshalb die Logik der De-Politisierung auch in ihrer internalisierten Form, in einem freiwilligen Konformismus, suchen.

Insofern dieses Kapitel auch einen Ausblick darauf bietet, wie sich an die Ergebnisse dieser Arbeit politiktheoretisch anschließen lässt, sei hier eine Debatte erwähnt, die im Kontext von Untersuchungen wirtschaftsliberaler Reformen auf Formen von

---

15 Auf die Bedeutung dieses konformistisch-dogmatischen Gehalt von Hayeks Denken hat zuletzt Björn Oellers verwiesen (ders. 2017).

Ent-Demokratisierung verweist, die auch bei Hayek eine Rolle spielen. In dieser Debatte wird auf Reaktionsmuster abgestellt, in denen die EU und allen voran ihre Exekutiv-Organe auf die multiplen Herausforderungen der Wirtschaftskrise von 2008 reagieren – genannt seien hier vor allem die wirtschaftsliberalen Reformen, die die Troika gegenüber Schuldenstaaten durchsetzt (vgl. Fischer-Lescano 2014). Während in der Frage nach den intellektuellen Grundlagen dieser Ausrichtung bislang vor allem auf ordoliberales Denken verwiesen wurde (vgl. Biebricher 2013), steht eine Diskussion um eine Übertragbarkeit der Logik von Hayeks ent-demokratisierendem Denken, in dem sich eine positive Haltung gegenüber autoritären Formen politischer Herrschaft mit der Schicksalshaftigkeit wirtschaftsliberaler Verhältnisse paart, immer noch aus.

Viel seltener als Hayeks rechts-, ökonomie- und demokratietheoretisches Denken wurde bislang sein geschichtstheoretisches Denken untersucht. Obwohl in der Hayek-Forschung durchaus anerkannt wird, welch wichtige Rolle Geschichte als unbewusste, spontane Evolution der Gesellschaft in Hayeks Denken spielt, ist dieser Aspekt insbesondere im deutschen Sprachraum bislang kaum untersucht worden. Dabei ist es gerade Hayeks Betonung der spontanen Gewordenheit der Gesellschaft, die seinen ideengeschichtlichen Ort von dem des utopisch ausgerichteten klassischen Liberalismus trennt, in dem die politische Gestaltbarkeit von Wirtschaft und Gesellschaft zwar nicht in jeder Hinsicht aber grundsätzlich mitgedacht werden.

Der Übergang von Hayeks Denken zu einer Kritik des Fortschritts in einem bewussten politischen Sinne lässt sich wie viele andere Aspekte seiner de-politisierten Ideologie auf die frühen 1930er Jahre datieren. Unter Rückgriff auf Menger kritisierte Hayek in dieser Zeit zunächst einen sozialtheoretisch untermauerten Fortschrittsoptimismus durch Verweis auf die überhistorische Geltung ökonomischer Gesetzmäßigkeiten. Die Schicksalshaftigkeit der Katallaxie, die diese Gesetzmäßigkeiten ungehindert zum Ausdruck bringt, wird hier besonders greifbar. Die ideologische Komplexität von Hayeks Denken wird erkennbar darin, dass der Subjektivismus, der diesen ökonomischen Gesetzmäßigkeiten zu Grunde liegt und sich wissenschaftstheoretisch in Hayeks methodologischem Subjektivismus spiegelt, ergänzt wird durch einen historisch-evolutionären Zugang zur Erklärung sozialer Verhältnisse. Aus der Perspektive von Grays philosophischer Rekonstruktionen ist diese komplexe Methodologie vor allem ein logisches Problem. Es sei, so Gray, „nicht vollkommen klar, ob die Anwendung der Theorie natürlicher Selektion zur Erklärung gesellschaftlicher Erscheinungen wirklich mit dem methodologischen Individualismus vereinbar ist" (Gray 1995, 52). Aus ideologietheoretischer Perspektive lassen sich diesen beiden Seiten in Hayeks Wissenschaftstheorie durchaus vermitteln: wie unter der Voraussetzung ökonomischer Naturgesetze ist der Mensch in seiner historistisch-evolutionären Perspektive *Objekt* der Geschichte, nicht ihr politisch handelndes Subjekt.

Das sich aus dieser komplexen Methodologie ergebende subjektive Sinnverstehen als Zugang zu historischen Gegenständen beruht nach Hayek auf einem Hineinprojizieren subjektiven Sinns in den Forschungsgegenstand. Dieser Zugang zerstört jedoch, so wurde gezeigt, die Ideengeschichte als Potential und Archiv alternativer Ordnungsmodelle, die eine Politisierung der Gegenwart als Episode einer veränderbaren Geschichte ermöglichen. Aus dieser Art des Sinnverstehens folgt analog zu Hayeks Trennung zwischen wirtschaftsliberaler Katallaxie und planwirtschaftlichem Totalitarismus die Anlage von Hayeks Ideengeschichte als Auseinandersetzung zweier sozialtheoretischer Weltsichten. Der klassische Liberalismus der Schottischen Aufklärung, allen voran der Smiths, gerät unter Hayeks Perspektive zur Projektionsfläche für einen *evolutorischen* Liberalismus, dessen wirtschaftsliberal-sozialkonservative Ausrichtung er bis in die Antike zurückverfolgt. Geprägt ist Hayeks Perspektive dabei durch Vorbilder, die die praktischen politik-ökonomischen Konsequenzen von Smiths Denken teilen, den umfassenden aufklärerischen Erkenntnis- und politischen Gestaltungsanspruch Smiths jedoch ablehnen. Zu diesen Vorbildern zählt insbesondere Edmund Burke, der sich wie Hayek positiv auf eine organische Form geschichtlicher Entwicklung bezieht, die sich abgesehen von konservierenden Reformen keiner politischen Gestaltung beugt. In der gegenwärtigen Forschung sind diese Parallelen nicht unbemerkt geblieben (vgl. Reader 1997; Feser 2003, 19). Einen Schritt weiter zur Erhellung dieser Parallelen geht die vorliegende Arbeit dadurch, dass sie in Anschluss an MacPherson die Verbindung von Burkes organischer Geschichts- und Gesellschaftauffassung mit dessen wirtschaftsliberalen Positionen als eine ideologische Verbindung deutet. Aus dieser Perspektive lassen sich das Denken Burkes ebenso wie das Hayeks als Reaktion auf hegemoniale Herausforderungen, genauer als Reaktion auf eine Politisierung von Wirtschaft und Gesellschaft, deuten, die bei Burke durch die Französische Revolution und ihre Folgen, bei Hayek und fast 150 Jahre später durch die simultane Durchsetzung von Massendemokratie und Staatsinterventionismus entsteht.

Rückblickend auf die zentralen Aspekte von Hayeks de-politisierter Ideologie lassen sich zwei Interventionsformen unterscheiden, die sein politisches Werk bestimmen. Zum einen handelt es sich – etwa in Hinblick auf die Rolle und Grenzen des Wissens in den Wirtschafts- und Sozialwissenschaften – um eine Intervention in wissenschaftliche oder zumindest wissenschaftsnahe Diskurse, an denen auch die Funktionselite, die von Hayek so genannten „second hand dealers of ideas", teilnehmen. Paradigmatisch für diese Seite steht Hayeks Werk ‚Missbrauch und Verfall der Vernunft', in dem sein wissenschaftstheoretischer Standpunkt besonders deutlich zum Ausdruck kommt. Nachgewiesen wurde in der vorliegenden Arbeit, inwiefern sich in dieser Form von Wissenschaft, in der sowohl makroökonomisches Wissen über die Entstehung von Ungleichheit oder Krisen als auch sozialtheoretisches Wissen über die Entstehung von Macht und Herrschaft ausgeschlossen bleiben und derartige Phänomene gleichzeitig de-politisiert werden. Angelehnt an den Hegemoniebegriff Halls lässt sich diese Form der Intervention als Kampf um ein bestimmtes Bewusstsein verstehen, das für Hayek über eine funktionale Elite auch die Massen erreicht.

Zum anderen, aber mit der ersten Form aufs Engste verbunden, lässt sich eine zweite Form von Intervention identifizieren, die sich auf die Durchsetzung bestimmter institutioneller Reformen und Veränderungen im gesellschaftlichen und politischen

Handeln bezieht. Paradigmatisch hierfür stehen das eher warnende und negative Programm von ‚Der Weg zur Knechtschaft' und die positiven Bestimmungen aus ‚Die Verfassung der Freiheit' und ‚Recht, Gesetzgebung und Freiheit', in denen das Bild einer umfassenden gesellschaftlichen Ordnung, ihren Regulierungsformen und Institutionen gezeichnet wird. Analog zur sozialtheoretischen Einbettung des ökonomischen Denkens bei Hayek zielt diese Form der Intervention auf eine gesellschaftliche und politische Einbettung eines wirtschaftsliberalen Kapitalismus, wozu beispielhaft die Ersetzung von Formen gesellschaftlicher Teilhabe und Selbstbestimmung durch traditionssichernde Institutionen wie Kirche oder Familie sowie autoritäre Arrangements zählen.[16] Teil dieser Neueinbettung des Kapitalismus sind dabei auch bestimmte Handlungsformen – Formen der Selbstführung im Sinne Foucaults –, die das Individuum nicht nur als Unternehmer seiner Selbst, sondern auch zur Anpassung an eine unveränderbar-natürliche Entwicklung der Gesellschaft anrufen. Unter Rückgriff auf die Hegemonietheorie Gramscis lässt sich diese Intervention als Projekt einer Veränderung der Struktur der Zivilgesellschaft auffassen, die auf eine Transformation von bestimmten Staatsapparaten ebenso zielt wie auf die substaatlich-gesellschaftlicher Organisations- und Handlungsformen.

Dass Hayek Einfluss auf Intellektuelle, Politiker und die Gestaltung von Institutionen erheblichen Einfluss genommen hat und als einer der wirkmächtigsten Intellektuellen des Neoliberalismus gelten kann, wurde einleitend bereits bemerkt. Bedeutung hat dabei aus hegemoniethoretischer Perspektive bislang vor allem Hayeks Beitrag zur Organisationsgeschichte neoliberaler Wissensvermittlung, d. h. Hayeks Beitrag zur Gründung der MPS und bestimmter Think Tanks (vgl. Nicoll 2012). Die Ergebnisse der vorliegenden Arbeit rücken darüber hinaus die ideologischen Inhalte ins Blickfeld, die durch diese Organisationen Verbreitung gefunden haben. Im Anschluss an diese Beobachtung wäre danach zu fragen, welchen gesellschaftlichen Abdruck die aufgezeigten Interventionsformen von Hayeks de-politisierter Ideologie historisch hinterlassen haben. Die Ergebnisse dieser Arbeit eröffnen damit ein neues Forschungsfeld der Rezeptions- und Wirkungsgeschichte, zu deren letzten Kapiteln in Deutschland eine nationalkonservative bis rechtspopulistische Neuausrichtung der Hayek-Gesellschaft Mitte 2015 zählt. Was in den Artikeln und Stellungnahmen derjenigen, die die Gesellschaft in dieser Zeit verließen und eine offene „rechte Flanke der Liberalen" (Horn 2015) beklagten, bislang fehlt, ist eine Auseinandersetzung mit den konservativ-autoritären Seiten nicht nur unter einigen Anhängern, sondern im Denken Hayeks selbst. Wie in der noch immer auch durch einen wirtschaftsliberalen

---

16 Die Frage nach der Geschichte der Einbettung des Kapitalismus haben insbesondere Karl Polanyi und seine Schüler gestellt. Das Zeitalter der Entstehung des Marktfundamentalismus Anfang des 19. Jahrhunderts wird aus dieser Perspektive als eine Art Betriebsunfall der Geschichte wahrgenommen; die Regel bilden demgegenüber unterschiedliche Formen sozialer bzw. sozialpolitischer Einbettung (vgl. Polanyi 2001).

Flügel geprägten AfD offenbart sich auch in der neuen Hayek-Gesellschaft die Affinität zwischen einem vornehmlich marktwirtschaftlich verstandenen Individualismus und der Ablehnung sozialer und politischer Emanzipationsbewegungen.

Abgesehen von diesen Fragen der konkreten Wirkungsgeschichte lässt sich Hayeks de-politisierte Ideologie auch in den Kontext aktueller politiktheoretischer Diagnosen über das Politische im Zeitalter des hegemonialen Neoliberalismus stellen.

Anschlüsse ergeben sich hier unter anderem in Hinblick auf die zuerst von Rancière, später von Sheldon Wolin, Crouch und anderen weiterentwickelte Diagnose der Post-Demokratie.[17] Ohne allzu tief in die Spezifika der unterschiedlichen Spielarten dieser Diagnose einzutauchen, gilt für dieses Zeitalter der Verlust der politischen Öffentlichkeit als Ort der Auseinandersetzung zwischen unterschiedlichen kollektiven Akteuren als wichtigstes Kennzeichen. Unter dem Druck einer immer stärkeren neoliberalen Individualisierung von Verantwortung für die eigene Lebenssituation, der Zurückdrängung zivilgesellschaftlicher Akteure wie der Gewerkschaften als Gegengewicht zu einem politisch immer einflussreicheren transnationalen Unternehmertum und der Abwesenheit von politischen Alternativen sei es zu einer Entleerung bisheriger Formen demokratischer Selbstbestimmung gekommen. Demokratische Politik gleiche nun einem inszenierten Spektakel: „Im Rücken dieser Inszenierung des ‚Wahlspiels‘, so Crouch, findet dann der tatsächliche politische Prozess statt" (Buchstein / Nullmeier 2006, 17). Die Ent-Problematisierung von gesellschaftlicher Macht und Ungleichheit in Hayeks Konzept spontaner Ordnung spiegelt sich zum einen in der postdemokratischen Verzerrung der politischen Auseinandersetzung zu Gunsten einer ressourcenstarken Minderheit. Zum anderen schließt die von Hayek als schicksalshaft und alternativlos konzipierte Katallaxie an die von den VertreterInnen der Theorie Postdemokratie konstatierte wirtschaftspolitische Homogenisierung des politischen Spektrums an.

Von diesen Ähnlichkeiten abgesehen bietet Hayeks de-politisierte Ideologie Möglichkeiten ein komplexeres Bild der Hegemonie des Neoliberalismus zu zeichnen. In dieser Hinsicht lässt sich die stark auf nationalstaatliche Kontexte fokussierte Theorie der Postdemokratie ergänzen in Hinblick auf Hayeks Konzept einer transnationalen Wettbewerbsordnung, wie sie beispielsweise die EU im Zeichen der wettbewerbsorientierten Lissabon-Strategie repräsentiert. Auch der autoritäre Modus, in dem Exekutivgremien der EU wirtschaftsliberale Reformen in einigen Mitgliedsstaaten im Zuge der anhaltenden Krise durchsetzten, wird in Hayeks positiven Bezügen auf den Autoritarismus als Teil einer hegemonialen Strategie adäquater abgebildet als durch die Annahme einer bloßen Entleerung weiter bestehender demokratischer Verfahren. Wie in Bezug auf die Diagnose der Postdemokratie ermöglichen die Ergebnisse dieser Arbeit eine komplexere Sichtweise auf die Stabilität und Durchsetzungsbedingungen neoliberaler Hegemonie.

---

17 Vgl. hierzu insbesondere Rancière 2002, Wolin 2008 und Crouch 2013 sowie einführend die Beiträge zum Themenschwerpunkt Postdemokratie in: Forschungsjournal Neue Soziale Bewegungen 19(4).

Literatur

Abelshauser, Werner (2003): Modernisierung oder institutionelle Reform? Koordinaten einer Ortsbestimmung des „Dritten Reiches" in der deutschen Wirtschaftsgeschichte des 20. Jahrhunderts, in: ders. et al. (Hrsg.): Wirtschafsordnung, Staat und Unternehmen: neue Forschungen zur Wirtschaftsgeschichte des Nationalsozialismus; Festschrift für Dietmar Petzina, Essen, S. 17–40

Allen, R. T. (1998): Beyond Liberalism: The Political Thought of F. A. Hayek & Michael Polanyi, New Jersey

Amable, Bruno (2011): Morals and politics in the ideology of neo-liberalism, in: Socio-economic Review 9, S. 3–30

Angner, Erik (2007): Hayek and Natural Law, New York

Arendt, Hannah (1974): Über die Revolution, München

Arendt, Hannah (1991): Elemente und Ursprünge totaler Herrschaft, München

Arendt, Hannah (2005): Vita activa oder Vom tätigen Leben, München

Asbach, Olaf (2002): Von der Geschichte politischer Ideen zur »History of Political Discourse«? Skinner Pocock und die »Cambridge School«, in: Zeitschrift für Politikwissenschaft 12(2), S. 637–667

Asbach, Olaf (2014): Politik, Handel und internationale Ordnung im Denken der Aufklärung, in: ders. (Hrsg.): Der moderne Staat und „le doux commerce": Politik, Ökonomie und internationale Beziehungen im politischen Denken der Aufklärung, Baden-Baden, S. 13–36

Audier, Serge (2012): Néo-libéralisme(s): Une archéologie intellectuelle, Paris

Barry, Norman P. (1979): Hayeks social and economic philosophy, London u. a.

Batthyány, Philipp (2007): Zwang als Grundübel in der Gesellschaft? Der Begriff des Zwangs bei Friedrich August von Hayek, Tübingen

Becker, Florian et al. (2013) (Hrsg.): Gramsci lesen. Einstiege in die Gefängnishefte, Hamburg

Beilharz, Peter (1998): The Webbs, Fabianism and Feminism. Fabianism and the Political Economy of Everyday Life, Aldershot u. a.

Berchtold, Klaus (1998): Verfassungsgeschichte der Republik Österreich. Bd. 1: 1918–1933: fünfzehn Jahre Verfassungskampf, Wien

Berlin, Isaiah (2006): Freiheit: vier Versuche, Frankfurt/M.

Biebricher, Thomas (2011): The Biopolitics of Ordoliberlism, in: Foucault Studies 12, S. 171–191

Biebricher, Thomas (2013): Europe and the political philosophy of neoliberalism, in: Contemporary Political Theory 12(4), S. 338–348

Biebricher, Thomas (2014): Neoliberalismus: Demokratie als Problem, auf: ZeitOnline, 29. 08. 2014, http://www.zeit.de/2014/38/neoliberalismus-august-von-hayek-kapitalismus/komplettansicht, letzter Zugriff am 29. 02. 2016

Biebricher, Thomas (2016): Einleitung: Neoliberalismus und Staat – ziemlich beste Feinde, in: ders. (Hrsg.): Der Staat des Neoliberalismus, Baden-Baden, S. 9–29

Birner, Jack et al. (2002) (Hrsg.): F. A. Hayek as a Political Economist. Economic analysis and values, London und New York

Block, Fred und Somers, Margaret S. (2014): The Power of Market Fundamentalism. Karl Polanyi's Critique, Cambridge/Mass. und London

Blomert, (2012): Adam Smiths Reise nach Frankreich oder die Entstehung der Nationalökonomie, Berlin

Bluhm, Harald (2002): Die Ordnung der Ordnung: das politische Philosophieren von Leo Strauss, Berlin

Boas, Taylor C. und Gans-Morse, Jordan (2009): Neoliberalism: From New Liberal Philosophy to Anti-Liberal Slogan, in: Studies in Comparative International Development 44(2), S. 137–161

https://doi.org/10.1515/9783110571363-008

Bohlender, Matthias (2007): Herrschen, Disziplinieren, Regulieren, in: Marcus Llanque und Herfried Münkler (Hrsg.) (2007): Politische Theorie- und Ideengeschichte. Lehr- und Textbuch, Berlin, S. 50–94

Böhm, Franz (1937): Die Ordnung der Wirtschaft als geschichtliche Aufgabe und rechtsschöpferische Leistung, Stuttgart und Berlin

Bouillon, Hardy (1991): Ordnung, Evolution und Erkenntnis. Hayeks Sozialphilosophie und ihre erkenntnistheoretische Grundlage, Tübingen

Bourdieu, Pierre (1998): Gegenfeuer. Wortmeldungen im Dienste des Widerstands gegen die neoliberale Invasion, Konstanz

Bourdieu, Pierre (2001): Gegenfeuer 2, Konstanz

Bramoullé, Gérard und Calacei, Didier (1999): Hayek's Epistemology and Methodology, in: Jounal des Economistes et des Etudes Humaines 9(4), S. 611–634

Brand, Ulrich (2005) (Hrsg.): Gegen-Hegemonie: Perspektiven globalisierungskritischer Strategien, Hamburg

Bröckling, Ulrich et al. (2000) (Hrsg.): Gouvernementalität der Gegenwart: Studien zur Ökonomisierung des Sozialen, Frankfurt/M.

Buchanan, James M. (1977): Freedom in constitutional contract: perspectives of a political economist, College Station u. a.

Buchanan, James M. (2005): Why I, too, am not a conservative, Cheltenham u. a.

Buchstein, Hubertus und Nullmeier, Frank (2006): Einleitung: Die Postdemokratie-Debatte, in: Forschungsjournal Neue Soziale Bewegungen 19(4), S. 16–22

Burgin, Angus (2012): The great persuasion: reinventing free markets since the great depression, Cambridge

Burke, Edmund (1806): Observation on the Late Publication Intituled the Present State of the Nation, in: The Works of the Right Honourable Edmund Burke Vol I, hrsg. von John West und O. C. Greenleaf, Boston, S. 217–348

Burke, Edmund (1839): A letter from the Right Honourable Edmund Burke, to a Noble Lord, on the Attacks made upon him and his pension, in the House of Lords, by the Duke of Bedford and the Earl of Lauderdale, in: The works of Edmund Burke Vol. IV, hrsg. von Charles Little und James Brown, Boston, S. 281–330

Burke, Edmund (1887a): An Appeal from the Old to the New Whigs, In consequence of some late discussions in Parliament relative to the Reflections on the French Revolution, in: The Works of the Right Honourable Edmund Burke Vol. IV, hrsg. von John C. Nimmo, London, S. 57–216

Burke, Edmund (1887b): Speech to the electors of Bristol, in: The Works of the Right Honourable Edmund Burke Vol. II, hrsg. von John C. Nimmo, London, S. 89–98

Burke, Edmund (1887c): Thoughts and Details of Scarcity, in: The Works of the Right Honourable Edmund Burke Vol. V, London, hrsg. von John C. Nimmo, S. 131–169

Burke, Edmund (1967): Betrachtungen über die Französische Revolution, Frankfurt/M.

Butler, Judith (2003): Das Unbehagen der Geschlechter, Frankfurt/M.

Butos, William N. (2010): The Unexpected Fertility of Hayek's Cognitive Theory: An Introduction to The Social Science of Hayek's 'The Sensory Order', in: Advances in Austrian Economics 13, S. 1–20

Caldwell, Bruce (2003): Hayek's Challenge. An Intellectual Biography of F. A. Hayek, Chicago und London

Caldwell, Bruce (2006): Hayek and the Austrian Tradition, in: Edmund Feser et al. (Hrsg.): The Cambridge Companion to Hayek, New York, S. 13–33

Caldwell, Bruce und Montes, Leonidas (2014): Friedrich Hayek and his visits to Chile, CHOPE Working Paper No. 2014–12

Caldwell, Bruce (1988): Hayek's transformation, in: History of Political Economy 20(4), S. 513–541

Christi, Renato (1998): Carl Schmitt and Authoritarian Liberalism: Strong State, Free Economy, Cardiff

Cockett, Richard (1995): Thinking the unthinkable: think-tank and the economic counter-revolution, 1931–1983, London

Conert, Hansgeorg (2002): Vom Handelskapital zur Globalisierung. Entwicklung und Kritik der kapitalistischen Ökonomie, Münster

Crouch, Colin (2011): Das befremdliche Überleben des Neoliberalismus, Bonn

Crouch, Colin (2013): Postdemokratie, Frankfurt/M.

D'Aprile, Iwan-Michelangelo (2001): Rousseaus politische Philosophie und die Demokratie, in: ders. et al. (Hrsg.): Französische Aufklärung, Berlin, S. 87–98

Demirović, Alex et al. (2011) (Hrsg.): VielfachKrise. Im finanzmarktdominierten Kapitalismus, Hamburg

Dewey, John (1993): Erziehung und Demokratie. Eine Einleitung in die philosophische Pädagogik, Weinheim und Basel

Dickenson, H. D. (1933): Price Formation in a Socialist Economy, in: Economic Journal 43, S. 237–250

Donezlli, Franco (1993): The Influence of the Socialist Calculation Debate on Hayek's View of General Equlibrium Theory, in: Revue européenne des sciences sociales 96(3), S. 47–83

Ebenstein, Alan O. (2001): Friedrich Hayek: A Biography, New York

Eucken, Walter (1932): Staatliche Strukturwandlungen und die Krisis des Kapitalismus, in: Weltwirtschaftliches Archiv Bd. 36, S. 297–321

Eucken, Walter (1990): Grundsätze der Wirtschaftspolitik, Tübingen

Eucken, Walter (1999): Ordnungspolitik, Münster

Farrant, Andrew und McPhail, Edward (2009): Hayek, Samuelson, and the logic of the mixed economy?, in: Journal of Behavior & Organization 69(1), S. 5–16

Feld, Lars P. und Köhler, Ekkehard A. (2011): Zur Zukunft der Ordnungsökonomik, Freiburger Diskussionspapiere zur Ordnungsökonomik 11/2, http://www.eucken.de/fileadmin/bilder/Dokumente/Diskussionspapiere/11_02bw.pdf, letzter Zugriff am 29. 02. 2016

Ferrant, Andrew et al. (2012): Preventing the "Abuses" of Democracy: Hayek, the "Military Ursurper" and Transitional Dictatorship in Chile?, in: American Journal of Economics and Sociology 71(3), S. 513–538

Feser, Edward (2003): Hayek on Tradition, in: Journal of Libertarian Studies 17(1), S. 17–56

Feser, Edward (2006): Introduction, in: ders. (Hrsg.): The Cambridge Companion to Hayek, New York, S. 1–12

Fischer, Karin (2009): The Influence of Neoliberals in Chile before, during, and after Pinochet, in: Philip Mirowski und Dieter Plehwe (Hrsg.): The Road from Mont Pèlerin. The Making of the Neoliberal Thought Collective, Cambridge und London, S. 305–346

Fischer, Karin (2011): Eine Klasse für sich: Besitz, Herrschaft und ungleiche Entwicklung in Chile 1830–2010, Baden-Baden

Fischer-Lescano, Andreas (2014): Troika in der Austerität. Rechtsbindung der Unionsorgane beim Abschluss von Memoranda of Understanding, in: Kritische Justiz 47(1), S. 2–26

Foucault, Michel (2004): Geschichte der Gouvernementalität II. Die Geburt der Biopolitik, Frankfurt/M.

Fraenkel, Ernst (2011): Deutschland und die westlichen Demokratien, Baden-Baden

Fraenkel, Ernst (2012): Der Doppelstaat, Hamburg

France, Anatole (1925): Die Rote Lilie, München

Freeden, Michael (2006): Ideologies and Political Theory. A Conceptual Approach, Oxford

Freudenberger, Timo (2011): Zum Umgang mit Angst und Vertrauen in der Politik, Dissertation, Frankfurt/M. u. a.

Fukuyama, Francis (1992): Das Ende der Geschichte: Wo stehen wir?, München

Gamble, Andrew (1996): Hayek: the iron cage of liberty, Boulder

Gamble, Andrew (2006): Hayek on knowledge, economics, and society, in: Edmund Feser (Hrsg.): The Cambridge Companion to Hayek, New York, S. 111–131

Gauck, Joachim (2014): Rede anlässlich der Festveranstaltung zum 60. Jubiläum des Walter Eucken Instituts, http://www.bundespraesident.de/SharedDocs/Reden/DE/Joachim-Gauck/Reden/2014/01/140116-Walter-Eucken_Institut.html, letzter Zugriff am 29. 02. 2016

Gertenbach, Lars (2007): Die Kultivierung des Marktes: Foucault und die Gouvernementalität des Neoliberalismus, Berlin

Gissurarson, Hannes H. (1987): Hayek's conservative liberalism, Dissertation, New York u. a.

Göhler, Gerhard (2011): Macht, in: ders.et al. (Hrsg.): Politische Theorie: 25 umkämpfte Begriffe zur Einführung, Wiesbaden, S. 224–240

Göllner, Renate (2007): Mit Freud: Gesellschaftskritik und Psychoanalyse, Freiburg i. Br.

Gramsci, Antonio (1991–2002): Gefängnishefte. Kritische Gesamtausgabe, Band 1–10, Hamburg

Gray, John (1995): Freiheit im Denken Hayeks, Tübingen

Greenwood, Dan (2010): Facing Complexity: Democracy, Expertise and the Discovery Process, in: Political Studies 58, S. 769–788

Guth, Ralph (2013): EU-Krisenpolitik als Verrechtlichung der Demokratie: Autoritärer Europäischer Konstitutionalismus und die Negation der Volkssouveränität, in: momentum Quarterly. Zeitschrift für sozialen Fortschritt 2(1), S. 33–46

Habermas, Jürgen (1971): Analytische Wissenschaftstheorie und Dialektik, in:, Theodor W. Adorno et al. (Hrsg.): der Positivismusstreit in der deutschen Soziologie, Neuwied, S. 155–192

Habermas, Jürgen (1998): Faktizität und Geltung. Beiträge zur Diskurstheorie des Rechts und des demokratischen Rechtsstaats, Frankfurt/M.

Hall, Stuart (1983) (Hrsg.): The politics of Thatcherism, London

Hall, Stuart (1984): Ideologie und Ökonomie – Marxismus ohne Gewähr, in: ders. et al. (Hrsg.): Die Camera obscura der Ideologie. Philosophie – Ökonomie – Wissenschaft. Drei Bereichsstudien von Stuart Hall, Wolfgang Fritz Haug und Veikko Pietlä, Berlin, S. 97–122

Hall, Stuart (1989): Der Thatcherismus und die Theoretiker, in: ders.: Ideologie, Kultur, Rassismus. Ausgewählte Schriften 1, Hamburg, S. 172–206

Hall, Stuart (2014a): Popular-demokratischer oder autoritärer Populismus, in: ders.: Populismus, Hegemonie, Globalisierung. Ausgewählte Schriften 5, Hamburg, S. 101–120

Hall, Stuart (2014b): Die Bedeutung des autoritären Populismus für den Thatcherismus, in: ders.: Populismus, Hegemonie, Globalisierung. Ausgewählte Schriften 5, Hamburg S. 121–132

Hall, Stuart (2014c): Die Entstehung des repräsentativen interventionistischen Staates, 1880er-1920er Jahre, in: ders.: Populismus, Hegemonie, Globalisierung. Ausgewählte Schriften 5, Hamburg S. 43–88

Hamowy, Ronald (1961): Hayek's Concept of freedom: A Critique, in: New Individualist Review 1(1), S. 48–51

Hamowy, Ronald (1978): Law and the Liberal Society: F. A. Hayek's Constitution of Liberty in: Journal of Libertarian Studies 2(4), S. 287–297

Hamowy, Ronald (2003): F. A. Hayek and the Common Law, in: Cato Journal 23(2), S. 241–264

Hansen, Klaus und Lietzmann, Hans (1988) (Hrsg.): Carl Schmitt und die Liberalismuskritik, Opladen

Hartwell, R. M. (1995): A history of the Mont Pèlerin Society, Indianapolis

Haselbach, Dieter (1991): Autoritärer Liberalismus und soziale Marktwirtschaft: Gesellschaft und Politik im Ordoliberalismus, Baden-Baden

Hasnas, John (2005): Hayek, the common law and the fluid drive, in: NYU Journal of Law and Liberty 1, S. 79–110

Hayek, Friedrich August von (1922): Rezension zu: Siegfried Strakosch, Der Selbstmord eines Volkes. Wirtschaft in Österreich, in: ZVS 2, S. 802–805

Hayek, Friedrich August von (1926): Bemerkungen zum Zurechnungsproblem, Jahrbücher für Nationalökonomie und Statistik Bd. 124, S. 1–18

Hayek, Friedrich August von (1928a): Hermann Heinrich Gossen: Eine Darstellung seines Lebens und seiner Schrift, Berlin

Hayek, Friedrich August von (1928b): Intertemporales Gleichgewicht, in: Weltwirtschaftliches Archiv, 28(1), S. 33–76

Hayek, Friedrich August von (1929a): Geldtheorie und Konjunkturtheorie, Wien

Hayek, Friedrich August von (1929b): Gibt es einen Widersinn des Sparens?, in: Zeitschrift für Nationalökonomie 1(3), S. 387–429

Hayek, Friedrich August von (1929c): Österreichs Wirtschaft, in: Hayek Papers Stanford Box 105, Folder 5

Hayek, Friedrich August von (1931): Prices and production: Lectures, London

Hayek, Friedrich August von (1932): Kapitalaufzehrung, in: Weltwirtschaftliches Archiv Bd. 36, S. 86–108

Hayek, Friedrich August von (1933): Monetary Theory and the Trade Cycle, New York

Hayek, Friedrich August von (1950): The pure theory of capital, London

Hayek, Friedrich August von (1951): John Stuart Mill and Harriet Taylor. Their Friendship and Subsequent Marriage, London

Hayek, Friedrich August von (1952): Individualismus und wirtschaftliche Ordnung, Erlenbach-Zürich

Hayek, Friedrich August von (1960): The Intellectuals and Socialism, in: George B. de Huszar (Hrsg.): The Intellectuals: A Controversial Portrait, Glencoe, S. 371–384

Hayek, Friedrich August von (1968): Einleitung, in: Carl Menger: Grundsätze der Volkswirtschaftslehre. Gesammelte Werke Bd. 1, hrsg. von Friedrich August von Hayek Tübingen

Hayek, Friedrich August von (1969): Freiburger Studien. Gesammelte Aufsätze von F. A. von Hayek, Tübingen

Hayek, Friedrich August von (1976): Geldtheorie und Konjunkturtheorie, Salzburg

Hayek, Friedrich August von (1978a): The Dangers to Personal Liberty, in: The Times, 11. 07. 1978

Hayek, Friedrich August von (1978b): Freedom of Choice, in: The Times 03. 08. 1978

Hayek, Friedrich August von (1978c): Internationaler Rufmord. Eine persönliche Stellungnahme, in: Politische Studien, Sonderheft 1978/1, S. 44–45

Hayek, Friedrich August von (1979): Missbrauch und Verfall der Vernunft. Ein Fragment, Salzburg

Hayek, Friedrich August von (1981a): Recht, Gesetzgebung und Freiheit. Band 2: Die Illusion der sozialen Gerechtigkeit. Eine neue Darstellung der liberalen Prinzipien der Gerechtigkeit und der politischen Ökonomie, Landsberg

Hayek, Friedrich August von (1981b): Recht, Gesetzgebung und Freiheit. Band 3: Die Verfassung einer Gesellschaft freier Menschen. Eine neue Darstellung der liberalen Prinzipien der Gerechtigkeit und der politischen Ökonomie, Landsberg

Hayek, Friedrich August von (1981c): Ungleichheit ist nötig, in: Wirtschaftswoche 06. 03. 1981, S. 36–40

Hayek, Friedrich August von (1981d): Friedrich von Hayek, Leader and Master of Liberalism, in: El Mercurio 12. 04. 1981

Hayek, Friedrich August von (1982): Dankadresse, in: Erich Hoppmann (Hrsg.): Vorträge und Ansprachen auf der Festveranstaltung der Freiburger Wirtschaftswissenschaftlichen Fakultät zum 80. Geburtstag von Friedrich A. von Hayek, Baden-Baden, S. 37–42

Hayek, Friedrich August von (1984): Money, Capital and Fluctuations: Early Essays, London

Hayek, Friedrich August von (1986): Recht, Gesetzgebung und Freiheit. Band 1: Regeln und Ordnung. Eine neue Darstellung der liberalen Prinzipien der Gerechtigkeit und der politischen Ökonomie, Landsberg

Hayek, Friedrich August von (1990): New Studies in Philosophy, Politics, Economy and the History of Ideas, London

Hayek, Friedrich August von (1991a): Die Verfassung der Freiheit, Tübingen

Hayek, Friedrich August von (1991b): The Trend of Economic Thinking. Essays on Political Economists and Economic History, in: The Collected Works of F. A. Hayek Vol. 10, hrsg. von W. W. Bartley III und Stephen Kresge, Indianapolis

Hayek, Friedrich August von (1992): The Fortunes of Liberty. Essays on Austrian Economics and the Ideal of Freedom, in: The Collected Works of F. A. Hayek Vol. 4, hrsg. von W. W. Bartley III und Stephen Kresge, Indianapolis

Hayek, Friedrich August von (1996): Die Anmaßung von Wissen. Neue Freiburger Studien, Tübingen

Hayek, Friedrich August von (2003): Rechtsordnung und Handelnsordnung. Aufsätze zur Ordnungsökonomik, in: Friedrich August von Hayek. Gesammelte Schriften in deutscher Sprache Bd. A4, hrsg. von Manfred E. Streit, Tübingen

Hayek, Friedrich August von (2004): Der Weg zur Knechtschaft, in: Friedrich August von Hayek. Gesammelte Schriften in deutscher Sprache Bd. B1, hrsg. von Alfred Bosch et al., Tübingen

Hayek, Friedrich August von (2006): Die sensorische Ordnung. Eine Untersuchung der Grundlagen der theoretischen Psychologie, in: Friedrich August von Hayek. Gesammelte Schriften in deutscher Sprache, Bd. B5, hrsg. von Manfred E. Streit,Tübingen

Hayek, Friedrich August von (2007): Wirtschaftstheorie und Wissen. Aufsätze zur Erkenntnis- und Wissenschaftslehre, in: Friedrich August von Hayek. Gesammelte Schriften in deutscher Sprache, Bd. A1, hrsg. von Victor Vanberg, Tübingen

Hayek, Friedrich August von (2008): Monetary Nationalism and International Stability, (Vorträge im Mai 1937 vor dem HEI in Genf), in: Joseph T. Salerno (Hrsg.): Prices and Production and OtherWorks, Auburn, S. 331–422

Hayek, Friedrich August von (2011): Entnationalisierung des Geldes. Schriften zur Währungspolitik und Währungsordnung, in: Friedrich August von Hayek. Gesammelte Schriften in deutscher Sprache, Bd. A3, hrsg. von Alfred Bosch et al., Tübingen

Hayek, Friedrich August von (2012): Freedom and the Economic System, Mansfield

Heller, Hermann (1992): Autoritärer Liberalismus, in: Hermann Heller. Gesammelte Schriften Bd. 2. Recht, Staat, Macht, hrsg. von Christoph Müller, Tübingen, S. 643–653

Hennecke, Hans Jörg (2000): Friedrich August von Hayek. Die Tradition der Freiheit, Düsseldorf

Hennecke, Hans Jörg (2014): Friedrich August von Hayek zur Einführung, Hamburg

Hirschmann, Albert O. (1987): Leidenschaften und Interessen: politische Begründungen des Kapitalismus vor seinem Sieg, Frankfurt/M.

Hobbes, Thomas (1992): Dialog zwischen einem Philosophen und einem Juristen über das englische Recht, Weinheim

Hobsbawn, Eric (1997): Das Zeitalter der Extreme: Weltgeschichte des 20. Jahrhunderts, München

Hoffmann, Jochen (2009): Theorie des internationalen Wirtschaftshandelns, Tübingen

Horkheimer, Max (1936) (Hrsg.): Studien über Autorität und Familie: Forschungsberichte aus dem Institut für Sozialforschung, Paris

Horkheimer, Max (1988): Die Juden in Europa, in: Max Horkheimer. Gesammelte Schriften Band 4: 1936–1941, hrsg. von Alfred Schmidt, Frankfurt/M., S. 308–331

Horn, Karen (2015): Die rechte Flanke der Liberalen, in: Frankfurter Allgemeine Sonntagszeitung 17.05.2015

Hughes, Thomas P. (1990): Walther Rathenau: „system builder“, in: Tilmann Buddensieg et al. (Hrsg.): Ein Mann vieler Eigenschaften. Walther Rathenau und die Kultur der Moderne, Berlin, S. 9–31

Hunt, Louis und McNamara, Peter (2007) (Hrsg.): Liberalism, Conservatism and Hayek's Idea of Spontaneous Order, New York

Hutchison, Terence W. (1981): The Politics and Philosophy of Economics. Marxians, Keynesians and Austrians, Oxford

Jackson, Ben (2010): At the Origins of Neo-Liberalism: The Free Economy and the Strong State, 1930–47, in: Historical Journal 53(1), S. 129–151

Jörke, Dirk (2011): Kritik demokratischer Praxis. Eine ideengeschichtliche Studie, Baden-Baden

Kämmerer, Wolfgang (2014): Friedrich Meinecke und das Problem des Historismus, Frankfurt/M.

Kannankulam, John (2008): Autoritärer Etatismus im Neoliberalismus. Zur Staatstheorie von Nicos Poulantzas, Hamburg

Kant, Immanuel (2009): Metaphysische Anfangsgründe der Rechtslehre, Hamburg

Karabelas, Iris (2010): Freiheit statt Sozialismus: Rezeption und Bedeutung Friedrich August Hayeks in der Bundesrepublik, Frankfurt/M.

Keynes, John Maynard (1927): The end of laissez-faire, London

Keynes, John Maynard (1952): Allgemeine Theorie der Beschäftigung, des Zinses und des Geldes, Berlin

Klausinger, Hansjörg (2005) (Hrsg.): Machlup, Morgenstern, Haberler, Hayek und andere. Wirtschaftspublizistische Beiträge in kritischer Zeit (1931–1934), Marburg

Klausinger, Hansjörg (2006): In the Wilderness: Emigration and Decline of the Austrian School, in: History of Political Economy 38(4), S. 617–664

Klein, Naomi (2007): Schock-Strategie: der Aufstieg des Katastrophen-Kapitalismus, Frankfurt/M.

Kley, Roland (1994): Hayeks social and political thought, Oxford

Köck, Heribert Franz (1987): Der Beitrag der Schule von Salamanca zur Entwicklung der Lehre von den Grundrechten, Berlin

Kolev, Stefan (2011): Neoliberale Leitideen zum Staat; die Rolle des Staates in der Wirtschaftspolitik von Walter Eucken und Friedrich August von Hayek, Ludwig von Mises und Wilhelm Röpke, Dissertation, Hamburg

Kukathas, Chandran (1989): Hayek and modern liberalism, Oxford

Lange, Oskar (1938): On the Economic Theory of Socialism, in: Benjamin E. Lippincott et al. (Hrsg.): On the Economic Theory of Socialism, Minneapolis, S. 53–143

Laski, Harold J. (1969) Democracy in Crisis, New York

Leghissa, Giovanni (2014): Die Verfirmung der Gesellschaft: zur Kritik des Neoliberalimus, Paderborn

Lenk, Kurt (1989): Deutscher Konservatismus, Frankfurt/M.

Lessenich, Stefan (2008): Die Neuerfindung des Sozialen: der Sozialstaat im flexiblen Kapitalismus, Bielefeld

Lettow, Susanne (2005) (Hrsg.): Öffentlichkeiten und Geschlechterverhältnisse: Erfahrungen, Politiken, Subjekte, Königstein im Taunus

Lippmann, Walter (1945): Die Gesellschaft freier Menschen, Bern

Llanque, Marcus (2008): Politische Ideengeschichte – ein Gewebe politischer Diskurse, München und Wien

Lock, Frederick P. (2006): Edmund Burke. Vol. II, 1784–1797, Oxford u. a.

Locke, John (1974): Über die Regierung. (The Second Treatise of Government), Stuttgart

Loos, Friedrich und Schreiber, Hans-Ludwig (2004): Recht, Gerechtigkeit, in: Otto Brunner (Hrsg.): Geschichtliche Grundbegriffe: Historisches Lexikon zur politisch-sozialen Sprache Bd. 5, Stuttgart, S. 231–311

Lösch, Bettina (2007): Die neoliberale Hegemonie als Gefahr für die Demokratie, in: Christoph Butterwegge et al. (Hrsg.): Kritik des Neoliberalismus, Wiesbaden, S. 221–284

Loy, Claudia (1988): Marktsystem und Gleichgewichtstendenz, Dissertation, Tübingen

MacPherson, C. B. (1989): Burke. New York u. a.

MacPherson, C. B. (2009): Edmund Burke, in: Iain Hampsher-Monk (Hrsg.): Edmund Burke, Farnham u. a., S. 59–66

Maiolino, Angelo (2014): Politische Kultur in Zeiten des Neoliberalismus: eine Hegemonieanalyse, Bielefeld

Mannheim, Karl (1978): Ideologie und Utopie, Frankfurt/M.

Marcuse, Herbert (1975): Der Kampf gegen den Liberalismus in der totalitären Staatsauffassung, in: ders. Kultur und Gesellschaft 1, Frankfurt/M., S. 17–55

Marx, Karl (1949): Der Bürgerkrieg in Frankreich: Adresse des Generalrats der Internationalen Arbeiterassoziation, Berlin

Maus, Ingeborg (2011): Über Volkssouveränität. Elemente einer Demokratietheorie, Frankfurt/M.

McNamara, Peter (2007): Introduction: Governing the Great Society, in: ders. und Louis Hunt (Hrsg.): Liberalism, Conservatism, and Hayek's Idea of Spontaneous Order, New York u. a., S. 1–17

Meinecke, Friedrich (1965): Die Entstehung des Historismus, München

Menger, Carl (1968): Grundsätze der Volkswirtschaftslehre, in: Carl Menger. Gesammelte Werke Bd. 1, hrsg. von F. A. Hayek, Tübingen

Menger, Carl (1969): Untersuchungen über die Methode der Socialwissenschaften und der Politischen Ökonomie im Besonderen, in: Carl Menger. Gesammelte Werke Bd. 2, hrsg. von F. A. Hayek, Tübingen

Merkel, Angela (2015): Das Prinzip individuelle Freiheit, in: Financial Times Deutschland 19. 01. 2005

Meyer, Thomas und Vorholt, Udo (2007) (Hrsg.): Positive und negative Freiheit, Bochum

Mill, John Stuart (1977): Essays on Politics and Society, in: The Collected Works of John Stuart Mill Vol. XIX, Toronto und Buffalo

Mill, John Stuart (2011): Über die Freiheit, Hamburg

Mirowski, Philip (2007): Naturalizing the market on the road to revisionism: Bruce Caldwell's *Hayek's challenge* and the challenge of Hayek interpretation, in: Journal of Institutional Economics 3(3), S. 351–372

Mirowski, Philip und Plehwe, Dieter (2009) (Hrsg.): The Road from Mont Pèlerin. The Making of the Neoliberal Thought Collective, Cambridge und London

Mises, Ludwig von (1920): Die Wirtschaftsrechnung im sozialistischen Gemeinwesen, in: Archiv für Sozialwissenschaften und Sozialpolitik 47, S. 86–121

Mises, Ludwig von (1922): Die Gemeinwirtschaft. Untersuchungen über den Sozialismus, Jena

Mises, Ludwig von (1927): Liberalismus, Jena

Mises, Ludwig von (1935): Economic Calculation in the Socialist Commonwealth, in: Collectivist Economic Planning. Critical Studies on the Possibility of Socialism, hrsg. von Friedrich A. Hayek, London, S. 87–130

Mises, Ludwig von (1936): Wirtschaftsordnung und politische Verfassung, in: Wiener Wirtschaftswoche 5, S. 51–53

Mises, Ludwig von (1940): Nationalökonomie. Theorie des Handelns und Wirtschaftens, Genf

Mont Pèlerin Society (1947): Statement of Aims, https://www.montpelerin.org/montpelerin/mpsGoals.html , letzter Zugriff am 29. 02. 2016

Mouffe, Chantal (2005): The ›end of politics‹ and the challenge of right-wing populism, in: Populism and the mirror of democracy, hrsg. von Francisco Panizza, London und New York, S. 50–71

Mouffe, Chantal (2013): Agonistics: thinking the world politically, London u. a.

Mulsow, Martin und Mahler, Andreas (2010) (Hrsg.): Die Cambridge School der politischen Ideengeschichte, Berlin

Nawroth, Egon Edgar (1961): Die Sozial- und Wirtschaftsphilosophie des Neoliberalismus, Heidelberg

Neumann, Franz (1967): Demokratischer und autoritärer Staat: Beiträge zur Soziologie der Politik, Frankfurt/M.

Neumann, Franz (2004): Behemoth. Struktur und Praxis des Nationalsozialismus 1933–1944, Frankfurt/M.

Neurath, Otto (1981): Gesammelte philosophische und methodologische Schriften Bd. 1, Wien

Nicoll, Norbert (2012): Gramsci, Hayek und die unbestreitbare Nützlichkeit einer hegemonialen Strategie, in: Emanzipation. Zeitschrift für sozialistische Theorie und Praxis, 2(1), S. 72–86

Niesen, Peter (2009): Die politische Theorie des Libertarianismus: Robert Nozick und Friedrich A. von Hayek, in: André Brodocz und Gary S. Schaal (Hrsg.): Politische Theorien der Gegenwart Bd. 1, Opladen, S. 69–110

Nordmann, Jürgen (2005): Der lange Marsch zum Neoliberalismus. Vom Roten Wien zum freien Markt – Popper und Hayek im Diskurs, Hamburg

Nullmeier, Frank (2013): Zu einer politischen Theorie der Marktökonomie. Theoriebildung in Zeiten der Postdemokratie, in: Politische Vierteljahresschrift 54(3), S. 426–460

O'Brien, Denis P. (1994): Hayek as an Intellectual Historian, in: Jack Birner and Rudy van Zijp (Hrsg.): Hayek, Co-Ordination and Evolution. His legacy in philosophy, politics, economics and the history of ideas, London und New York, S. 343–374

O'Driscoll, Gerald P. (1977): Economics as Coordination Problem. The Contributions of Friedrich A. Hayek, Kansas City

Oakeshott, Michael (1962): Rationalism in politics and other essays, London

Oellers, Björn (2017): Zwang statt Freiheit – zum autoritären Gehalt der Lehre Hayeks, Hamburg

Petsoulas, Christina (2003): Hayeks liberalism and its origins: his idea of spontaneous order and the Scottish Enlightenment, London

Pies, Ingo (2001): Eucken und von Hayek im Vergleich: zur Aktualisierung der ordnungspolitischen Konzeption, Tübingen

Pies, Ingo (2003): Theoretische Grundlagen demokratischer Wirtschafts- und Gesellschaftspolitik – Der Beitrag F. A. von Hayeks, in: ders. und Martin Leschke (Hrsg.): F. A. von Hayeks konstitutioneller Liberalismus, Tübingen, S. 1–33

Plant, Raymond (2016): Friedrich August von Hayek: Der (neo-)liberale Staat und das Ideal des Rechtsstaats, in: Thomas Biebricher (Hrsg.): Der Staat des Neoliberalismus, Baden-Baden, S. 75–97

Plehwe, Dieter et al. (2006) (Hrsg.): Neoliberal hegemony: a global critique, London u. a.

Plickert, Philip (2008): Wandlungen des Neoliberalismus. Eine Studie zu Entwicklung und Ausstrahlung der „Mont Pèlerin Society", Stuttgart

Pocock, J. G. A. (1991): The Political Economy of Burke's analysis of the French Revolution, in: ders.: Virtue, Commerce and History. Essays on Political Thought and History, Chiefly in the Eighteenth Century. New York u. a., S. 193–212

Polanyi, Karl (2001): The great transformation: politische und ökonomische Ursprünge von Gesellschaften und Wirtschaftssystemen, Frankfurt/M.

Polanyi, Michael (1958): Personal Knowledge: Towards a Post-Critical Philosophy, London

Polanyi, Michael (1985): Implizites Wissen, Frankfurt/M.

Popper, Karl Raimund (1979): Ausgangspunkte. Meine intellektuelle Entwicklung, Hamburg

Popper, Karl Raimund (2003): Das Elend des Historizismus, in: Karl R. Popper. Gesammelte Werke Bd. 4, hrsg. von Hubert Kiesewetter, Tübingen

Popper, Karl Raimund (2005): Die Logik der Forschung, in: Karl R. Popper. Gesammelte Werke Bd. 3, hrsg. von Herbert Keuth, Tübingen

Poulantzas, Nicos (1978): Staatstheorie: politischer Überbau, Ideologie, sozialistische Demokratie, Hamburg

Prendergast, Renee (2000): The Political Economy of Edmund Burke, in: A. E. Murphy und Renee Prendergast (Hrsg.): Contributions to Political Economy – Essays in Honour of R. D. C. Black, London und New York, S. 251–271

Ptak, Ralf (2004): Vom Ordoliberalismus zur Sozialen Marktwirtschaft. Stationen des Neoliberalismus in Deutschland, Opladen

Ptak, Ralf (2007): Grundlagen des Neoliberalismus, in: Christoph Butteregge et al. (Hrsg.): Kritik des Neoliberalismus, Wiesbaden, S. 13–86

Ptak, Ralf (2008): Soziale Marktwirtschaft und Neoliberalismus: ein deutscher Sonderweg, in: Christoph Butterwegge et al. (Hrsg.): Neoliberalismus. Analysen und Alternativen, Wiesbaden, S. 69–89

Puryear, Jeffrey M. (1994): Thinking Politics. Intellectuals and Democracy in Chile, 1973–1988, Baltimore and London

Rancière, Jacques (2002): Das Unvernehmen: Politik und Philosophie, Frankfurt/M.

Rancière, Jacques (2011): Der Hass der Demokratie, Berlin

Rathenau, Walther (1912): Zur Kritik der Zeit, Berlin

Rathenau, Walther (1977): Hauptwerke und Gespräche, in: Walther-Rathenau-Gesamtausgabe Bd. II, hrsg. von Ernst Schulin, München

Raybould, John (1998): Hayek. A Commemorative Album, London

Reader, Linda C. (1997): The Liberalism/Conservatism of Edmund Burke and F. A. Hayek. A Critical Comparison, in: Humanitas 10(1), S. 70–88

Reese-Schäfer, Walter (2006): Politische Theorie der Gegenwart in fünfzehn Modellen, München und Wien

Rehmann, Jan (2008) Einführung in die Ideologietheorie, Hamburg

Reichhold, Clemens (2014a): Walther Rathenau über Entfremdung und Regierung der Massen, in: Sven Brömsel et al. (Hrsg.): Walther Rathenau im Netzwerk der Moderne, Berlin u. a., S. 29–52

Reichhold, Clemens (2014b): Der Kampf der Tea Party um originalistische Lesarten der Verfassung, in: Daniel Schulz und Martin Llanque (Hrsg.): Verfassungsidee und Verfassungspolitik, Berlin u. a., S. 315–332

Reichhold, Clemens (2018): Foucault, die Linke und seine Kritik des Neoliberalismus, in: Oliver Marchart und Renate Martinsen (Hrsg.): Foucault und das Politische. Transdisziplinäre Impulse für die politische Theorie der Gegenwart, Wiesbaden

Riklin, Alois (1999): Die Republik von James Harrington 1656, Wien

Robbins, Lionel (1937): Economic Planning and International Order, London

Robbins, Lionel (1961): Hayek on Liberty, in: Economica 28(109), S. 66–81

Robin, Corey (2011): The reactionary mind: conservatism from Edmund Burke to Sarah Palin, Oxford

Robin, Corey (2013): Nietzsche's Marginal Children: On Friedrich Hayek, in: The Nation 07. 05. 2013

Robin, Corey (2014): Hayek von Pinochet, http://coreyrobin.com/2012/07/08/hayek-von-pinochet/, letzter Zugriff am 29. 02. 2016

Robison, Richard (2006) (Hrsg.): The neo-liberal revolution: forging the market state, Basingstoke u. a.

Rosanvallon, Pierre (1999): Le capitalisme utopique. Histoire de l'idee de marché, Paris

Rothbard, Murray N. (1998): The Ethics of Liberty, New York und London

Rüstow, Alexander (1945): Das Scheitern des Wirtschaftsliberalismus als religionsgeschichtliches Problem, Zürich und New York

Rüstow, Alexander (1957): Vitalpolitik gegen Vermassung, in: Hunold, Albert (Hrsg.): Masse und Demokratie, Erlenbach-Zürich und Stuttgart, S. 215–238

Rüstow, Alexander (1961): Paläoliberalismus, Kommunismus, Neoliberalismus, in: Wirtschaft, Gesellschaft und Kultur. Festgabe für Alfred Müller-Armack, hrsg. von Franz Greiß und Fritz Meyer, Berlin, S. 61–70

Rüstow, Alexander (1963): Die staatspolitischen Voraussetzungen des wirtschaftspolitischen Liberalismus, in: Rede und Antwort, Ludwigsburg, S. 149–159

Ryle, Gilbert (1946): Knowing How and Knowing That, in: Proceedings of the Aristotelian Society 46, S. 1–16

Ryle, Gilbert (1946): The Concept of the Mind, London

Samuelson, Paul Anthony (1980): Economics, New York

Scheuermann, Wiliam E. (1999): Carl Schmitt, the end of law, Lanham u. a.

Schlögel, Karl (2008): Terror und Traum: Moskau 1937, Bonn

Schmidt, Vivian Ann und Thatcher, Mark (2013) (Hrsg.): Resilient liberalism in Europe's political economy, Cambridge u. a.

Schmidtchen, Dieter (1987): Hayek on Liberty and the Rule of Law: The Road to Serfdom Revisited, in: Pejovich Svetozar (Hrsg.): Socialism: Institutional, Philosophical und Economic Issues, Dordrecht u. a., S. 115–144

Schmidtchen, Dieter (2004): Recht, Eigentum und Effizienz, in: ORDO. Jahrbuch für die Ordnung von Wirtschaft und Gesellschaft 55, S. 127–151

Schmitt, Carl (1926): Die geistesgeschichtliche Lage des heutigen Parlamentarismus, München

Schmitt, Carl (1995): Starker Staat und gesunde Wirtschaft, in: Carl Schmitt. Staat, Großraum, Nomos. Arbeiten aus den Jahren 1916–1969, hrsg. von Günter Maschke, Berlin, S. 71–91

Schumpeter, Joseph A. (2009): Geschichte der ökonomischen Analyse. Teilband 1, Göttingen

Sennett, Richard (1998): Der flexible Mensch: die Kultur des neuen Kapitalismus, Berlin

Shearmur, Jeremy (1996): Hayek and after: Hayekian Liberalism as a research program, London

Shearmur, Jeremy (2007): Hayek's politics, in: Edmund Feser (Hrsg.): The Cambridge Companion to Hayek, Cambridge u. a., S. 148–170

Shearmur, Jeremy (2015): The other path to Mont Pèlerin, unpublished paper

Shklar, Judith (1957): After utopia. The decline of political faith, Princeton

Sima, Christian (1993): Österreichs Reichsverfassung und die Weimarer Reichsverfassung. Der Einfluß der Weimarer Reichsverfassung auf die österreichische Verfassung 1920–1929, Frankfurt/M.

Skoble, Aeon J. (2006): Hayek the philosopher of law, in: Edward Feser (Hrsg.): The Cambridge Companion to Hayek, Cambridge u. a., S. 171–181

Smith, Adam (1999): Der Wohlstand der Nationen. Eine Untersuchung seiner Natur und seiner Ursachen, München

Smith, Craig (2006): Adam Smith's political philosophy: the invisible hand and spontaneous order, London

Spekker, Matthias (2012): „Der Einzelne nur Schaum auf der Welle". Zum Begriff des Individuums bei Horkheimer/Adorno und Hayek, Masterarbeit, Universität Osnabrück

Spekker, Matthias (2016): Friedrich August von Hayek und die politische Theorie des Wirtschaftsliberalismus – Über die bewusstlose Affirmation der gesellschaftlichen Verkehrung und ihre Folgen, in: Michael Haus und Sybille De La Rosa (Hrsg.): Politische Theorie und Gesellschaftstheorie. Zwischen Erneuerung und Ernüchterung, Baden-Baden, S. 291–311

Spindler, Anselm (2013): Positive Gesetze als Ausdruck menschlicher Rationalität bei Francisco de Vitoria und Domingo de Soto, in: Kerstin Bunge und Alexander Fidora (Hrsg.): Kontroversen um das Recht: Beiträge zur Rechtsbegründung bei Vitoria bis Suárez, Stuttgart-Bad Canstatt, S. 37–68

Spoerer, Mark und Streb, Jochen (2013): Neue deutsche Wirtschaftsgeschichte des 20. Jahrhunderts, München

Stapelfeldt, Gerhard (2009): Kapitalistische Weltökonomie. Vom Staatsinterventionismus zum Neoliberalismus. Kritik der ökonomischen Rationalität Bd. 4 Buch 2, Hamburg

Stapelfeldt, Gerhard (2012): Neoliberaler Irrationalismus: Aufsätze und Vorträge zur Kritik der ökonomischen Rationalität II, Hamburg

Steele, Gerald R. (1993): The Economics of Friedrich Hayek, New York

Stiglitz, Joseph E. (2008): The End of Neo-liberalism?, http://www.project-syndicate.org/commentary/the-end-of-neo-liberalism?barrier=true, letzter Zugriff am 29. 02. 2016

Streeck, Wolfgang (2013): Gekaufte Zeit: die vertagte Krise des demokratischen Kapitalismus. Frankfurter Adorno-Vorlesungen 2012, Berlin

Stützle, Ingo (2013): Fest im neoliberalen Sattel. Mythos und Realität: Die Rolle der Chicago Boys in der wirtschaftspolitischen Konterrevolution, http://stuetzle.cc/2013/09/fest-im-neoliberalen-sattel-mythos-und-realitaet-die-rolle-der-chicago-boys-in-der-wirtschaftspolitischen-konterrevolution/, letzter Zugriff am 29. 02. 2016

Thatcher Archive (2016): Thatcher, Hayek & Friedman, http://www.margaretthatcher.org/archive/Hayek.asp, letzter Zugriff am 29. 02. 2016

Thatcher, Margaret (1987): Aids, education and the year 2000!, in: Woman's Own 30. 10. 1987

Tribe, Keith (2009): Liberalism and Neoliberalism in Britain, 1930–1980, in: Philipp Mirowski and Dieter Plehwe (Hrsg.): The Road from Mont Pèlerin. The Making of the Neoliberal Thought Collective, Cambridge/Mass. und London, S. 68–97

Tullney, Marco und Wolf, Dorothee (2001): Varianten des autoritären Liberalismus, in: 1999. Zeitschrift für Sozialgeschichte des 20. und 21. Jahrhunderts, 16(2), S. 116–140

Turner, Rachel S. (2008a): Neo-Liberal Ideology. History, Concepts and Policies, Edinburgh

Turner, Rachel S. (2008b): Neo-Liberal Constitutionalism: Ideology, Government and the Rule of Law, in: Journal of Politics and Law 1(2), S. 47–55

Urbinati, Nadia (2002): Mill on Democracy, Chicago und London

Valdés, Juan Gabriel (1995): Pinochet's Economists. The Chicago School in Chile, Cambridge

Vanberg, Victor (1981): Liberaler Evolutionismus oder vertragstheoretischer Kontraktualismus? Zum Problem institutioneller Reformen bei F. A. von Hayek und J. M. Buchanan, Tübingen

Vaughn, Karen Iversen (1994): Austrian economics in America: the migration of a tradition, Cambridge

Votsos, Theo (2001): Der Begriff der Zivilgesellschaft bei Antonio Gramsci: ein Beitrag zu Geschichte und Gegenwart politischer Theorie, Hamburg

Walpen, Bernhard (2000): Von Igeln und Hasen oder: Ein Blick auf den Neoliberalismus, in: UTOPIE kreativ: Diskussion sozialistischer Alternativen 121/122, S. 1066–1079

Walpen, Bernhard (2004): Die offenen Feinde und ihre Gesellschaft: eine hegemonietheoretische Studie zur Mont Pèlerin Society, Hamburg

Walpen, Bernhard und Plehwe, Dieter (2001): Wahrheitsgetreue Berichte über Chile: Die Mont Pèlerin Society und die Diktatur Pinochet, in: 1999: Zeitschrift für Sozialgeschichte des 20. und 21. Jahrhunderts 16(2), S. 42–70

Watkins, J. W. N. (1961): Philosophy, in: Arthur Seldon (Hrsg.): Agenda for a Free Society. Essays on Hayek's The Constitution of Liberty, London, S. 31–40

Wegmann, Milène (2002): Früher Neoliberalismus und europäische Integration. Interdependenz der nationalen, supranationalen und internationalen Ordnung von Wirtschaft und Gesellschaft (1932–1965), Baden-Baden

Wegner, Gerhard (2011): Die Fiktion eines demokratischen Sozialismus, in: Gerhard Schwarz und Michael Wohlgemuth: Das Ringen um die Freiheit. »Die Verfassung der Freiheit« nach 50 Jahren, Zürich, S. 145–157

Weiß, Volker (2012): Moderne Antimoderne: Arthur Moeller van den Bruck und der Wandel des Konservatismus, Paderborn

White, Lawrence H.: (2012): The clash of economic ideas: the great policy debates and experiments of the last hundred years, Cambridge

Willms, Bernhard (1992): Einleitung, in: Thomas Hobbes: Dialog zwischen einem Philosophen und einem Juristen über das englische Recht, Weinheim, S. 5–39

Winch, Donald (1985): The Burke-Smith Problem and Late Eighteenth-Century Political and Economic Thought, in: The Historical Journal 28(1), S. 231–247

Windisch, Rupert (1980): Staatseingriffe in marktwirtschaftliche Ordnungen, in: Erich Streissler und Christian Watrin (Hrsg.): Zur Theorie marktwirtschaftlicher Ordnungen, Tübingen, S. 297–338

Wolin, Sheldon S. (2008): Democracy incorporated: managed democracy and the specter of inverted totalitarianis, Princeton u. a.

Zamorano Gonzales, Sebastian (2014): Entthronung der Politik? Zum Demokratiebegriff im Denken Hayeks, Dissertation, Berlin

Zeitler, Christoph (1995): Spontane Ordnung, Freiheit und Recht: Zur politischen Philosophie von Friedrich A. von Hayek, Dissertation, Frankfurt/M.

Zintl, Reinhard (1993): Individualistische Theorien und die Ordnung der Gesellschaft. Untersuchungen zur politischen Theorie von James M. Buchanan und Friedrich A. v. Hayek, Habilitation, Berlin

Zürn, Michael (1998): Regieren jenseits des Nationalstaates. Globalisierung und Denationalisierung als Chance, Frankfurt/M.